Sekundärzwecke im Vergaberecht

Europäische Hochschulschriften
Publications Universitaires Européennes
European University Studies

Reihe II
Rechtswissenschaft

Série II Series II
Droit
Law

Bd./Vol. 4120

PETER LANG
Frankfurt am Main · Berlin · Bern · Bruxelles · New York · Oxford · Wien

Gerald Scharpenack

Sekundärzwecke im Vergaberecht

Eine rechtsvergleichende Untersuchung
anhand der *Affirmative Action Policy*
der USA
und der Verfolgung „vergabefremder" Ziele
im Rahmen der Auftragsvergabe
in der Bundesrepublik Deutschland

PETER LANG
Europäischer Verlag der Wissenschaften

Bibliografische Information Der Deutschen Bibliothek
Die Deutsche Bibliothek verzeichnet diese Publikation in der Deutschen Nationalbibliografie; detaillierte bibliografische Daten sind im Internet über <http://dnb.ddb.de> abrufbar.

Zugl.: Frankfurt (Main), Univ., Diss., 2004

D 30
ISSN 0531-7312
ISBN 3-631-53584-8

www.peterlang.de

Meinen Eltern

Vorwort

Die vorliegende Arbeit entstand zum großen Teil während meiner Tätigkeit als wissenschaftlicher Mitarbeiter am Institut für Öffentliches Recht, Völkerrecht, Europarecht der Johann Wolfgang Goethe-Universität, Frankfurt am Main. Nach Abschluss des Manuskripts im Januar 2004 wurde die Arbeit im Sommersemester 2004 von der Juristischen Fakultät der Johann Wolfgang Goethe-Universität als Dissertation angenommen. Literatur und Rechtsprechung sowie spätere Entwicklungen, insbesondere das Inkrafttreten der neuen Vergaberichtlinien Ende April 2004 konnten für die Druckfassung bis Ende August berücksichtigt und eingearbeitet werden.

Mein besonderer Dank für die herzliche Unterstützung gilt meinem Doktorvater, Herrn Prof. Dr. *Michael Bothe*. Ebenfalls danke ich Herrn Prof. Dr. *Rehbinder* für die schnelle Erstellung des Zweitgutachtens.

Dank gebührt auch Herrn Professor *Gerald L. Neuman*, Columbia University, New York, der mich während meines Forschungsaufenthalts in den USA Anfang 2002 betreute, welches vom Deutschen Akademischen Austauschdienst (DAAD) gefördert wurde, bei dem ich mich ebenfalls herzlich bedanke.

Ganz besonderer Dank gilt meinen Eltern *Ralf* und *Ingrid Scharpenack*, deren Unterstützung erheblich zum Gelingen der Arbeit beigetragen hat.

Frankfurt am Main, September 2004 — Gerald Scharpenack

Inhaltsübersicht

Inhaltsverzeichnis

Abkürzungsverzeichnis

AAP	Affirmative Action
Abl.	Amtsblatt
Abs.	Absatz
AG	Aktiengesellschaft
AGB	Allgemeine Geschäftsbedingungen
AiB	Arbeitsrecht im Betrieb
AJPS	American Journal of Political Science
Akron L. Rev.	Akron Law Review
Ala. Law.	Alabama Lawyer
Alb. L. Rev.	Albany Law Review
ALI-ABA	American Law Institute - American Bar association Continuing Legal Education
AllMBl.	Allgemeines Ministerialblatt
Am. U.L. Rev.	American University Law Review
ArbuR	Arbeit und Recht
Art.	Artikel
AuA	Arbeit und Arbeitsrecht
Aufl.	Auflage
Az.	Aktenzeichen
BAA	Buy American Act
BAnz.	Bundesanzeiger
BayVBl.	Bayerische Verwaltungsblätter
BB	Betriebsberater
BDA	Bundesvereinigung der Deutschen Arbeitgeberverbände
BGB	Bürgerliches Gesetzbuch
BGBl.	Bundesgesetzblatt
BGH	Bundesgerichtshof
BGHZ	Amtliche Sammlung der Entscheidungen des Bundesgerichtshofes in Zivilsachen
BHO	Bundeshaushaltsordnung
BKR	Baukoordinierungsrichtlinie
BR-Drs.	Bundesrat Drucksache

Buff. L. Rev	Buffalo Law Review
BuW	Betrieb und Wirtschaft
BVerfGE	Amtliche Sammlung der Entscheidungen des Bundesverfassungsgerichts
C.F.R.	Code of Federal Regulations
C.J.	Chief Justice
Chi. L. Rev.	University of Chicago Law Review
Colum. J. Eur. L.	Columbia Journal of European Law
d. h.	das heißt
DB	Der Betrieb
diesbzgl.	diesbezüglich
DIHT	Deutscher Industrie und Handelstag
DJB	Deutscher Juristinnenbund
DKR	Dienstleistungskoordinierungsrichtlinie
DOL	Department of Labor
DOT	Department of Transportation
DÖV	Die öffentliche Verwaltung
DSB	Dispute Settlement Body
DStGB	Deutscher Städte- und Gemeindebund
DuR	Demokratie und Recht
DVBl.	Deutsches Verwaltungsblatt
ebd.	ebenda
ed.	edition
EEO	Equal Employment Opportunity
EEOC	Equal Employment Opportunity Commission
EG	Europäische Gemeinschaft(en)
engl.	englisch(e)
ESA	Employment Standards Administration
EU	Europäische Union
EuGH	Europäischer Gerichtshof
EuGRZ	Europäische Grundrechte Zeitschrift
EuR	Europarecht
Eur. Publ. L.	European Public Law
EuZW	Europäische Zeitschrift für Wirtschaftsrecht
f.	folgende
F.3d	Federal Report, Third Series
FAR	Federal Acquisition Regulation
FASA	Federal Acquisition Streamlining Act

FEP Cases	Fair Employment Practice Cases
ff.	fortfolgende
FFV	Frauenförderverordnung
FPR	Federal Procurement Report
FrFG	Frauenfördergesetz
GATT	General Agreement on Tariffs and Trade
GemO	Gemeindeordnung
GG	Grundgesetz
GPA	Agreement on Government Procurement
GPC	Government Procurement Code
GVBl.	Gesetzes- und Verordnungsblatt
GWB	Gesetz gegen Wettbewerbsbeschränkungen
Halbs.	Halbsatz
Harv. C.R.-C.L.L. Rev.	Harvard Civil Rights – Civil Liberties Law Review
Harv. L. Rev.	Harvard Law Review
HGrG	Haushaltsgrundsätzegesetz
Hous. L. Rev.	Houston Law Review
Hrsg.	Herausgeber
i. d. F.	in der Fassung
I. L. M.	International Legal Materials
i. S. d.	im Sinne des
i. V. m.	in Verbindung mit
J.	Justice
J. G. R. & J.	Journal of Gender, Race & Justice
J. Int. Econ. L.	Journal of International Economic Law
J.C. & U.L.	Journal of College and University Law
J.I.E.L.	Journal of International Economic Law
JZ	Juristenzeitung
KJ	Kritische Justiz
KOM	Kommissions-Dokument
KrW-/AbfG	Kreislaufwirtschafts- und Abfallgesetz
LGG	Landesgleichstellungsgesetz
LHO	Landeshaushaltsordnung
Lincoln L. Rev.	Lincoln Law Review
LKR	Lieferkoordinierungsrichtlinie
LKV	Landes- und Kommunalverwaltung
LSAT	Law School Admission Test
m. E.	meines Erachtens

m. w. N.	mit weiteren Nachweisen
Mary`s L.J.	Saint Mary`s Law Journal
MBE	Minority Business Enterprise
ND J. L. Ethics & Pub Pol`y	Notre Dame Journal of Law, Ethics & Public Policy
NJ	Neue Justiz
NJW	Neue Juristische Wochenschrift
Nr.	Nummer
NuR	Natur und Recht
NVwZ	Neue Zeitschrift für Verwaltungsrecht
NZA	Neue Zeitschrift für Arbeitsrecht
NZBau	Neue Zeitschrift für Baurecht
OFCCP	Offices of Federal Contract Compliance Programs
Ohio St. L.J.	Ohio State Law Journal
P.P.L.R.	Public Procurement Law Review
PersR	Der Personalrat
Pub. L.	Public Law
RdA	Recht der Arbeit
RdJB	Recht der Jugend und des Bildungswesens
RIW	Recht der Internationalen Wirtschaft
RMRL	Rechtsmittelrichtlinie
Rs.	Rechtssache
S.	Seite, Satz
s.	siehe
S. Ct.	Supreme Court Report
S. Ill. U. LJ	Southern Illinois University Law Journal
SBA	Small Business Administration
SCC	Subcontractor Compensation Clause
SchwbG	Schwerbehindertengesetz
SDB	Small Disadvantaged Business
Sec.	Section
SGB	Sozialgesetzbuch
SKR	Sektorenkoordinierungsrichtlinie
Slg.	Sammlung der Rechtsprechung des Europäischen Gerichtshofes und des Gerichts erster Instanz
sog.	so genannt

St. Louis U. Pub. L. Rev.	Saint Louis University Public Law Review
Stan. L. & Pol`y Rev.	Stanford Law & Policy Review
StAnz.	Staatsanzeiger
StuG	Stadt und Gemeinde
SuP	Sozialrecht + Praxis
Sw. U. L. Rev.	Southwestern University Law Review
SZR	Sonderziehungsrechte
T. M. Cooley L. Rev.	Thomas M. Cooley Law Review
Temple Pol. & Civ. Rts. L. R.	Temple Political & Civil Rights Law Review
ThürGleichG	Thüringer Gleichstellungsgesetz
Tulane L. Rev.	Tulane Law Review
TuP	Theorie und Praxis der Sozialen Arbeit
TVG	Tarifvertragsgesetz
u. a.	unter anderem
U. Chi. Legal. F.	University of Chicago Legal Forum
U. Dayton L. Rev.	University of Dayton Law Review
U. Mem. L. Rev.	University of Memphis Law Review
U.S.	United States Report
U.S.C.	United States Code
U.S.C.A.	United States Code Annotated
Unterabs.	Unterabsatz
USA	United States of America
UWG	Gesetz gegen den unlauteren Wettbewerb
v.	von, vom, versus
VALUR	Valparaiso University Law Review
verb. Rs.	verbundene Rechtssache
vergl.	vergleiche
VerwArchiv	Verwaltungsarchiv
VgRÄG	Vergaberechtsänderungsgesetz
VgV	Vergabeverordnung
Vill. L. Rev.	Villanova Law Review
VOB	Verdingungsordnung für Bauleistungen
VOF	Verdingungsordnung für freiberufliche Leistungen
VOL	Verdingungsordnung für Leistungen - ausgenommen Bauleistungen
Vorb.	Vorbemerkung

Vr	Verwaltungsrundschau
VVDStRL	Veröffentlichungen der Vereinigung der Deutschen Staatsrechtslehrer
Wash. U.L.Q.	Washington University Law Quarterly
WHI	Walter-Hallstein-Institut
Wissenschaftl. Dienste	Wissenschaftliche Dienste
WOSB	Women-Owned Small Business
WSI-Mitt.	Mitteilungen des Wirtschafts- und Sozialwissenschaftlichen Instituts
WTO	World Trade Organization
WuW	Wirtschaft und Wettbewerb
z. B.	zum Beispiel
ZaöRV	Zeitschrift für ausländisches öffentliches Recht und Völkerrecht
ZFA	Zeitschrift für Arbeitsrecht
ZHR	Zeitschrift für das gesamte Handelsrecht und Wirtschaftsrecht
ZIP	Zeitschrift für Wirtschaftsrecht und Insolvenzpraxis
zit.	zitiert
ZRP	Zeitschrift für Rechtspolitik
ZTR	Zeitschrift für Tarifrecht
ZUR	Zeitschrift für Umweltrecht
ZVgR	Zeitschrift für deutsches und internationales Vergaberecht

Einführung

Schon seit geraumer Zeit wird die Frage diskutiert, ob mit der Vergabe öffentlicher Aufträge neben dem primären Beschaffungszweck auch Sekundärzwecke[1] verfolgt werden dürfen.[2] Diese Debatte hat sich in den letzten Jahren intensiviert, nicht zuletzt durch die jüngsten Äußerungen des Europäischen Gerichtshofs und der deutschen Diskussion um Tariftreueerklärungen und Frauenförderung. Der Grund hierfür liegt im Wandel des Vergaberechts.[3]

Die Frage, ob mit der Vergabe öffentlicher Aufträge neben dem staatlichen Beschaffungsinteresse auch wirtschaftliche, sozialpolitische oder umweltschützende Zwecke verfolgt werden dürfen, stellt sich auf unterschiedlichen Regelungsebenen.

In Europa ist in den letzten Jahrzehnten der Wettbewerbseffekt staatlicher Auftragsvergabe im Hinblick auf die Schaffung eines gemeinsamen Marktes in den Vordergrund gerückt. Auch das WTO-Beschaffungsübereinkommen (GPA) sieht die Schaffung internationaler Vergabestandards unter diesem Blickwinkel. Das Interesse an einem verzerrungsfreien nationalen, europäischen oder internationalen Wettbewerb ist jedoch nicht das einzige, das rechtliche Grenzen für die Verfolgung von Sekundärzwecken errichten kann. Vor allem das verfassungsrechtliche Gleichheitsgebot setzt der Bevorzugung bestimmter benachteiligter Gruppen Grenzen.

Auch in den USA werden seit geraumer Zeit mit der Vergabe von Staatsaufträgen sozialpolitische Ziele verfolgt. Unter dem Begriff der „*Affirmative Action*" wird dabei eine Politik betrieben, die insbesondere die Förderung von Kleinunternehmen, Minderheiten und Frauen

---

1 Für die Untersuchung wird überwiegend der Begriff „Sekundärzwecke" verwendet, da die Verfolgung von sog. „vergabefremden" Zwecken eine negative Aussage über die Statthaftigkeit eines solchen Vorgehens suggeriert, vgl. *Benedict*, Sekundärzwecke, S. 17 ff.

2 Grundlegend hierzu *Pietzcker*, Der Staatsauftrag als Instrument des Verwaltungshandelns.

3 Vgl. *Kokott*, in: Byok/Jaeger Vergaberecht, Einf. Rn. 1 ff.; *Pietzcker*, ZHR 1998, 427; *Thieme/Correll*, DVBl. 1999, 884.

zum Ziel hat. Da dieses Regelungsmodell auch in der deutschen Diskussion zur Frauenförderung häufig als Vorbild herangezogen, soll es einer genaueren Untersuchung unterzogen werden, ohne dabei die Augen vor den vorhandenen Unterschieden der Rechtssysteme zu verschließen.

Die Untersuchung gliedert sich daher wie folgt:

Kapitel Eins gibt einen Überblick über die unterschiedlichen Regelungsebenen des öffentlichen Auftragswesens. Dabei werden die Regelungen des internationalen, europäischen und nationalen (deutschen und US-amerikanischen) Vergaberechts vorgestellt.

Kapitel Zwei stellt die Berücksichtigung von Sekundärzwecken nach US-amerikanischem Vergaberecht dar.

Kapitel Drei stellt die Berücksichtung von Sekundärzwecken nach dem deutschen Vergaberecht dar.

Kapitel Vier untersucht die Zulässigkeit der Berücksichtigung von Sekundärzwecken anhand des internationalen Vergaberechts.

Kapitel Fünf untersucht die US-amerikanischen Maßnahmen zur Förderung von Minderheiten und Frauen anhand der *Affirmative Action* Rechtsprechung des *Supreme Court*.

Kapitel Sechs untersucht die gemeinschaftsrechtliche Zulässigkeit der Berücksichtigung von Sekundärzwecken.

Kapitel Sieben untersucht die Vereinbarkeit der Berücksichtigung von Sekundärzwecken nach deutschem Recht.

Kapitel Acht fasst die Ergebnisse dieser Untersuchung zusammen.

Kapitel Eins

Die Regelungsebenen des öffentlichen Auftragswesens

Das Recht der Vergabe öffentlicher Aufträge besteht aus einer Gemengelage internationaler, europäischer und nationaler Rechtsvorschriften. Zunächst soll daher ein kurzer Überblick über die maßgeblichen Rechtsgrundlagen gegeben werden.

A. Das Government Procurement Agreement (GPA)

I. Entstehungsgeschichte

Das öffentliche Beschaffungswesen war zunächst von dem geregelten Bereich des Welthandels und somit von den Grundsätzen der *Inländergleichbehandlung*[4] und *Meistbegünstigung*[5] ausgeschlossen (vgl. Art. III Abs. 8 lit. a und Art. XVII Abs. 2 GATT).[6] Sicherlich spielte schon damals die besondere Brisanz des öffentlichen Vergabewesens eine Rolle, da mit der Auftragsvergabe starke wirtschafts- und sozialpolitische Erwägungen sowie wahltaktische Überlegungen verknüpft sein können.[7] Angesichts eines durchschnittlichen Anteils des öffent-

---

4 Der *Inländergleichbehandlungsgrundsatz* (Art. III GATT) verlangt, dass vergleichbare heimische und importierte Produkte hinsichtlich des Marktzugangs gleich behandelt werden. Art. III GATT enthält somit die Verpflichtung zur Nicht-Diskriminierung schon eingeführter Waren.

5 Der *Meistbegünstigungsgrundsatz* (Art. I Abs. 1 GATT) besagt, dass alle Vorteile, die von einem Mitgliedstaat einem anderen Mitgliedstaat gewährt wurden, auch einem dritten Mitgliedstaat eingeräumt werden müssen. Durch das Meistbegünstigungsprinzip soll die Besserbehandlung eines Mitgliedstaates unterbunden werden.

6 Zwar ergibt sich dies nicht aus dem Wortlaut von Art. III Abs. 8 lit. a GATT. Diese Norm enthält nur eine Privilegierung vom Inländergleichbehandlungsprinzip. Der Begriff „staatliche Unternehmen" in Art. XVII GATT wird aber so interpretiert, dass die in Art. XVII Abs. 2 GATT enthaltene Privilegierung vom Meistbegünstigungsprinzip für alle öffentlichen Beschaffungsmaßnahmen gilt.

7 *Waller*, Das Internationale Recht des geregelten Vergabewesens, S. 41.

lichen Beschaffungswesens von 10-15 % am Bruttoinlandsprodukt der GATT-Mitgliedstaaten stellte dies eine erhebliche Regelungslücke innerhalb der multilateralen Handelsbeziehungen dar.

Um Diskriminierungen ausländischer Anbieter einzuschränken und den Wettbewerb im Beschaffungswesen zu fördern, haben sich vornehmlich Industriestaaten im Rahmen der sog. *Tokio-Runde* des GATT (1973-1979) auf einen GATT-Kodex über Regierungskäufe (*Government Procurement Code - GPC*)[8] geeinigt, welches zum 1.1.1981 in Kraft trat. Der Geltungsbereich blieb jedoch infolge der Beschränkung auf allgemeine Warenkäufe zentralstaatlicher Stellen sowie aufgrund der geringen Anzahl der Vertragsparteien sehr beschränkt.

Als ein Ergebnis der GATT-Verhandlungen, der sog. *Uruguay-Runde* (1986-1994), wurden am 15.4.1994 in der Schlussakte von Marrakesch neben den multilateralen Abkommen über die Gründung der Welthandelsorganisation (WTO), den Warenhandel (GATT), den Dienstleistungsverkehr (GATS) und den Schutz geistiger Eigentumsrechte (TRIPS) unter anderem das WTO-Beschaffungsübereinkommen (GPA)[9] unterzeichnet, das zum 1.1.1996 in Kraft getreten ist und den alten *Government Procurement Code* (GPC) von 1979 ablöst. Wie schon das alte GPA gilt es als *plurilaterales Abkommen* im Sinne von Anhang 4 des WTO-Abkommens nur für Vertragstaaten und nicht - wie die klassischen *multilateralen* WTO-Abkommen - für alle WTO-Mitgliedstaaten (vgl. Art. II Abs. 3 WTO). Obwohl die Bundesrepublik Deutschland das Abkommen noch selbst unterzeichnet hatte, ist eine Ratifizierung von deutscher Seite unterblieben, da die Bundesregierung mittlerweile eine ausschließliche Vertragskompetenz der EG im Bereich des Abkommens anerkennt.[10] Vertragspartei im völ-

8 *Government Procurement Code* (GPC) vom 12.4.1979, ABl. EG Nr. L 71 vom 17.3.1980, S. 44 ff.

9 *Agreement on Government Procurement* (GPA) vom 15.4.1994, das der Rat im Namen der Gemeinschaft mit Beschluss 94/800/EG vom 22.12.1994 geschlossen hat (ABl. EG L 336 vom 23.12.1994, S. 1 ff.). Veröffentlichung des Übereinkommens in allen Amtssprachen der Gemeinschaften, ABl. EG Nr. C 256 vom 3.9.1996, S. 1 ff.

10 Das deutsche Zustimmungsgesetz zum WTO-Abkommen beschränkt sich ausdrücklich auf dessen „ratifikationspflichtige" Teile, für die eine (wenigstens partielle) nationale Gesetzgebungskompetenz besteht, vgl. BGBl. II, S. 1438.

kerrechtlichen Sinne ist daher gem. Art. XXIV Nr. 1 GPA allein die EG mit ihrer Unterzeichnung geworden, nicht dagegen die Bundesrepublik Deutschland.[11] Dementsprechend hat auch lediglich die EG als solche einen *Appendix I* gem. Art. I Nr. 1, 3, 4 und Art. XXIV Nr. 1 GPA unterbreitet. Die aus dem Abkommen resultierenden Verpflichtungen bestehen also völkerrechtlich zwischen der EG und den anderen Vertragsparteien des GPA, d. h. zunächst im Verhältnis zu den USA, Kanada, Japan, Südkorea, Hong Kong (China), Island, Israel, Liechtenstein, Singapur und der Schweiz.[12]

Die völkerrechtliche Bindung der EG im Außenverhältnis führt nach der ständigen Rechtsprechung des Gerichtshofs dazu, dass die betreffenden Abkommen „*integrierende Bestandteile der Gemeinschaftsordnung*" darstellen.[13] Das GPA gehört somit zum Bestandteil des EG-Vergaberechts und steht im Rang zwischen dem Primär- und dem Sekundärrecht der Gemeinschaft.[14] Gem. Art. 300 Abs. 7 EG sind die EG-Abkommen nicht nur für die Gemeinschaftsorgane, sondern auch für die Mitgliedstaaten gemeinschaftsrechtlich verbindlich.

Mit dieser Feststellung ist allerdings noch nicht geklärt, ob die Vorschriften des GPA unmittelbar anwendbar sind, ob sie also Direktwirkung im EG-Recht entfalten. Die allgemeine Geltung des Völkerrechts im Gemeinschaftsrecht führt nicht immer auch zur innergemeinschaftlichen Anwendung.[15] Während der Europäische Rat sich gegen eine unmittelbare Wirkung ausspricht[16], wird die Frage im

---

11 *Dörr*, EuZW 1997, 37 (40).

12 Zum aktuellen Stand der Mitglieder sowie weiteren Informationen zum GPA siehe im Internet: www.wto.org.

13 Vgl. *EuGH*, Urteil vom Urteil vom 30.4.1974, Rs. 181/73 (*Haegemann II*), Slg. 1974, 449; *EuGH*, Urteil vom Urteil vom 26.10.1982, Rs. 104/81 (*Kupferberg*), Slg. 1982, 3641.

14 Obwohl der *EuGH* dies nie ausdrücklich so entschieden hat, hat er in jüngster Zeit zumindest eindeutig festgestellt, dass völkerrechtliche Verträge Vorrang vor sekundärem Gemeinschaftsrecht haben (vgl. *EuGH*, Urteil vom 10.9.1996, Rs. C-61/94 (*Kommission v. Deutschland*), Slg. 1996, I-3989). Der Vorrang des Primärrechts ergibt sich aus Art. 300 Abs. 5 EG, wonach ein dem EG-Vertrag widersprechendes Abkommen nur nach Vertragsänderung nach Art. 48 EU wirksam werden kann. Vgl. hierzu auch *Kunnert*, WTO-Vergaberecht, S. 385 ff.

15 Grundlegend hierzu *Bothe*, ZaöRV 1977, 122 (126 ff.)

16 Vgl. die Gemeinsamen Standpunkte (EG) Nr. 11 und 12/97 des Rates zur Änderung der Vergaberichtlinie 92/50/EWG, 93/36/EWG und 93/37/EWG vom 20.12.1996 (ABl. EG C 111/1 vom 9.4.1997) sowie 93/38/EWG (ABl. EG C

Schrifttum kontrovers diskutiert.[17] Der Gerichtshof hat die Frage bislang offen gelassen.[18] Aufgrund der inzwischen weitgehend erfolgten

---

111/65 vom 9.4.1997). In Abs. 1 S. 2 der Präambel der Umsetzungsrichtlinie des GPA (97/52/EG) vom 13.10.1997 über die Koordinierung der Verfahren zur Vergabe öffentlicher Dienstleistungs-, Liefer- und Bauaufträge (ABl. EG L 328/1 vom 28.11.1997) heißt es ausdrücklich: „*Das Beschaffungsabkommen hat keine unmittelbare Geltung.*" Diese Aussage findet sich auch in Erwägungsgrund Nr. 14 des Gemeinsamen Standpunkts (EG) Nr. 34/2003 vom 20.3.2003 im Hinblick auf den Erlass der Richtlinie des Europäischen Parlaments und des Rates zur Koordinierung der Zuschlagserteilung durch Auftraggeber im Bereich der Wasser-, Energie- und Verkehrsversorgung sowie der Postdienste (ABl. EU C 147 E vom 24.6.03, S. 137 ff).

17 Befürwortend *Waller*, Das Internationale Recht des geregelten Vergabewesens, S. 143 ff.; ablehnend *Kunnert*, WTO-Vergaberecht, S. 415 ff.; *Büsing*, Das WTO-Übereinkommen über das öffentliche Beschaffungswesen, S. 120 f. m. w. N.

18 Hinsichtlich des GATT 1947 hat der EuGH in der Vergangenheit eine unmittelbare Anwendbarkeit insbesondere mit Verweis auf die große Flexibilität der GATT-Bestimmungen stets verneint, vgl. *EuGH*, Urteil vom 16.3.1983, Rs. 266/81 (*SIOT*), Slg. 1983, 731 (Rn. 28); *EuGH*, vom 12.12.1972, verb. Rs. 21-24/72 (*International Fruit*), Slg. 1972, 1219 (Rn. 14); *EuGH*, Urteil vom 16.3.1983, verb. Rs. 267-269/81 (*SPI und Michelin*), Slg. 1983, 801 (Rn. 23); *EuGH*, Urteil vom 16.3.1983, verb. Rs. 290-291/81 (*Singer und Geigy*), Slg. 1983, 847 (Rn. 8). Selbst das neue, im Gegensatz zum alten GATT stärker *verrechtlichte* WTO-System hat zu keinem Umdenken des EuGH in dieser Frage geführt, vgl. *EuGH*, Urteil vom 5.10.1994 Rs. C-280/93 (*Bananen II*) Slg. 1994, I-4973; *EuGH*, Urteil vom 12.12.1995, Rs. C-469/93 (*Chiquita Italia*) Slg. 1995, I-4533. Er begründet seine ablehnende Haltung insbesondere mit dem Umstand, dass wichtige WTO-Mitglieder (wie etwa die USA und Japan) dem WTO-Recht die unmittelbare Anwendbarkeit versagen und insofern das im WTO-System wichtige *Prinzip der Gegenseitigkeit* durch eine Bejahung der unmittelbaren Anwendbarkeit in der EG negativ berührt werden würde. Den politischen Gemeinschaftsorganen würde durch eine WTO-Konformitätskontrolle durch den EuGH der durch das WTO-System vorgesehene Verhandlungsspielraum genommen, vgl. *EuGH*, Urteil vom 23.11. 1999, Rs. C-149/96 (*Portugal / Rat*) Slg. 1999, I-8395 ; *EuGH*, Beschluss vom 2.5.2001, Rs. C-307/99 (*OGT Fruchthandelsgesellschaft*) Slg. 2001, I-3159. Da der EuGH nicht zwischen den einzelnen Rechtsinstrumenten des WTO-Systems differenziert hat, erscheint auch das GPA nicht unmittelbar in der Gemeinschaft anwendbar. Die fehlende Gegenseitigkeit würde ansonsten dazu führen, dass z. B. ein Bieter aus den USA seine individuellen Handelsinteressen direkt vor den Gerichten der einzelnen EG-Mitgliedstaaten einklagen könnte, während umgekehrt ein Bieter aus der EG sich mit der Möglichkeit bescheiden müsste, die Kommission innerhalb oder außerhalb des verfahrensrechtlichen Rahmens der Verordnung Nr. 3286/94 des Rates vom 22.12.1994 gegen Handelshemmnisse (ABl. EG vom 31.12.1994, L 349/71) mit der Angelegenheit zu befassen bzw. seine Regierung aufzufordern, ein GATT-Streitbeilegungsverfahren zu initiieren.

Umsetzung in Gemeinschaftsrecht und nationales Recht soll auf den Streit hier nicht näher eingegangen werden.[19]

II. Regelungsumfang

Der persönliche und sachliche Anwendungsbereich ist gegenüber dem alten GATT-Kodex über Regierungskäufe erheblich erweitert worden. Das GPA gilt nunmehr neben zentralstaatlichen Vergabestellen auch für öffentliche Beschaffungen von „subföderalen" (regionalen und kommunalen) Stellen sowie für staatlich beherrschte Unternehmen, wie etwa die Deutsche Bahn AG. Neben Warenlieferungen sind auch Dienstleistungen und Bauaufträge sowie einzelne Sektoren (Wasserversorgung, Stromversorgung, öffentlicher Nahverkehr, Häfen und Flughäfen) einbezogen. Allerdings bestehen für einige Sektoren, wie z. B. das Telekommunikationswesen, die Gas- und Wärmeversorgung sowie für den Schienenverkehr umfangreiche Ausnahmen. Der genaue sachliche Anwendungsbereich richtet sich für jede Vertragspartei nach dem von ihr eingerichteten *Appendix I*[20] zum Abkommen, in dem auch der maßgebliche *Schwellenwert*[21], ab dem die Vergabe öf-

---

[19] Näher hierzu *Waller*, Das Internationale Recht des geregelten Vergabewesens, S. 136 ff.; *Kunnert*, WTO-Vergaberecht, S. 389 ff.

[20] *Annex 1* zu *Appendix 1* nennt alle obersten Bundesbehörden, *Annex 2* verweist auf die allgemeine Definition der EU- Richtlinien zu den von den Richtlinien erfassten öffentlichen Auftraggebern, die in § 98 Nr. 1 bis 3 GWB in deutsches Recht umgesetzt worden ist. *Annex 3* führt die vom GPA erfassten Sektorenauftraggeber auf. *Annex 4* nennt die vom GPA erfassten Dienstleistungen und *Annex 5* die vom GPA erfassten Bauleistungen. In den *General Notes* zu *Appendix 1* wird der Anwendungsbereich des GPA hinsichtlich einzelner Vertragspartner wieder eingeschränkt.

[21] Der Schwellenwert für die EG beträgt 5 Mio. Sonderziehungsrechte (SZR) für Bauleistungen, 130.000 SZR für Waren- und Dienstleistungen für Beschaffungsstellen der Zentralregierung und 400.000 SZR für alle anderen Beschaffungsstellen (vgl. *Appendix I - Annex 1-3*). Die Schwellenwerte des GPA entsprechen denen der Vergaberichtlinien. Bei den sog. Sonderziehungsrechten (SZR) handelt es sich um eine Rechnungseinheit, welche im Rahmen des Internationalen Währungsfonds (IWF) seit 1978 als hauptsächliches Reservemedium Verwendung findet und die internationale Liquiditätsversorgung von den Schwankungen des Goldpreises und den einzelstaatlichen Zahlungsbilanzentwicklungen unabhängig machen soll. Jedem IWF-Mitglied wird eine bestimmte Quote an SZR zugeteilt, welche z. B. zur Devisenbeschaffung jederzeit in Fremdwährungen umgetauscht werden kann. Die SZR ergänzen insofern die traditionellen Währungsreserven der

fentlicher Aufträge unter die Bestimmungen des Abkommens fällt, konkretisiert wird.

Als beherrschende Prinzipien wurden in Art. III Abs. 1 GPA das Verbot der Vertragsparteien zur Schlechterstellung von ausländischen Waren oder Dienstleistungen sowie ausländischen Lieferanten gegenüber inländischen Waren oder Dienstleistungen und inländischen Lieferanten (*Inländergleichbehandlung*) bzw. das Verbot der Ungleichbehandlung von ausländischen Waren oder Dienstleistungen sowie ausländischen Lieferanten untereinander (*Meistbegünstigung*) verankert. Zwar sichern sich die Vertragsparteien die nichtdiskriminierende Behandlung im Verhältnis zueinander „*umgehend und bedingungslos*" zu. Dies darf aber nicht darüber hinwegtäuschen, dass es im Zuge der Erweiterung des sachlichen und persönlichen Anwendungsbereichs zu einer klaren *Durchbrechung des Meistbegünstigungsprinzips* zugunsten eines unterschiedlichen Liberalisierungsgrades (je nach Vertragspartei bzw. Sektor) gekommen ist.[22] Das GPA basiert somit auf dem Prinzip der *Reziprozität*, das heißt, ein Vertrag mit unterschiedlichen Liberalisierungsgraden zwischen den Vertragsparteien.[23]

Mitgliedstaaten. Der Wert des SZR wird seit 1.1.1981 täglich auf der Basis eines „Korbes" der fünf wichtigsten Währungen der Mitglieder berechnet.

22 Das *Meistbegünstigungsprinzip* kommt zwischen den Vertragsmitgliedern im Grunde nur hinsichtlich der Beschaffungsstellen der Zentralregierungen (vgl. *Annex 1* zu *Appendix I* zum GPA) uneingeschränkt zur Wirkung. Auf dieser Ebene herrscht ein annähernd gleiches Liberalisierungsniveau. Für Liefer- und Dienstleistungsaufträge unterhalb dieser Ebene sowie Beschaffungsstellen für Sektoren (Wasser, Elektrizität, städtischer Verkehr, Häfen- und Flughäfen) haben die Vertragsparteien Zugeständnisse hingegen nur unter der Bedingung strikter *Reziprozität* gemacht (vgl. die *General Notes* zu *Appendix I* zum GPA).

23 Zum *System der variablen Geometrie* siehe *Kunnert*, WTO-Vergaberecht, S. 202 ff. Angesichts der beschränkten Mitgliederzahl des GPA beschloss die 2. WTO-Ministerkonferenz Ende 1996 in Singapur, eine WTO-Arbeitsgruppe zur Erstellung einer Studie zum Transparenzgedanken im öffentlichen Auftragswesen einzurichten. Die Ergebnisse sollen in ein geeignetes multilaterales Transparenzabkommen einfließen. Daran sollten sich nach Vorstellungen der Europäischen Kommission und Deutschlands multilaterale Verhandlungen über eine umfassende Öffnung der Beschaffungsmärkte anschließen. Die Transparenzarbeitsgruppe tagt seit Mitte 1997 in regelmäßigen Abständen. Auf der 4. WTO-Ministerkonferenz in Doha 2001 wurde beschlossen, zunächst die Arbeiten an einem Transparenzabkommen fortzusetzen. Nach der 5. Ministerkonferenz im Jahr 2003 sol-

Art. VII bis XVI GPA sehen detaillierte Dokumentations- bzw. Publikationsverpflichtungen vor (*Transparenz der Verfahren*). Danach ist jedem Bieter eines anderen Vertragstaates freier Zugang zum Vergabeverfahren zu gewährleisten. Das Vergabeverfahren muss transparent sein und darf Bieter aus anderen Vertragstaaten nicht diskriminieren.

Art. XX bis XXII GPA verpflichten die Vertragstaaten, für einen angemessenen *Rechtsschutz* gegen Handlungen von Auftraggebern zu sorgen, die gegen das GPA verstoßen.[24]

Die Lösung von Streitigkeiten zwischen den Vertragsparteien über die Einhaltung des GPA ist Aufgabe des *Dispute Settlement Body (DSB)* bzw. der von ihm eingesetzten *Panels*.[25]

Da das öffentliche Beschaffungswesen von den *multilateralen* Übereinkommen über den Warenhandel (GATT)[26] und Dienstleistungsverkehr (GATS)[27] ausgenommen ist, führt die gesonderte vertragliche Bindung notgedrungen zur Ungleichbehandlung zwischen den Vertragsparteien des GPA und den übrigen WTO-Mitgliedern und stellt somit Kernbereiche des GATT wie die Grundsätze der *Meistbegünstigung* und der *Inländergleichbehandlung* in Frage.[28]

B. Die Regelungen des Gemeinschaftsrechts

Dem öffentlichen Beschaffungswesen als einem der maßgeblichen Bereiche des Binnenmarktes kommt eine besondere wirtschaftliche Bedeutung zu.[29] Angesichts des wirtschaftlichen Stellenwerts dieses

---

sollen die Verhandlungen auf Basis eines Konsensbeschlusses über die Verhandlungsmodalitäten stattfinden.

24 Die Vorschriften sind an der sog. *Rechtsmittelrichtlinie* der EG angelehnt und gewährleisten den Bietern Individualrechtsschutz gegenüber den Beschaffungsstellen durch von den Vertragsparteien zu schaffende Beschwerdeinstanzen. Eine „Direktbeschwerde" bei einer übernationalen Instanz - unabhängig von der Inanspruchnahme der einzelstaatlichen Verfahren (Ausschöpfung des Rechtswegs) - wurde nicht normiert. Vgl. hierzu näher *Kunnert*, WTO-Vergaberecht, S. 313 ff.

25 Vgl. die Rechtsprechung des DSB zu Fällen des GPA unter: www.wto.org.

26 Vgl. Art. III Abs. 8 lit. a, Art. XVII Abs. 3 GATT (Anhang 1 A WTO-Übereinkommen).

27 Vgl. Art. XIII Abs. 1 GATS (Anhang 1 B WTO-Übereinkommen).

28 *Waller*, Das Internationale Recht des geregelten Vergabewesens, S. 97.

29 So geben die öffentlichen Auftraggeber der Mitgliedstaaten jährlich ca. 720 Mrd. Euro für Waren und Dienstleistungen aus, was etwa 11% des Bruttoinlandspro-

Sektors stellt die Liberalisierung der nationalen Beschaffungsmärkte eine wesentliche Voraussetzung für die Verbesserung der Funktionsfähigkeit des Binnenmarktes dar. Die Politik der Gemeinschaft in diesem Bereich zielt daher darauf ab, die nationalen öffentlichen Beschaffungsmärkte für den Wettbewerb aus anderen Mitgliedstaaten zu öffnen.[30]

I. Primärrecht

Ungeachtet der immensen wirtschaftlichen Bedeutung findet sich keine explizite Regelung des Vergaberechts im EG-Vertrag. Einen Bezug zum öffentlichen Auftragswesen weisen lediglich Art. 163 Abs. 2 EG im Zusammenhang mit der Forschung und technologischen Entwicklung sowie Art. 183 Nr. 4 EG auf, der die gleichberechtigte Teilnahme von Bewerbern aus den Mitgliedstaaten und solchen aus assoziierten Staaten bei Ausschreibungen der Gemeinschaft bezweckt. Hierbei handelt es sich jeweils um Sonderfälle, die kaum Rückschlüsse auf ein allgemeines europäisches Vergaberecht zulassen. Allerdings finden die allgemeinen Grundsätze des EG-Vertrags auch bei der Vergabe öffentlicher Aufträge Anwendung.[31] Im Rahmen der Verwirklichung des Binnenmarktes gemäß Art. 14 EG ist dabei die Herbeiführung eines einheitlichen Beschaffungsmarktes in den Mitgliedstaaten oberstes Ziel. Aus dem Diskriminierungsverbot des Art. 12 EG folgt bereits ein allgemeiner Grundsatz der Gleichbehandlung der Bieter. Daneben sind insbesondere die Regelungen über den freien Waren- und Dienstleistungsverkehr sowie die Niederlassungsfreiheit anwendbar.[32]

II. Sekundärrecht

Angesichts der bis zum heutigen Tage von protektionistischer Abschottung geprägten nationalen Beschaffungsmärkte stand die Schaf-

---

dukts der EU entspricht. Vgl. Grünbuch der Kommission „Das öffentliche Auftragswesen in der Europäischen Union: Überlegungen für die Zukunft" vom 27.11.1996, KOM (96) 583, S. 1 (Rn. 1.1).

30 Mitteilung der Kommission „Das öffentliche Auftragswesen in der Europäischen Union" vom 11.03.1998, KOM (98) 143, S. 1 ff.

31 *Riese*, Vergaberecht, S. 27; *Noch*, Vergaberecht und subjektiver Rechtsschutz, S. 5; *Schwarze*, Die Vergabe öffentlicher Aufträge im Lichte des europäischen Wirtschaftsrechts, S. 16 ff.

32 Vgl. unten S. 161 ff.

fung fairer, nichtdiskriminierender und transparenter Vergabeverfahren in den Mitgliedstaaten im Vordergrund der Bemühungen.[33] Zu diesem Zweck hat die Europäische Gemeinschaft vier Richtlinien erlassen, um in allen Mitgliedstaaten gleiche Bedingungen für den Wettbewerb zu schaffen[34]:

- *Dienstleistungskoordinierungsrichtlinie* (DKR)[35]
- *Lieferkoordinierungsrichtlinie* (LKR)[36]
- *Baukoordinierungsrichtlinie* (BKR)[37]
- *Sektorenkoordinierungsrichtlinie* (SKR)[38]

Mit der Absicht, das Vergaberecht durch eine Konsolidierung der Vergaberichtlinien zu vereinfachen und zu modernisieren, hat die Kommission Vorschläge zur Neufassung der Vergaberichtlinien vorgelegt.[39] Nachdem den Vorschlägen der Kommission mehrfach die erforderliche Zustimmung des Europäischen Parlaments versagt blieb, gelang am 2.12.2003 im Vermittlungsausschuss von Rat und Parlament die politische Einigung über die künftige Struktur des europä-

---

[33] Grünbuch der Kommission "Das öffentliche Auftragswesen in der Europäischen Union" vom 27.11.1996, KOM (96) 583, S. 1; zum Grünbuch siehe die Stellungnahme von *Arrowsmith*, 3 Eur. Publ. L. 389 ff.

[34] Erwägungsgrund Nr. 2 der Richtlinie 97/52/EG des Europäischen Parlaments und des Rates vom 13.10.1997 zur Änderung der Richtlinien 92/50/EWG, 93/36/EWG und 93/37/EWG über die Koordinierung der Verfahren zur Vergabe öffentlicher Dienstleistungs-, Liefer- und Bauaufträge (ABl. EG vom 28.11.1997, L 328/1).

[35] Richtlinie 92/50/EWG des Rates vom 18.6.1992 über die Koordinierung der Verfahren zur Vergabe öffentlicher Dienstleistungsaufträge (ABl. EG vom 24.7.1992, L 209/1); zuletzt geändert durch Richtlinie 2001/78/EG vom 13.9.2001 (ABl. EG vom 29.10.2001, L 285/1).

[36] Richtlinie 93/36/EWG des Rates vom 14.6.1993 über die Koordinierung der Verfahren zur Vergabe öffentlicher Lieferaufträge (ABl. EG vom 9.8.1993, L 199/1), zuletzt geändert durch Richtlinie 2001/78/EG vom 13.9.2001 (ABl. EG vom 29.10.2001, L 285/1).

[37] Richtlinie 93/37/EWG des Rates vom 14.6.1993 zur Koordinierung der Verfahren zur Vergabe öffentlicher Bauaufträge (ABl. EG vom 9.8.1993, L 199/54), zuletzt geändert durch Richtlinie 2001/78/EG vom 13.9.2001 (ABl. EG vom 29.10.2001, L 285/1).

[38] Richtlinie 93/38/EWG des Rates vom 14.6.1993 zur Koordinierung der Verfahren durch Auftraggeber im Bereich der Wasser-, Energie- und Verkehrsversorgung sowie im Telekommunikationssektor (ABl. EG vom 9.8.1993, L 199/84), zuletzt geändert durch Richtlinie 2001/78/EG vom 13.9.2001 (ABl. EG vom 29.10.2001, L 285/1).

[39] ABl. C 29 E vom 30.1.2001, S. 11 und 112 sowie ABl. C 203 E vom 27.8.2002, S. 183 und 210.

ischen Vergaberechts. Danach werden die bisherigen Vergaberichtlinien mit Inkrafttreten der beiden neuen Richtlinien (sog. *Klassische Richtlinie*[40] und *Sektoren-Richtlinie*[41]) am 30.4.2004 ersetzt. Ob damit eine Vereinfachung der Rechtslage gegenüber der früher geltenden Vergaberichtlinien erreicht wurde, kann jedoch angesichts der 84 Artikel der Klassischen Richtlinie und der 75 Artikel der Sektoren-Richtlinie sowie den zahlreichen Anhängen bezweifelt werden.

Primäres Ziel des koordinierten Vergaberechts ist die Liberalisierung der Beschaffungsmärkte (*Wettbewerbsprinzip*).[42] Dabei stellt der *Grundsatz der Nichtdiskriminierung* eines der grundlegenden Prinzipien des Vergaberechts dar. Es gewährleistet Chancengleichheit der potenziellen Interessenten, indem es deren Gleichbehandlung durch die öffentlichen Auftraggeber in sämtlichen Phasen des Vergabeverfahrens gebietet.[43] Aus dem Diskriminierungsverbot leitet sich die Verpflichtung zur Transparenz des Vergabeverfahrens ab (*Transparenzgebot*). Ein transparentes Verfahren soll die Nachprüfbarkeit der Entscheidung des Auftraggebers für einen bestimmten Bewerber gewährleisten und sicherstellen, dass das Verfahren unter Beachtung des Diskriminierungsverbots abläuft.[44] Das Transparenzgebot geht Hand in Hand mit dem Wettbewerbsprinzip, da nur ein transparentes Vergabeverfahren einen echten Wettbewerb ermöglicht.[45] So enthalten die Vergaberichtlinien detaillierte Vorgaben für die Bekanntmachung von öffentlichen Auftragsvergaben, die durchzuführenden Vergabeverfahren, die Auswahl der Angebote (Eignungsprüfung der Bieter), die Erteilung des Zuschlags bis hin zur Veröffentlichung der Ergebnisse des

---

40 Richtlinie 2004/18/EG des Europäischen Parlaments und des Rates vom 31.3. 2004 über die Koordinierung der Verfahren zur Vergabe öffentlicher Bauaufträge, Lieferaufträge und Dienstleistungsaufträge (ABl. EG vom 30.4.2004, L 134/114).

41 Richtlinie 2004/17/EG des Europäischen Parlaments und des Rates vom 31.3. 2004 über die Koordinierung der Zuschlagserteilung durch Auftraggeber im Bereich der Wasser, Energie- und Verkehrsversorgung sowie der Postdienste (ABl. EG vom 30.4.2004, L 134/1).

42 Vgl. Erwägungsgrund Nr. 2 der Klassischen Richtlinie; Erwägungsgrund Nr. 9 der Sektoren-Richtlinie (Erwägungsgrund Nr. 10 BKR, Erwägungsgrund Nr. 20 DKR, Erwägungsgrund Nr. 14 LKR).

43 *Koenig/Haratsch*, NJW 2003, 2637 (2638).

44 *EuGH*, Urteil vom 7.12.2000, Rs. C-324/98 (*Telaustria*), Slg. 2000, I-10745.

45 *Hailbronner*, in: Byok/Jäger, Vergaberecht, § 97 Rn. 135.

Vergabeverfahrens. *Rechtsmittelrichtlinien*[46] sehen die Möglichkeit der Nachprüfung von Vergabeentscheidungen vor.[47]

Allerdings findet das Sekundärrecht erst Anwendung, wenn der Auftragswert ein bestimmtes Volumen (sog. *Schwellenwerte*[48]) erreicht und der sachliche und personelle Anwendungsbereich einer Richtlinie gegeben ist, so dass das gemeinschaftliche Vergaberecht einen koordinierten Bereich mit materiellen und prozessualen Bieterrechten und einen unkoordinierten Bereich mit unterentwickelten Bieterrechten aufweist.

Das Primärrecht stellt den obersten Auslegungsmaßstab für die Normen der Vergaberichtlinien dar, so dass im Bereich der öffentlichen Auftragsvergabe ein Nebeneinander sekundären und primären Gemeinschaftsrechts festzustellen ist.[49]

C. Das deutsche Vergaberecht

Obwohl der deutsche Beschaffungsmarkt jährlich ein Volumen von rund 200 Mrd. Euro aufweist und damit erheblich Einfluss auf das Wirtschaftsleben ausübt[50], enthält das Grundgesetz keine ausdrücklichen Vorschriften zum geregelten Vergabewesen.[51]

---

[46] Richtlinie 89/665/EWG des Rates vom 21.12.1989 zur Koordinierung der Rechts- und Verwaltungsvorschriften für die Anwendung der Nachprüfungsverfahren im Rahmen der Vergabe öffentlicher Liefer- und Bauaufträge (ABl. EG vom 30.12. 1989, L 395/33), geändert durch die Richtlinie 92/50/EWG vom 18.6.1992 (ABl. EG vom 24.7.1992, L 209/1); Richtlinie 92/13/EWG des Rates vom 25.2.1992 zur Koordinierung der Rechts- und Verwaltungsvorschriften für die Anwendung der Gemeinschaftsvorschriften über die Auftragsvergabe durch Auftraggeber im Bereich Wasser-, Energie und Verkehrsversorgung sowie im Telekommunikationssektor (ABl. EG vom 23.3.1992, L 76/14).

[47] Zum Rechtsschutz vgl. *Drügemöller*, Vergabe und Rechtsschutz; *Noch*, Vergabe und Rechtsschutz; *Öhler*, Rechtsschutz bei der Vergabe öffentlicher Aufträge.

[48] Für Liefer- und Dienstleistungsaufträge, die von zentralen Regierungsbehörden vergeben werden, gilt ein Schwellenwert von 162.000 Euro, für alle sonstigen Liefer- und Dienstleistungsaufträge gilt ein Schwellenwert von 249.000 Euro. Für Bauaufträge beträgt der Schwellenwert generell 6.242.000 Euro (Art. 7 der Klassischen Richtlinie). Für Sektoren (Wasser-, Energie-, Verkehrsversorgung, Postdienste) gelten Schwellenwerte von 499.000 Euro für Liefer- und Dienstleistungsaufträge sowie 6.242.000 Euro für Bauaufträge (Art. 16 der Sektoren-Richtlinie).

[49] *EuGH*, C-45/87, Slg.1988, I-4929 ff.; EuGH, C-3/88, Slg.1988, I-4035 ff.

[50] Vgl. *Portz/Engelsing*, in: DStGB-Dokumentation 11/98, S. 4.

[51] Lediglich aus Art. 110 Abs. 1 i. V. m. Abs. 2 GG ist zu entnehmen, dass alle Einnahmen und Ausgaben des Bundes in einen Haushaltsplan einzustellen sind, des-

Das deutsche Vergaberecht war traditionell spezieller Gegenstand des Haushaltsrechts. Die einschlägigen Regeln finden sich im Haushaltsgrundsätzegesetz (§ 30 HGrG), in den Bundes- und Landeshaushaltsordnungen (§§ 55 BHO, LHO) sowie in den Haushaltsordnungen von sonstigen öffentlich-rechtlichen Körperschaften einschließlich der Gemeindehaushaltsordnungen der Länder.

Die Verpflichtung zur Umsetzung der EG-Vergaberichtlinien machte eine Änderung der Rechtsgrundlagen für die Vergabe öffentlicher Aufträge erforderlich. Mit Inkrafttreten des Vergaberechtsänderungsgesetzes[52] zum 1.1.1999 sind öffentliche Aufträge, deren Auftragswert einen bestimmten Schwellenwert erreicht, im vierten Teil des Gesetzes gegen Wettbewerbsbeschränkungen (§§ 97 ff. GWB) gesetzlich geregelt. Detaillierte Vergabeverfahrensvorschriften sind in der Vergabeverordnung (VgV)[53] und in den Verdingungsordnungen für Bauleistungen (VOB), für Leistungen (VOL) sowie für freiberufliche Leistungen (VOF) festgeschrieben. Regelungstechnisch liegt somit dem deutschen Vergaberecht ein *Kaskadenprinzip*[54] mit einem dreistufigen Aufbau zu Grunde: GWB, VgV, VOB/VOL/VOF.

Das deutsche Vergaberecht weist eine zweigliedrige Struktur (sog. *Zweiteilung des Vergabewesens*) auf:

Ab Erreichen bestimmter *Schwellenwerte*[55] findet das *Kartellvergaberecht*[56] (§§ 97 ff. GWB) i. V. m. der Vergabeverordnung[57] und den

---

sen Feststellung durch das Haushaltsgesetz erfolgt. Ferner weist Art. 114 Abs. 1 GG darauf hin, dass der Bundesminister der Finanzen über alle Einnahmen und Ausgaben sowie über das Vermögen und die Schulden im Laufe des nächsten Rechnungsjahres zur Entlastung der Bundesregierung Rechnung zu legen hat. Weitere Verfassungsbestimmungen, die das öffentliche Vergabewesen betreffen, fehlen.

52 Gesetz zur Änderung der Rechtsgrundlagen für die Vergabe öffentlicher Aufträge vom 26.8.1998, BGBl. I 1998, S. 2512 ff.

53 Verordnung über die Vergabe öffentlicher Aufträge i. d. F. der Bekanntmachung vom 11.2.2003, BGBl. I 2003, S. 169 ff.

54 *Koenig/Haratsch*, NJW 2003, 2637; *Bechthold*, GWB, Vorb. § 97 Rn. 17.

55 Für Bauaufträge beträgt der Schwellenwert 5 Mio. Euro, für Dienstleistungs- und Lieferaufträge liegt er jeweils bei 200.000 Euro. Für Liefer- und Dienstleistungsaufträge von Sektorenauftraggebern liegt der Schwellenwert bei 400.000 Euro, vgl. §§ 100, 127 GWB i. V. m. § 2 VgV.

56 *Bechthold*, Kartellgesetz, § 97 Rn. 3; *Burgi*, NZBau 2001, 65.

57 Verordnung über die Vergabe öffentlicher Aufträge (Vergabeverordnung - VgV) vom 22.2.1994 (BGBl. 1994 I, S. 321), in der Fassung der Bekanntmachung vom 11.2.2003 (BGBl. 2003 I, S. 168).

Verdingungsordnungen VOL/A, VOB/A (jeweils Abschnitte 2-4) und VOF Anwendung, mit der Folge, dass der öffentliche Auftrag europaweit ausgeschrieben werden muss.

Unterhalb der Schwellenwerte bilden immer noch das deutsche Haushaltsrecht[58] und auf seiner Grundlage die Bestimmungen der VOB/A und der VOL/A (jeweils Abschnitt 1) sowie weitere landesrechtliche Vorschriften (Erlasse und Richtlinien) den vergaberechtlichen Ausgangspunkt.

I. Grundsätze des Vergaberechts

Die allgemeinen Grundsätze des Vergaberechts leiten sich für öffentliche Aufträge oberhalb der Schwellenwerte aus den §§ 97 ff. GWB und unterhalb der Schwellenwerte aus den jeweiligen Haushalts- und Verdingungsordnungen[59] ab.

1. Wettbewerb und Transparenz

Leitende Prinzipien des Vergaberechts sind das *Wettbewerbsprinzip* und das *Transparenzgebot*. Nach den Verdingungsordnungen waren öffentliche Aufträge auch schon bislang im Wettbewerb zu vergeben. Die Aufnahme des Wettbewerbsprinzips in § 97 Abs. 1 GWB durch das Vergaberechtsänderungsgesetz (VgRÄG)[60] ist Ausdruck für das gewandelte Verständnis des Vergaberechts. Die Schaffung eines wettbewerblich orientierten Vergabeverfahrens mit den damit einhergehenden Rechtsschutzmöglichkeiten für die Bieter ist gegenüber dem zweiten Schutzzweck, der sparsamen Verwendung von Haushaltsmitteln, in den Vordergrund getreten. Das Wettbewerbsprinzip geht davon aus, dass ein Wettbewerb regelmäßig eine Garantie dafür bietet, dass die zur sparsamen Haushaltsführung verpflichteten Vergabestellen den Auftragsgegenstand zu den günstigsten Konditionen beschaffen können.

Da nur ein transparentes Vergabeverfahren einen echten Wettbewerb ermöglicht, ist das *Transparenzgebot* ein weiteres tragendes Gebot,

---

58 §§ 7, 55 BHO/LHO sowie entsprechende Vorschriften in den Gemeindehaushaltsverordnungen.

59 Vgl. § 2 VOB/A, § 2 VOL/A.

60 Gesetz zur Änderung der Rechtsgrundlagen für die Vergabe öffentlicher Aufträge (Vergaberechtsänderungsgesetz) vom 26.8.1998, BGBl. I 1998, S. 2512 ff.

das in § 97 Abs. 1 GWBO niedergelegt ist. Das Transparenzgebot wird in erster Linie durch die öffentliche Ausschreibung verwirklicht. Hierbei wird das Beschaffungsvorhaben öffentlich bekannt gemacht. Durch eine möglichst hohe Beteiligung soll bei uneingeschränktem Wettbewerb das wirtschaftlichste Angebot ermittelt werden. Dem Transparenzgebot ist in den Verdingungsunterlagen[61] umfassend Rechnung getragen.

2. Diskriminierungsverbot

§ 97 Abs. 2 GWB bestimmt, dass alle am Vergabeverfahren Interessierten gleich zu behandeln sind. Damit regelt er eine schon bislang geltende Selbstverständlichkeit des öffentlichen Vergabewesens.[62] Die Gleichbehandlung gehört zu den elementaren Prinzipien sowohl des nationalen Verfassungsrechts (Art. 3 GG) als auch des Gemeinschaftsrechts (Art. 12 EG). Im EG-Recht spielt insbesondere die Diskriminierung nach Herkunftsländern eine bedeutsame Rolle. Aufgrund von § 97 Abs. 2 GWB müssen Angebote ausländischer Unternehmen ebenso behandelt werden wie Angebote deutscher Bieter. Das Diskriminierungsverbot spielt konkret auch insofern eine Rolle, als bei der Auswahl der Bewerber für das *Nichtoffene Verfahren*[63] oder das *Verhandlungsverfahren*[64] alles unterlassen wird, was zu einer Benachteiligung bestimmter Bewerber führen könnte. § 97 Abs. 2 GWB verbietet auch die Diskriminierung inländischer Bewerber. Der Wettbewerb darf also nicht regional oder lokal beschränkt werden. Unterhalb der Schwellenwerte gilt für die öffentlichen Auftraggeber das Gleichbehandlungsgebot direkt über die unmittelbar anwendbaren Bestimmungen des primären Gemeinschaftsrechts.

---

61 Diese sehen drei Arten der Vergabe vor: Öffentliche Ausschreibungen, Beschränkte Ausschreibungen, Freihändige Vergabe, vgl. § 3 VOB/A u. B, § 3 VOL/A u. B).

62 Vgl. § 2 VOB/A und § 2 VOB/B; § 2 VOL/A und § 2 VOL/B; § 4 VOF.

63 Beim Nichtoffenen Verfahren wird der Auftrag im vorgeschriebenen Verfahren nach Aufforderung einer beschränkten Zahl von Unternehmen zur Einreichung von Angeboten vergeben. Es bestehen strenge Form- und Fristenbestimmungen (ähnlich wie beim Offenen Verfahren).

64 Beim Verhandlungsverfahren wird der Auftrag ohne ein förmliches Verfahren vergeben. Der Auftraggeber spricht ausgewählte Personen an, um über die Auftragsbedingungen zu verhandeln (§ 5 Abs. 1 VOF). Dieses Verfahren kommt bei der Vergabe von Aufträgen über freiberufliche Leistungen zur Anwendung.

II. Vergabeverfahren

Die Einzelheiten des deutschen Vergaberechts werden in der Vergabeordnung (VgV)[65] und den Verdingungsordnungen VOB[66], VOL[67] und VOF[68] geregelt, die detaillierte Bestimmungen über die Vergabe öffentlicher Bau-, Liefer- und Dienstleistungsaufträge sowie freiberufliche Leistungen enthalten.[69] Die VOB/A und VOL/A bestehen aus den drei Teilen A, B und C, wobei für das Vergaberecht hauptsächlich Teil A einschlägig ist.[70]

Das Vergabeverfahren oberhalb der Schwellenwerte - vereinfacht am Beispiel des Offenen Verfahrens dargestellt - beginnt damit, dass Vorinformationen und anschließend eine *Bekanntmachung* (u. a. im Amtsblatt der EU) veröffentlicht werden. Unterhalb der Schwellenwerte genügt eine Veröffentlichung durch Tageszeitungen, amtliche Veröffentlichungen oder Fachzeitschriften.[71] Im Anschluss an die Bekanntmachungen werden die Verdingungsunterlagen, welche präzise (funktionale) Leistungsbeschreibungen[72] enthalten, auf Antrag versandt. Nach Ablauf der Angebotsfrist werden die eingegangenen Bieterangebote in einem sog. Eröffnungstermin geöffnet und verlesen.

---

[65] Die Vergabeverordnung enthält nähere Bestimmungen über das bei der Vergabe enthaltene Verfahren und Nachprüfungsverfahren für öffentliche Aufträge oberhalb der Schwellenwerte der europaweiten Vergabe. Es verpflichtet die öffentlichen Auftraggeber ab einer bestimmten Auftragshöhe zur Anwendung der Verdingungsordnungen.

[66] Vergabe- und Vertragsordnung für Bauleistungen (VOB) in der Fassung der Bekanntmachung vom 12.9.2002 (BAnz. Nr. 202a vom 29.10.2002).

[67] Verdingungsordnung für Leistungen (VOL) in der Fassung der Bekanntmachung vom 17.9.2002 (BAnz. Nr. 216a vom 20.11.2002).

[68] Verdingungsordnung für freiberufliche Leistungen (VOF) in der Fassung der Bekanntmachung vom 12.8.2002 (BAnz. Nr. 203a vom 30.10.2002).

[69] Rechtsgrundlage hierfür ist § 97 Abs. 6 GWB.

[70] Dieser gliedert sich wiederum in vier Abschnitte: Abschnitt 1 gilt für Aufträge *unterhalb* der von den EG-Richtlinien vorgesehenen Schwellenwerte. Es handelt sich um die sog. *Basisparagraphen*; Abschnitt 2 gilt für alle Aufträge, die unter den Anwendungsbereich der Vergaberichtlinien BKR-, DKR und LKR fallen; Abschnitt 3 beinhaltet Regelungen für öffentliche Auftraggeber, deren Auftragsvergabe dem Anwendungsbereich der SKR unterliegen; Abschnitt 4 enthält Bestimmungen für private Auftraggeber, deren Auftragsvergabe zum Anwendungsbereich der SKR zählt. Die Verpflichtung zur Anwendung des Abschnitts 1 ergibt sich aus der Bundeshaushaltsordnung, den Landeshaushalts- oder Gemeindehaushaltsordnungen.

[71] *Koenig/Haratsch*, NJW 2003, 2637 (2641).

[72] Vgl. § 9 VOB/A bzw. § 8 VOL/A.

Die Wertung der Angebote erfolgt in vier Phasen.[73] Zunächst werden die wegen inhaltlicher oder formeller Mängel auszuschließenden Angebote ermittelt. In einer zweiten Phase erfolgt die Prüfung, ob der Bieter persönlich und sachlich geeignet ist (Eignungskriterien), die vertraglichen Verpflichtungen zu erfüllen (§ 97 Abs. 4, 1. Halbs. GWB). In einem dritten Schritt wird der Angebotsinhalt einer Prüfung unterzogen. Da der Zuschlag auf das wirtschaftlichste Angebot zu erfolgen hat (§ 97 Abs. 5 GWB), müssen die Kriterien der Ermittlung des wirtschaftlichsten Angebots dienen, wie z. B. der Preis, die Folgekosten oder die Lieferfrist. Hinsichtlich der Gewichtung der Zuschlagskriterien hat die Vergabestelle einen Beurteilungsspielraum.[74] Das Verfahren endet mit dem Zuschlag, der mit dem Vertragsschluss zwischen der Vergabestelle und dem Bieter zusammenfällt.[75] Vor dem Zuschlag sind die Bieter, die übergangen werden sollen, über ihre Nichtberücksichtigung zu informieren (§ 13 S. 1 VgV), wobei ihnen der Name des erfolgreichen Bieters mitzuteilen ist. Oberhalb der Schwellenwerte gewährleistet § 97 Abs. 7 GWB ein *subjektives Recht* auf Einhaltung der Vergabevorschriften.[76]

III. Änderung des deutschen Vergaberechts aufgrund der Neufassung der Vergaberichtlinien

Die Pflicht der Mitgliedstaaten, die neuen Vergaberichtlinien in nationales Recht bis spätestens am 31. Januar 2006 umzusetzen[77], bedingt eine Änderung des erst vor einigen Jahren den gemeinschaftsrechtlichen Erfordernissen angepassten deutschen Vergaberechts. Dies betrifft vor allem den Anwendungsbereich (Schwellenwerte) und das Vergabeverfahren (Möglichkeit der elektronischen Auftragsvergabe

---

73 *Thieme*, in: Lange, Kartellrecht, § 97 Rn. 16.

74 *Bechthold*, GWB, § 97 Rn. 32.

75 *Koenig/Haratsch*, NJW 2003, 2637 (2641).

76 Näher zum Rechtsschutz vgl. *Drügemöller*, Vergaberecht und Rechtsschutz; *Noch*, Vergaberecht und subjektiver Rechtsschutz. Unterhalb der Schwellenwerte verbleibt es beim haushaltsrechtlichen Ansatz, der dem Bieter grundsätzlich keinen Primärschutz gewährleistet. Der übergangene Bieter kann allerdings einen Anspruch auf Schadensersatz geltend machen aufgrund der Verletzung einer vorvertraglichen Schutzpflicht (§§ 280 Abs. 1, 241 Abs. 2 , 311 Abs. 2 BGB) oder aus deliktischem Verhalten (§§ 823, 826 BGB, §§ 20, 33 GWB), vgl. *König/Haratsch*, NJW 2003, 2637 (2641).

77 Art. 80 Klassische Richtlinie; Art. 71 Sektoren-Richtlinie.

sowie des Abschlusses von Rahmenvereinbarungen und der Schaffung von dynamischen Beschaffungssystemen).[78]

Der Umfang der erforderlichen Änderungen wirft erneut die Frage nach der Schaffung eines eigenständigen Vergabegesetzes[79] und der Beseitigung des *Kaskadenprinzips*[80] auf. Auch wenn beides rechtlich nicht zwingend erforderlich ist, wäre eine entsprechende Reform nicht nur aus Gründen der Rechtsklarheit zu begrüßen. Sie würde auch die gestiegene Bedeutung des Vergaberechts in angemessener Weise zum Ausdruck bringen.[81]

D. Das US-amerikanische Vergaberecht

In den USA stellen der *Armed Service Procurement Act*[82] und der *Federal Property and Administrative Services Act*[83] die gesetzliche Grundlage für das amerikanische Vergaberecht dar.[84] Daneben gibt es eine Vielzahl von Bundesgesetzen, die Einfluss auf das Vergabeverfahren nehmen.

Die Aufsplitterung des Vergaberechts und die daraus ergebenden Anwendungsschwierigkeiten für Behörden und Vertragspartner machten die Schaffung einer einheitlichen Vergabeverordnung, die *Federal Acquisition Regulation* (FAR)[85] notwendig. Neben dem Vergabeverfahren regelt sie auch allgemeine Vertragsbedingungen (*contract clauses*), die immer Vertragsbestandteil werden. Der Umfang der Vergabeverordnung von über 2200 Seiten lässt erkennen, welche enorme Anforderungen an die handelnden Akteure gestellt werden.

---

78 Siehe hierzu *Knauff*, EuZW 2004, 141.

79 Dafür *Maibom/Byok*, EuZW 1995, 629; *Dreher*, WuW 1997, 949 (950 f.).

80 Kritisch *Dreher*, NVwZ 1999, 1265 (1266 ff.); *Pache*, DVBl. 2001, 1781 (1790 f.).

81 So *Knauf*, EuZW 2004, 141 (144).

82 *Armed Service Procurement Act of 1947* (Pub. L. 413) as amended, as it appears in 10 U.S.C. §§ 2301 ff.

83 *Administrative Services Act of 1949* (Pub. L. 152) as amended, as it appears in title 41 of the Unites States Code.

84 Zur historischen Grundlage siehe *Achenbach*, Der Schutz unterlegener Bieter nach US-amerikanischem Recht, S. 36 ff.

85 Die FAR ist kodifiziert im 48. Band des *Code of Federal Regulations* (CFR) und im Internet (www.arnet.gov/far/) abrufbar.

I. Vergabegrundsätze

Primäres Ziel der *Federal Acquisition Regulation* ist es, dem öffentlichen Auftraggeber in kürzester Zeit die beste (*best value*) Ware oder Dienstleistung zu verschaffen und dabei gleichzeitig die Ausgaben öffentlicher Gelder sowie die Erfüllung politischer Ziele im Augen zu behalten.[86] Dabei stellen das Wirtschaftlichkeits- und Transparenzgebot sowie das Wettbewerbsprinzip wesentliche Grundsätze des amerikanischen Vergaberechts dar. Daneben ist die Berücksichtigung von Sekundärzwecken fester Grundsatz des amerikanischen Vergaberechts.

> „*The Federal Acquisition System will- (1) Satisfy the customer in terms of cost, quality, and timeliness of the delivered product or service by* [...] [p]*romoting competition;(2) Minimize administrative operating costs; (3) Conduct business with integrity, fairness, and openness; and (4) Fulfill public policy objectives.*“[87]

II. Vergabeverfahren

Alle zivilen[88] und militärischen[89] Bundesbehörden und die vollständig im Eigentum des *Federal Government* stehenden juristischen Personen des Privatrechts[90] haben bei ihren Beschaffungen die einschlägigen Vergabevorschriften anzuwenden.

Der sachliche Anwendungsbereich der gesetzlichen Vorgaben erstreckt sich auf alle Aufträge mit einem Volumen von mehr als 2.500 US Dollar.[91] Unterhalb dieses Schwellenwertes bedarf es keiner wettbewerblichen Vergabe des Auftrages. Die Wahl des Vertragspartners steht im Ermessen des ermächtigten Vergabebeamten, der einen angemessenen (*reasonable*) Preis auszuhandeln hat.[92] Allerdings sind diese Kleinaufträge (*micro-purchases*) gleichmäßig unter den vorhandenen Anbietern zu verteilen.[93]

---

86 FAR 1.102 (a).
87 FAR 1.102 (b).
88 41 U.S.C. § 252 (a).
89 10 U.S.C. § 2303.
90 41 U.S.C. § 5 (a).
91 41 U.S.C. § 428 (c).
92 Ebd.
93 41 U.S.C. § 428 (d).

1. Simplified acquisition procedures

Bei Aufträgen zwischen 2.500 und 100.000 US Dollar haben die Behörden ein vereinfachtes Vergabeverfahren (*simplified acquisition procedures*)[94] anzuwenden. Den Vergabebehörden ist vorgegeben, Aufträge in dieser Größenordnung nach größtmöglichem Wettbewerb zu vergeben.[95] Ferner wird der Wettbewerb dadurch eingeschränkt, dass Aufträge bis zu 100.000 US Dollar kleinen und mittelständischen Unternehmen sowie benachteiligten Kleinunternehmen (wie z. B. den *Small disadvantaged business* und den *Women-owned small business*)[96] vorbehalten ist.[97]

2. Sealed bidding

Bei einem Auftragsvolumen ab 100.000 US Dollar ist ein uneingeschränktes wettbewerbliches Vergabeverfahren (*full and open competition*)[98] durchzuführen.

Der Zuschlag wird auf das Angebot erteilt, welches am vorteilhaftesten für die Bundesregierung ist. Diese Anforderung ist nicht mit der deutschen Regelung des Zuschlags auf das wirtschaftlichste Angebot zu verwechseln. Vielmehr dürfen bei der Evaluierung der Angebote lediglich der Angebotspreis oder mit dem Preis in Zusammenhang stehende Faktoren eine Rolle spielen.

> „*(a) The contracting officer shall make a contract award (1) by written or electronic notice, (2) within the time for acceptance specified in the bid or an extension (see 14.404-1(d)), and (3) to that responsible bidder whose bid, conforming to the invitation, will be most advantageous to the Government, considering only price and the price-related factors (see 14.201-8) included in the invitation.*“[99]

---

94 Vgl. FAR Part 13.
95 FAR 13.104.
96 Zu den *Small Business Programs* siehe FAR Part 19.
97 FAR 13.003 (b).
98 FAR 6.001.
99 FAR 14.408-1.

3. Negotiation

Im Wege von Verhandlungen (*negotiation*)[100] kann ein Zuschlag nur erteilt werden, wenn z. B. lediglich ein Lieferant zur Verfügung steht und kein anderes Produkt die Nachfrage der Bundesbehörde befriedigen kann, eine Ausschreibung so zeitaufwändig wäre, dass die nationalen Interessen ernsthaft gefährdet werden würden, eine Forschungs- oder Entwicklungseinrichtung gefördert werden soll, die Bestimmungen eines Internationalen Abkommens eine freihändige Vergabe notwendig machen, es gesetzlich vorgeschrieben ist oder die nationale Sicherheit es erfordert.[101]

---

[100] Siehe FAR Part 15.
[101] Siehe FAR Part 6.3.

Kapitel Zwei

Die Verfolgung von Sekundärzwecken nach US-amerikanischem Recht

Neben dem wirtschaftlichen Einkauf der Bundesbehörden durch ein wettbewerbliches und transparentes Vergabeverfahren stellt die Erfüllung politischer Ziele ein weiteres wesentliches Grundprinzip des US-amerikanischen Beschaffungswesens dar.[102]

A. Förderung von Minderheiten und Frauen

Seit den sechziger Jahren ist die Vergabe von Bundesaufträgen an Fördermaßnahmen (*Affirmative Action*) zugunsten von Minderheiten und Frauen gekoppelt. Die verfassungsrechtlichen Rahmenbedingungen der *Affirmative Action* werden unten eingehen behandelt. Spezifische Rechtsgrundlage im Vergaberecht bildet hierfür die *Executive Order 11246.*[103] Danach müssen sich Auftragnehmer bei einem Auftragswert über 10.000 US Dollar damit einverstanden erklären (sog. *equal opportunity clause*), ihre Beschäftigten und Bewerber nicht aufgrund ihrer Rasse, Farbe, Religion, Geschlecht oder nationaler Herkunft zu diskriminieren. Darüber hinaus sind sie verpflichtet, Mitglieder unterrepräsentierter Gruppen durch *Affirmative Action* Maßnahmen zu fördern:

> „[...] *During the performance of this contract, the contractor agrees as follows:*
>
> (1) *The contractor will not discriminate against any employee or applicant for employment because of race, color, religion, sex, or national origin. The contractor will take affirmative action to ensure that applicants are employed, and that employees are treated during employment, without regard to their*

---

[102] Vgl. FAR 1.102 (b) (4).

[103] *Executive Order 11246 of September 24, 1965*, 3 C.F.R. 339 (1964-65), as amended. Siehe ferner unten S. 81 ff.

race, color, religion, sex, or national origin. Such action shall include, but not be limited to the following: Employment, upgrading, demotion, or transfer, recruitment or recruitment advertising; layoff or termination; rates of pay or other forms of compensation; and selection for training, including apprenticeship [...].“[104]

Die Bedeutung der Präsidentenverordnung erschließt sich dadurch, dass der Gesamtwert der öffentlichen Aufträge des Bundes jährlich 200 Milliarden US Dollar übersteigt.[105] Rund 200.000 Auftragnehmer haben Verträge mit dem Bund geschlossen, die insgesamt mehr als 26 Millionen Personen (ca. 22 % der Gesamtbeschäftigten) beschäftigen.[106]

Für die Umsetzung und Kontrolle der Präsidentenverordnung ist das *Office of Federal Contract Compliance Programs* (OFCCP), eine Unterabteilung des Arbeitsministeriums (*Department of Labor*- DOL), verantwortlich, das ein umfassendes Regelwerk[107] erlassen hat, welches für alle Bundesbehörden verbindlich ist.

Die Anforderungen an *Affirmative Action* Maßnahmen zugunsten von Minderheiten und Frauen sind je nach Auftragsart, Beschäftigtenzahl und Auftragswert unterschiedlich stark ausgeprägt:

Unabhängig von der Auftragsart sollen Auftragnehmer und Subunternehmer jährlich einen genauen Bericht über den Bestand von Minderheiten und Frauen in ihren Unternehmensbereichen sowie Förderungsmaßnahmen und Verbesserungen hinsichtlich der gleichen Arbeitsbedingungen erstellen:

„[…] *Each prime contractor and subcontractor shall file annually, on or before the September 30, complete and accurate reports on Standard Form 100 (EEO-1) promulgated jointly by*

---

104 41 C.F.R. § 60-1.4 (a). Die Klausel ist abgedruckt in FAR 52.222-26.

105 Das Gesamtvolumen öffentlicher Aufträge des Bundes ist von 179,4 Mrd. US Dollar im Jahr 1993 auf bis zu 234,9 Mrd. US Dollar im Jahr 2001 angestiegen, vgl. 2001 Federal Procurement Report (FPR), veröffentlicht im Internet unter: www.fpdc.gov/fpdc/fpdc_home.htm.

106 Angaben des *Offices of Federal Contract Compliance Programs* (OFCCP) veröffentlicht im Internet unter: www.dol.gov/esa/regs/compliance/ofccp/aa.htm. Vgl. auch *The Employment Standards Administration* (ESA), Fiscal Year 2003 Annual Performance Plan, veröffentlicht im Internet unter: www.dol.gov/esa/.

107 41 C.F.R. §§ 60-1 ff., siehe Anhang.

the Office of Federal Contract Compliance Programs, the Equal Employment Opportunity Commission and Plans for Progress or such form as may hereafter be promulgated in its place if such prime contractor or subcontractor (i) is not exempt from the provisions of these regulations in accordance with Sec. 60-1.5 […]"[108]

Da das *Office of Federal Contract Compliance Programs* (OFFCP) und die *Equal Employment Opportunity Commission* (EEOC) Einsicht in die Berichte verlangen kann, stellt dies eine faktische Berichtspflicht dar. Verfehlungen hinsichtlich der fristgerechten Erstellung oder der Genauigkeit der Angaben können zu Sanktionen der Vergabestelle gegenüber dem Auftragnehmer führen.[109]

Bei Waren- und Dienstleistungsaufträgen[110] besteht eine aktive Förderungspflicht für Unternehmen und Subunternehmen mit 50 oder mehr Beschäftigten und einem Auftragsvolumen von mindestens 50.000 US Dollar.[111] Sind diese Vorgaben erreicht, ist der Auftragnehmer (und Subunternehmer) verpflichtet, innerhalb von 120 Tagen einen schriftlichen, ergebnisorientierten Förderplan (*Affirmative Action Program* - AAP)[112] für jedes seiner Unternehmensbereiche aufzustellen, der die Schaffung gleicher Arbeitsverhältnisse (*equal employment opportunity* - EEO) zum Ziel hat und durch zumutbare *action-oriented* Maßnahmen dargelegt wird:

---

108 41 C.F.R. § 60-1.7 (a).

109 Zu Sanktion siehe *Panken*, Understanding the Amended Executive Order 11246 Affirmative Action Reporting Requirements, veröffentlicht im Internet unter: www.ebglaw.com/article_493.html.

110 Für Bauaufträge gelten, 41 C.F.R. §§ 60-4 ff., siehe Anhang.

111 Unter der Präsidentschaft *Jimmy Carters* wurde der Geltungsbereich erweitert, indem die Anzahl der Beschäftigten auf 15 und das Mindestvertragsvolumen auf 10.000 US Dollar herabgesetzt wurde. Unter Präsident *Ronald Reagan* wurde die Nutzung der öffentlichen Auftragsvergabe als sozialpolitisches Instrument stark eingeschränkt, indem die Mindestgrenze der Beschäftigtenzahl auf 250 und das Auftragsvolumen auf 1 Mio. US Dollar erhöht wurde, so dass 75 % der bisherigen Firmen bei öffentlichen Aufträgen nicht mehr an AAPs gebunden waren. Präsident *Bill Clinton* senkte die Mindestgrenze der Beschäftigtenzahl wieder auf 50 und das Auftragsvolumen auf 50.000 US Dollar. Zur Abhängigkeit der Gleichstellungsbehörden für Minderheiten und Frauen vom politischen Kurs der jeweiligen Administration vgl. *Wood*, 34 AJPS 503 ff.

112 Zur Entwicklung eines AAP siehe *Dolin/Rozmus/Blum*, Employment Discrimination; *Alvarez*, C953 ALI-ABA 185 ff.; *DiLiberto*, 42 Vill. L. Rev. 2039 ff.

„[...] *Each nonconstruction contractor must develop and maintain a written affirmative action program for each of its establishments if it has 50 or more employees and* [has] *a contract of $50,000 or more* [...]. *The affirmative action programs* [...] *must be developed within 120 days from the commencement of a contract and must be updated annually* [...]."[113]

Der Auftragnehmer hat im Förderplan (AAP) eine Selbstanalyse vorzunehmen, aus der hervorgehen muss, in welchen Unternehmensbereichen Minderheiten und Frauen nicht hinreichend eingesetzt werden. Da die Analyse einzig auf der statistischen Unterrepräsentation von Minderheiten und Frauen anknüpft, ist es - im Unterschied zu *Title VII* des *Civil Rights Act of 1964* - unerheblich, ob die bestehende Diskrepanz das Ergebnis früherer Diskriminierung ist. Stellt sich bei der Analyse heraus, dass in einzelnen Arbeitsplatzbereichen weniger Minderheiten oder Frauen beschäftigt sind als vernünftigerweise aufgrund ihrer Verfügbarkeit zu erwarten wäre, so ist der Auftragnehmer zur Korrektur dieser Defizite verpflichtet:

„[...] *Affirmative action programs contain a diagnostic component which includes a number of quantitative analyses designed to evaluate the composition of the workforce of the contractor and compare it to the composition of the relevant labor pools. Affirmative action programs also include action-oriented programs. If women and minorities are not being employed at a rate to be expected given their availability in the relevant labor pool, the contractor's affirmative action program includes specific practical steps designed to address this underutilization. Effective affirmative action programs also include internal auditing and reporting systems as a means of measuring the contractor's progress toward achieving the workforce that would be expected in the absence of discrimination.*"[114]

Die Selbstanalyse bildet die Grundlage für die Beseitigung jeglicher Diskriminierungspolitik oder -praxis im Unternehmen des Auftragnehmers, die mit Hilfe von geeigneten Maßnahmen sowohl bei der Personalrekrutierung als auch im Bereich der Weiterbildung umzusetzen ist, um den Einsatz qualifizierter Minderheiten und Frauen zu sichern:

---

[113] 41 C.F.R. § 60-2.1.

[114] 41 C.F.R. § 60-2.10 (a) (1).

„[...] *An affirmative action program includes those policies, practices, and procedures that the contractor implements to ensure that all qualified applicants and employees are receiving an equal opportunity for recruitment, selection, advancement, and every other term and privilege associated with employment* [...]."[115]

Der Auftragnehmer hat im AAP quantifizierte Daten über die Gesamtanzahl von Männern und Frauen sowie deren Anteil an Minderheitengruppen („*Blacks, Hispanics, Asians/Pacific Islanders, and American Indians/Alaskan Natives*") für jeden Unternehmensbereich (sog. *organizational profile*)[116] auszuweisen und Angaben über deren Berufsbezeichnung und Gehaltsstufen zu machen.

Um die bestehende Anzahl von Minderheiten und Frauen mit der zu erwarteten Anzahl von qualifizierten, aber unterrepräsentierten Gruppen vergleichen zu können, hat der Auftragnehmer eine *job group analysis*[117] vorzunehmen, indem er alle Tätigkeiten im Unternehmen mit ähnlichen Inhalten, Gehältern und Beschäftigungsmöglichkeiten zu einzelnen Berufsgruppen zusammenfasst.[118]

Der Auftragnehmer hat für jede Berufsgruppe die Anzahl der Minderheiten und Frauen in Prozent anzugeben (*placement of incumbents in job groups*)[119] und eine Erreichbarkeit festzulegen, die anhand demographischer Faktoren zu ermitteln ist (*determining availability*).[120] Diese haben sich an der Prozentzahl der qualifizierten Minderheitenangehörigen und Frauen innerhalb eines bestimmten Gebiets zu orientieren, aus dem der Auftragnehmer seine Belegschaft rekrutiert. Dabei hat er Statistiken von örtlichen Arbeitsämtern oder Ausbildungsinstituten (z. B. von *Colleges*) zugrunde zu legen.

Der Auftragnehmer hat die Prozentzahl von Minderheiten und Frauen in seinen Berufsgruppen mit der Prozentzahl der zu erwartenden Er-

---

115 41 C.F.R. § 60-2.10 (a) (3).

116 41 C.F.R. § 60-2.11.

117 41 C.F.R. § 60-2.12.

118 Auftragnehmer mit weniger als 150 Beschäftigten kann die *Standard Form 100, Employer Information Report EEO-1* der EEOC benutzen. Diese sieht folgende Berufsgruppen vor: Führungskräfte, Berufsträger mit qualifizierter Ausbildung, Techniker, Verkäufer, Büroangestellte, gelernte Handwerker, angelernte Fabrikarbeiter, ungelernte Arbeiter und Dienstleister, vgl. 41 C.F.R. § 60-2.12 (e).

119 41 C.F.R. § 60-2.13.

120 41 C.F.R. § 60-2.14.

reichbarkeit dieser Gruppen zu vergleichen (*comparing incumbency to availability*).[121] Ist die Prozentzahl der Minderheiten und Frauen in den Berufsgruppen geringer als die zu erwartende Erreichbarkeit, so ist der Auftragnehmer verpflichtet, quantifizierte Zielvorgaben (*placement goals*) zur Förderung der unterrepräsentierten Personengruppen festzulegen.

Die *placement goals* dienen als Zielsetzungen, die vernünftigerweise nach besten Anstrengungen erreicht werden können und zu einer Korrektur der zuvor festgestellten Defizite und zu gleichen Arbeitsbedingungen führen:

> „*Placement goals serve as objectives or targets reasonably attainable by means of applying every good faith effort to make all aspects of the entire affirmative action program work. Placement goals also are used to measure progress toward achieving equal employment opportunity.*"[122]

Neben den Zielvorgaben hat der Auftragnehmer auch den Zeitraum zu benennen, innerhalb dessen der AAP umzusetzen ist. Dabei ist er verpflichtet, Jahreszielsetzungen in Prozenten für Frauen oder Minderheiten festzulegen, die die Erreichbarkeit dieser Gruppen in den einzelnen Berufsgruppen zum Ziel hat:

> „*Where* [...] *a contractor is required to establish a placement goal for a particular job group, the contractor must establish a percentage annual placement goal at least equal to the availability figure derived for women or minorities, as appropriate, for that job group.*"[123]

Obwohl in der öffentlichen Meinung Ziele (*goals*) mit Quoten (*quotas*) gleichgestellt werden, ist die Festlegung von starren und unflexiblen Quoten, an denen sich Personalentscheidungen orientieren, ausdrücklich verboten; dies gilt auch für die Festlegung von festen Gruppenkontingenten (sog. *set-asides*):

> „[...] *Placement goals may not be rigid and inflexible quotas, which must be met, nor are they to be considered as either a ceiling or a floor for the employment of particular groups. Quotas are expressly forbidden.* [...] *Placement goals do not*

---

121 41 C.F.R. § 60-2.15.
122 41 C.F.R. § 60-2.16 (a).
123 41 C.F.R. § 60-2.16 (c).

create set-asides for specific groups, nor are they intended to achieve proportional representation or equal results [...]."[124]

Um die Ziele zu erreichen, ist der Auftragnehmer niemals verpflichtet, eine Person einzustellen, die nicht über die nötigen Qualifikationen verfügt. Er muss auch nicht eine weniger qualifizierte Person gegenüber einer höher qualifizierten Person bevorzugen.[125]

Der AAP hat darüber hinaus Auskunft zu geben, welche Person für die Umsetzung des AAP verantwortlich ist. Er hat eine umfassende Analyse zu enthalten, aus der hervorgeht, ob und in welchen Bereichen (Einstellung, Lohn, Beförderung, Beendigung des Arbeitsverhältnisses) Hindernisse für gleiche Arbeitsbedingungen bestehen. Der Auftragnehmer hat wirkungsvolle Gegenmaßnahmen zu entwickeln und umzusetzen. Schließlich hat er interne Prüfungen über die Effektivität seiner *Affirmative Action* Maßnahmen durchzuführen.[126]

Der AAP ist dem OFCCP auf Verlangen zur Verfügung zu stellen.[127]

Für Bauaufträge gelten andere Anforderungen an *Affirmative Action* Maßnahmen.[128] Bauunternehmer (und Subunternehmer) müssen keinen schriftlichen Förderplan (AAP) erstellen. Im Gegensatz zu Waren- und Dienstleistungsaufträgen, bei denen die Unternehmen nach besten Anstrengungen („*every good faith* effort") Maßnahmen, Zielsetzungen und Zeiträume selbst aufstellen, legt das OFCCP einzelne Schritte fest, die zu gleichen Arbeitsbedingungen (*equal employment opportunity* - EEO) führen sollen:

> „*The Contractor shall take specific affirmative actions to ensure equal employment opportunity. The evaluation of the Contractor's compliance with these specifications shall be based upon its effort to achieve maximum results from its actions. The Contractor shall document these efforts fully, and shall implement affirmative action steps at least as extensive as the following:*
>
> *a. Ensure and maintain a working environment free of harassment, intimidation, and coercion at all sites, and in all facilities*

---

124 41 C.F.R. § 60-2.16 (e).
125 41 C.F.R. § 60-2.16 (e) (4).
126 41 C.F.R. § 60-2.17.
127 41 C.F.R. § 60-2.10 (c).
128 41 C.F.R. § 60-4.

> *at which the Contractor's employees are assigned to work. The Contractor, where possible, will assign two or more women to each construction project. The Contractor shall specifically ensure that all foremen, superintendents, and other on-site supervisory personnel are aware of and carry out the Contractor's obligation to maintain such a working environment, with specific attention to minority or female individuals working at such sites or in such facilities.*
>
> *b. Establish and maintain a current list of minority and female recruitment sources, provide written notification to minority and female recruitment sources and to community organizations when the Contractor or its unions have employment opportunities available, and maintain a record of the organizations' responses.* [...]"[129]

Der Bauunternehmer hat die Maßnahmen zu dokumentieren. Das OFCCP soll von Zeit zu Zeit Zielsetzungen (*goals*) und Zeiträume (*timetables*) für den Bestand von Minderheiten und Frauen festlegen. 1980 wurde der Frauenanteil auf 6,9 % festgesetzt. Diese Zielsetzung besteht bis heute unverändert fort.[130] Die Zielsetzungen für Minderheiten variieren je nach geographischen Gebieten sehr stark. Da das OFCCP keine Zeiträume festgelegt hat, in denen die Zielsetzungen erreicht werden sollen, ist die Verpflichtung zu *Affirmative Action* Maßnahmen bei Bauaufträgen, im Gegensatz zu Dienst- und Warenaufträgen, eher schwach ausgeprägt.

Das OFCCP hat sog. *compliance evaluations* durchzuführen, um zu überprüfen, ob der Auftragnehmer nichtdiskriminierende Praktiken bei Einstellung und Beschäftigung einhält und Fördermaßnahmen ergreift, um gleiche Arbeitsbedingungen zu schaffen. Die Überprüfung (*compliance review*) stellt eine umfassende Analyse und Bewertung der Einstellungs- und Beschäftigungspraktiken des Auftragnehmers, des schriftlichen Förderplans (AAP) sowie die Ergebnisse seiner durchgeführten *Affirmative Action* Maßnahmen dar.[131] Mit seinen rund 700 Angestellten konnte das OFCCP 2003 ca. 7.700 *compliance reviews* durchführen, wodurch etwa 2,5 Millionen Beschäftigte in die Jurisdiktion des OFCCP fielen.

---

[129] 41 C.F.R. § 60-4.3 (a) (7).
[130] Vgl. OFCCP, www.dol.gov/esa/regs/compliance/ofccp/aa.htm.
[131] 41 C.F.R. § 60-1.20 (a).

Beschwerden aufgrund von Diskriminierungen müssen innerhalb von 180 Tagen beim OFCCP gestellt werden.[132]

Verstöße gegen die *Executive Order 11246*, der *Equal Opportunity Clause* oder den *Regulations* können zu einem mehrstufigen Verwaltungsverfahren bis hin zu gerichtlichen Zwangsmaßnahmen führen.[133] Wird ein Verstoß festgestellt, so schlägt das OFCCP Empfehlungen zur Lösung vor und verhandelt im Wege des Schlichtungsverfahrens (*conciliation proceedings*) mit dem Vertragspartner (Auftragnehmer) über Vertragsveränderungen, Rückzahlungen oder Schadensersatz.[134] Scheitert das Schlichtungsverfahren, so kann die OFFCP dem *Solicitor of Labor* vorschlagen, das hierfür vorgesehene Vollstreckungsverfahren einzuleiten und passende Sanktionen auszusprechen.[135] Als Sanktionen kommen insbesondere Suspendierung, Kündigung, Auftragsperre sowie Schadenersatz in Betracht.[136]

Von den Sanktionsmitteln der Stornierung, Beendigung oder Suspendierung des Vertrages und dem Ausschluss von zukünftigen Aufträgen wird nur selten Gebrauch gemacht. Meist wird die Vertragsverletzung im Wege eines *conciliation agreement* ausgeräumt. Seit 1990 haben 43 der größten Auftragnehmer ca. 3,4 Milliarden US Dollar an *fines/penalties*, *restitutions* und *settlements* gezahlt. Nur bei einem wurde der Vertrag für ganze 5 Tage ausgesetzt.[137]

---

[132] 41 C.F.R. § 60-1.21.

[133] 41 C.F.R. § 60-1.26.

[134] 41 C.F.R. § 60-1.26 (b), 41 C.F.R § 60-1.33.

[135] 41 C.F.R. § 60-1.26 (b).

[136] 41 C.F.R. § 60-1.27.

[137] Die Liste von Unternehmen, die vom *Federal Procurement Programs* ausgeschlossen sind, kann beim *U.S. General Services Administration* (GSA) eingesehen werden. 1982 waren von 29.000 Unternehmen allerdings nur 13 von der Beendigung eines Vertrages betroffen, 1990 nur eines. Dies stellt eine verschwindend geringe Prozentzahl dar. Zehn Unternehmen wurden dagegen für ihre Anstrengungen über die gesetzlichen Mindestanforderungen hinaus ausgezeichnet. Jedes Jahr werden Unternehmen für ihre *Affirmative Action* Anstrengungen, die über die gesetzlichen Mindestanforderungen hinausgehen, ausgezeichnet, um positive Anreize zu setzen und somit die gleichen Beschäftigungsstandards und die Nichtdiskriminierung zu fördern. Derzeit werden drei Preise vergeben - den *Secretary of Labor's Opportunity Award*, den *Exemplary Voluntary Efforts Award* (EVE) und den *Exemplary Public Interest Contribution Awards* (EPIC). Die Liste der Preisempfänger ist bei der *Employment Standards Administration* (ESA) des Department of Labor (DOL) veröffentlicht: www.dol.gov/esa.

Im Rahmen der bisher bedeutendsten Streitbeilegung erreichte die OFCCP 1989, dass sich der Vertragspartner zu Rückzahlungen (*back pay*) in Höhe von 14 Millionen US Dollar an seine benachteiligt beschäftigten Frauen und Minderheiten in einem *conciliation agreement* verpflichtete.[138] Einzelne Arbeitnehmer können zwar Beschwerden an die OFCCP richten, nicht aber gerichtlich die Einhaltung der Verpflichtungen aus der *Executive Order 11246* erzwingen.[139]

Im Fiskaljahr 2003 überprüfte die OFCCP rund 7.700 Verträge. Wegen Feststellung systematischer Diskriminierungen wurden über 36 Millionen US Dollar an über 14.000 Minderheiten und Frauen an *financial remedies* ausgezahlt. Durch diese Rückzahlungen sollen die zu niedrigen Gehälter bzw. entgangenen Beförderungschancen ausgeglichen werden.

Obwohl die *Executive Order 11246* sowie die *Regulations* rechtlich wie politisch umstritten sind, hat sie der *Supreme Court* (trotz einer inzwischen umfangreichen Rechtsprechung zu *Affirmative Action* Maßnahmen) noch keiner verfassungsrechtlichen Überprüfung unterzogen. Gleichwohl können aus den bisher ergangenen Entscheidungen Leitlinien hinsichtlich ihrer Reichweite und Grenzen gezogen werden.[140]

B. Förderung kleiner und benachteiligter Unternehmen

Im Laufe der Zeit wurde eine Vielzahl an Förderprogrammen[141] zugunsten kleiner Unternehmen (*Small Business Programs*)[142] ins Leben gerufen, die eine größere Partizipation dieser Unternehmen bei der Vergabe von Bundesaufträgen vorsehen.

Rechtsgrundlage hierfür bildet das vom Kongress 1953 erlassene Bundesgesetz, den sog. *Small Business Act*[143]. Danach sind die Bun-

---

138 *USDOL v. Harris Trust & Savings Bank*, 78-OFC-2 (ALJ Jan. 10, 1989).

139 41 C.F.R. § 60-1.21 ff.

140 Siehe unten, S. 154 ff.

141 Z. B. *Small Business, Small Disadvantaged Business, Woman-Owned Small Business, Service-Disabled Veteran-Owned Small Business, Veteran-owned Small Business, 8(a) Business Development, Historically Underutilized Business (HUB) Zone Small Business, 8(a) Business Development.*

142 Vgl. FAR Part 19.

143 *Small Business Act*, Pub. L. 85-536 (1953), amended Pub. L. 95-507 (1958), as it appears in 15 U.S.C. §§ 631 ff.

desbehörden verpflichtet, Aufträge mit einem Wert zwischen 2.500 und 100.000 US Dollar an Kleinunternehmen zu vergeben:

> „*Each contract for the purchase of goods and services that has an anticipated value greater than $2,500 but not greater than $100,000 shall be reserved exclusively for small business concerns unless the contracting officer is unable to obtain offers from two or more small business concerns that are competitive with market prices and are competitive with regard to the quality and delivery of the goods or services being purchased.*“[144]

Zur den *Small Business Programs* gehört auch die Förderung benachteiligter Kleinunternehmen (*Small Disadvantaged Businesses* - SDB) sowie die Förderung von mehrheitlich von Frauen geführten Kleinunternehmen (*Women-Owned Small Businesses* - WOSB).[145]

Die SDB müssen überwiegend im Eigentum und unter der Führung sozial und wirtschaftlich benachteiligter Person stehen. Die soziale Benachteiligung bestimmter Minderheitengruppen (*African Americans, Hispanic Americans, Native Americans, Indian Tribes, Asian Pacific Americans, Native Hawaiian Organizations*) wird gesetzlich vermutet.[146]

Der US-Präsident erlässt jährlich Zielvorgaben (*percentage goals*) für die Partizipation von Kleinunternehmen an der Vergabe von Bundesaufträgen. Die Zielvorgaben dürfen dabei 23 % des Gesamtwerts aller Bundesaufträge (*prime contract awards*) nicht unterschreiten, wovon mindestens jeweils 5 % an SDBs und WOSBs vergeben werden sollen.[147] Jede Bundesbehörde hat unter Berücksichtigung der Umstände im jeweiligen Güter- und Dienstleistungssektor eine bestimmte Marge festzulegen.[148] Wenn diese Vorgaben nicht eingehalten werden konnten, hat die jeweilige Behörde die Gründe hierfür darzulegen.[149] Bis-

---

144 15 U.S.C. § 644 (j) (1).

145 15 U.S.C. § 632 (n).

146 15 U.S.C. § 631 (f) (1) (C).

147 15 U.S.C. § 644 (g) (1). Die Frauenquote wurde erst später von Präsident *Bill Clinton* durch den *Federal Acquisition Streamlining Act* (FASA) von 1994 (P.L.103-355) eingeführt.

148 15 U.S.C. § 644 (g) (2).

149 15 U.S.C. § 644 (h) (1).

lang konnten die Zielvorgaben für DSBs und WOSBs wegen mangelnder geeigneter Bewerber nicht erreicht werden.[150]

Die Durchsetzung und Überwachung des *Small Business Act* obliegt der *Small Business Administration* (SBA), die dem Präsidenten und dem Kongress gegenüber rechenschaftspflichtig ist.[151] Die SBA definiert in ihren *regulations*[152] den Standard für die Unternehmensgröße[153], der ausschlaggebend für die Anwendung des *Small Business Act* und für die Registrierung von Kleinunternehmen als SDB und WOSB ist. Personen, die nicht als gesetzlich benachteiligt gelten, können von der SBA als SDB qualifiziert werden, sofern sie darlegen, dass sie aufgrund ihrer „Rasse", Volksabstammung, Geschlecht, Behinderung oder ihrer örtlichen Abgeschiedenheit (strukturschwache Gebiete) gesellschaftlich diskriminiert wurden und sich diese Diskriminierung negativ auf die Partizipation an der Vergabe öffentlicher Bundesaufträge ausgewirkt hat.

Die gesetzliche Pflicht zur Förderung kleiner und benachteiligter Unternehmen obliegt nicht nur den Bundesbehörden. Vielmehr bindet der *Small Business Act* jeden Vertragspartner der öffentlichen Hand zur Verwirklichung des Förderziels mit ein. Der Auftragnehmer verpflichtet sich bei Zuschlagserteilung aufgrund einer Vertragsklausel (*contract clause*), gesetzlich bevorzugte Unternehmen mit Subaufträgen zu bedenken, soweit es eine effiziente Vertragsausführung erlaubt.[154] Erreicht der Auftragswert 500.000 US Dollar (bei Bauaufträgen 1.000.000 US Dollar) haben die Bieter bei Angebotsabgabe im Rahmen eines *subcontracting plan* darzulegen, wie und in welchem Umfang kleine und benachteiligte Unternehmen als Subunternehmer in die Vertragsausführung eingebunden werden können. Dem Unternehmen wird der Zuschlag verwehrt, wenn nicht innerhalb einer vorgesehenen Zeit der geforderte *subcontracting plan* vorgelegt wird.[155] Mit Zuschlagserteilung wird der *subcontracting plan* Bestandteil des

---

150 Der Anteil für WOSBs hat 2,5 % des Gesamtwerts der Bundesaufträge nie erreicht, so das *Office of Federal Contract Assistance for Women Business Owners* (CAWBO), siehe im Internet: www.sba.gov/GC/cawbofactsheet.html.

151 15 U.S.C. § 644 (h).

152 13 C.F.R. §§ 101 ff.

153 13 C.F.R. §§ 121.101 ff.

154 15 U.S.C. § 637 (d) (3), vgl. FAR 19.708 (a) und FAR 15.219-8.

155 15 U.S.C. § 637 (d) (4) (B).

Beschaffungsvertrages.[156] Bei Vertragsverletzung drohen Schadenersatz, Kündigung und Vertragsperre.[157]

Zur Ankurbelung der Bauwirtschaft verabschiedete der Kongress 1977 den *Public Works Employment Act*[158], welcher auch ein *minority business enterprises* (MBE) Programm beinhaltet. Dieses Minderheitenprogramm sieht vor, dass kommunale oder einzelstaatliche Vergabestellen, die einen Antrag auf Subvention zur Finanzierung lokaler öffentlicher Bauvorhaben beim Wirtschaftsministerium stellen, versichern, dass mindestens 10 % der Subvention für klein- und mittelständische Unternehmen verwendet werden, die mehrheitlich Minderheiten gehören und von diesen geführt werden:

> „[...] *no grant shall be made under this chapter for any local public works project unless the applicant gives satisfactory assurance to the Secretary that at least 10 per centum of the amount of each grant shall be expended for minority business enterprises. For purposes of this paragraph, the term "minority business enterprise" means a business at least 50 per centum of which is owned by minority group members or, in case of a publicly owned business, at least 51 per centum of the stock of which is owned by minority group members. For the purposes of the preceding sentence, minority group members are citizens of the United States who are Negroes, Spanish-speaking, Orientals, Indians, Eskimos, and Aleuts.*"[159]

Auch Kleinunternehmen, die mehrheitlich Frauen gehören und von ihnen geleitet werden, sollen von dem MBE Programm profitieren.[160] Auch hier konnten die Zielvorgaben (*goals*) bislang nicht erreicht werden.

C. Protektion einheimischer Auftragnehmer

Der Schutz einheimischer Auftragnehmer vor ausländischer Konkurrenz hat in den USA die längste Tradition. Unter dem Eindruck der

---

156 Vgl. FAR 19.708 (b) und FAR 15.219-9.

157 15 U.S.C. § 637 (d) (8), 15 U.S.C. § 645 (d) (2).

158 *Federal Public Works Employment Act of 1977* (Pub. L. 95-28, 91 Stat. 116) as it appears in 42 U.S.C. §§ 6701 ff.

159 42 U.S.C. § 6705 (f) (2).

160 42 U.S.C. § 6709.

wirtschaftlichen Krise Anfang der dreißiger Jahre erließ der Kongress 1933 den *Buy American Act* (BAA)[161]. Das Gesetz zielt auf einen verstärkten Einkauf US-amerikanischer Produkte durch die öffentlichen Auftraggeber.

Die von den Bestimmungen des BAA umfassten Güter müssen dabei nicht nur in den USA hergestellt werden. Vielmehr sollen sie auch zu einem substanziellen Teil aus Gütern, Materialien oder Lieferungen bestehen, die in den USA hergestellt oder bezogen werden.[162] Diese Voraussetzungen sind nicht erfüllt, wenn mehr als 50% der Gesamtkosten für ausländische Materialien oder Teilprodukte aufgewendet werden.[163] Angebote US-amerikanischer Anbieter können im Regelfall 6% teurer sein als ausländische Anbieter.[164] Diese Mehrpreisregelung steigt auf 12%, wenn die inländischen Angebote von kleinen Unternehmen abgegeben werden.[165]

Die praktischen Auswirkungen des BAA zu Lasten ausländischer Bieter wurden auch nicht 1979 durch den *Trade Agreement Act*[166] beseitigt, durch den die USA den in der Tokio-Runde ausgehandelten GATT-Kodex über Regierungskäufe (*Government Procurement Agreement* - GPA)[167] in nationales Recht implementiert haben. Danach findet der BAA zwar keine Anwendung auf Anbieter aus Vertragstaaten des GPA.[168] Jedoch beläuft sich der derzeitige Anteil der europäischen Unternehmen am US-Vergabemarkt immer noch auf lediglich 0,8 %.[169]

D. Umweltschutz

Des Weiteren wird die Vergabe an öffentlichen Aufträgen an die Durchsetzung bestehender Umweltgesetze gekoppelt.[170] Bei Aufträgen

---

[161] *Buy American Act*, Pub. L. 428, 47 Stat. 1520 (1933); 41 U.S.C. §§ 10a ff.
[162] 41 U.S.C. § 10a.
[163] FAR 25.101.
[164] FAR 25.105 (b) (1).
[165] FAR 25.105 (b) (2).
[166] *Trade Agreement Act*, Publ. L. 96.39, Title III, §§ 301-308, July 26 (1979), 93 Stat. 236-241, as it appears in 19 U.S.C. §§ 2501 ff.
[167] Siehe oben S. 26.
[168] Vgl. FAR 25.402 (a), FAR 25.400 (a) (1).
[169] So *Achenbach*, Der Schutz unterlegener Bieter nach US-amerikanischem Recht, S. 49 m. w. N.
[170] Vgl. FAR Part. 23.

über 100.000 US Dollar sehen Vertragsklauseln[171] vor, dass sich der Auftragnehmer verpflichtet, keine bestimmten Schadstoffe zu benutzen. Ferner versichert der Auftragnehmer, dass bestimmte Produkte die in den Ausschreibungsunterlagen vorgegebene Prozentzahl an recycelbaren Materialen enthalten.[172]

171 Vgl. FAR 52.223-13.
172 Vgl. FAR 52.223-4.

Kapitel Drei

Die Verfolgung von Sekundärzwecken nach deutschem Recht

Die in Deutschland am meisten diskutierten Fälle der Berücksichtigung von Sekundärzwecken betreffen die Tariftreueerklärung[173] und die Frauenförderung[174].

A. Tariftreueerklärung

Die Regelungen zu *Tariftreueerklärungen*[175] beziehen sich ausschließlich auf die Bezahlung von Tariflöhnen, nicht auf die übrigen Tarifvertragsregeln und gelten nur für den Zeitraum der Ausführung des öffentlichen Auftrags. Durch die Abgabe einer Tariftreueerklärung verpflichtet sich der Auftragnehmer, die Einhaltung des Tariflohns auch bei seinen Subunternehmern sicherzustellen. Der politische Zweck besteht in der Vermeidung von Arbeitslosigkeit und den damit verbundenen sozialen Lasten infolge einer Verdrängung der Tariflohn zahlenden Arbeitgeber durch personalkostengünstigere Konkurrenten.

Der *BGH* hält die Berliner Tariftreue-Regelung mit dem Grundgesetz (Art. 74 Abs. 1 Nr. 12, Art. 9 Abs. 3, Art. 31 GG) wie auch mit dem Bundesrecht (§ 5 TVG, § 20 Abs. 1 GWB) für unvereinbar und hat das Verfahren um die Untersagung der Anwendung der Berliner Tariftreue-Regelung gemäß Art. 100 Abs. 1 GG dem *BVerfG* zur Entscheidung vorgelegt.[176]

---

173 Vgl. *Kämmerer/Thüsing*, ZIP 2002, 596; *Löwisch*, DB 2001, 1090; *Bultmann*, BuW 2001, 244; *Seifert*, ZFA 2001, 1; *Ax*, ZVgR 1997, 46.

174 Vgl. *Osterloh*, Gutachten; *Böttger*, AuA 1996, 148.

175 Vgl. Art. 3 Bayerisches Bauaufträge-Vergabegesetz (BayBauVG) vom 28.6.2000, GVBl Nr. 15, S. 364; Tariftreuegesetz Nordrhein-Westfalen (TariftG NRW) vom 17.12.2002 (GV.NRW. 2003, S. 8); Tariftreuegesetz Schleswig-Holstein vom 7.3.2003 (GVBl. Nr. 4, S. 136); § 3 Saarländisches Bauaufträge-Vergabegesetz (SaarBauVG) vom 23.8.2000 (ABl., S. 1846); § 1 Abs. 1, S. 2 Berliner Vergabegesetz (BerlVergG) vom 9. 7. 1999 (GVBl. Nr. 28, S. 369).

176 *BGH*, Beschluss vom 18.1.2000 - KVR 23/98 (KG), NZBau 2000, 189. Die Vorlagesache wird beim *BVerfG* unter dem Az. 1 BVL 4/00 geführt.

Der Bundesrat hat daraufhin einen Entwurf eines Bundesgesetzes für Tariftreueerklärungen vorgeschlagen, der im Wege einer Ergänzung des Tarifvertragsgesetzes einen Vorrang landesrechtlicher Tariftreueerklärungen vor den §§ 19 und 20 GWB festschreiben sollte.[177] Dieser Vorschlag wurde von der Bundesregierung abgelehnt. Ein von der Bundesregierung eingebrachtes Vergabegesetz zur Tariftreue wurde am 21.5.2002 vom Bundesrat abgelehnt. Das Vergabegesetz sah vor, Bund, Länder und Gemeinden bei öffentlichen Bau- und Nahverkehrsaufträgen zu verpflichten, Tariflöhne zu zahlen. Auf Antrag Sachsen-Anhalts und Bayerns wurde das Vergabegesetz an den Vermittlungsausschuss verwiesen. Dort soll das Gesetz grundlegend überarbeitet werden. Es ist nicht zu erwarten, dass Bundestag und Bundesrat den überarbeiteten Entwurf noch in dieser Legislaturperiode verabschieden werden.

B. Frauenförderung

Länder wie Brandenburg[178], Berlin[179], Saarland[180] und Thüringen[181] kommen dem Verfassungsauftrag[182] des Art. 3 Abs. 2, S. 2 GG nach, indem sie die öffentliche Auftragsvergabe an Maßnahmen der *Frauenförderung* koppeln. Andere Länder haben entsprechende Vorschriften wieder aufgehoben.[183] Auf Bundesebene besteht lediglich eine

---

177 BR-Drs. 438/00 vom 21.12.2000; vgl. auch *Dornbusch*, Tariftreuerklärung, S. 24.

178 Vgl. § 14 Landesgleichstellungsgesetz (LGG) vom 4.7.1994 (GVBl. I/94, S. 254) i. V. m. der Frauenförderverordnung (FrauFöV) vom 25.4.1996 (GVBl.II/96 S. 354), geändert durch Verordnung vom 18.2.2002 (GVBl.II/02 S.139). Näher hierzu *Kling*, Vergabefremde Regelungen, S. 545 ff.

179 Vgl. § 13 Landesgleichstellungsgesetz (LGG) vom 31.12.1990 (GVBl. 1991, S. 8) i. d. F. vom 1.1.2002 (GVBl. 2002, S. 279) i.V.m der Frauenförderverordnung (FFV) vom 23.8.1999 (GVBl. 1999, S. 498).

180 Vgl. § 27 Landesgleichstellungsgesetz (LGG) vom 24.3.1996 (ABl. vom 27.6. 1996, S. 623). Jedoch mangelt es dem Gesetz an verbindlichen Maßnahmen und Sanktionen. Es besteht lediglich die Pflicht nach § 27 Abs. 3 LGG, bei jeder öffentlichen Ausschreibung auf die Bindung an die Frauenförderung hinzuweisen.

181 Vgl. § 22 Gleichstellungsgesetz (ThürGleichG) vom 3.1.1998 (GVBl. vom 11.11. 1998, S. 309 ff.). Die Landesregierung hat allerdings bislang keine entsprechende Verwaltungsvorschrift erlassen, die Näheres regelt, so dass die Vorschrift praktisch keine Auswirkung hat.

182 *Osterloh*, Gutachten, S. 15 ff.

183 So hat der Senat von Hamburg die Richtlinie zur Berücksichtigung sozialer Belange bei der öffentlichen Auftragsvergabe inzwischen wieder aufgehoben. Gleiches Schicksal erlitt § 20 a Frauenfördergesetz (FrFG) von Sachsen-Anhalt, der mit dem Zweiten Investitionserleichterungsgesetz aufgehoben wurde.

Selbstverpflichtungserklärung der Wirtschaft.[184] Bei der Kopplung der öffentlichen Auftragsvergabe an Frauenförderung reichen die Maßnahmen von der Einsetzung einer Frauenbeauftragten bis hin zu Quotenregelungen[185].

Die Diskussion um die Zulässigkeit der Berücksichtigung von Sekundärzwecken bei der Vergabe öffentlicher Aufträge ist überaus umstritten.[186] Diese Auseinandersetzung wird nicht zuletzt deshalb mit erheblicher Schärfe ausgetragen, weil in diesem Problemfeld politische Grundeinstellungen, volkswirtschaftliche Überlegungen und rechtliche Fragen kollidieren.[187]

Nachfolgend wird der rechtliche Rahmen für die Berücksichtigung von Sekundärzwecken untersucht, wobei auf die internationalen Vorgaben, die amerikanische Diskussion um die Förderung von Minderheiten und Frauen, die europäischen Vorgaben sowie die nationalen Schranken eingegangen wird.

---

[184] Bundeskanzler *Schröder* hatte dem BDA und dem DIHT versprochen, dass der Gesetzentwurf zur Gleichstellung in der Privatwirtschaft (BT-Drs. 14/5679) vorgelegt würde, wenn die privaten Arbeitgeber eine Selbstverpflichtungserklärung zur Realisierung der Gleichstellung im Erwerbsleben abgeben würden. Am 2.7. 2001 legten die „Spitzenverbände der Deutschen Wirtschaft" und die Bundesregierung eine gemeinsame Erklärung vor, wonach die Dachverbände ihre Mitglieder dringend auffordern, ernste Anstrengungen zur Förderung der Gleichstellung von Frauen und Männern am Arbeitsplatz zu unternehmen, die über das hinausgehen, was das europäische Gleichbehandlungsrecht fordert. Die Vereinbarung zwischen der Bundesregierung und den Spitzenverbänden der deutschen Wirtschaft zur Förderung der Chancengleichheit von Frauen und Männern in der Privatwirtschaft vom 2.7.2001 ist im Internet abrufbar unter: www.bundesregierung.de.

[185] Zwar enthält § 2 Berliner FrauenförderVO (FFV) keine starren quotalen Vorgaben. Allerdings können sich die in § 2 Nr. 2 bis 5 aufgenommenen Maßnahmen aus Unternehmersicht ähnlich wie eine starre Quote auswirken.

[186] Vgl. *Rust*, EuZW 1999, 453, EuZW 2000, 205; *Rittner*, EuZW 1999, 677.

[187] Vgl. *Benedict*, Sekundärzwecke, S. 5 f.

Kapitel Vier

Vorgaben des internationalen Vergaberegimes (GPA)

Das *Agreement on Government Procurement* (GPA)[188] stellt ein für die Vertragsparteien verbindliches Vergaberegime dar, welches einer Berücksichtigung von Sekundärzwecken entgegenstehen könnte.

A. Inländerbehandlung und Meistbegünstigung

Das GPA bezweckt eine Öffnung der staatlichen Beschaffungsmärkte zwischen den Vertragsparteien. Als Mechanismus zur Marktöffnung verankert das GPA in Art. III GPA die aus dem GATT bekannten Prinzipien der *Inländerbehandlung* und der *Meistbegünstigung*. Danach dürfen bei der Vergabe internationaler Aufträge ausländische Bieter nicht schlechter behandelt werden als inländische Bieter oder als Bieter aus anderen Vertragstaaten des GPA. Im Hinblick auf das Meistbegünstigungsprinzip ist jedoch zu beachten, dass die Vertragstaaten nach dem Grundsatz der Reziprozität Ausnahmen gegenüber anderen Vertragstaaten vorsehen können.

Vielfach werden aber weder das *Inländer-* noch das *Meistbegünstigungsprinzip* der Berücksichtigung von Sekundärzwecken entgegenstehen, da diese nicht zwingend zur Diskriminierung ausländischer Unternehmen führt.

Eine Diskriminierung ausländischer Bieter sieht hingegen der *Buy American Act* (BAA)[189] vor, der eine bevorzugte Behandlung US-amerikanischer Unternehmen und Produkte bei der staatlichen Beschaffung vorschreibt. Allerdings hat die US-Regierung die Nichtanwendung des BAA in bestimmten Bereichen zugesicherte.[190] Im Gegenzug

---

188 Übereinkommen über das öffentliche Beschaffungswesen im Anhang 4 des Übereinkommens zur Errichtung der Welthandelsorganisation, ABl. EG vom 3.9. 1996, C 256/1.

189 Siehe oben, S. 57 f.

190 Vgl. FAR 25.001 (b), 25.402 (a), FAR 25.400 (a) (1).

machte die EG Konzessionen bei der Öffnung ihres Beschaffungsmarktes.[191]

Als eine Diskriminierung ausländischer Bieter kann sich jedoch der *Small Business Act*[192] der USA erweisen, der bestimmte Kontingente von Bundesaufträgen für kleine und benachteiligte Unternehmen vorsieht. Denn diese Kontingente (sog. *set-asides*) sind nur für US-amerikanische Minderheiten und Frauen bestimmt. Die Ausnahmeklausel des BAA für das GPA findet ausdrücklich keine Anwendung.[193] Um einen Konflikt mit dem GPA zu vermeiden, haben die USA in den *General Notes* zu *Appendix I* des GPA ausdrücklich einen Vorbehalt festgeschrieben, wonach das GPA keine Anwendung findet „*to set asides on behalf of small and minority businesses*".[194] Ähnliche Vorbehalte finden sich in den *Appendix I* von Kanada und Südkorea.[195]

Aus dem Umstand, dass solche Ausnahmen in den Verpflichtungen der EG[196] gegenüber ihren Vertragspartnern nicht vorkommen[197], schließt

---

[191] Die EG sagte den USA zu, US-amerikanische Angebote mit Angeboten aus dem EG-Raum gleichzustellen (vorher konnten letztere den Zuschlag erhalten, auch wenn sie bis zu 3 % über dem anderen Angebot lagen, vgl. *Paemen/Bensch*, From GATT to the WTO, S. 224 f.; *Preeg*, The Uruguay Round, S. 157.

[192] Siehe oben, S. 54 ff.

[193] Vgl. FAR 25.401 (a) (1).

[194] *United States* Annex to Appendix I, General Notes, No. 1. Eine weitere Ausnahme hinsichtlich der Förderprogramme für Minderheiten, Behinderte, Veteranen und Frauen findet sich in den Notes to Annex 2 (No. 2).

[195] Vgl. *Canadian* Annex to Appendix I, General Notes (No. 1 d); *Korean* Annex to Appendix I, Notes to Annex 1 (No. 3); Notes to Annex 2 (No. 3); Notes to Annex 3 (No. 2).

[196] Auf die Ausnahmevorbehalte dieser Länder reagierte die EG damit, das Beschwerdeverfahren nach Art. XX GPA für Lieferanten und Dienstleister aus Japan, Korea und den USA einzuschränken:
„[...] *in contesting the award of contracts to a supplier or service provider of Parties other than those mentioned, which are small or medium sized enterprises under the relevant provisions of EC law, until such time as the EC accepts that they no longer operate discriminatory measures in favour of certain domestic small and minority businesses*; [...]". (vgl. *European Community* Annex to Appendix I, General Notes, No. 2).

[197] Allerdings findet sich in Annex 1, Appendix I der EG eine Ausnahmebestimmung für die Bundesrepublik Deutschland, wonach aufgrund bestehender innerstaatlicher Verpflichtungen die im Verzeichnis enthaltenen Stellen Aufträge an die vom Zweiten Weltkrieg betroffenen Personengruppen (Vertriebene, Verfolgte, Evakuierte, vgl. ex § 74 BundesvertriebenenG, ex § 12a BundesevakuiertenG, § 68 BundesentschädigtenG) vergeben werden sollen.

die Kommission[198] und zum Teil das Schrifttum[199], dass die Verfolgung von Sekundärzwecken unvereinbar mit dem GPA sei, da es ansonsten keinen nachvollziehbaren Grund gäbe, diese von der Anwendbarkeit des GPA explizit auszuschließen.

Diese Argumentation vermag jedoch nicht zu überzeugen, da die Berücksichtigung sozialer Kriterien für sich alleine genommen noch kein Verstoß gegen die *Inländerbehandlung* oder das *Meistbegünstigungsprinzip* darstellen muss, sofern nicht hierdurch eine Abschottung des nationalen Beschaffungsmarktes bezweckt wird.[200] Darüber hinaus leidet die Argumentation an systematischen Mängeln, da die Ausnahmen einiger Vertragstaaten zugunsten *einheimischer* Kleinbetriebe (von Minderheiten und Frauen), die die allgemeinen Grundsätze des GPA (*Inländerbehandlung/Meistbegünstigungsprinzip*) betreffen, dazu benutzt wird, um die Zuschlagskriterien zu beschränken. Dabei ist zwischen den allgemeinen Grundsätzen einerseits sowie Eignungsprüfung und Zuschlagskriterien andererseits strikt zu trennen.[201] Die allgemeinen Grundsätze des Vertrages lassen nur wenig Rückschlüsse auf die Frage zu, ob es sich bei den Zuschlagskriterien um einen abschließenden Katalog handelt.

Allgemein gilt, dass *regionale* Präferenzsysteme, die auf eine Förderung der *einheimischen* Wirtschaft abzielen, regelmäßig eine Diskriminierung bewirken und im Verhältnis zu den Vertragsparteien des GPA das *Inländerprinzip* des Art. III GPA tangieren.[202] Allein aus diesem Grund haben sich einige Vertragstaaten die oben dargestellte Ausnahme vorbehalten.

---

198 Vgl. *Mitteilung der Kommission* über die Auslegung des gemeinschaftlichen Vergaberechts und die Möglichkeiten zur Berücksichtigung sozialer Belange bei der Vergabe öffentlicher Aufträge vom 15.10.2001, KOM (2001) 566 endg., Ziff. 1.4.1 (S. 15).

199 *Prieß/Pitschas*, 9 P.P.L.R. 171, 191.

200 Die bevorzugte Vergabe von Aufträgen aus dem EG-Raum an Minderheiten oder/ und Frauen verstößt jedenfalls nicht gegen die *Inländerbehandlung* oder das *Meistbegünstigungsprinzip*, sofern die Vergabestellen keine Unterscheidung hinsichtlich der Herkunft der Bieter treffen, also Bietern aus Vertragstaaten die gleiche Behandlung zuteil werden lassen wie inländischen Bietern.

201 Vgl. z. B. Art. XVI Abs. 2 S. 2 GPA, der zwischen Qualifikationsteilnahme (Eignungsprüfung) und Kriterien für die Auftragsvergabe (Zuschlagskriterien) strikt trennt.

202 Vgl. Art. V Abs. 1 lit. b GPA, der Regionalförderung in den Entwicklungsländern für ausnahmsweise zulässig erklärt.

B. Bieterbezogene Auswahlkriterien

Die Eignungsprüfung der Bieter hat sich an den Regelungen des Art. VIII Abs. b GPA zu orientieren. Danach können von Unternehmen Qualifikationsnachweise, wie z. B. finanzielle Garantien, technische Qualifikationen und Informationen zum Nachweis ihrer finanziellen, kommerziellen und technischen Leistungsfähigkeit verlangt werden. Hierbei handelt es sich nicht um einen abschließenden Katalog, jedoch können nur *bieterbezogene* Auswahlkriterien herangezogen werden, die sich auf die „Befähigung des Unternehmens zur Durchführung des betreffenden Auftrags" beziehen.

Eine Bedingung, welche die Erfüllung eines spezifischen sozialpolitischen Erfordernisses verlangt, stünde demnach nicht entgegen, sofern die Erfüllung dieser sozialpolitischen Vertragsbedingung notwendig wäre, um die Befähigung des Unternehmens zur Durchführung des Auftrags sicherzustellen.[203] Allerdings dürften derartige Aufträge die Ausnahme sein.[204]

C. Zuschlagskriterien

Der Zuschlag ist gemäß Art. XIII Abs. 4 lit. b GPA dem Bieter zu erteilen, dessen Angebot entweder das *niedrigste* ist oder anhand spezifischer Bewertungskriterien als das *vorteilhafteste* beurteilt wird. Damit erlaubt das GPA alternativ das Billigstbieter- oder das Bestbieterprinzip. Während das Billigstbieterprinzip ausschließlich auf den Angebotspreis abstellt, ist das Angebot nach dem Bestbieterprinzip zu identifizieren, welches unter Berücksichtigung einer Mehrzahl von Kriterien als das vorteilhafteste anzusehen ist.[205]

Das GPA enthält keine Aussage darüber, welche maßgeblichen Bewertungskriterien herangezogen werden können. Art. XIII Abs. 4 lit. b GPA ist nur zu entnehmen, dass die spezifischen Bewertungskriterien vorab in den Bekanntmachungen oder Vergabeunterlagen zu veröffentlichen sind. Art. XII Abs. 2 lit. h GPA, der die Anforderungen an

---

[203] So *McCrudden*, 2 J. Int. Econ. L. 3, 30 f.

[204] Da die Frauenförderung sich regelmäßig nicht als bieterbezogenes Kriterium im Sinne des Art. VIII lit. b GPA darstellt, darf das fehlende Engagement eines Unternehmens bei der Förderung von Frauen nicht zum Ausschluss vom Vergabeverfahren führen, vgl. *Fischer*, RIW 2003, 349.

[205] *Kunnert*, WTO-Vergaberecht, S. 274.

die Vergabeunterlagen regelt, beinhaltet keine Bestimmungen, welche explizite Schranken für die Ausgestaltung der Bewertungskriterien errichtet.

Einige Vertragstaaten vertreten die Ansicht, dass Art. XIII GPA verlange, die Zuschlagskriterien nur auf *ökonomische* Erwägungen zu stützen und keinesfalls auf *politische* Kriterien.[206] Andererseits zeigt die Staatenpraxis, dass das Beschaffungswesen von jeher auch zu Sekundärzwecken benutzt wurde.[207] In der Literatur wird die Frage daher kontrovers diskutiert.[208] Interessant in diesem Zusammenhang ist, dass eine zum Transparenzgedanken des GPA eingerichtete WTO-Arbeitsgruppe die Frage, ob nationale Präferenzregelungen ein zulässiges Kriterium bei der Zuschlagserteilung sein könne, lediglich dahingehend diskutierte, welche Transparenzanforderungen zu stellen sind, damit sie kein Hindernis auf dem Weg zu einer stärkeren Liberalisierung und Ausweitung des Welthandels darstellen:

> „[...] *the clear specification of requirements based on socio-economic considerations in the tender documentation would facilitate the implementation of such policies by providing transparency in respect of the nature of the socio-economic needs applicable to specific procurements.*"[209]

Ausgangspunkt der Beantwortung der Frage, ob die vorab publizierten Zuschlagskriterien auch nicht-ökonomische Bewertungsmaßstäbe beinhalten dürfen, muss eine sorgfältige Interpretation sämtlicher einschlägiger Bestimmungen und Prinzipien des GPA sein.

---

206 So die EG und Japan im WTO-Panel-Verfahren *United States - Measure Affecting Government Procurement* (WTO Doc. WT/DS88/1 vom 26.6.1997 und WT/DS88/2 vom 2.7.1997). Stein des Anstoßes war ein gegen Birma (*Myanmar*) gerichtetes Sanktionsgesetz des US-Bundesstaates Massachusetts, das als Teilnahmebedingung am Verfahren für öffentliche Aufträge forderte, dass keine geschäftlichen Beziehungen mit Birma bestehen. Das Verfahren wurde jedoch ausgesetzt, da der *Supreme Court* die Verfassungswidrigkeit des Gesetzes feststellte und es aufhob. Eingehend hierzu *Büsing*, WTO-Übereinkommen über das öffentliche Beschaffungswesen, S. 232 ff.

207 *Prieß/Pitschas*, 9 P.P.L.R. 171, 190.

208 Ablehnend in dieser Frage *Kunnert*, WTO-Vergaberecht, S. 275, der eine ausführliche Begründung jedoch schuldig bleibt. Befürwortend *Fischer*, RIW 2003, 347 (349), der den Vertragsparteien einen Gestaltungsspielraum bei der Auswahl der Zuschlagskriterien zugesteht, die im Grundsatz auch die Verfolgung politischer Ziele ermögliche. Vorsichtiger *Prieß/Pitschas*, 9 P.P.L.R. 171, 190.

209 Vgl. den *Report of the Working Group on Transparency in Government Procurement* vom 17.11.1998 (WT/WGTGP/2), S. 17 (Nr. 50).

Weder in Art. XIII Abs. 4 lit. b GPA noch in Art. XII GPA finden sich Bestimmungen, die ausdrücklich eine Beschränkung des zulässigen Inhalts der Zuschlagskriterien auf rein betriebswirtschaftliche Maßstäbe fordern.

Lediglich die Bestimmungen des Art. XVI Abs. 1 und Abs. 2 S. 2 GPA verbieten ausdrücklich, die Zuschlagserteilung von im weiteren Sinne entwicklungspolitischen Aspekten abhängig zu machen. Nach Art. XVI Abs. 1 GPA ist es den Beschaffungsstellen untersagt, bei der Bewertung von Angeboten und bei der Vergabe von Aufträgen sog. *Kompensationsgeschäfte* zu berücksichtigen. Hierunter sind Maßnahmen zur Förderung der inländischen Entwicklung oder zur Verbesserung der Zahlungsbilanzsituation durch Klauseln über den Inlandsgehalt, die Lizenzierung von Technologie, Investitionserfordernisse, Kompensationshandel oder ähnliche Auflagen zu verstehen.[210] Art. XVI Abs. 2 S. 1 GPA gestattet es Entwicklungsländern, im Rahmen des Beitritts Bedingungen für Kompensationsgeschäfte auszuhandeln. Allerdings bestimmt Satz 2, dass solche Auflagen auch dann nur für die Qualifikation zur Teilnahme an dem Beschaffungsprozess (Eignungsprüfung) und nicht als Kriterien für die Auftragsvergabe (Zuschlagskriterien) benutzt werden dürfen. Damit untersagt das GPA ausdrücklich, das Kriterium der Erfüllung von Kompensationsauflagen bei der Zuschlagserteilung zu berücksichtigen. Weitergehende ausdrückliche Beschränkungen der zulässigen Zuschlagskriterien beinhaltet das GPA nicht.

Der Wortlaut des Art. XVI Abs. 2 S. 2 GPA verdeutlicht, dass die Vertragsparteien sich der Problematik der Verfolgung von Sekundärzwecken bei der Zuschlagserteilung bewusst gewesen sind. Gleichwohl haben sie nur für den Bereich der entwicklungspolitisch motivierten Kompensationsauflagen eine ausdrückliche negierende Regelung getroffen. Die Berücksichtigung sonstiger *politischer* Kriterien bei der Zuschlagserteilung wurde demgegenüber nicht explizit untersagt.[211] Aus dem Umstand, dass die Vertragsparteien sich der Proble-

---

[210] Vgl. Fußnote 1 zu Art. XVI GPA.

[211] *Büsing*, WTO-Übereinkommen über das öffentliche Beschaffungswesen, S. 243, hält es unter Heranziehung einer realistischen politischen Sichtweise für fernliegend, dass sich etwa die USA oder die EG völkerrechtlich auf einen Verzicht unter Berücksichtigung „vergabefremder Kriterien“ festlegen wollten. Angesichts der innenpolitischen Brisanz dieses Themas sei es ausgeschlossen, dass die zentralen Vertragsparteien EG und USA eine negierende Regelung treffen wollten.

matik bewusst waren, aber dennoch keine Bestimmung in den Vertrag aufgenommen haben, die die Berücksichtigung sonstiger politischer Kriterien bei der Zuschlagserteilung verbietet, wird zum Teil gefolgert, dass die nach dem GPA zulässigen Zuschlagskriterien nicht ausschließlich nur auf *ökonomische* Aspekte beschränkt seien.[212] Andererseits macht die Präambel des GPA deutlich, dass das Beschaffungsübereinkommen auf eine größere "*liberalization and expansion of world trade*" abzielt, also stark von wirtschaftlichen Aspekten geprägt ist. Aus der Tatsache, dass das Übereinkommen spezielle, noch zu erörternde Ausnahmevorschriften zugunsten sozial-, umwelt- und wirtschaftspolitischer Ziele enthält, wird im Umkehrschluss gefolgert, dass im Rahmen der Zuschlagskriterien Sekundärzwecke keine Berücksichtigung finden können.[213] Es bleibt daher zweifelhaft, ob die wirtschaftlich geprägten Zuschlagskriterien sich auch auf politische Kriterien ausweiten lassen.

D. Rechtfertigung nach Art. XXIII GPA?

Geht man von der Annahme aus, dass etwa im Rahmen der Zuschlagskriterien die Berücksichtigung von Sekundärzwecken gegen das GPA verstößt, so stellt sich die Frage, ob derartige Präferenzregelungen nicht nach Art. XXIII Abs. 2 GPA gerechtfertigt sind, wonach keine Bestimmung des GPA so ausgelegt werden darf, dass sie eine Vertragspartei daran hindert, notwendige Maßnahmen zum Schutz eines hohen öffentlichen Interesses zu beschließen oder durchzuführen:

> „[...] *nothing in this Agreement shall be construed to prevent any Party from imposing or enforcing measures: necessary to protect public morals, order or safety, human, animal or plant life or health or intellectual property* [...].“[214]

---

[212] *Büsing*, WTO-Übereinkommen über das öffentliche Beschaffungswesen, S. 243; *Kunnert*, WTO-Vergaberecht, S. 275 f., sieht hingegen den Ausschlusstatbestand des Art. XVI Abs. 2 S. 2 GPA als ergänzende Bestätigung für den allgemeinen Ausschluss politischer Zuschlagskriterien.

[213] *Kayser*, Nationale Regelungsspielräume im öffentlichen Auftragswesen, S. 158.

[214] Außerdem sind gemäß Art. XXIII Abs. 2 GPA Regelungen zulässig, die im Zusammenhang mit Produkten oder Dienstleistungen von Behinderten, Wohltätigkeitsorganisationen und Strafgefangenen stehen. Die Regelung der §§ 141, 143 SGB IX (ex §§ 56, 58 SchwbG) begegnet daher keinen Bedenken im Hinblick auf ihre Vereinbarung mit dem WTO-Beschaffungsübereinkommen.

Der Wortlaut des Art. XXIII Abs. 2 GPA entspricht dem des Art. XX GATT insoweit, als in der authentischen englischen Fassung nahezu eine identische Einleitung (sog. „*chapeau*") Verwendung findet:

> „*Subject to the requirement that such measures are not applied in a manner which would constitute a means of arbitrary or unjustifiable discrimination between countries where the same conditions prevail or a disguised restriction on international trade, nothing in this Agreement shall be construed to prevent* [...]:"

Da es hinsichtlich der Auslegung des Art. XXIII Abs. 2 GPA bislang noch kein Streitschlichtungsverfahren gegeben hat, wird vorgeschlagen, sich bei der Auslegung dieser Bestimmungen - aufgrund des vergleichbaren Wortlauts und des identischen Regelungsziels - auf die Panel-Praxis zu Art. XX GATT zu orientieren.[215] Dem „*chapeau*" des GATT liegt das Prinzip zugrunde:

> „[...] *that while the exceptions of Article XX may be invoked as a matter of legal right, they should not be so applied as to frustrate or defeat the legal obligations of the holder of the right under the substantive rules of the General Agreement. If those exceptions are not be abused or misused, in other words, the measures falling within the particular exceptions must be applied reasonably, with due regard both to the legal duties of party claiming the exception and the legal rights of the other parties concerned.*"[216]

Die Voraussetzungen des „*chapeau*" werden daher nur untersucht, wenn die Maßnahme einer Vertragspartei unter eine der besonderen Ausnahmen fällt, die dem Einleitungssatz folgen. Der *Appellate Body* stellte hierzu fest:

> „*In order that the justifying protection of Article XX may be extended to it, the measure at issue must not only come under one or another of the particular exceptions* [...] *listed under Article XX; it must also satisfy the requirements imposed by the open-*

---

215 Vgl. *Büsing*, WTO-Übereinkommen über das öffentliche Beschaffungswesen, S. 200 f. Zum Streitbeilegungsmechanismus nach Art. XXII GPA vgl. *Waller*, Das internationale Recht des geregelten Vergabewesens, S. 192 ff.; *Kunnert*, WTO-Vergaberecht, S. 313 ff.

216 *United States - Standards for Reformulated and Conventional Gasoline*, Appellate Body Report v. 29.4.1996 (WT/DS2/AB/R), unter IV.

ing clauses of Article XX. The analysis is, in other words, two-tiered: first, provisional justification by reason of characterization of the measure under XX [...]*; second, further appraisal of the same measure under the introductory clauses of Article XX.*“[217]

Da die Ausnahmevorschrift des GPA in gleicher Weise aufgebaut ist, liegt es nahe, den gleichen Prüfungsaufbau zu wählen. Damit muss die Präferenzregelung, die grundsätzlich gegen das GPA verstößt, zunächst unter eine der in Art. XXIII Abs. 2 GPA aufgeführten Ausnahmen fallen.

Danach können Maßnahmen zum Schutze des Lebens und der Gesundheit von Menschen, Tieren und Pflanzen sowie zum Schutz der öffentlichen Sicherheit und Ordnung gerechtfertigt sein.

Der Schutz der öffentlichen Sicherheit und Ordnung findet in Art. XX GATT keine Erwähnung. Dies mag vor allem daran liegen, dass die Vertragsparteien sich bei den Verhandlungen zum GPA, die zeitgleich zu den Verhandlungen des GATT (*Uruguay-Runde*) erfolgten, auf einen höheren (sozialen) Standard einigen konnten und damit auch ihrer Verantwortung gegenüber dem von ihnen anerkannten Prinzip des *sustainable development* Rechnung tragen.[218] So sind Versuche, *Sozialklauseln* in einem entsprechenden Zusatz zu Art. XX GATT zu verankern, vornehmlich an der Haltung der Entwicklungsländer gescheitert.[219]

---

[217] *United States - Import Prohibition of Certain Shrimp and Shrimp Products*, Appellate Body Report v. 12.10.1998 (WT/DS58/AB/R), 38 I. L. M. 118 (1999).

[218] So hält die Kommission z. B. die Verpflichtung eines Auftragnehmers, Bestimmungen der grundlegenden Übereinkommen der Internationalen Arbeits-Organisation (IAO) bei der *Auftragsausführung* einzuhalten, falls diese nicht bereits im nationalen Recht verankert sind, für zulässig, vgl. KOM (2001) 566 endg., Ziff. 1.6. (S. 19).

[219] Im Zusammenhang mit den Forderungen des ILO-Generalsekretärs 1994, Sozialklauseln in einem entsprechenden Zusatz zu Art. XX GATT zu verankern, sind einige fundamentale Sozialstandards definiert worden, die seitdem als Kernbereich (*core labour laws*) sozialer Arbeitsrechte gelten, wie z. B. das Verbot von Kinderarbeit oder das Diskriminierungsverbot bei der Entlohnung von Frauenarbeit. Die Aufnahme dieser Sozialklauseln in Handelsverträgen sowie die Einrichtung eines Komitees zur Einhaltung von Sozialstandards im Rahmen der WTO-Gründung wurde insbesondere von den USA gefordert und von den Industriestaaten unterstützt. Beide Initiativen sind jedoch auf den Konferenzen von Marrakesch 1994 und Singapur 1995 vorerst gestoppt worden, weil die Entwicklungsländer befürchteten, dass ein Verstoß gegen die Sozialklauseln zu Handelssanktionen oder

Während die öffentliche Sicherheit an den Schutz der gesamten Rechtsordnung anknüpft, bezieht sich die öffentliche Ordnung auf grundlegende Werte eines Rechtssystems, das moralische, soziale wie umweltpolitische sowie ökonomische Vorstellungen der jeweiligen Gesellschaft umfasst. Dabei ist die öffentliche Ordnung kein Wert an sich, sondern vielmehr eine Rechtsdoktrin, wodurch sich vorhandene fundamentale Werte eines Rechtssystems gegenüber speziellen Gesetzen durchsetzen, die mit ihnen in Konflikt geraten.[220]

Die in Art. 2 EG festgelegten Ziele (hohes Beschäftigungsniveau, Gleichstellung von Männern und Frauen, Umweltschutz, sozialer Zusammenhalt) stellen aufgrund der ihnen zugeschriebenen hohen Bedeutung einen grundlegenden Wert im Sinne der öffentlichen Ordnung dar. Mit der Normierung dieser Ziele (vgl. Art. 6 EG für den Umweltschutz) unterliegen sie auch dem Schutz der öffentlichen Sicherheit.

Schließlich muss die Maßnahme im Hinblick auf das Schutzziel verhältnismäßig sein.[221] In Art. XXIII Abs. 2 GPA heißt es, die Maßnahme müsse *„necessary to protect public morals, order or safety"* sein.

Den Vertragsparteien dürfte bei der Einschätzung der Notwendigkeit der nationalen Maßnahmen grundsätzlich ein *Beurteilungsspielraum* zukommen, der nach wie vor Raum für Diskriminierungen zulässt.[222] Diese Diskriminierung darf jedoch nicht zu einer *willkürlichen* oder *ungerechtfertigten Diskriminierung* zwischen Ländern, in denen die gleichen Bedingungen herrschen, oder zu einer *verschleierten Beschränkung* des internationalen Handels führen.

Sofern sich Präferenzregelung, wie etwa die Bekämpfung der Arbeitslosigkeit, der Umweltschutz oder die Frauenförderung an alle potenziellen Bieter richtet und nicht lediglich als Vorwand für den Schutz öffentlicher (lokaler) Interessen dient, kann nicht von einer willkürlichen Diskriminierung oder einer verschleierten Handelsbeschränkung im Sinne des *„chapeau"* gesprochen werden, solange gleiche Bedin-

---

protektionistischen Maßnahmen der Industrieländer ihnen gegenüber benutzt werden könnte, vgl. *Scherrer/Greven/Frank*, Sozialklauseln, S. 112 ff.

220 Vgl. *McCrudden*, Legality of "Selective Purchasing" Laws under the GPA, 2 J.Int.Econ.L. 3, 40.

221 Vgl. *v. Bogdandy*, EuZW 1992, 243 (247).

222 Vgl. *Waller*, Das internationale Recht des geregelten Vergabewesens, S. 115.

gungen zwischen den Staaten herrschen.[223] Denn der Markt ist nur ein Mittel zu den inhaltlichen Zielen einer nachhaltigen Entwicklung (Wohlstand, Umwelt, Gesellschaft), kein Ziel an sich. Deshalb muss die Marktfreiheit dort zurücktreten, wo nach umfassender Aufklärung Zweifel bestehen bleiben, ob sie die Ziele einer nachhaltigen Entwicklung schädigt[224], sofern die Maßnahme weder zu einer willkürlichen oder ungerechtfertigten Diskriminierung zwischen den Vertragstaaten, in denen ungleiche Bedingungen herrschen, noch zu einer verschleierten Beschränkung des internationalen Handels führt.[225]

Unbefriedigend in diesem Zusammenhang ist, dass das Prinzip einer *nachhaltigen Entwicklung* von Wirtschaft, Umwelt und Gesellschaft nicht ebenfalls als ein tragender Grundsatz im GPA festgeschrieben wurde, wie das (inzwischen) in den neuen Vergaberichtlinien der Fall ist.[226] Die Umwelt- wie Sozialpolitik der entwickelten Industrieländer war in den siebziger und achtziger Jahren von einer deutlichen Präferenz für ökologische und soziale Zielsetzungen geprägt, wenn diese auch nie unumstritten waren. Dies führte jedenfalls dazu, dass diese Staaten, wenn auch in unterschiedlichem Maße, eine Außenpolitik im Sinne ökologischer und sozialer Zielsetzungen entwickelten.[227] Wie im innerstaatlichen Bereich war die Entwicklung des Umweltrechts wie die Entwicklung sozialer Standards allerdings auch auf internationaler Ebene durch Interessenkonflikte geprägt. Angesichts ihres Entwicklungsrückstandes gegenüber den Industriestaaten forderten die weniger entwickelten Länder der „Dritten Welt" stärker ökonomische Präferenzen. In dem Bestreben, das Spannungsverhältnis zwischen Ökonomie einerseits, sowie Umweltschutz und soziale Gerechtigkeit andererseits, aufzulösen, führte die 1983 vom Generalsekretär der Vereinten Nationen einberufene Weltkommission für Umwelt und Entwicklung (*Brundtland-Kommission*) 1987 den Begriff der Nachhaltigkeit, der inzwischen allgemein anerkannt ist, in der Form des „*sustainable development*" in die internationale Debatte ein. Danach

---

223 Vgl. *EC-Measures Affecting Asbestos and Products Containing Asbestos*, Panel Report (WT/DS135/R) 18.9.2000; Appellate Body Report v. 12.3.2001 (WT/DS135/AB/R).

224 *Winter*, Welthandelsrecht und Umweltschutz, S. 85.

225 So im Ergebnis auch *Stöckli*, NZBau 2002, 11.

226 Vgl. Erwägungsgrund Nr. 5 und 6 Klassische Richtlinie; Erwägungsgrund Nr. 12 und Nr. 13 Sektoren-Richtlinie.

227 Zum Spannungsverhältnis zwischen Handel und Umwelt vgl. *Bothe*, Die Entwicklung des Umweltvölkerrechts 1972/2002, S. 51 ff.

ist unter dem Begriff der nachhaltigen Entwicklung eine Entwicklung zu verstehen,

> *„die den Bedürfnissen der heutigen Generation entspricht, ohne die Möglichkeiten künftiger Generationen zu gefährden, ihre eigenen Bedürfnisse und ihren Lebensstil zu wählen. Die Forderung, diese Entwicklung dauerhaft zu gestalten, gilt für alle Länder und Menschen.*“[228]

Künftige Generationen sollen ebenso ein Anrecht auf eine intakte Umwelt haben wie wir selbst. Nachhaltige Entwicklung bedeutet dabei mehr als Umweltschutz. Wirtschaftliches Wohlergehen ist ebenso wie die Erhaltung der natürlichen Lebensgrundlagen Voraussetzung für die Befriedigung der materiellen und immateriellen Bedürfnisse der Menschheit. Nur eine solidarische Gesellschaft ist in der Lage, die erworbenen wirtschaftlichen Güter und Chancen gerecht zu verteilen (Prinzip der Chancengleichheit), die gesellschaftlichen Werte zu bewahren sowie die Nutzung der natürlichen Ressourcen effizient und wirksam zu organisieren. Nachhaltige Entwicklung bezieht sich also gleichwertig auf alle drei Bereiche: Wirtschaft, Umwelt und Gesellschaft. Dabei umfasst *sustainable development* auch das Prinzip der Verteilungsgerechtigkeit, den Gedanken einer „*intergenerational equity*“.

Mit der Formel einer nachhaltigen Entwicklung ist ein Begriff geprägt worden, in dem sich die Gegensätze aufzulösen scheinen.[229] Der Begriff wird in vielen internationalen und nationalen Rechtsdokumenten verwendet. Er fand seinen Weg in die Satzung der WTO[230] ebenso wie in das Vertragswerk der Europäischen Union[231]. Welche Rechtsfolgen sich aus einem völkerrechtlichen Prinzip des *sustainable development* ergeben könnten, ist jedoch unklar.[232]

Zwar findet sich der Begriff des *sustainable development* nicht ausdrücklich im Vertragstext des GPA. Jedoch spricht die Nennung des Gesundheits- und Umweltschutzes, ebenso wie die bevorzugte Berücksichtigung der von Behinderten, Wohltätigkeitseinrichtungen

---

228 Vgl. Bericht der *Brundtland-Kommission* „*Our Common Future*“, 1987.

229 *Bothe*, Die Entwicklung des Umweltvölkerrechts 1972/2002, S. 56 f.

230 Siehe Präambel des Übereinkommens zur Errichtung der Welthandelsorganisation.

231 Vgl. Art. 2 EG.

232 Siehe hierzu *Scharpenack*, Das „Recht auf Entwicklung“.

oder Strafgefangenen hergestellten Waren oder erbrachten Dienstleistungen in Art. XXIII Abs. 2 GPA dafür, dass die Vertragstaaten sich ihrer Verantwortung gegenüber Umwelt *und* Gesellschaft bewusst sind. Dies gilt umso mehr, als die 1992 in Rio verabschiedete *Agenda 21* die Vertragstaaten dazu anhält, das Prinzip der nachhaltigen Entwicklung bei der Schaffung neuer Regelungen zu berücksichtigen.[233]

Das Prinzip der nachhaltigen Entwicklung, das u. a. auch die Chancengleichheit (zwischen den Geschlechtern) beinhaltet, erscheint somit als ein weiterer Grundsatz, auf dem das Vergaberegime beruht.[234]

Für die Dogmatik auf der Ebene der einzelnen Bestimmungen hätte dies zur Folge, dass den nationalen Zielen hinsichtlich einer nachhaltigen Entwicklung im Rahmen der Ausnahmevorschrift des Art. XXIII GPA eine größere Bedeutung zukommt und demjenigen Staat, der sich auf die Ausnahme beruft, nicht die volle Darlegungs- und Beweislast für die Notwendigkeit dieser Maßnahme obliegt.[235]

Allerdings ist darauf hinzuweisen, dass die GATT-Ausnahmevorschrift in den beiden bislang nicht angenommenen *Tuna/Dolphin*[236]-Panelberichten[237] eng ausgelegt wurde. Erst seit dem *Shrimp/Turtle*-Panelbericht[238] scheint sich die restriktive Auslegung etwas zu lo-

---

[233] Als ein Ergebnis der Rio-Konferenz von 1992 wurde die *Agenda 21* verabschiedet, die den Begriff der nachhaltigen Entwicklung aufgreift und ihn zum Schlüsselbegriff und zum Leitbild zukünftiger menschlicher Aktivitäten erhebt. Ziel ist die Verbesserung der ökonomischen und sozialen Lebensbedingungen der Menschen im Einklang mit der langfristigen, dauerhaften Sicherung der natürlichen Lebensbedingungen. Auch wenn die *Agenda 21* als sog. *soft law* nicht rechtsverbindlich ist, so erteilt sie jedenfalls detaillierte Handlungsaufträge an internationale, nationale, regionale und lokale Institutionen auf staatlicher und nichtstaatlicher Ebene, die auch bei der Schaffung neuer Abkommen zu berücksichtigen sind.

[234] Fischer, RIW 2003, 347 (352) sieht diesen Grundsatz erst in der Zukunft im GPA als gegeben: „[Wenn] *sich das Welthandelsrecht in der Zukunft weiteren Politikfeldern öffnet - der Begriff nachhaltige Entwicklung mag insoweit als Stichwort genügen -,* [wird] *sich auch das GPA allgemeinen politischen Zielvorgaben nicht mehr verschließen können*".

[235] *Winter*, Welthandelsrecht und Umweltschutz, S. 74.

[236] Siehe *v. Bogdandy* zum ersten Thunfisch-Bericht, EuZW 1992, 243.

[237] Vgl. *United States - Restrictions on Imports of Tuna*, Appellate Body Report v. 3.9.1991, DS 21/R, 30 I. L. M. 1594 (1991); *United States - Restrictions on Imports of Tuna*, Appellate Body Report 16.6.1994, DS29/R, 33 I. L. M. 842 (1994).

[238] Vgl. *United States - Import Prohibition of Certain Shrimp and Shrimp Products*, Appellate Body Report v. 12.10.1998 (WT/DS58/AB/R), 38 I. L. M. 118 (1999);

ckern.[239] Insofern bleibt unklar, wie ein Streitschlichtungsverfahren die Ausnahmevorschrift des GPA hinsichtlich der Verfolgung von Sekundärzwecken zugunsten einer nachhaltigen Entwicklung auslegen wird.

E. Sekundärzwecke als Zusatzkriterium

Fraglich ist, ob das GPA zusätzliche Kriterien zulässt, die eine Berücksichtigung von Sekundärzielen ermöglicht.

Der Vertragstext selbst bietet hierfür kaum Ansatzpunkte. Die Präambel nennt als Ziel lediglich die Liberalisierung und Ausweitung sowie die Verbesserung der Abwicklung des Welthandels. Dies verstärkt den Eindruck, dass mit der Schaffung eines internationalen Vergaberegimes allein nur *ökonomische* Ziele verfolgt werden sollen. Denn andere *politische* Ziele - wie etwa die Verfolgung sozialer oder umweltschützender Ziele - finden (abgesehen von der Berücksichtigung der Entwicklungs-, Finanz- und Handelsbedürfnisse der Entwicklungsländer) keine Erwähnung.

Auf der anderen Seite verdeutlichen die Vorbehaltsklauseln einiger Vertragstaaten, dass es sich bei dem Übereinkommen um kein abgeschlossenes Vergaberegime handelt.[240] Vielmehr legt das Übereinkommen lediglich Mindeststandards für das Vergabeverfahren fest, die bei der „weltweiten" Vergabe von den Vertragstaaten zu berücksichtigen sind.[241] Die unterschiedlichen Liberalisierungsgrade zwischen den Vertragstaaten stehen einer Harmonisierung des internationalen Vergaberechts entgegen. Anders als in der EU, wo es eine Möglichkeit zur Positivintegration durch eigene Harmonisierung gibt, müssen die Vertragstaaten auf internationaler Ebene Spielraum für eigene Politiken behalten, solange keine wirkliche Harmonisierung

---

vgl. auch *United States - Standards for Reformulated and Conventional Gasoline*, Appellate Body Report v. 29.4.1996 (WT/DS2/AB/ R), 35 I. L. M. 603 (1996).

239 Vgl. *Winter*, Welthandelsrecht und Umweltschutz, S. 75.

240 Vgl. United States Appendix I, Notes to Annex 2, par. 2: "*The Agreement shall not apply to preferences or restrictions associated with programs promoting the development of distressed areas and businesses owned by minorities, disabled veterans and women.*"; United States Appendix I, Notes to Annex 2, par. 3: "*Nothing in this annex shall be construed to prevent any state entity from applying restrictions that promote the general environmental quality in that state, as long as such restrictions are not disguised barriers to international trade.*"

241 *Biaggini*, Staatsrechtliche Studie, S. 19.

des Vergabeverfahrens gewollt ist.[242] Die Einführung zusätzlicher Kriterien, die die Verfolgung von Sekundärzwecken ermöglicht, scheint dem Übereinkommen somit nicht entgegenzustehen. Die Verfolgung von umweltschützenden und sozialpolitischen Zielen im internationalen Beschaffungswesen könnte einen wichtigen Beitrag zur nachhaltigen Entwicklung und zur wirtschaftlichen und sozialen Erneuerung und Weiterentwicklung des internationalen Handels darstellen.[243]

Eine uneingeschränkte Entscheidungsfreiheit bei der Verfolgung von Sekundärzwecken würde allerdings dem Transparenzgebot und dem Vertragsziel (Öffnung der Beschaffungsmärkte) zuwiderlaufen. Mit der Vergabe öffentlicher Aufträge können daher nur international anerkannte Ziele im Sinne einer nachhaltigen Entwicklung verfolgt werden. Dabei darf die Verfolgung von Sekundärzwecken nicht gegen wesentliche Grundsätze, insbesondere nicht gegen das Diskriminierungsverbot und das Transparenzgebot verstoßen.

F. Zusammenfassung

Während die Vorgaben für bieterbezogene Auswahlbedingungen nach Art. VIII GPA grundsätzlich die Verfolgung von Sekundärzwecken ausschließen, erscheint die Berücksichtigung sozialer Präferenzen bei der Zuschlagserteilung nach Art. XIII GPA nicht gänzlich ausgeschlossen. Dies gilt umso mehr, als dass die Vorschrift unter dem Vorbehalt steht, dass ein Verstoß nicht aufgrund eines hohen nationalen Interesses ausnahmsweise gemäß Art. XXIII GPA gerechtfertigt ist. Ob jedoch die Verfolgung von Sekundärzwecken ein solch hohes nationales Interesse darstellen kann, dass sie einen Verstoß gegen das GPA zu rechtfertigen vermag, kann angesichts der bisherigen Streitschlichtungsverfahren zur gleichartigen Ausnahmevorschrift des GATT (bislang) bezweifelt werden.

Allerdings bezweckt das GPA keine umfassende Regelung oder gar Vereinheitlichung des internationalen Beschaffungswesens, sondern statuiert lediglich Mindestanforderungen, die bei der „weltweiten" Vergabe von den Vertragsparteien zu berücksichtigen sind. Die Einführung zusätzlicher Kriterien, die die Verfolgung von Sekundärzwecken ermöglicht, scheint dem Übereinkommen somit nicht entgegen-

---

242 *Winter*, Welthandelsrecht und Umweltschutz, S. 73.

243 Vgl. *Fischer*, RIW 2003, 347 (352); *DJB*, Stellungnahme, S. 2.

zustehen. Schranken für die Verfolgung von Sekundärzwecken bilden vor allem das Diskriminierungsverbot und Transparenzgebot.

Kapitel Fünf

Die Zulässigkeit von Affirmative Action Maßnahmen nach US-amerikanischem Recht

Wie bereits dargelegt[244], ist das US-amerikanische Vergaberecht ein wesentliches Instrument zur Erfüllung politischer Zielsetzungen.[245] Hierzu gehört auch die Förderung benachteiligter Gruppen (Minderheiten und Frauen). Da das amerikanische Modell der *Affirmative Action*[246] in der deutschen Diskussion um die Kopplung der Vergabe an Frauenfördermaßnahmen oftmals als Vorbildfunktion herangezogen wird, soll das Regelungsmodell näher untersucht werden. Dabei zeigt sich, dass das Modell der *Affirmative Action*, das insbesondere bei der gerichtlichen Überprüfung hinsichtlich der Zulassung zu Bildungseinrichtungen und im Arbeitsrecht eine Rolle gespielt hat, weit über das staatliche Vergaberecht hinausgeht. Ohne auf diese allgemeineren, insbesondere verfassungsrechtlichen Fragen einzugehen, ist eine Erschließung des Problems auch für das Vergaberecht nicht möglich.

A. Politisch-historischer Entstehungskontext

Mit Erlass der *Executive Order 8802* von 1941 brach Präsident *Franklin D. Roosevelt* (Amtsperiode 1933-45) den Widerstand der fast ausschließlich männlichen weißen Staatsbeamten, Unternehmer und Gewerkschaftsfunktionäre, die sich gegen die Beschäftigung von Afroamerikanern und Frauen in den amerikanischen Rüstungsindustrien gesperrt hatten. Die Präsidentenverordnung verlangte, dass in je-

---

244 Siehe oben, S. 41 ff. (45 ff.).

245 Vgl. FAR 1.102 (b) (4).

246 *Affirmative action* wird definiert als: „[A]*ny effort taken to expand opportunity for women or racial, ethnic and national origin minorities by using membership in those groups that have been subject to discrimination as a consideration.*“, Affirmative Action Review, Report to the President, July 19, 1995; [A]*ny measure, beyond simple termination of a discriminatory practice, adopted to correct or compensate for past discrimination or to prevent discrimination from recurring in the future.*“, U.S. Commission on Civil Rights, Statement on Affirmative Action, Clearinghouse Pub. No. 54 (Oct. 1977).

dem Rüstungsvertrag eine Klausel aufzunehmen war, wonach Diskriminierungen bei der Beschäftigung aufgrund von Rasse, Glaube, Hautfarbe oder nationaler Herkunft verboten seien.[247] Zwei Jahre später dehnte Präsident *Roosevelt* diese Klausel auf sämtliche Verträge Privater mit der Bundesregierung bzw. -verwaltung aus.[248] Jedoch wurden Minderheiten und Frauen 1945 durch die vom Krieg heimkehrenden weißen Männer von den begehrten Arbeitsplätzen in der Produktion verdrängt.

Erst 1961 wurde die Minderheitenförderung durch Präsident *John F. Kennedy* (Amtsperiode 1961-63) wieder aufgenommen. Er führte nicht nur die Sanktionen der Vertragskündigung und des Ausschlusses von künftigen Verträgen mit dem Bund für den Fall eines Verstoßes gegen die Antidiskriminierungsklausel ein, sondern verlangte von den privaten Vertragspartnern zur Beseitigung der Diskriminierung bei den Beschäftigungschancen:

> „[…] [to] *take affirmative action to ensure that applicants* […] *and employees* […] *are treated* […] *without regard to race, reed, color, or national origin.*“[249]

Der Begriff *Affirmative Action* stammt von ihm. Jedoch wurde dem Begriff noch keine politische Bedeutung beigemessen, insbesondere wurde er nicht als Verpflichtung zur bevorzugten Einstellung oder Beförderung verstanden.

Dies änderte sich mit der 1965 von Präsident *Lyndon B. Johnson* (Amtsperiode 1963-1969) erlassenen *Executive Order 11246*[250], die mit nachfolgenden Änderungen auch heute noch in Kraft ist. Zwar blieb der materielle Gehalt der Executive Order Präsident Kennedys weitgehend unverändert, doch übertrug Präsident *Johnson* die Überwachung und Durchsetzung der Order dem *U. S. Department of Labor* (DOL), wobei der *Secretary of Labor* ermächtigt wurde, *Rules and Regulations* zur Ausführung der Order zu erlassen.[251] 1967 fügte Präsident Johnson das Geschlecht (*gender*) als weiteres verbotenes Diskriminierungsverbot hinzu, wodurch die gleichen Gruppen (Minder-

---

[247] Exec. Order No. 8802, 3 C.F.R. §957 (1938-1943).

[248] Exec. Order No. 9346, 3 C.F.R. 1280 (1938-1943).

[249] Exec. Order No. 10925, 3 C.F.R. 448 (1959-1963).

[250] Exec. Order No. 11246, 3 C.F.R. 339 (1964-65), die auch heute noch mit nachfolgenden Änderungen in Kraft ist. Sie hierzu 42 U.S.C. § 2000e.

[251] Exec. Order No. 11246, § 201.

heiten und Frauen) wie durch *Title VII* des *Civil Rights Act of 1964*[252] geschützt wurden.

Nach ihrer Einführung wurde *Affirmative Action* nach und nach ausgedehnt und führte zu zahlreichen gesetzlichen Regelungen, Programmen und Verordnungen zugunsten von Minderheiten und Frauen. Ministerien und Gerichte schrieben immer differenziertere Verfahren zur Umsetzung von *Affirmative Action*-Programmen vor. In der Einstellungspraxis der staatlichen Verwaltung und den Zulassungsverfahren zu höheren Bildungsanstalten wurden zum Teil starre Quoten festgelegt. Öffentliche Aufträge wurden gezielt an Angehörige von Minderheiten vergeben.

Dieses *Preferential Treatment* führte in den siebziger Jahren zur Debatte der *reverse discrimination*, die bis heute andauert. Die Gegner argumentieren, dass einzelne „Weiße" die Hauptlast dieser Gesetze zu tragen hätten und *Affirmative Action* zu einer „umgekehrten Diskriminierung" führe:

> „*Some of the damage, direct and substantial, is done to those like Weber and Bakke who bear the immediate burden. "Society" does not pay; the "white majority" does not pay; individual citizens pay. The penalty to them is great and undeserved. Reverse discrimination is not an invention or a hypothesis yet to be confirmed; it is a sociological and legal fact.*"[253]

Die Befürworter hingegen argumentieren, dass es nach jahrhundertelanger Unterdrückung nicht genüge, lediglich gleiche Startbedingungen zu schaffen:

> „[...] *and the belated gift of "fairness" in the form of a resolution no longer to discriminate against them legally is hardly an adequate remedy for the deep disadvantages that the prior discrimination has produced. When the deck is stacked against you in more ways than you can even count, it is small consolation to hear that you are now free to enter the game and take your chances.*"[254]

Im Einzelfall kann *Affirmative Action* dazu führen, dass ein gleich oder weniger qualifizierter Kandidat (vorausgesetzt, er bringt die zur

---

252 Public Law 82-352 (78 Stat. 241).

253 *Cohen*, Naked Racial Preference, S. 102.

254 *Fish*, Reverse Racism, S. 128.

Erfüllung der Aufgaben erforderliche Mindestqualifikation mit) einem eventuell besser qualifizierten Bewerber vorgezogen wird, nur weil er Angehöriger einer der bevorzugten Gruppen ist. Dies führt nicht nur zu politischem und gesellschaftlichem Streit, sondern ist auch verfassungsrechtlich höchst umstritten. Der Oberste Gerichtshof (*U.S. Supreme Court*) musste sich mehrmals mit Fragen der Verfassungskonformität von *Affirmative Action* auseinandersetzen.[255]

Bis 1980 konnte sich *Affirmative Action* als eine von beiden Parteien unterstützte Politik konsolidieren. Erst unter den republikanischen Präsidenten *Ronald Reagan* (Amtsperiode 1981-1989) und *George Bush* (Amtsperiode 1989-1993) war *Affirmative Action* auf verschiedenen Politikebenen (Ämterbesetzung, Rechtsprechung, Administration) von einer gegenläufigen Abbauphase gekennzeichnet, die die praktische Aushöhlung der Gleichstellungsmaßnahmen zur Folge hatte. Die rechtlichen Grundlagen sind allerdings unverändert geblieben.

Nachdem der *Supreme Court* 1989 in einer Reihe von Entscheidungen zur Diskriminierung die Rechte der Arbeitnehmer durch entsprechende Interpretationen der *Equal Protection Clause* (insbesondere durch Beweislastumkehrungen) beschnitten hatte, reagierte die Bürgerrechtsbewegung mit heftigen Protesten und forderte neue Bürgerrechtsgesetze. Beide Häuser des Kongresses verabschiedeten daraufhin im Sommer 1990 den *Civil Rights Act of 1990*, der die meisten dieser Entscheidungen des Gerichts praktisch aufhob und die bis zu diesem Zeitpunkt umfangreichsten Änderungen des Antidiskriminierungsrechts nach *Title VII* des *Civil Rights Act 1964* bewirken sollte. Präsident *Bush* bekämpfte dieses Gesetz, das er als *„quota bill“* bezeichnete, da das Gesetz vorsah, Quoten für die Einstellung bzw. Beförderung von Minoritäten und Frauen einzuführen.[256] Im Oktober 1990 stoppte er die Inkrafttretung mit seinem Veto. Dem U.S. Senat fehlte eine Stimme, um dieses Veto vor den Neuwahlen im November 1990 zu überstimmen. Im folgenden Jahr änderte sich jedoch das politische Klima. Präsident *Bush* war erstaunt, welchen Widerstand sein Veto ausgelöst hatte. Unter diesem starken politischen Druck unterstützte er eine gemäßigte Version, die vom Senat angenommen wurde. Danach beschränkte der *Civil Rights Act of 1991 Affirmative Action-*

---

[255] Siehe hierzu unten, S. 100 ff.

[256] N.Y. Times, July 20, 1990, at A1.

Programme ausdrücklich nicht.[257] Die Geschichte der Entstehung des *Civil Rights Act of 1991* zeigte indessen, dass die *Bush*-Administration mit den staatlichen Programmen gegen die Rassendiskriminierung und mit der Reichweite der Gesetzesnormen nicht einverstanden war. Die Regierung vermied es, genaue Weisungen zu erlassen, wodurch die konservative Justiz die Aufgabe hatte, die Spielräume von *Affirmative Action* festzulegen.

Der demokratische Präsident *Bill Clinton* (Amtsperiode 1993-2001) weckte mit seiner Ernennung hohe Erwartungen in der Bürgerrechtsbewegung. Sein Kabinett umfasste vier Afroamerikaner, zwei Hispanics und drei Frauen. Das waren mehr Minderheitsangehörige und Frauen, als je ein Präsident in sein Kabinett berufen hatte. Schon bald aber erfolgte die Ernüchterung. Unter dem Druck der Konservativen setzte sich *Bill Clinton* nur zögernd und vorsichtig für die Vorzugsbehandlung von Minoritäten und Frauen ein. Bei den Kongresswahlen von 1994 eroberten die Republikaner die Mehrheit in beiden Kammern des Kongresses - dem Senat (dem Oberhaus) und dem Repräsentantenhaus (dem Unterhaus) - und zwangen die *Clinton*-Administration weiter in die Defensive. In den beiden Häusern des Kongresses wurde im Sommer 1995 der „*Equal Opportunity* Act" von republikanischen Abgeordneten eingebracht, der bis zu den Novemberwahlen 1996 aber nur auf (Unter-) Ausschussebene beraten wurde. Der Gesetzentwurf, der auf eine Reform der Gleichberechtigungspolitik der Legislative und Exekutive auf Bundesebene zielt, sah ein Verbot von Diskriminierung und Bevorzugung aufgrund von „Rasse", Hautfarbe, Geschlechtszugehörigkeit und nationaler Herkunft vor. Ein Verbot bewusster Bevorzugung bedeutete somit ein Nein zu Quoten, „*set-asides*"[258], zu numerischen Zielvorgaben und Zeitplänen. Erlaubt werden sollte lediglich eine bewusste Förderung von Personen, die wirtschaftlich benachteiligt sind. *Affirmative Action* sollte durch den „*Equal Opportunity Act*" auf ein klares Diskriminierungsverbot, gezielte Rekrutierungsmaßnahmen und Schulungsprogramme hin begrenzt werden. Mit einer Hinhaltetaktik versuchte *Bill Clinton* gegenüber dem radikalisierten neoliberalen Kongress, die Fundamente von *Affirma-*

---

[257] § 116 of Title I des Civil Rights Act of 1991 (Pub. L. 102-166): „*Nothing in the amendments made by this shall be construed to affect court-ordered remedies, affirmative action, or conciliation agreements, that are in accordance with the law.*"

[258] Reservierung eines bestimmten Anteils bei der Vergabe von Aufträgen für Angehörige von bestimmten benachteiligten Gruppen.

tive Action vor weiterer Erosion zu bewahren. Dies gestaltete sich besonders schwierig, als 1995 und 1996 die republikanischen Präsidentschaftskandidaten *Bob Dole* und *Pat Buchanan* mit der erklärten und werbewirksamen Absicht angetreten waren, *Affirmative Action* ganz abzuschaffen, um damit die Stimmen einer als „*angry white male*“ bezeichneten Wählerschaft zu gewinnen. Präsident *Bill Clinton* übte sich in der wohlkalkulierten und wahlstrategischen wichtigen Rhetorik der Mitte. Seine Devise in der heiklen Frage war, dass noch kein Ende der Diskriminierung in Sicht sei. *Affirmative Action* sei keineswegs überflüssig: „*Mend it, but don't end it*“[259]

Während des Präsidentschaftswahlkampfs 2000 vermieden es die Kandidaten *George W. Bush* und *Al Gore*, in der Frage über *Affirmative Action* eindeutig Stellung zu beziehen, um keine Stimmenverluste zu riskieren.[260]

Mit einem Kopf-an-Kopf-Rennen verdankte *George W. Bush* seinen Wahlsieg nicht einem Wählervotum, sondern der Entscheidung des von Republikanern dominierten *Supreme Court*. Die Wahl hatte gezeigt, dass das Land tief gespalten ist. Die neue Regierung wurde von Millionen Menschen als illegitim betrachtet, noch ehe sie ihr Amt antrat. Aber anstatt ihren Gegnern entgegenzukommen, holte sich *George W. Bush*, der in seiner Wahlkampagne als "*uniter, not a divider*" angetreten war, ausgesprochen sozialkonservative Vertreter aus Politik, Wirtschaft und Militär in sein Kabinett und strafte seiner Behauptung, einen toleranten und gemäßigten Flügel der Republikaner zu vertreten, Lügen. Die Ernennung von *John Ashcroft*[261] als Justizmi-

---

[259] N.Y. Times, July 20, 1995, at B10.

[260] Bei der Frage, ob sie für oder gegen *Affirmative Action* seien, antwortete *Bush*, dass, wenn mit *Affirmative Action* Quoten gemeint sind, er definitiv dagegen ist. *Gore* entgegnete, dass er auch nicht für Quoten ist, da *Affirmative Action* auch nicht Quoten bedeute. Bush sodann: „*If affirmative action means what I'm for, I'm for it.*“ Daraufhin brach *Gore* die Regeln der Fernsehdebatte und fragte *Bush*, ob er *Affirmative Action* Maßnahmen unterstützen würde, die nach dem *Supreme Court* erlaubt seien. Anstatt zu antworten, sah *Bush* nur den Moderator an, ohne die Frage je zu beantworten. (*Presidential Debate*, St. Louis, October 18, 2000).

[261] *John Ashcroft*, Sohn und Enkel fundamentalistischer Priester, wurde in seiner sechsjährigen Amtszeit als republikanischer US-Senator unter anderem wegen seiner entschiedenen Ablehnung von Abtreibungen bekannt. Sogar im Falle von Vergewaltigung oder Inzest befürwortete er bis zu lebenslänglichen Gefängnisstrafen für Ärzte, die Abtreibungen durchführen. Bei der Sozialreform von 1996 versuchte er ohne Erfolg, alle Hilfe für minderjährige alleinerziehende Mütter zu verbieten. Erfolg hatte er bei der Einführung eines Gesetzeszusatzes, der es Bun-

nister, *Gail Norton*[262] als Innenministerin und *Linda Chavez*[263] als Arbeitsministerin, stelle eine Provokation für die Arbeiterklasse, die Minderheiten und all jene dar, die demokratischen Grundrechten, sozialen Errungenschaften und Umweltfragen nicht gleichgültig gegenüber standen. Die Ernennungen demonstrieren die Unempfindlichkeit der *Bush*-Administration gegenüber der wachsenden sozialen und politischen Krise in den Vereinigten Staaten.

Auch wenn *George W. Bush* gegen Minderheitenförderung ist, hat er eine Abschaffung bestehender Regelungen (bislang) vermieden, so dass die rechtlichen Grundlagen von *Affirmative Action* unverändert fortgelten.

Auf Ebene der Bundesstaaten zeichnet sich hingegen eine *Rolleback*-Initiative ab. So stimmten 54 % der Wählerinnen und Wähler des Bundesstaates Kalifornien 1996 in einem Volksbegehren zur Änderung des *Article 1, Section 31 (a)* der kalifornischen Verfassung, die als „*Proposition 209*" bekannt geworden ist, für ein absolutes Diskriminierungsverbot und damit für die vollständige Abschaffung von *Affirmative Action* Programmen in Kalifornien:

> „*The state shall not discriminate against, or grant preferential treatment to, any individual or group on the basis of race, sex, color, ethnicity, or national origin in the operation of public employment, public education, or public contracting.*"

Innerhalb von nur drei Jahren folgten die Bundesstaaten Illinois, Florida, Washington und Texas dem Beispiel Kaliforniens.

---

desstaaten erlaubt, Sozialhilfeempfänger zu zwingen, sich um Hilfe an religiöse Gruppen zu wenden. In seinem neuen Amt als Justizminister ist er nicht nur für die Einhaltung der Wahlgesetze (die in Florida zur Unterdrückung zehntausender Stimmen führte und wahlentscheidend war) verantwortlich, sondern auch für die Ernennung neuer Bundesrichter, darunter auch derjenigen des Obersten Gerichts.

262 *Gale Norton*, frühere Justizministerin des Bundesstaates Colorado hatte sich wegen ihrer *anti-affirmative action*- und *anti-environmental protection*-Haltung einen Namen gemacht. Als Vize unter Präsident Ronald Reagans Innenminister *James Watt* hatte sie dafür geworben, Nationalparks in Alaska für die Ölförderung zu öffnen.

263 *Linda Chavez*, frühere Demokratin und Gewerkschaftsbürokratin, war in der *Reagan*-Regierung für ihre Angriffe auf Bürgerrechte und politische Programme zur Rassenintegration berüchtigt. Sie trat gegen die Einführung von Mindestlöhnen ein, weil sie "marxistisch" seien. Nach der Enthüllung, dass sie eine illegale Einwanderin aus Guatemala beherbergte, musste sie auf ihre Kandidatur verzichten. An ihre Stelle trat *Elaine Chao*, frühere Direktorin des Friedenskorps.

B. Rechtliche Grundlagen von Affirmative Action

Wichtig für das rechtliche Verständnis von *Affirmative Action* ist das Spannungsverhältnis zwischen verfassungsrechtlichem Gleichheitsgrundsatz (*Equal Protection Clause*), Antidiskriminierungsgesetzen und *Affirmative Action Policies*.

I. Verfassungsrechtliche Vorgaben

1. Equal Protection Clause

Vor dem amerikanischen Bürgerkrieg (1861-1865) bot die amerikanische Verfassung von 1776 keinen Schutz vor Rassendiskriminierung. Im Gegenteil war die Sklaverei verfassungsrechtlich legitimiert.[264]

Hatte die Unabhängigkeitserklärung (*Declaration of Independance*) von 1776 noch als offensichtliche Wahrheit verkündet, „*that all men are created equal*", und galt diese Erklärung als Versprechen, das mit der Verabschiedung der Verfassung eingelöst wurde, so traf dies jedenfalls nicht für den afroamerikanischen Teil der Bevölkerung zu.[265] Auch der Oberste Gerichtshof der Vereinigten Staaten (*Supreme Court)* machte kurz vor Ausbruch des amerikanischen Bürgerkriegs deutlich, dass Sklaven oder ihre Nachkommen weder als Bürger der Vereinigten Staaten noch als Personen, denen von der Verfassung Individualrechte verliehen wurden, angesehen werden könnten.[266] Erst der Bürgerkrieg und die nachfolgenden Verfassungszusätze (*Amendments*) in den *Bill of Rights* sollten diese Lage grundlegend ändern.[267]

Als ein Ergebnis des amerikanischen Bürgerkriegs wurden drei Verfassungszusätze verabschiedet, die ausdrücklich die Sklaverei ab-

---

[264] So untersagte *Article I, Sec. 9, Clause 9* der U.S. *Constitution* dem Kongress, den Sklavenhandel vor dem Jahre 1808 einzuschränken; diese Klausel durfte auch durch Verfassungsänderung nicht angetastet werden (Article V). Die Rechte der Sklavenhalter waren geschützt durch *Article IV, Sec. 2, Clause 3*.

[265] Auch Frauen besaßen nicht die gleichen Rechte wie ihre männlichen Geschlechtsgenossen. So wurde das Frauenwahlrecht im Bundesstaat Wyoming erst 1869 (auf Bundesebene erst 1920) eingeführt. Erst seit 1963 sind Arbeitgeber durch den *Equal Pay Act* verpflichtet, Frauen den gleichen Lohn wie Männern zu zahlen.

[266] *Dred Scott v. Sanford*, 60 U.S. 393 (1856).

[267] *Stone*, in: Sunstein/Tushnet, Constitutional Law, S. 570 ff.

schafften[268], der afroamerikanischen Bevölkerung die Bürgerrechte zugestand[269] und ihnen das Wahlrecht[270] einräumte. Damit wurde die amerikanische Verfassung von 1787 erst im Jahre 1868 mit dem vierzehnten Verfassungszusatz (*Amendment XIV*), der sog. "*Equal Protection Clause*" ergänzt, der seitdem die Gleichheitsrechte aller Bürger schützt.[271] Hiernach muss jeder Staat innerhalb seines Hoheitsbereichs jeder Person den gleichen Schutz durch das Gesetz gewähren.

> „*No State shall* [...] *deny to any person within its jurisdiction the equal protection of the laws.*"[272]

Die *Equal Protection Clause*, die vom Wortlaut her dem allgemeinen Gleichheitssatz des Art. 3 Abs. 1 GG ähnelt, stellt somit ein umfassendes Diskriminierungsverbot dar. Allein die Einzelstaaten werden auf die Beachtung des Gleichheitssatzes im Verfassungstext ausdrücklich verpflichtet. Gegenüber Maßnahmen des Bundes schützt die Gleichheitskomponente des *Due Process* des fünften Verfassungszusatzes (*Amendment V*), der insoweit als entsprechende gleichheitsrechtliche Garantie ausgelegt wird.[273] Der Gleichheitssatz richtet sich sowohl an den Gesetzesanwender als auch an den Gesetzgeber. Damit ist - wie in der Bundesrepublik Deutschland - alle staatliche Gewalt an den Gleichheitssatz gebunden.[274]

Im Mittelpunkt des verfassungsrechtlichen Streits von *Affirmative Action* steht die Frage, inwieweit Begünstigungen von Minderheiten bzw. Frauen mit den Erfordernissen der *Equal Protection Clause* zu vereinbaren sind. Die *Equal Protection Clause* enthält weder bestimmte Diskriminierungsverbote (wie in Art. 3 Abs. 3 GG), noch spezifiziert sie den Gleichheitssatz auf Männer und Frauen[275] (wie in Art. 3 Abs. 2 S. 1 GG), noch enthält sie einen verfassungsrechtlichen Förderungsauftrag bestimmter Personengruppen (wie in Art. 3 Abs. 2 S. 2 GG). Der verfassungsrechtliche Schutz bestimmter Gruppen ist somit sehr schwach. Auch enthält die amerikanische Verfassung keinen ausdrücklichen Katalog zur Verfassungsauslegung, die mit Art. 3 Abs. 3 GG vergleichbar wäre.

---

268 U.S. Constitution, Amendment XIII, der die *Fugitive Slave* Klausel (U.S. Constitution, Article IV, Section 2, Clause 3) aufhob.
269 U.S. Constitution, Amendment XIV, siehe Anhang.
270 U.S. Constitution, Amendment XV, § 1, siehe Anhang.
271 *Nowak/ Rotunda*, Constitutional Law, S. 570 ff.
272 U.S. Constitution, Amendment XIV, § 1.

mehr ist die Auslegung der *Equal Protection Clause* von der Interpretation des *Supreme Court* geprägt.

2. Die Interpretation des Supreme Court

a) Separate-but-equal doctrine

In den Jahren 1896-1954 war die Rechtsprechung des *Supreme Court* zur Rassendiskriminierung von der *separate-but-equal doctrine* bestimmt.[276]

Eingeführt wurde diese Doktrin mit der berüchtigten Entscheidung *Plessy v. Ferguson*[277]. Hier ging es um die Klage des „schwarzen" *Plessy*, der sich in einem für „weiße" Fahrgäste reservierten Eisenbahnwaggon niedergelassen hatte, obwohl die Benutzung von getrennten Eisenbahnwaggons für „schwarze" und „weiße" Fahrgäste im Bundesstaat Louisiana - strafrechtlich bewährt - gesetzlich vorgeschrieben wurde. Die Mehrheit der Richter sah hierin keine Verletzung des vierzehnten Verfassungszusatzes (*Amendment XIV*). Die Richter sahen zwar das Ziel der *Equal Protection Clause* des Amendment XIV in der Durchsetzung der absoluten Gleichheit beider „Rassen" vor dem Gesetz. Allerdings - so die Richter - hat Amendment XIV nicht die Abschaffung von auf die Hautfarbe gestützten Unterscheidungen beabsichtigt, auch nicht die Durchsetzung sozialer -

---

273 Der U.S. *Supreme Court* hat die *Equal Protection Clause* auch als Maßstab für das Handeln des Bundes erhoben, indem er sie in die *Due Process Clause* des *Amendment V* hineingelesen hat. Trifft der Bund Differenzierungen, die an sich nach der *Equal Protection Clause* verboten wären, so verletzt er damit die *Due Process Clause*. Insoweit ist der Maßstab der *Equal Protection Clause* mit der *Due Process Clause* inhaltlich identisch. Vgl. *Bolling v. Sharpe*, 347 U.S. 497 (1954); *Buckley v. Valeo*, 424 U.S. 1, 93 (1976).

274 *Sacksofsky*, Das Grundrecht auf Gleichberechtigung, S. 209.

275 Dies hätte sich bzgl. des Merkmals „Geschlecht" geändert, wenn eine 1972 initiierte Verfassungsänderung Erfolg gehabt hätte. Damals verabschiedete der Kongress einen Verfassungszusatz (*Equal Rights Amendment*), der die Behandlung der Geschlechter auf eine neue verfassungsrechtliche Grundlage gestellt hätte. Der Verfassungszusatz war politisch heftig umstritten. Am Ende der Ratifizierungsfrist (1982) fehlte die Unterschrift von drei weiteren Staaten, um die nach *U.S. Constitution, Article V* erforderliche Zustimmung von ¾ der Staaten sicherzustellen. Vgl. *Tribe*, American Constitutional Law, S. 1586 ff.

276 Zur Interpretation der *Equal Protection Clause* siehe insbesondere *Nowak/ Rotunda*, Constitutional Law, S. 632 ff.

277 *Plessy v. Ferguson*, 163 U.S. 537 (1896).

im Gegensatz zu politischer - Gleichheit, oder das Vermischen der beiden Rassen unter Bedingungen, die beide unbefriedigt lassen. Danach können Personen aufgrund ihrer „Rasse" gesetzlich eingeteilt und getrennt, aber dennoch gleich behandelt werden, soweit das entsprechende Gesetz eine vernünftige und angemessene Ausübung der den Staaten zukommenden *Police Power* ist. Da das vorliegende Gesetz die „Schwarzen" nicht unterdrückt oder als minderwertige „Rasse" abstempelt, bejahten die Richter die Angemessenheit der Regelung.

Lediglich *Justice* (J.) *Harlan* erkannte in seinem legendären - gegen das Urteil gerichtete Sondervotum - die drohende Gefahr einer verfassungsrechtlich legitimierten Trennung von „Schwarz" und „Weiß". Er beharrte darauf, dass die Verfassung „*color-blind*" (farbenblind) sei und der Staat nicht die Rechte einer Person von seiner Hautfarbe abhängig machen könne:

> „*Our constitution is color-blind, and neither knows nor tolerates classes among citizens. In respect of civil rights, all citizens are equal before the law.*"[278]

Das für *Plessy* nachteilige Urteil war der Beginn einer bis 1954 fortgeltenden Auslegung der *Equal Protection Clause* im Sinne der *separate-but-equal* Doktrin. Durch sie wurde die Idee der Rassentrennung in allen denkbaren Varianten und in allen Bereichen des öffentlichen Lebens verfassungsrechtlich legitimiert, sofern im Einzelfall eine für „Schwarze" und „Weiße" gleichartige Leistungsgewährung gesichert war. Gesetze sorgten für eine strikte Trennung in öffentlichen Einrichtungen (Schulen, Universitäten, Friedhöfen, etc.). Obwohl „Schwarze" dem Gesetz nach frei waren, wurden sie behandelt wie Menschen zweiter Klasse.

b) Strict scrutiny

Erst gegen Ende des Zweiten Weltkriegs deutete die Rechtsprechung des *Supreme Court* eine grundlegende Änderung der Auslegung der *Equal Protection Clause* an. In der kontrovers diskutierten Entscheidung *Korematsu v. United States* aus dem Jahre 1944 befand eine Mehrheit der Richter die Internierung von Amerikanern japanischer

---

278 *Plessy v. Ferguson*, 163 U.S. 537, 559 (1896).

Herkunft durch die Regierung während des Zweiten Weltkriegs unter Zugrundelegung der *Equal Protection Clause* für verfassungsmäßig.

Mag dieses Ergebnis auch befremdlich erscheinen, so liegt die Bedeutung dieser Entscheidung darin, dass sie als die Geburtsstunde der Anwendung des strengen *strict scrutiny* Tests im Rahmen der verfassungsrechtlichen Überprüfung von Ungleichbehandlungen aufgrund der Rassenzugehörigkeit oder ethnischer Herkunft angesehen werden muss. Die Richter stellten mehrheitlich fest, dass alle gesetzlichen Einschränkungen der Bürgerrechte einer einzelnen „rassischen" Gruppe unmittelbar verdächtig (*immediately suspect*) sind, wenn auch noch nicht automatisch verfassungswidrig. Die Gerichte müssen solche Einschränkungen der genauesten Prüfung (*most rigid scrutiny*) unterziehen.

> „*It should be noted* [...] *that all legal restrictions which curtail the civil rights of a single racial group are immediately suspect. That is not to say that all such restrictions are unconstitutional. It is to say that courts must subject them to the most rigid scrutiny.*"[279]

1954 nahm der *Supreme Court* Abschied von der *separate-but-equal* Doktrin. In der Entscheidung *Brown v. Board of Education of Topeka* stellte das Gericht einstimmig fest, dass die offizielle Rassentrennung in allen öffentlichen Schulen verfassungswidrig ist. Die Richter begründeten ihre Entscheidung damit, dass die Rassentrennung von Kindern in öffentlichen Schulen zwangsläufig „schwarze" Kinder als minderwertig erscheinen lasse und sie der gleichen Ausbildungschancen beraube.

> „*'Segregation of white and colored children in public schools has a detrimental effect upon the colored children. The impact is greater when it has the sanction of the law; for the policy of separating the races is usually interpreted as denoting the inferiority of the Negro group. A sense of inferiority affects the motivation of a child to learn. Segregation with the sanction of law, therefore, has a tendency to (retard) the educational and mental development of Negro children and to deprive them of some of the benefits they would receive in a racial(ly) integrated school system.'* [...] *We conclude that in the field of*

---

[279] *Korematsu v. United States*, 323 U.S. 214, 216 (1944).

public education the doctrine of 'separate but equal' has no place. Separate educational facilities are inherently unequal."[280]

In nachfolgenden Entscheidungen verwarf das Gericht unter Verweis auf die *Brown*-Entscheidung die Rassentrennung in einer Vielzahl von öffentlichen Einrichtungen. In einer zweiten Reihe von Entscheidungen erklärte der *Supreme Court* staatliche Regelungen für unzulässig, die die Angehörigen von rassischen Minderheiten außerhalb der Rassentrennung benachteiligten. Damit war der *strict scrutiny* Test verfassungsrechtlich etabliert. Stützt sich eine staatliche Regelung auf „rassenbezogene" Differenzierungskriterien, so muss sie eng auf die Verwirklichung eines zwingenden Staatsinteresses zugeschnitten sein.[281]

„[Racial] *classifications are constitutional only if they are narrowly tailored measures that further compelling governmental interests.*"[282]

Die enge Mittel-Zweck-Relation verlangt gewöhnlich, dass kein weniger diskriminierendes Mittel zur Förderung des zwingenden Interesses zur Verfügung steht. Sie lässt sich mit der Verhältnismäßigkeitsprüfung des deutschen Verfassungsrechts vergleichen. Wenn danach dem Staat Differenzierungen nach der Rassenzugehörigkeit nicht gänzlich verboten sind, so hat der *Supreme Court* beginnend mit der *Brown*-Entscheidung fast alle Regelungen, die Angehörigen rassischer Minderheiten Nachteile auferlegt, für unzulässig erklärt. Mit derselben Begründung wurden aber auch Regelungen für unzulässig erklärt, die Minderheiten Vorteile verschafften, so dass der *strict scrutiny* Test den Ruf erwarb „*strict in theory, but fatal in fact*" zu sein.

„*Because the consideration of race is relevant to remedying the continuing effects of past racial discrimination, and because governmental programs employing racial classifications for remedial purposes can be crafted to avoid stigmatization, we concluded that such programs should not be subjected to con-*

---

280 *Brown v. Board of Education of Topeka*, 347 U.S. 483, 494 (1954). Der *Supreme Court* zitiert hier aus einer vorinstanzlichen Entscheidung, die die Klage afroamerikanischer Schulkinder dennoch abgelehnt hatte.

281 *Nowak/Rotunda*, Constitutional Law, S. 639 ff.

282 *Adarand Constructors, Inc. v. Peña*, 515 U.S. 200, 227 (1995).

> *ventional "strict scrutiny"--scrutiny that is strict in theory, but fatal in fact.*"[283]

Eine der zentralen Fragen der verfassungsrechtlichen Diskussion von staatlichen *Affirmative Action* Programmen ist daher, ob die Begünstigung von Angehörigen einer bestimmten Minderheitengruppe dem gleichen strengen *strict scrutiny* Test unterliegt.

c) Rational-basis review

In den 50er Jahren entwickelte der *Supreme Court* zu Fragen des Sozial- bzw. Wirtschaftslebens den *rational-basis* Test. Dieser Prüfungsmaßstab stellt die geringsten Anforderungen an eine die Gleichheitsgarantie einschränkende Maßnahme und belässt dem Hoheitsträger einen weiten Beurteilungsspielraum. Er zielt darauf ab, Willkürmaßnahmen zu verhindern und wird von einem hinreichenden Grundvertrauen in der Verfassungsmäßigkeit einer Maßnahme geprägt. Geprüft wird nur, ob die differenzierende Regelung einen verfassungsrechtlich legitimen Zweck verfolgt und auf einer rationellen Grundlage beruht.

> „*Under rational-basis review* [...] *a State's decision to act on the basis of those differences does not give rise to a constitutional violation. "Such a classification cannot run afoul of the Equal Protection Clause if there is a rational relationship between the disparity of treatment and some legitimate governmental purpose.* '"[284]

Ausreichend ist danach, dass ein bestimmtes legitimes Gemeinwohlinteresse durch die hoheitliche Maßnahme möglicherweise gefördert werden kann; d.h. es genügt für die Verfassungsmäßigkeit irgendeine nicht willkürliche Förderung eines Gemeinwohlinteresses. Unterliegt eine staatliche Reglung dem *rational-basis* Test, so wird sie in aller Regel für verfassungsgemäß erachtet.[285]

---

[283] *Fullilove v. Klutznick*, 448 U.S. 448, 519. Dieser Ausspruch geht auf den Aufsatz von *Gunther*, 86 Harv. L. Rev. 8 zurück.

[284] *Board of Trustees of University of Alaska v. Garrett*, 531 U.S. 356, 366 f. (2001), zitiert *Heller v. Doe by Doe*, 509 U.S. 312, 320 (1993).

[285] *Nowak/Rotunda*, Constitutional Law, S. 639 ff.; *Tribe*, American Constitutional Law, S. 1442 f.

d) Mid-level of scrutiny

Es zeigte sich schon bald, dass staatliche Differenzierungen anhand des *strict scrutiny* bzw. *rational-basis* Tests nicht immer hinreichend zu beurteilen waren. Dies galt insbesondere für an der Geschlechtszugehörigkeit orientierte Differenzierungen.

Bis zu den frühen siebziger Jahren hatte der *Supreme Court* gesetzliche Differenzierungen aufgrund des Geschlechts unangetastet gelassen, soweit sie nur in verständlicher Weise auf staatliche Zwecke bezogen waren, die das traditionelle Rollenverständnis zwischen Mann und Frau in der amerikanischen Gesellschaft widerspiegelten.[286] Beginnend mit der Entscheidung in *Reed v. Reed*,[287] in der ein Gesetz des Staates Idaho verworfen wurde, das Frauen unter bestimmten Umständen von der Nachlassverwaltung ausschloss, hat der *Supreme Court* in einer Reihe von Entscheidungen staatliche Differenzierungen aufgrund des Geschlechts als einen Verstoß gegen die *Equal Protection Clause* angesehen.[288] In diesen Entscheidungen wurde der von den Richtern verwendete Prüfungsmaßstab zwischen *strict scrutiny* und *rational-basis* Test angesiedelt, wobei die genauen Kriterien offen blieben. Erst mit der Entscheidung im Fall *Craig v. Boren* einigte sich eine Mehrheit der Richter auf einen mittleren Prüfungsmaßstab, den *mid-level scrutiny* Test. Danach sind Differenzierungen nach dem Geschlecht mit der *Equal Protection Clause* nur vereinbar, wenn die staatliche Regelung nachweislich in substantieller Weise einem wichtigen Staatszweck dient.

> „[…] *females are "subject to scrutiny under the Equal Protection Clause."* […] *To withstand constitutional challenge, previous cases establish that classifications by gender must serve important governmental objectives and must be substantially related to achievement of those objectives.*"[289]

Dieser mittlere Prüfungsmaßstab lässt den Gerichten genügend Spielraum zur Beurteilung der Notwendigkeit der Klassifizierung und der Relevanz des verfolgten Zwecks. So hat der *Supreme Court* z. B. die

---

[286] *Tribe*, American Constitutional Law, S. 1559 ff.
[287] 404 U.S. 71 (1971).
[288] *Tribe*, American Constitutional Law, S. 1562 ff.
[289] *Craig v. Boren*, 429 U.S. 190, 197 (1976).

militärische Registrierungspflicht für Männer und nicht für Frauen für vereinbar mit der *Equal Protection Clause* erklärt.[290]

II. Gesetzliche Diskriminierungsverbote

Auf Gesetzesebene wurden seit 1957 mehrere Bürgerrechtsgesetze erlassen, die die Bekämpfung der Diskriminierung von Minderheiten und Frauen zum Ziel haben.

1. Civil Rights Act of 1957

Unter der Präsidentschaft von *Dwight D. Eisenhower* beschloss der Kongress 1957 das erste Bürgerrechtsgesetz seit 1875, den sog. *Civil Rights Act of 1957*, das die Aufhebung der Diskriminierung von Afroamerikanern im sozialen, wirtschaftlichen und juristischen Bereich zum Ziel hatte. Wegen der Mehrheitsverhältnisse im Kongress mangelte es diesem jedoch an zwingenden Bestimmungen. Immerhin wurde aber aufgrund des Gesetzes eine Abteilung für Bürgerrechte im Justizministerium eingerichtet, die befugt war, Verwaltungsbeamte rechtlich zu belangen, die das Wahlrecht von Afroamerikanern behinderten. Das Gesetz sah auch die Einrichtung einer unabhängigen Bürgerrechtskommission der Vereinigten Staaten (*U.S. Commission on Civil Rights*) vor, die Informationen über Wahlrechtsverletzungen und andere Beeinträchtigungen von Bürgerrechten sammeln sollte. Als ein überparteiliches und unabhängiges Beratungsgremium des Präsidenten und des Kongresses nahm es 1959 seine Arbeit auf.

2. Equal Pay Act of 1963

Unter der Präsidentschaft von *John F. Kennedy* beschloss der Kongress den sog. *Equal Pay Act of 1963*, der gleichen Lohn für gleiche Arbeit zwischen Männern und Frauen vorschreibt.

> *„No employer having employees subject to any provisions of this section shall discriminate, within any establishment in which such employees are employed, between employees on the basis of sex by paying wages to employees in such establishment at a rate less than the rate at which he pays wages to employees of the opposite sex in such establishment for equal*

---

[290] *Rostker v. Goldberg*, 453 U.S. 57, 64 f. (1981).

> *work on jobs the performance of which requires equal skill, effort, and responsibility, and which are performed under similar working conditions* [...]."[291]

Nach diesem Gesetz kann bei Diskriminierung aufgrund des Geschlechts rückwirkend für zwei Jahre (bei Vorsatz drei Jahre) Schadensersatz verlangt werden.

1963 legte Präsident *Kennedy* dem Kongress den Entwurf eines neuen Bürgerrechtsgesetzes vor, das die Gleichstellung der afroamerikanischen Bevölkerung im öffentlichen Leben erzwingen sollte. Hier sah er sich allerdings mit der wachsenden Opposition „weißer" Gruppen konfrontiert, die sich gegen eine Ausweitung der Bürgerrechte der Afroamerikaner stellten. Die meisten von Kennedys Vorschlägen zur Aufhebung der Rassentrennung wurden erst nach seinem Tod im Bürgerrechtsgesetz von 1964 verwirklicht.

3. Civil Rights Act of 1964

Unter der Präsidentschaft von *Lyndon B. Johnson* beschloss der Kongress den sog. *Civil Rights Act of 1964*, der zentral für den Beginn und die Durchführung von Antidiskriminierungspolitik ist.

Nach *Title VI of the Civil Rights Act of 1964* soll keine Person aufgrund ihrer Rasse, Hautfarbe oder nationaler Herkunft bei der Vergabe von Bundesmitteln (z. B. Stipendien oder Förderprogrammen) benachteiligt werden:

> „*No person in the United States shall, on the ground of race, color, or national origin, be excluded from participation in, be denied the benefits of, or be subjected to discrimination under any program or activity receiving Federal financial assistance.*"[292]

Title VII of the Civil Rights Act of 1964 verbietet jegliche Art von Diskriminierung am Arbeitsplatz aufgrund von Rasse, Hautfarbe, Religion, Geschlecht[293], und nationaler Herkunft. Dabei erstreckt sich

---

[291] *Equal Pay Act of 1964, Sec. 6* (Pub. L. 88-38), kodifiziert in 29 U.S.C. § 206 (d).

[292] *Title VI of the Civil Rights Act of 1964* (Pub. L. 88-352), as amended, as it appears in 42 U.S.C. § 2000d.

[293] Dass das Verbot der Diskriminierung von Frauen wegen ihrer Geschlechtszugehörigkeit Bestandteil der Bürgerrechte wurde, lässt sich zum damaligen Zeitpunkt nicht auf den Einfluss der Frauenbewegung, sondern paradoxerweise darauf zu-

das Diskriminierungsverbot auf Einstellung, betriebliche Aus- und Weiterbildung, Beförderung, Entlohnung und Entlassung von Arbeitnehmern und findet Anwendung auf Arbeitgeber mit mindestens 15 Beschäftigten.[294] Während das Gesetz Begriffe wie Arbeitnehmer, Arbeitgeber, Geschlecht und Religion definiert[295], fehlt eine solche hinsichtlich des Begriffs „Diskriminierung". Vielmehr begnügt sich das Gesetz damit, ungesetzliche Praktiken zu beschreiben:

> *„It shall be an unlawful employment practice for an employer--*
>
> *(1) to fail or refuse to hire or to discharge any individual, or otherwise to discriminate against any individual with respect to his compensation, terms, conditions, or privileges of employment, because of such individual's race, color, religion, sex, or national origin;*
>
> *(2) to limit, segregate, or classify his employees or applicants for employment in any way which would deprive or tend to deprive any individual of employment opportunities or otherwise adversely affect his status as an employee, because of such individual's race, color, religion, sex, or national origin."*[296]

Eine ausschließlich am Wortlaut orientierte Auslegung würde dazu führen, dass die bevorzugte Behandlung von Minderheiten und Frauen verboten wäre und würde damit den „Geist" (*spirit*) und Zweck dieses Gesetzes ignorieren. Ziel dieses Gesetzes ist aber *„to break down old patterns of segregation and hierarchy"*.[297] Die bevorzugte Einstellung und Beförderung zur Überwindung demokratisch nicht legitimierbarer Ungleichheit ist daher in bestimmtem Rahmen erlaubt.[298] Zweck des Diskriminierungsschutzes nach *Title VII* ist daher,

---

zurückführen, dass ein konservativer Abgeordneter aus den Südstaaten die Berücksichtigung dieses Kriteriums in der Hoffnung und Absicht forderte, den Widerstand gegen die Verabschiedung der Bürgerrechte zu verstärken und den *Civil Rights Act* zu Fall zu bringen, *Bednarz-Braun*, Gleichstellung im Konflikt mit Personalpolitik, S. 34.

294 42 U.S.C. § 2000e (b). Der Anwendungsbereich hat sich durch Senkung des Grenzwerts von ursprünglich 100 auf 25 und schließlich auf 15 Beschäftigte über die Jahre immer weiter ausgedehnt.

295 Siehe 42 U.S.C. § 2000e.

296 *Title VII of the Civil Rights Act of 1964* (Pub. L. 88-352), as amended, as it appears in 42 U.S.C. § 2000e-2 (a).

297 *United Steelworkers of America v. Weber*, 443 U.S. 193, 208 (1979).

298 Vgl. *v. Wahl*, KJ 1996, 180 (186).

zum einen für die Zukunft gleiche Arbeitsbedingungen (*Equal Employment Opportunity* - EEO) zu schaffen, zum anderen bestehende Unterrepräsentationen von Minderheiten und Frauen durch *Affirmative Action*-Maßnahmen zu beseitigen. Die Zulässigkeit einer solchen Maßnahme ist ihrem Zweck entsprechend daran gebunden, dass es in der Vergangenheit zu einer Ungleichbehandlung durch den Arbeitgeber, der sich zur Durchführung von Förderungsmaßnahmen für Minderheiten bzw. Frauen entschließt, oder zumindest in seinem Industriezweig gekommen ist. Die bloße Tatsache, dass es allgemein auf dem Arbeitsmarkt zu einer Benachteiligung von Minderheiten bzw. Frauen gekommen ist, ist nicht ausreichend.[299]

III. Executive Order 11246

Die Anerkennung der Existenz systematischer Diskriminierung und staatlicher Verantwortung führte 1965 unter Präsident *Lyndon B. Johnson* zur *Executive Order 11246*, die mit Änderungen bis heute in Kraft ist. Danach müssen sich Unternehmen, wenn sie einen Auftrag des Bundes erhalten wollen, damit einverstanden erklären (sog. *equal opportunity clause*), ihre Beschäftigten bzw. Bewerber nicht aufgrund von Rasse, Farbe, Religion, Geschlecht oder nationaler Herkunft zu diskriminieren. Darüber hinaus müssen sie sich damit einverstanden erklären, Mitglieder unterrepräsentierter Gruppen durch *Affirmative Action* Maßnahmen zu fördern:

> „[...] *During the performance of this contract, the contractor agrees as follows:*
>
> (1) *The contractor will not discriminate against any employee or applicant for employment because of race, color, religion, sex, or national origin. The contractor will take affirmative action to ensure that applicants are employed, and that employees are treated during employment, without regard to their race, color, religion, sex, or national origin. Such action shall include, but not be limited to the following: Employment, upgrading, demotion, or transfer, recruitment or recruitment advertising; layoff or termination; rates of pay or other forms of*

299 *Schurr v. Resorts International Hotel*, F3d, 81 FEP Cases 364 (CA 3, 1999), vgl. auch *Thüsing*, NZA 2001, 939 (940).

compensation; and selection for training, including apprenticeship [...].“[300]

Damit stellt die *Executive Order 11246* die rechtliche Grundlage für die Kopplung von Aufträgen des Bundes an *Affirmative Action* Maßnahmen zugunsten von Minderheiten und Frauen dar. Sie stellt - im Gegensatz zu *Title VII* des *Civil Rights Act of 1964* - nicht auf vergangene Diskriminierung (seitens des Auftragnehmers oder dessen Branche), sondern auf die bloße Existenz einer vorhandenen Unterrepräsentanz jener Gruppen ab und zielt damit auf die Verbesserung ihrer ökonomischen und sozialen Situation.

Die Bedeutung der Präsidentenverordnung erschließt sich dadurch, dass der Gesamtwert der öffentlichen Aufträge des Bundes jährlich 200 Milliarden US Dollar übersteigt.[301] Rund 200.000 Auftragnehmer haben Verträge mit dem Bund geschlossen, die insgesamt mehr als 26 Millionen Personen beschäftigen; das sind ca. 22 % der Gesamtbeschäftigten der USA.[302]

C. Die Affirmative Action-Rechtsprechung des Supreme Court

I. Griggs v. Duke Power (1971)

Bevor der *Civil Rights Act of 1964* in Kraft trat, arbeiteten alle „schwarzen“ Arbeitnehmer (*„negro employees“*) der *Duke Power Company* in dem *Labor Department* und waren ausschließlich mit einfachen Arbeiten beschäftigt. Positionen in anderen Abteilungen waren allein für „weiße“ Arbeitnehmer reserviert. Diese Situation war typisch für Unternehmen dieser Zeit. Die *Duke Power Company* war durch die Einführung von *Title VII of the Civil Rights Act of 1964* zumindest formal gezwungen, diese Diskriminierung zu beenden. Die

---

300 § 202 amended by Executive Order 11246, 3 C.F.R. 339 (1964-65), as amended by Executive Order 11375, 3 C.F.R. 684 (1966-1970), as amended by Executive Order 12086, 3 C.F.R. 230 (1978), as it appears in 41 C.F.R. § 60-1.4 (a).

301 Das Gesamtvolumen öffentlicher Aufträge des Bundes ist von 179,4 Mrd. US Dollar im Jahr 1993 auf bis zu 234,9 Mrd. US Dollar im Jahr 2001 angestiegen, vgl. 2001 Federal Procurement Report (FPR), veröffentlicht im Internet unter: www.fpdc.gov/fpdc/fpdc_home.htm.

302 Angaben des *Offices of Federal Contract Compliance Programs* (OFCCP) veröffentlicht im Internet unter: www.dol.gov/esa/regs/compliance/ofccp/aa.htm. Vgl. auch *The Employment Standards Administration* (ESA), Fiscal Year 2003 Annual Performance Plan, veröffentlicht im Internet unter: www.dol.gov/esa/.

Einstellungspolitik des Unternehmens wurde dahingehend geändert, dass es eines *high school diploma* und des Bestehens von zwei standardisierenden Einstellungstests bedurfte, um in den allein „Weißen" vorbehaltenen Abteilungen arbeiten zu können. Bisherige Arbeitnehmer, die in eine andere Abteilung wechseln wollten, mussten zumindest ein *high school diploma* besitzen. Diese Erfordernisse machten es vor allem „Schwarzen" unmöglich, die Tätigkeit innerhalb des Unternehmens zu wechseln.

Während der *District Court* die ehemalige Diskriminierung mit Einführung der neuen Einstellungspraxis für beendet erachtete, hob der *Court of Appeals* das Urteil teilweise auf, stellte aber letztlich auch fest, dass die Einführung der Einstellungspraxis keinen diskriminierenden Zweck verfolgte.

Der *Supreme Court* nahm die Petition (*brief of amici curiae*)[303] wegen verfassungsrechtlicher Bedeutsamkeit des Falles an und forderte die Prozessakten vom unteren Gericht an (*writ of certiorari*). Der *Supreme Court* prüfte die Frage:

> „[...] *whether an employer is prohibited by the Civil Rights Act of 1964, Title VII, from requiring a high school education or passing of a standardized general intelligence test as a condition of employment in or transfer to jobs when (a) neither standard is shown to be significantly related to successful job performance, (b) both requirements operate to disqualify Negroes at a substantially higher rate than white applicants, and (c) the jobs in question formerly had been filled only by white employees as part of a longstanding practice of giving preference to whites.*"[304]

Das Gericht erklärte die Anforderungen für die Einstellung für nichtig, benannte aber nicht generell die Kriterien für das Vorliegen einer mittelbaren Diskriminierung.

---

[303] Die *amicus curiae* Intervention ist ein im US-amerikanischen Rechtskreis bekanntes Instrument, mit dem ein am Rechtsstreit nicht beteiligter Dritter (*amicus curiae* - "Freund des Gerichts") dem Gericht seine Tatsachenkenntnisse in Form eines Schriftsatzes (*brief*) zur Verfügung stellen oder auf bestimmte rechtliche Gesichtspunkte hinweisen kann. Dem Gericht kann der *brief* eine wertvolle Entscheidungshilfe sein, der die Aufmerksamkeit auf bisher verkannte Sachverhalte oder Rechtslagen lenkt.

[304] *Griggs v. Duke Power*, 401 U.S. 424 (1971).

> „[...] *neither the high school completion nor the general intelligence test is shown to bear a demonstrable relationship to successful performance of the jobs for which it was used.*"[305]

Trotzdem stärkte das Urteil die rechtliche Ausgangsposition von benachteiligten Personengruppen enorm. Mit dem Urteil wurde anerkannt, dass die Diskriminierung meist unabhängig von subjektiven Intentionen erfolgt. Bis dahin waren nur unterschiedliche Behandlungen (*disparate treatment*) als illegal gewertet worden. Die Beweislast lag nun bei den Unternehmen, wenn der Kläger darlegen konnte, dass oberflächlich neutrale Anforderungen sich mittelbar diskriminierend (*disparate impact*) auf eine Gruppe auswirken. Das Konzept der mittelbaren Diskriminierung schließt von der Wirkung auf den Grund, d. h. wenn eine benachteiligte Gruppe in einem Arbeitsbereich erheblich unterrepräsentiert ist, so wird dies als Ergebnis von Diskriminierung gewertet (*statistical evidence*).

Der *Supreme Court* stellte aber auch klar, dass *Title VII* nicht generell Einstellungstests bzw. -anforderungen verbietet, da nicht Sinn und Zweck der Vorschrift ist, dass eine weniger qualifizierte Person gegenüber einer höher qualifizierten Person nur aufgrund ihrer Minderheitenzugehörigkeit bevorzugt wird. Derartige Tests bzw. Anforderungen müssen dazu dienen, eine qualifizierte Person für eine bestimmte Tätigkeit ausfindig zu machen.

> „*Nothing in the Act precludes the use of testing or measuring procedures; obviously they are useful. What Congress has forbidden is giving these devices and mechanisms controlling force unless they are demonstrably a reasonable measure of job performance. Congress has not commanded that the less qualified be preferred over the better qualified simply because of minority origins. Far from disparaging job qualifications as such, Congress has made such qualifications the controlling factor, so that race, religion, nationality, and sex become irrelevant. What Congress has commanded is that any tests used must measure the person for the job and not the person in the abstract.*"[306]

[305] 401 U.S. 424, 431.
[306] 401 U.S. 424, 436.

Erst 1977 nahm der *Supreme Court* die Unterscheidung zwischen unmittelbarer und mittelbarer Diskriminierung auf und legte die Voraussetzungen für letztere fest:

> „[Disparate impact] *involve employment practices that are facially neutral in their treatment of different groups but that in fact fall more harshly on one group than another and cannot be justified by business necessity. Proof of discriminatory intent* [...] *is nor required.*"[307]

II. Regents of the University of California v. Bakke (1978)

Zur Frage der Verfassungsmäßigkeit von *Affirmative Action* hat der *Supreme Court* erstmals 1978 im Fall *Bakke*[308] Stellung genommen.

Die *Medical School der University of California at Davis* hatte versucht, den Prozentsatz von Minoritäten in ihrer Medizinischen Fakultät zu erhöhen, weil dort unter 100 Studenten nur ein Afroamerikaner war. Ein neues Zulassungsverfahren der Fakultät sah vor, dass von vornherein 16 der 100 Studienplätze nur für bestimmte Minderheiten (Afroamerikaner, Mexikaner, Asiaten und Indianer) reserviert wurden. *Bakke*, ein älterer „weißer" Student, war trotz seines zum Teil besseren Notendurchschnitts in zwei aufeinander folgenden Jahren nicht zugelassen worden. Er klagte gegen seine Nichtzulassung zum Medizinstudium mit der Begründung, dass er durch das spezielle Zulassungsverfahren der Universität wegen seiner weißen Hautfarbe diskriminiert worden sei.

Die Entscheidung des Gerichts reflektiert die allgemeine Umstrittenheit bevorzugender *Affirmative Action* Programme. In diesem „4:1:4" Beschluss wurde J. *Powell*, der die zentrale Meinung schrieb, in verschiedenen Punkten von je einem der vier Richterblöcke unterstützt. So stellte der *Supreme Court* mit 5:4 Stimmen fest, dass die Universität die ethnische Zugehörigkeit als ein Kriterium im Aufnahmeverfahren eines Bewerbers grundsätzlich berücksichtigen darf, dass jedoch das vorliegende Zulassungsverfahren wegen der starren Quote verfassungswidrig ist.

J. *Powell* stellte zunächst fest, dass sich die Rechte der *Equal Protection Clause* (Amendment XIV) auf alle Personen unabhängig von ih-

---

[307] *Teamsters v. United States*, 431 U.S. 324, 335 n. 15 (1977).
[308] *Regents of the University of California v. Bakke*, 438 U.S. 265 (1978).

rer Hautfarbe, erstreckt. Diese Garantien sind, wie der Wortlaut verdeutlicht, individuelle, persönliche Rechte, die auf jedes Individuum in gleicher Weise angewendet werden müssen.[309] *Powell* lehnte es ausdrücklich ab, nur den Gebrauch solcher ethnischen Unterscheidungen der strengen Überprüfung nach dem *strict scrutiny* Standard zu unterwerfen, die sich auf eine vereinzelte Minderheit beziehen. Ethnische Klassifizierungen sind an sich verdächtig und bedürfen deshalb der strengen rechtlichen Überprüfung.[310] Da die *Equal Protection Clause* keine unterschiedlichen Schutzbereiche kennt, könne die Diskriminierung gegen Angehörige der „weißen" Mehrheit nicht unverdächtig erscheinen.[311] J. *Powell* zog das Fazit, dass es an einem Prinzip fehlt, wonach entschieden werden könnte, welche Gruppe besonderen Schutz verdient und welche nicht. Darüber hinaus bezweifelte er die positive Wirkung der Bevorzugung, da sich hierdurch die bestehenden Vorurteile nur verstärken, wonach bestimmte Gruppen unfähig seien, ohne besonderen Schutz zum Erfolg zu kommen. Es stellt eine gewisse Ungerechtigkeit dar, unschuldige Personen wie *Bakke* die Lasten der Wiedergutmachung früheren Unrechts, für das sie keine Verantwortung treffe, tragen zu lassen.[312]

Das besondere Auswahlverfahren der Universität maß J. *Powell* sodann am *strict scrutiny* Standard, der vom Staat verlangt, dass die mit der Regelung verfolgte Absicht verfassungsrechtlich legitim, gewichtig und der Gebrauch der Klassifizierung notwendig zur Erreichung des erstrebten Zwecks ist.[313] Die bloße Absicht der Universität, einen bestimmten Prozentsatz für besonders benachteiligte Gruppen zu reservieren, ist Diskriminierung um ihrer selbst willen und verboten.[314] Nur wenn im konkreten Fall Verfassungs- oder Gesetzesverstöße vorliegen, könne der Staat ein gewichtiges Interesse an der Bevorzugung von Angehörigen der benachteiligten Gruppe geltend machen, da die Rechte dieser Opfer gewahrt bleiben müssen. Die Kompetenz hierzu sprach J. *Powell* der Universität ab. Allerdings sah er im Erreichen einer pluralistisch zusammengesetzten Studentenschaft ein legitimes Interesse der Universität.[315] Er erkannte an, dass ethnische Vielfalt in

---

[309] 438 U.S. 265, 288.
[310] 438 U.S. 265, 291.
[311] 438 U.S. 265, 295.
[312] 438 U.S. 265, 298.
[313] 438 U.S. 265, 305.
[314] 438 U.S. 265, 307.
[315] 438 U.S. 265, 311.

der Bildung (*Academic Diversity*) nur förderlich ist[316]; zugleich machte er aber deutlich, dass ethnischer Hintergrund nur einer von vielen Faktoren ist, die zur Vielfalt beitragen. Die ausschließliche Berücksichtigung des ethnischen Merkmals durch die Reservierung einer festgelegten Zahl von Plätzen stellt somit kein notwendiges Mittel zur Erzielung von Vielfalt dar.[317] J. *Powell* hält daher ein Auswahlverfahren für zulässig, dass ethnischen Minderheiten Pluspunkte zugesteht, dabei aber andere Qualitäten der übrigen Bewerber in gleicher Weise, wenn vielleicht auch nicht mit gleichem Gewicht, berücksichtigt.[318] Erlaubt ist danach nur ein Zulassungsverfahren, das alle Bewerber individuell berücksichtigt und ihnen nicht wegen ihrer Hautfarbe von vornherein jede Möglichkeit nimmt, bestimmte Studienplätze zu erhalten.[319] Damit lag der Hauptfehler des Bevorzugungsprogramms der Universität in der fehlenden Berücksichtigung individueller Rechte, die die *Equal Protection Clause* (Amendment XIV) vorsieht.

Während J. *Powell* die *Equal Protection Clause* als reines Individualrecht verstand, legte die Richtergruppe[320] um J. *Brennan* diese eher gruppenrechtsbezogen aus. Hiernach kann der Staat von der Zugehörigkeit einer ethnischen Minderheit jedenfalls dann Gebrauch machen, wenn damit nicht gleichzeitig eine Beleidigung oder Herabsetzung einer anderen Gruppe erfolgt, sondern nur Nachteile ausgeglichen werden, die Minoritäten durch vergangenes Unrecht erlitten haben.[321] Vor dem Hintergrund der langen Geschichte der Diskriminierung von Angehörigen der „schwarzen“ Minderheit in den USA ist das Verlangen nach einer farbenblinden (*colorblind*) Auslegung der Gesetze bzw. Verfassung eher als realitätsfernes Wunschdenken zu bezeichnen.[322] J. *Brennan* plädierte daher dafür, den strengen *strict scrutiny* Test nicht auf das vorliegende Auswahlverfahren anzuwenden, da Angehörige der „weißen“ Mehrheit nicht mit denjenigen Gruppen zu vergleichen sind, deren Schutz gerade mit dem strengen *strict scrutiny* Standard erstrebt wird. Immerhin sind Angehörige der „weißen“ Mehrheit nicht derart historisch benachteiligt, insbesondere wegen ihrer Hautfarbe als Bürger zweiter Klasse behandelt oder auf eine Position der politi-

---

316 438 U.S. 265, 312.
317 438 U.S. 265, 315.
318 438 U.S. 265, 317.
319 438 U.S. 265, 318.
320 Zu der Gruppe gehörten auch J. *White*, J. *Marshall* und J. *Blackmun*.
321 438 U.S. 265, 325.
322 438 U.S. 265, 327.

schen Machtlosigkeit verwiesen worden, so dass sie des besonderen Schutzes vor dem von Mehrheit gesteuerten politischen Prozess bedürften.[323] Gleichwohl wollten die Richter um J. *Brennan* vorliegend nicht den schwachen *rational basis* Standard verwenden, sondern schlugen indessen einen *mid-level scrutiny* Test vor, der üblicherweise bei Differenzierungen nach dem Geschlecht angewandt wird.

> *„Racial classifications designed to further remedial purposes must serve important objectives and must be substantially related to achievement of these objectives.“*[324]

Die Notwendigkeit einer gegenüber dem nachgiebigen *rational relationship* Standard verschärften verfassungsrechtlichen Überprüfung wurde mit der Gefahr begründet, dass die Vorgabe wohlmeinender Zwecke missbraucht werden bzw. zu ungerechten Ergebnissen führen könnte. Daher müsse ein gewichtiger Zweck dargelegt und ein solches Gesetz verworfen werden, das eine Gruppe stigmatisiere oder diejenigen mit den nachteiligen Folgen des Programms belaste, die am schlechtesten im politischen Prozess repräsentiert seien.[325] Der von der Universität vorgebrachte Zweck des Ausgleichs der Folgen zurückliegender gesellschaftlicher Diskriminierung sei wichtig genug, um den Gebrauch von „Rassenmerkmalen“ im Zulassungsverfahren zu rechtfertigen, da es hinreichenden Grund für den Schluss gebe, dass die Unterrepräsentation von Minderheiten beträchtlich und dauernd sei und das Handikap zurückliegender Diskriminierung den Zugang von Minderheiten zur *Medical School* zusätzlich behindere.[326]

In einer getrennten Meinung verdeutlichte J. *Marshall* den Einfluss, den eine Berücksichtigung des an der „schwarzen“ Bevölkerung begangenen historischen Unrechts für die heutige Auslegung der *Equal Protection Clause* haben müsste. Nach einem Abriss der traurigen Geschichte der Unterdrückung und Diskriminierung der „schwarzen“ Bevölkerung in den USA[327], folgerte er, dass die heutige gesellschaftliche Lage der „schwarzen“ Minderheit das unausweichliche Resultat von jahrhundertelanger Ungleichbehandlung ist.[328] Er führte aus, dass Amendment XIV nicht mit der Absicht geschaffen worden ist, Bemü-

---

[323] 438 U.S. 265, 357.
[324] 438 U.S. 265, 359.
[325] 438 U.S. 265, 361.
[326] 438 U.S. 265, 362, 369 ff.
[327] 438 U.S. 265, 387 ff.
[328] 438 U.S. 265, 395 f.

hungen zu verbieten, die die Folgen vorangegangener Diskriminierung gegenüber Afroamerikanern aufheben will.[329] Vielmehr sollte der Verfassungszusatz in den *Bill of Rights* die Fortsetzung der Rassendiskriminierung durch die Einzelstaaten verhindern. Es sei schon ironisch, dass nach Jahrhunderten der gruppenbezogenen Diskriminierung von „Schwarzen" nun ein gruppenbezogenes Mittel zur Überwindung der Folgen dieser Diskriminierung verboten sein sollte.

Ebenfalls in einer getrennten Meinung führte J. *Blackmun* aus, dass es angesichts der heutigen Ausgangslage bei einem „rassenneutralen" *Affirmative Action* Programm nicht sein Bewenden haben könne, wenn es erfolgreich sein soll. Um den Rassismus zu überwinden, muss man sich zunächst der „Rassenmerkmale" bedienen.

> *„In order to get beyond racism, we must first take account of race. There is not other way. And in order to treat some persons equally, we must treat them differently. We cannot - we dare not - let the Equal Protection Clause perpetuate racial supremacy."*[330]

J. *Stevens* schrieb eine Meinung, der sich die restlichen drei Richter[331] anschlossen. Er hielt es für unnötig, auf die Interpretation der *Equal Protection Clause* einzugehen, da der Fall bereits hinreichend auf der gesetzlichen Ebene von *Title VI* des *Civil Rights Act of 1964* gelöst werden kann.[332] Da dieser dem Wortlaut nach den Ausschluss einer Person aufgrund seiner Rasse verbietet, aber genau dies mit *Bakke* geschehen ist, liege eine eindeutige Verletzung dieser Vorschrift vor. *Title VI* normiere einen farbenblinden (*colorblind*) Standard, gegen den die Universität mit ihrem Zulassungsverfahren eindeutig verstoßen hat.[333]

Die *Bakke*-Entscheidung des *Supreme Court* spiegelt die innere Zerrissenheit der Gesellschaft wieder. Einerseits wurde das konkrete Zulassungsverfahren der Universität verworfen und *Bakke* damit zu seinem Studienplatz verholfen. Andererseits wurde *Affirmative Action* nicht generell für verfassungswidrig erklärt. Da beide Ergebnisse keine Begründung erfahren haben, auf die sich eine Mehrheit der Richter

[329] 438 U.S. 265, 397 f.
[330] 438 U.S. 265, 407.
[331] Chief Justice *Burger*, J. *Stewart*, J. *Rehnquist*.
[332] 438 U.S. 265, 411 ff.
[333] 438 U.S. 265, 416 ff.

einigen konnte, blieb die verfassungsrechtliche Beurteilung von *Affirmative Action*, insbesondere das Spannungsverhältnis zwischen dem absoluten Differenzierungsverbot der Verfassung und den Antidiskriminierungsgesetzen, die die Förderung bestimmter Gruppen ermöglichen, weiterhin offen. Trotz des absoluten Differenzierungsverbots sprach der *Supreme Court* der Legislative das Recht zu, bestimmte soziale Gruppen zu bevorzugen und erhielt sich damit einen interpretatorischen Spielraum. Ob dabei eine umgekehrte Diskriminierung (*reverse discrimination*) aufgrund von *Affirmative Action* schon tatbestandlich nicht gegeben ist oder erst auf der Ebene der Rechtswidrigkeit verneint wird, bleibt unklar. Einerseits wird an den überkommenen Auslegungsprinzipien der *Equal Protection Clause* festgehalten, andererseits verwischen diese Konturen mit zunehmender Interpretationsarbeit immer mehr. Nach Ansicht des Gerichts ist es die Absicht des Gesetzgebers gewesen, das kontinuierliche Fortbestehen von Diskriminierung zu beenden. Daher sind *Affirmative Action* Maßnahmen grundsätzlich erlaubt. Allerdings dürfen die Fördermaßnahmen die Rechte einzelner Personen nicht zu stark belasten.

Das Urteil bestimmte künftig die Richtlinien für Zulassungsverfahren an *Colleges* und Universitäten, die starre Quoten für Minderheiten verbieten, Bonussysteme - die die Zulassung anderer Gruppen nicht von vornherein ausschließen - hingegen erlauben, um die Vielfalt der Studentenschaft zu fördern bzw. zu erhalten.

III. United Steelworkers of America v. Weber (1979)

Ein Jahr nach *Bakke* entschied der *Supreme Court* in *United Steelworkers of America v. Weber*[334] über die Zulässigkeit eines freiwilligen *Affirmative Action* Plans (AAP) eines Arbeitgebers. Dieser hatte mit einer Gewerkschaft einen Tarifvertrag ausgehandelt, um auffällige ethnische Unausgewogenheiten in den Produktionsstätten zu korrigieren. Der AAP sah vor, dass 50 % der Stellen eines Fortbildungslehrgangs an „Schwarze“ zu vergeben sind, bis der Anteil der „schwarzen“ Facharbeiter dem Anteil von „Schwarzen“ am örtlichen Arbeitsmarkt entspricht. *Weber*, ein „weißer“ Arbeiter, der nicht zu diesem Trainingsprogramm zugelassen wurde, obwohl er auf eine längere Betriebszugehörigkeit verweisen konnte als die meisten „schwarzen“ Kollegen, klagte gegen den AAP.

---

[334] *United Steelworkers of America v. Weber*, 443 U.S. 193 (1979).

In einer 5:2 Entscheidung erklärte das Gericht, dass der Fall keine verfassungsrechtlichen Fragen betrifft, sondern nur solche der Gesetzesauslegung.[335] Prüfungsmaßstab war allein *Title VII* des *Civil Rights Act of 1964*, der es Arbeitgebern untersagt, Beschäftigte wegen ihrer „Rassenzugehörigkeit" zu diskriminieren.

J. *Brennan*, der die Urteilsgründe schrieb, stellte fest, dass eine am Wortlaut orientierte Auslegung, die alle „rassenbezogenen" Kriterien im AAP verbieten würde, dem Gesetzeszweck widerspräche. Er führte aus, dass es dem Kongress mit diesem Gesetz primär um die Verbesserung der wirtschaftlichen Lage von „schwarzen" Arbeitern gegangen ist, indem ihnen Beschäftigungsmöglichkeiten eröffnet werden sollen, die ihnen durch die bis dahin vorherrschende Rassendiskriminierung verschlossen waren.[336]

> „*It would be ironic indeed if a law triggered by a Nation's concern over centuries of racial injustice and intended to improve the lot of those who had "been excluded from the American dream for so long,"* [...], *constituted the first legislative prohibition of all voluntary, private, race-conscious efforts to abolish traditional patterns of racial segregation and hierarchy.*"[337]

Nachdem er damit freiwillige AAP für grundsätzlich vereinbar mit *Title VII* des *Civil Rights Act of 1964* erklärte, wendete er sich dem streitigen AAP zu, ohne einen konkreten Prüfungsmaßstab zu benennen.[338] Er stellte fest, dass der AAP die gleiche Zielsetzung wie *Title VII* hat. Darüber hinaus beeinträchtigt der AAP auch nicht übermäßig die Interessen der „weißen" Arbeitnehmer; er verlangt weder ihre Entlassung, noch schließt er sie völlig von dem Trainingsprogramm aus. Schließlich ist der AAP auch nur vorübergehend. Er beabsichtigt auch nicht, ein bestimmtes Rassenverhältnis zu schaffen, sondern nur ein offenkundiges Missverhältnis zu beseitigen. Das Programm endet, sobald der prozentuale Anteil „schwarzer" Fachkräfte dem der „Schwarzen" im örtlichen Arbeitsmarkt entspricht. *Title VII* eröffnet im Privatsektor einen Spielraum für freiwillige *Affirmative* Action Maßnahmen, die verdächtige Missverhältnisse in traditionell nach „Rassen"

[335] 443 U.S. 193, 201.
[336] 443 U.S. 193, 202 ff.
[337] 443 U.S. 193, 204.
[338] 443 U.S. 193, 208.

getrennten Berufsgruppen beseitigen wollen. In diesem Spielraum bewegt sich auch der vorliegende AAP.[339]

Obwohl es sich um eine Besetzung von „Schwarzen" von 50 % handelt, sieht J. *Brennan* hierin keine starre Quote (*quota*), sondern eine Zielsetzung (*goals*)[340], die sich aufgrund der vorangegangenen Diskriminierung im Rahmen des von *Title VII* eröffneten Spielraums bewegt.

Hiergegen wandte sich die Kritik von Chief J. *Burger*, der in seiner abweichenden Meinung ausführte, dass die in dem Vertrag vereinbarte Quotenregelung (*quota*) eindeutig einzelne Arbeitnehmer aufgrund ihrer „Rasse" diskriminiere, die sich um Zulassung zu dem Trainingsprogramm bewerben. Hätte der Gesetzgeber anderes im Sinn gehabt, so hätte er sehr leicht das Gesetz entsprechend ändern können. Mit dieser Entscheidung überschreite das Gericht seine Befugnis, indem es einen entscheidenden Teil des *Title VII* völlig umschreibe, nur um ein erwünschtes Ergebnis zu erreichen.[341]

J. *Rehnquist* sprach sich in seiner abweichenden Meinung ebenfalls für eine Quote und gegen die Zulässigkeit des AAP aus. Sowohl die wörtliche als auch die historische Auslegung ergebe, dass *Title VII* Diskriminierung - egal von welcher „Rasse" - verbiete. Eine Vorschrift, die die bevorzugte Behandlung von Minderheiten erlaube, hätte als ausdrückliche oder implizite Ausnahme vom eindeutigen Diskriminierungsverbot Einzug in *Title VII* finden müssen. Dies ist jedoch nicht geschehen.[342]

Mit der *Weber*-Entscheidung hat der *Supreme Court* die in der Praxis häufigen freiwilligen AAP zumindest im Grundsatz gebilligt. Damit wurden dem Wirtschaftsleben wichtige Orientierungspunkte gegeben. Allerdings blieben Fragen, insbesondere nach den Grenzen einer auf die Entstehungsgeschichte einer Norm verweisende Auslegung, weiter offen.

---

339 443 U.S. 193, 208 f.

340 „*Black craft-hiring goals were set for each Kaiser plant equal to the percentage of blacks in the respective local labor forces. To enable plants to meet these goals* [...]", vgl. 443 U.S. 193, 197.

341 „*The quota embodied in the collective-bargaining agreement between Kaiser and the Steelworkers unquestionably discriminates on the basis of race against individual employees seeking admission to on-the-job training programs.*", vgl. 443 U.S. 193, 217 f.

342 443 U.S. 193, 220f.

IV. Fullilove v. Klutznick (1980)

1980 hat der *Supreme Court* im Fall *Fullilove v. Klutznick*[343] erstmals die Kompetenz des Kongresses beurteilt, bevorzugende Behandlung für bestimmte Minderheitengruppen vorzusehen.

Zur Ankurbelung der Bauwirtschaft hatte der Kongress 1977 ein Subventionsprogramm verabschiedet, den sog. *Public Works Employment Act*[344], das auch ein Minderheitenprogramm beinhaltet. Dieses sieht vor, dass eine Regierung eines Einzelstaats oder eine Kommunalverwaltung, die einen Antrag auf Subvention zur Finanzierung lokaler öffentlicher Bauvorhaben beim Wirtschaftsministerium stellt, versichert, dass mindestens 10 % dieser Subvention für Firmen, die mehrheitlich Minderheiten gehören, verwendet werden. Diese *Minority Business Enterprise* (MBE) Klausel wurde von verschiedenen Bauunternehmerverbänden mit der Begründung angegriffen, dass diese Vorschrift, durch deren Anwendung ihnen wirtschaftliche Nachteile entstanden seien, wegen Verstoßes gegen die *Equal Protection Clause* (Amendment XIV bzw. V) verfassungswidrig sei.

In einer 6:3 Entscheidung wurde die Klage mit der Begründung verworfen, dass der Kongress - im Gegensatz zu allen anderen Organen auf Bundes- oder Staatenebene - den nötigen Spielraum haben muss, das Ziel künftiger wirtschaftlicher Chancengleichheit durch die begrenzte Verwendung „rassischer“ und ethnischer Kriterien anzustreben.

> „*It is fundamental that in no organ of government, state or federal, does there repose a more comprehensive remedial power than in the Congress, expressly charged by the Constitution with competence and authority to enforce equal protection guarantees. Congress not only may induce voluntary action to assure compliance with existing federal statutory or constitutional antidiscrimination provisions, but also, where Congress has authority to declare certain conduct unlawful, it may, as here, authorize and induce state action to avoid such conduct.*“[345]

---

[343] *Fullilove v. Klutznick*, 448 U.S. 448 (1980).
[344] *Federal Public Works Employment Act of 1977* (Pub. L. 95-28, 91 Stat. 116) as it appears in 42 U.S.C §§ 6701 ff., siehe oben, S. 57.
[345] 448 U.S. 448, 483 f.

Die bloße Enttäuschung von Erwartungen bei Nichtminderheiten-Unternehmen führe nicht automatisch zur Verfassungswidrigkeit. Bei der Schaffung begrenzter Abhilfemaßnahmen, um die Auswirkungen früherer Diskriminierung zu heilen, ist ein Mittragen der Last durch „unschuldige Dritte" zumutbar.

> *„It is not a constitutional defect in this program that it may disappoint the expectations of nonminority firms. When effectuating a limited and properly tailored remedy to cure the effects of prior discrimination, such "a sharing of the burden" by innocent parties is not impermissible.*"[346]

Einmal mehr konnte sich die Mehrheit der Richter nicht auf einen einheitlichen Prüfungsmaßstab einigen. Fünf verschiedene Meinungen verdeutlichen, wie umstritten das *Affirmative Action* Konzept ist.

Chief Justice *Burger*, dem sich J. *White*, und J. *Powell* anschlossen, sah den Zweck der MBE Klausel darin, sicherzustellen, dass staatlichen Stellen, die gemäß dem *Public Works Employment Act* Bundesmittel zugewiesen bekamen, diese so für Aufträge an die private Bauwirtschaft verwendeten, dass sich nicht die Auswirkung vorangegangener Diskriminierung verfestigen, die den Zugang von Minderheitenunternehmen (MBE) zu öffentlichen Aufträgen behindert bzw. verhindert hätte.[347] Für vorangegangene staatliche Diskriminierungen gegenüber Minderheitenunternehmen und die anhaltenden Auswirkungen führten die Richter zahlreiche Belege an.[348] Sie sahen den Kongress für funktionell und institutionell zuständig, Feststellungen über vorangegangene Diskriminierungen zu treffen und dementsprechend Abhilfe zu schaffen.[349] Zugleich verneinte C.J. *Burger*, dass es dem MBE Programm nur um die Verteilung von Bundesmitteln nach festen Quoten für Minderheitengruppen gehe.

> *„The MBE program does not mandate the allocation of federal funds according to inflexible percentages solely based on race or ethnicity.*"[350]

Anschließend leitete er die Kompetenz des Kongresses, ein derartiges Ziel in Gesetzesform zu verfolgen, aus der Ausgabenkompetenz des

---

[346] 448 U.S. 448, 484.
[347] 448 U.S. 448, 473.
[348] 448 U.S. 448, 477 f.
[349] 448 U.S. 448, 472 ff.
[350] 448 U.S. 448, 473.

Kongresses (*Spending Power*) ab, die grundsätzlich zum Erlass des *Public Works Employment Act* ermächtigt.[351]

Im nächsten Schritt untersuchte C.J. *Burger*, ob der Gebrauch „rassischer“ und ethnischer Kriterien zur Erreichung der als legitim festgestellten Zielsetzung verfassungsrechtlich zulässig ist. Da sich das MBE Programm „rassischer“ und ethnischer Kriterien bediente, müsse es eng auf die Verwirklichung des Ziels zugeschnitten sein.

> „*We recognize the need for careful judicial evaluation to assure that any congressional program that employs racial or ethnic criteria to accomplish the objective of remedying the present effects of past discrimination is narrowly tailored to the achievement of that goal.*“[352]

Dabei lehnte C.J. *Burger* die Ansicht ab, der Kongress müsse bei dem Erlass des Gesetzes vollkommen „farbenblind“ (*colorblind*) handeln und verwies dabei auf die Entscheidungen zur Aufhebung der Rassentrennung in öffentlichen Schulen.[353] Soweit der Kongress die Befugnis hat, ein bestimmtes Verhalten für illegal zu erklären, kann er (wie hier) auch staatliche Maßnahmen veranlassen, die solches Verhalten vermeiden.[354] Anschließend wies er den Vorwurf zurück, die MBE Regelung sei *underinclusive*, indem sie ihre Vergünstigung nur bestimmten Minderheitengruppen, nicht aber allen Unternehmen zukommen lasse, die in ähnlicher Lage seien. Ebenso verwarf er die Ansicht, die Regelung sei *overinclusive*, indem Unternehmer Nutznießer seien, denen weder nach Wettbewerbskriterien noch als Abhilfe für die Auswirkungen vergangener Diskriminierung Vorteile zuständen. Hierbei verwies er auf die Flexibilität der Regelungen, die entsprechende Ausnahmen vorsahen.[355]

Zusammenfassend stellte er fest, dass der Kongress im Bemühen, Chancengleichheit im Wirtschaftsleben (*Equality of Economic Opportunity*) herzustellen, einen breiten Handlungsspielraum besitzt, der auch den begrenzten Gebrauch „rassischer“ und ethnischer Differenzierungen umfasst. Dieser Gebrauch muss einer besonders gründlichen Überprüfung unterzogen werden, damit er nicht in Konflikt mit

---

[351] 448 U.S. 448, 474.
[352] 448 U.S. 448, 480.
[353] 448 U.S. 448, 482.
[354] 448 U.S. 448, 483 f.
[355] 448 U.S. 448, 486 f.

der Verfassung gerät. C.J. *Burger* verzichtet explizit darauf, sich auf einen der bekannten Prüfungsmaßstäbe festzulegen. Vielmehr begnügt er sich mit dem Hinweis, dass die MBE Regelung sowohl den *intermediate* als auch den *strict scrutiny* Test besteht.[356]

J. *Powell* argumentierte in seiner *concurring opinion*, das die MBE-Vorschrift wegen der „Rassenkriterien" dem strengen *strict scrutiny* Test zu unterwerfen sei und warf die Frage auf, ob eine 10 % Quote (*quota*) eine zulässige Antwort auf vorangegangene Diskriminierung sein könne.[357] Er sah in Amendment XIV, § 5 eine Ermächtigung des Kongresses, die ihm bei der Auswahl eines geeigneten Mittels zur Behebung der Rassendiskriminierung einen erheblichen Ermessensspielraum einräume. Der Kongress sei nicht auf die am wenigsten einschneidendsten Mittel beschränkt. Die vorliegende Quote sei angemessen, da sie ungefähr zwischen der Prozentzahl der Minderheitenunternehmen (4 %) und dem Anteil dieser Minderheit an der Gesamtbevölkerung (ca. 16 %) liegt. Ferner sei das Programm nur vorübergehend, da es mit Ablauf des Beschäftigungsprogramms ende. Schließlich sehe die MBE Regelung Ausnahmen vor, so dass Dritte nicht übermäßig belastet würden.[358]

Dieses Ergebnis wurde auch von J. *Marshall* getragen, dem sich J. *Brennan* und J. *Blackmun* anschlossen. J. *Marshall* wollte jedoch nur (wie in der *Bakke*-Entscheidung) den *mid-level scrutiny* Test anwenden[359], den die MBE Regelung ohne weiteres bestünde.

J. *Stewart* und J. *Rehnquist* sprachen sich hingegen in ihrer abweichenden Meinung eindeutig für ein Verständnis der *Equal Protection Clause* als ein absolutes Differenzierungsverbot aus und hielten daran fest, dass die Verfassung farbenblind (*colorblind*) sei.[360] Der Gebrauch von Gruppenmerkmalen sei nur unter ganz engen Voraussetzungen zulässig, die die MBE Regelung nicht erfülle.

Der im Ergebnis hier gegen die Entscheidung votierende J. *Stevens* war nicht (mehr) der Ansicht, dass die Verfassung absolute Farben-

---

[356] 448 U.S. 448, 491 f.
[357] 448 U.S. 448, 507.
[358] 448 U.S. 448, 513 ff.
[359] 448 U.S. 448, 519.
[360] J. *Stewart and J. Rehnquist*, dissenting, 448 U.S. 448, 522 ff.

blindheit (*colorblind*) verlange, bestritt jedoch die Verhältnismäßigkeit des Gesetzes.[361]

Ein wichtiger Faktor für die positive Entscheidung zugunsten von *Affirmative Action* war sicher der Umstand, dass es sich um einen Akt des demokratisch legitimierten und mit besonderen politischen und sozialen Aufgaben betrauten Bundesgesetzgebers handelt. Es erscheint plausibel, dem Kongress - gerade auch angesichts des Amendment XIV, § 5 - eine besondere Gestaltungsbefugnis zuzugestehen, die auch den Gebrauch von Minderheitenkriterien zur Behebung von Diskriminierungsfolgen umfasst.[362] Die Frage des Prüfungsmaßstabs von *Affirmative Action* sowie das Verständnis der *Equal Protection Clause* als Individual- oder Gruppenrecht ließ das Gericht ungeklärt. Offen blieb auch, wie bedeutsam es die Gruppe um C. J. *Burger* hielt, dass hier ein Gesetz des Kongresses und nicht das Handeln einer Regierungsbehörde Gegenstand der Entscheidung war.

V. Firefighters v. Stotts (1984)

Mit einer 6:3 Entscheidung hob der *Supreme Court* 1984 im Fall *Firefighters Local Union No. 1784 v. Stotts*[363] eine einstweilige Anordnung eines *District Court* auf, die es der Stadt Memphis in Tennessee, untersagte, im Rahmen eines Personalabbaus bei der städtischen Feuerwehr „schwarze" Arbeitnehmer zu entlassen.

Dieser einstweiligen Anordnung ging ein gerichtlicher Vergleich (*consent decree*) zwischen der Stadt Memphis und dem Kläger *Stotts*, stellvertretend für eine ganze Gruppe von „Schwarzen" (*class action*), wegen Verstoßes gegen *Title VII* des *Civil Rights Act of 1964* voraus. Erklärter Zweck dieses Vergleichs war es, die Einstellungs- und Beförderungspraxis der Feuerwehr bezüglich „schwarzer" Arbeitnehmer zu verbessern. Die Stadt verpflichtete sich, namentlich benannte Personen zu befördern, einer größeren Anzahl von („schwarzen") Arbeitnehmern Kompensationszahlungen zu gewähren sowie einen AAP einzurichten, der die Angleichung des Minderheitenanteils in jeder Arbeitskategorie der Feuerwehr an den des lokalen Arbeitsmarktes zum Gegenstand hatte. Dafür verzichtete der Kläger auf weitere Rechtsmittel.

---

361 J. *Stevens*, dissenting, 448 U.S. 448, 532 ff.

362 *Döring*, Frauenquote und Verfassungsrecht, S. 59.

363 *Firefighters Local Union No. 1784 v. Stotts*, 467 U.S. 561 (1984).

Ein Jahr nach Abschluss dieses Vergleichs entschloss sich die Stadt, zur Verringerung des Haushaltsdefizits städtisches Personal abzubauen. Maßgeblich für die Entlassung sollte das jeweilige Dienstalter sein, was die Anzahl der erst kürzlich eingestellten „schwarzen" Arbeitnehmer erheblich verringert und die Vorteile der vom Vergleich profitierenden Personen praktisch zunichte gemacht hätte. Auf Antrag von *Stotts* ordnete das Gericht an, dass Entlassungen nicht zu einer Verminderung des prozentualen Anteils von „Schwarzen" führen dürfen. Diese Anordnung, die den früheren Vergleich für den dort nicht geregelten Fall der Entlassung modifizierte, wurde vom *Court of Appeals* bestätigt.

Die Mehrheit der Richter des *Supreme Court* entschied, dass der *District Court* mit dieser Anordnung seine Befugnisse überschritten habe, indem die Entlassung von Arbeitnehmern mit höherem Dienstalter zugunsten von „schwarzen Arbeitnehmern mit geringerem Dienstalter verlangt wurde.[364] Die Richter beriefen sich auf den besonderen Schutz, den ein Dienstaltersystem nach *Title VII of Civil Rights Act of 1964, § 703 (h)*[365] genieße. Da der Stadt Memphis nicht nachgewiesen werden konnte, dass ihr Entlassungsplan dem Ziel der Rassendiskriminierung diene, war sie nicht gehindert, die Stellen nach Dienstalter gestaffelt abzubauen.[366] Die Richter deuteten zugleich an, dass anderes nur gelten könne, wenn einzelne, von den Entlassungen betroffene „schwarze" Arbeitnehmer zuvor tatsächlich Opfer früherer Diskriminierung gewesen seien, was jedoch vorliegend verneint wurde.[367]

J. *Blackmun* stützte seine abweichende Meinung, der sich J. *Brennan* und J. *Marshall* anschlossen, insbesondere auf den Umstand, dass sich die vorläufige Anordnung durch Zeitablauf bereits erledigt habe, mithin der Streitgegenstand weggefallen sei.[368] Hilfsweise machte er geltend, dass die vorläufige Anordnung des Gerichts der Stadt nur untersagt habe, Entlassungen nach dem Dienstaltersystem vorzunehmen, soweit dadurch der Anteil der „schwarzen" Arbeitnehmer verringert werde. Somit sei die Stadt lediglich in ihrer Gestaltungsfreiheit bei

---

[364] 467 U.S. 561, 564 ff.
[365] 42 U.S.C. § 2000e-2 (h).
[366] 467 U.S. 561, 577.
[367] 467 U.S. 561, 578 f.
[368] 467 U.S. 561, 584 ff.

der Bewältigung des Haushaltsproblems eingeschränkt worden.[369] Die Frage des Falles sei, ob der *District Court* in Umsetzung des gerichtlichen Vergleichs die Entlassung von mehr als einer bestimmten Anzahl von „Schwarzen" untersagen könne und nicht, ob das Gericht von der Stadt die Entlassung „weißer" Arbeitnehmer verlangen könne.[370] J. *Blackmun* führte dann aus, warum der *District Court* die Befugnis zu seinem Vorgehen aus § 706 (g) des *Title VII*[371] ableiten könne.[372]

Die Entscheidung hat keine verfassungsrechtlichen Fragen aufgeworfen. Gleichwohl scheint die Mehrheit der Richter eine deutliche Grenze gezogen zu haben, jenseits der die Belastung „unschuldiger Dritter" unzulässig wird. Die Frage, ob eine Modifikation des Dienstaltersystems auf freiwilliger Grundlage durch die Stadt selbst hätte zulässig sein können, ließ das Gericht ausdrücklich offen.[373] Der Problemkreis der bevorzugten Behandlung im Zusammenhang mit Entlassungen wurde in der folgenden *Wygant*-Entscheidung am verfassungsrechtlichen Maßstab geprüft.

VI. Wygant v. Jackson Board of Education (1986)

1986 hatte der *Supreme Court* im Fall *Wygant v. Jackson Board of Education*[374] die Frage zu entscheiden, ob eine öffentliche Schulbehörde die *Equal Protection Clause* verletzt, wenn sie aufgrund eines mit einer Lehrergewerkschaft ausgehandelten Tarifvertrags bevorzugenden Schutz vor Entlassungen für Lehrer aus bestimmten Minderheitengruppen gewährt.

Der Tarifvertrag sah bei einer notwendig werdenden Verringerung des Lehrkörpers vor, dass Entlassungen grundsätzlich nach dem Dienstaltersystem zu erfolgen hat, es sei denn, dass der zu entlassende prozentuale Anteil von Minderheiten höher wäre als der prozentuale Anteil der gegenwärtig angestellten Minderheiten.[375] In der Folgezeit kam es tatsächlich zu einer Verringerung des Lehrkörpers, wobei

---

[369] 467 U.S. 561, 605.
[370] 467 U.S. 561, 606.
[371] 42 U.S.C. § 2000e-5 (g).
[372] 467 U.S. 561, 612 ff.
[373] 467 U.S. 561, 583.
[374] *Wygant v. Jackson Board of Education*, 476 U.S. 267 (1986).
[375] 476 U.S. 267, 270.

Nichtminderheiten-Lehrer entlassen wurden, während Minderheiten-Lehrer mit geringerem Dienstalter ihre Stelle behielten. *Wygant* machte gegen die Entlassung die Verletzung der *Equal Protection Clause* (Amendment XIV) geltend. Während *District Court* und *Court of Appeals* das Klagebegehren abwiesen, gab der *Supreme Court* ihm in einer 5:4 Entscheidung statt.

Wenn sich die fünf Richter der Mehrheitsentscheidung auch nicht auf eine einheitliche Begründung einigen konnten, so wird zumindest deutlich, dass der Verlust des Arbeitsplatzes ein zu hoher Preis ist, der dem „unschuldigen Dritten" bevorzugender Behandlung nicht abverlangt werden könne. Vier der Richter legten sich auf die Anwendung von *strict scrutiny* als Prüfungsmaßstab für die *Affirmative Action* Regelung des Tarifvertrags fest.[376] Die Bezugnahme auf allgemeine gesellschaftliche Diskriminierung wiesen sie als zu gehaltlos ab. Der Schulbezirk hätte nur seine eigene frühere Diskriminierung durch *Affirmative Action* beseitigen dürfen, wofür allerdings der *District Court* keine ausreichende Tatsachenfeststellung getroffen hat.[377]

Hiergegen wenden sich die abweichenden Meinungen. Ziel der staatlichen Maßnahme sei die Erhaltung des Minderheitenanteils am Lehrkörper, wie er durch die bevorzugende Einstellungspraxis früherer Jahre erreicht worden sei[378]; dies sei ein verfassungsrechtlich hinreichender Staatszweck.[379] Es könne keinen verfassungsrechtlichen relevanten Unterschied zwischen „rassischer" Bevorzugung bei der Einstellung und bei dei Entlassung geben.[380]

Mit einer knappen Mehrheitsentscheidung hat der *Supreme Court* somit festgestellt, dass bevorzugende Behandlung von Minderheiten bei Entlassungen durch den öffentlichen Arbeitgeber gegen die *Equal Protection Clause* (Amendment XIV) verstößt. Zwar kann es unter bestimmten Umständen notwendig sein, dass auch unschuldige Personen Nachteile in Kauf nehmen müssen, um frühere Diskriminierung

---

[376] Chief Justice *Burger*, J. *Powell*, J. *Rehnquist* und J. *O'Connor*. J. *O'Connor* betonte aber in ihrer *concurring opinion*, dass sie den Unterschied zwischen *intermediate* und *strict scrutiny* für im Ergebnis nicht so gravierend halte, da zumindest einige Kernaussagen übereinstimmend getroffen werden könnten, 476 U.S. 267, 284. Vgl. auch J. *White*, concurring, 476 U.S. 267, 294 ff.

[377] 476 U.S. 267, 276.

[378] J. *Marshall*, J. Brennan, J. *Blackmun*, dissenting, 476 U.S. 267, 304.

[379] J. *Marshall*, J. Brennan, J. *Blackmun*, dissenting, 476 U.S. 267, 306 f.

[380] J. *Stevens*, dissenting, 476 U.S. 267, 313 ff.

wieder gutzumachen. Im Falle von Zielvorgaben bei der Einstellung würden diese Nachteile auf viele Schultern verteilt. Bei Entlassungen wird hingegen die ganze Last auf bestimmte Personen konzentriert und führt in der Regel zu unzumutbaren Belastungen der betreffenden Personen und ist mithin unverhältnismäßig.[381]

VII. Sheet Metal Workers v. EEOC (1986)

Im Fall *Sheet Metal Workers v. EEOC*[382] hatte der *Supreme Court* darüber zu befinden, ob der *District Court* seine Befugnisse überschritten hat, indem er eine Metallgewerkschaft u. a. dazu verpflichtet hatte, den Mitgliederanteil von Minderheiten bis 1987 auf 29,23 % anzuheben, weil diese vorsätzlich jahrzehntelang „nichtweiße“ Arbeiter diskriminiert und frühere Anordnungen des Gerichts missachtet hatte. Der *Court of Appeals* bestätigte die Zielvorgabe des AAP.

In einer 5:4 Entscheidung sah der *Supreme Court* hierin weder eine Verletzung von *Title VII of Civil Rights Act of 1964, § 706 (g)*[383] noch einen Verstoß gegen die *Equal Protection* Komponente der *Due Process Clause* (Amendment V). Auch wenn die Mehrheit der Richter betonten, dass es in der Regel ausreiche, Diskriminierungen für die Zukunft zu verhindern und eine Wiedergutmachung für die tatsächlichen Opfer früherer Diskriminierungen anzuordnen, könne es bei besonders gravierenden Verstößen für die effektive Durchsetzung des *Title VII of the Civil Rights Act of 1964* erforderlich und angemessen sein, durch *Affirmative Action* auch bisher nicht benachteiligte Personen zu begünstigen, insbesondere wenn der Arbeitgeber oder die Gewerkschaft sich eine dauernde oder sehr schwere Diskriminierung zu Schulden habe kommen lassen.[384]

> *„Where an employer or union has engaged in particularly longstanding or egregious discrimination, an injunction simply reiterating Title VII's prohibition against discrimination will often prove useless and will only result in endless enforcement litigation. In such cases, requiring recalcitrant employers or unions to hire and to admit qualified minorities roughly in proportion to the number of qualified minorities in the work force*

---

[381] 476 U.S. 267, 280 f.

[382] *Sheet Metal Workers v. EEOC*, 478 U.S. 421 (1986).

[383] 42 U.S.C. 2000e-5 (g).

[384] 478 U.S. 421, 445 ff.

may be the only effective way to ensure the full enjoyment of the rights protected by Title VII."[385]

Mit der Annahme eines zwingenden staatlichen Interesses wurde zugleich die Verletzung der *Equal Protection* Komponente der *Due Process Clause* (Amendment V) ausgeschlossen, ohne dass sich die Richter über einen einheitlichen verfassungsrechtlichen Prüfungsmaßstab einigten.[386] J. *Powell* plädierte einmal mehr für die Anwendung des strengen *strict scrutiny* Tests, bejahte im Ergebnis aber auch die Verfassungsmäßigkeit der gerichtlichen Anordnung, da die prozentuale Zielsetzung (*percentage goal*) flexibel, von begrenzter Dauer und auf den zwingenden Staatszweck der Aufhebung der Folgen vorangegangener schwerer Diskriminierung zugeschnitten war.[387]

J. *O'Connor* stimmt mit J. *White* in ihrer abweichenden Meinung überein, dass die Zielvorgabe des Gerichts nicht bloß ein Ziel für die Minderheitenmitglieder sei, sondern auch als starre Quote (*strict racial quota*) fungiere, die die Gewerkschaft nicht durch gutwilliges Bemühen erfüllen könne.[388] Der Gebrauch einer starren Quote führe zu einer nicht legitimen Vorhersage, was sich in der Zukunft ohne fortbestehende Diskriminierung ereignen werde. Damit bedeute das Erfordernis einer Quote nicht bloße Abhilfe, sondern Erzielung eines Gleichgewichts zwischen den Minderheiten und der Mehrheit. Sie hielt daher nur eine flexible Zielvorgabe für zulässig, die als bloßer Maßstab zur Beurteilung der gutwilligen Bemühungen des Arbeitgebers bzw. der Gewerkschaft diene und genügend Spielraum für Faktoren wie wirtschaftliche Rahmenbedingungen und Verfügbarkeit qualifizierter Minderheitenarbeitnehmer belasse.

Die Entscheidung zeigt einmal mehr die in sich gespaltene Haltung des Gerichts in der Frage von *Affirmative Action* Maßnahmen. Immerhin hielt eine Mehrheit der Richter es für zulässig, dass ein Gericht im Falle besonders schwerer Diskriminierung prozentuale Zielvorgaben für die Bevorzugung von Minderheiten vorschreibt, die selbst nicht Opfer vorangegangener Diskriminierung gewesen sind. Bemerkenswert ist, dass vier Richter diese Zielvorgabe nicht als flexi-

---

385 478 U.S. 421, 448 f.

386 478 U.S. 421, 480 f.

387 J. *Powell*, concurring, 478 U.S. 421, 483 ff.

388 J. *O'Connor*, concurring in part and dissenting in part, 478 U.S. 421, 489 ff.

ble Richtschnur, sondern als starre Quote und damit für unzulässig ansahen.

VIII. Firefighters v. City of Cleveland Cleveland (1986)

In der am gleichen Tag ergangenen Entscheidung *Local No. 93, Firefighters v. City of Cleveland*[389] hielt der *Supreme Court Title VII of Civil Rights Act of 1964, § 706 (g)*[390] auf einen gerichtlichen Vergleich (*consent decree*), der die bevorzugte Beförderung von Minderheiten vorsah, für nicht anwendbar.

Mit 6:3 Stimmen betonte das Gericht, dass anders als gerichtliche Anordnungen der Vergleich keinen Zwangscharakter hat, sondern auf Freiwilligkeit beruht.[391] Da die angegriffene Regelung keine „*order*" im Sinne des *§ 706 (g)* ist, scheide schon deshalb eine Verletzung des *Title VII* aus. Die abweichenden Meinungen hielten dem entgegen, dass die begünstigten Minderheiten selbst nicht Opfer diskriminierender Praktiken gewesen sind und der Vergleich die Rechte von Nichtminderheiten, die sonst befördert worden wären, offensichtlich verletze.[392]

Die ungewöhnlich klare und einheitliche Begründung der Mehrheit der Richter[393] lässt den Schluss zu, dass bei freiwilliger *Affirmative Action* die Bevorzugung von Minderheiten selbst dann zulässig ist, wenn sie nicht Opfer von diskriminierenden Praktiken des Arbeitgebers geworden sind. Gegen die Kritik, dass der Vergleich zwischen *Vanguards* (eine Minderheitenorganisation von Feuerwehrleuten) und der Stadt Cleveland ein Einverständnis zu Lasten Dritter (Gewerkschaft *Local No. 93, Firefighters*) sei[394], wendet der *Supreme Court* ein, dass *Local No. 93* keine substantiierte Klage erheben konnte, sei es wegen Verfristung oder weil § 706 (g) des *Title VII* keine Anwendung findet.

---

389 *Local No. 93, Firefighters v. City of Cleveland*, 478 U.S. 501 (1986).

390 42 U.S.C. § 2000e-5 (g).

391 78 U.S. 501, 525 ff.

392 J. *White*, dissenting, 478 U.S. 501, 531 ff.; J. *Rehnquist*, J. C. *Burger*, dissenting, 478 U.S. 501, 535 ff.

393 J. *Brennan*, J. *Marshall*, J. *Blackmun*, J. *Powell*, J. *Stevens*, J. *O'Connor*, 478 U.S. 501, 502 ff.; J. *O'Connor* filed a concurring opinion, 478 U.S. 501, 530 f.

394 Vgl. *Suerbaum*, Der Staat 1989, 419 (432).

IX. United States v. Paradise (1987)

Im Fall *United States v. Paradise*[395] standen verfassungsrechtliche Fragen im Mittelpunkt, ob ein Gericht die Beförderung von „Schwarzen" und „Weißen" im Verhältnis 1:1 anordnen durfte.

1972 war das *Alabama Department of Public Safety* für schuldig befunden worden, über fast vier Jahrzehnte hinweg systematisch „Schwarze" von Stellen der staatlichen Polizei ausgeschlossen zu haben. Trotz einer gerichtlichen Entscheidung, die weitere Diskriminierung untersagt und eine Zielvorgabe für die Entscheidung angeordnet hatte, waren bis 1979 keine „Schwarzen" in höhere Ränge aufgestiegen. Auch in den folgenden Jahren zeigte sich das *Department* nicht willens, den gerichtlichen Anordnungen Folge zu leisten. 1983 ordnete der *District Court* vorübergehend an, dass mindestens 50 % der als *corporal* einzustellenden Personen, „schwarz" sein mussten, wenn sie die erforderliche Qualifikation besaßen. Ferner wurde eine Beförderungszahl von 50 % für die Einstellung von qualifizierten „Schwarzen" zu höheren Rängen auferlegt, sofern deren Anteil in dem speziellen Rang unter 25 % lag und das *Department* kein für „Schwarze" diskriminierendes Beförderungsverfahren eingeführt hat.

Mit 5:4 Stimmen hielt der *Supreme Court* die Anordnung mit der *Equal Protection Clause* (Amendment XIV) vereinbar, ohne dass sich eine Mehrheit auf einen einheitlichen verfassungsrechtlichen Prüfungsmaßstab einigen konnte.

J. *Brennan*, dem sich drei weitere Richter[396] anschlossen, ließ den Streit über den Prüfungsmaßstab dahinstehen, da der Gerichtsbeschluss selbst dem strengen *strict scrutiny* Test stand halte: *„it is 'narrowly tailored' to serve a 'compelling [governmental] purpose.'"*[397] Die Regierung hat ein zwingendes Interesse daran, vergangener und gegenwärtiger einzelstaatlicher Diskriminierung abzuhelfen. Hier hat das *Department* mehr als vier Jahrzehnte „Schwarze" aus allen Positionen ausgeschlossen. Diese systematische Diskriminierung stellt offensichtlich eine Verletzung des Amendment XIV dar. Das *one-for-one* Erfordernis ist bei allen Beförderungsebenen flexibel. Es findet nur Anwendung, wenn qualifizierte „schwarze" Bewerber zur Verfü-

---

395 *United States v. Paradise*, 480 U.S. 149 (1987).

396 J. *Marshal*, J. *Blackmun* und J. *Powell*, 480 U.S. 149, 166 ff.

397 480 U.S. 149, 168.

gung stehen; das *Department* könne durch eigenes Verhalten das Erfordernis aus der Welt schaffen, indem es ein Beförderungsverfahren einführt, das keine diskriminierende Wirkung auf „Schwarze" habe.[398]

Auch das Verhältnis zwischen numerischer Begünstigung und Prozentsatz von „Nichtweißen" in dem entsprechenden Rang ist verhältnismäßig. 25 % entspricht dem Anteil von „Schwarzen" am Bestand an Arbeitskräften, wobei die 50 % Beförderungszahl kein Ziel an sich darstellt, sondern lediglich die Geschwindigkeit widerspiegelt, mit der das eigentliche 25 % Ziel erreicht werden soll. Da sich der Gebrauch bloßer Fristen als ineffektiv erwiesen hat, ist die Anordnung eine 50 % Beförderung von „Schwarzen" verfassungsrechtlich erlaubt gewesen.[399]

Das zeitlich begrenzte, auf den Rang des *corporal* eingeschränkte *one-for-one* Erfordernis bürdet Dritten auch keine übermäßigen Lasten auf. Es stellt für „Weiße" kein absolutes Beförderungshindernis dar; ihre Beförderung werde lediglich verzögert.[400]

Bei der Wahl der Abhilfemaßnahme hat der *District Court* einen gewissen Ermessensspielraum. Dabei muss die Abhilfemaßnahme nicht auf das am wenigsten einschneidende Mittel beschränkt bleiben. Vielmehr hat sich der Abwägungsprozess innerhalb angemessener verfassungsrechtlicher Grenzen zu halten. Diese wurden vorliegend nicht überschritten.[401]

In ihrer abweichenden Meinung[402] verlangte J. *O'Connor* mit Bezug auf die *Wygant*-Entscheidung[403] zur Bestimmung der Verfassungsmäßigkeit des Gerichtsbeschlusses den *strict strutiny* Maßstab. Zwar sei der *District Court* befugt gewesen, durch den Gebrauch von Abhilfemaßnahmen die systematische und starrsinnige Diskriminierung zu beenden. Jedoch sei die konkrete Maßnahme nicht notwendig gewesen, egal ob es sich um eine Zielsetzung (*goal*) oder starre Quote (*quota*) gehandelt habe. Die gerichtliche Anordnung hatte nur den Zweck, das *Department* dazu zu zwingen, ein Beförderungsverfahren

398 480 U.S. 149, 178.
399 480 U.S. 149, 179 f.
400 480 U.S. 149, 182 ff.
401 480 U.S. 149, 189 ff.
402 J. *O'Connor*, dissenting, in which C.J. *Rehnquist*, and J. *Scalia* joined, 480 U.S. 149, 196 ff.
403 Siehe oben, S. 117 ff.

zu entwickeln, dass keine diskriminierende Wirkung auf „Schwarze" hat. Wenn *strict strutiny* irgendeine Bedeutung haben solle, müsse ein Beförderungsziel engeren Bezug zum prozentualen Anteil von „Schwarzen" am Arbeitskräftebestand haben. Dabei verlange der Schutz der Rechte derjenigen Arbeitnehmer, die nicht Minderheiten zugeordnet werden, dass die Zielvorgabe ohne zwingenden Grund nicht wesentlich vom Anteil der Minderheiten am Arbeitsmarkt abweicht. Da nach Ansicht von J. *O'Connor* weniger einschneidende, aber ebenso effektive Mittel zur Verfügung standen, diese vom Gericht aber nicht in seine Erwägung einbezogen wurden, verstoße der Gerichtsbeschluss gegen die *Equal Protection Clause* (Amendment XIV).

Auch wenn einmal mehr sich keine Mehrheit der Richter auf eine einheitliche Begründung einigen konnten, hält das Gericht im Ergebnis die Bevorzugung von Minderheiten verfassungsrechtlich für zulässig. Bemerkenswert ist, dass die Beförderungszahl von 50 % für die Einstellung von qualifizierten Minderheiten nicht eng an deren Anteil am lokalen Arbeitsmarkt gebunden wurde. Allerdings ist der Fall, angesichts der besonders hartnäckigen und langandauernden Diskriminierungspraxis des *Department*, nur bedingt verallgemeinerungsfähig.

X. Johnson v. Transportation Agency (1987)

Einen Monat nach der *Paradise*-Entscheidung hatte der *Supreme Court* im Fall *Johnson v. Transportation Agency*[404] erstmals über die Bevorzugung von Frauen zu entscheiden. Da das Gericht nicht über ein primär amerikanisches Problem zu urteilen hatte, fand es auch über die USA hinaus große Beachtung.[405]

Um die Stelle des Einsatzleiters eines Tiefbauamtes bewarben sich 1980 bei der Verkehrsbehörde des Bezirks *Santa Clara* in Kalifornien zwölf Personen, darunter eine Frau. Die Stelle wurde schließlich an die qualifizierte Frau vergeben, obwohl sie weniger Punkte erzielt hatte als ein männlicher Mitbewerber. Dabei stützte sich die Behörde auf einen freiwilligen AAP aus dem Jahre 1978, der neben der Minderheitenzugehörigkeit auch die Berücksichtigung des Geschlechts als ein Kriterium bei Beförderungsentscheidungen vorsah, um der Unterre-

---

404 *Johnson v. Transportation Agency*, 480 U.S. 616 (1987).

405 Siehe Frankfurter Rundschau v. 9.12.1987, S. 14; La Repubblica v. 27.3.1987, S. 1; Time v. 6.4.1987, S. 18 ff.

präsentation von Minderheiten und Frauen in traditionell verschlossenen Arbeitsplatzbereichen abzuhelfen. Hiergegen klagte der zurückgesetzte Mitbewerber *Johnson* und rügte die Verletzung des *Title VII of Civil Rights Act of 1964, § 703 (a)*[406].

Der *Supreme Court* wies die Klage zurück, obwohl keinerlei frühere Diskriminierung seitens der Beklagten festgestellt oder auch nur behauptet wurde. In einer 6:3 Entscheidung wurde die bevorzugende Beförderung der Frau für zulässig erklärt. Dabei hielt eine Mehrheit von fünf Richtern für die Differenzierung nach dem Geschlecht das Vorliegen eines erheblichen Ungleichgewichts (*manifest imbalance*) in traditionellen Arbeitsplatzbereichen (*traditionally segregated job categories*) sowie die mangelnde Beeinträchtigung rechtlicher Interessen Dritter für ausreichend.

Die Unterrepräsentation von Frauen war vorliegend evident, da bei einem Frauenanteil von 36,4 % auf dem lokalen Arbeitsmarkt von 238 Facharbeiterstellen nicht eine einzige mit einer Frau besetzt war. Auch die Belange der Männer sah die Mehrheit der Richter als hinreichend geschützt an, weil der AAP keine Stellen für Frauen reservierte, sondern lediglich die Berücksichtigung des Geschlechts bei der Beurteilung qualifizierter Kandidaten vorsah. Der AAP enthielt moderate Zielvorgaben, die nicht als starre Quoten wirkten, sondern Indikatoren für den Fortschritt bei der Korrektur dieser Missverhältnisse waren.[407] Aufgrund der flexiblen, moderaten und graduellen Herangehensweise (Einzelfallentscheidung) war eine zeitliche Begrenzung des AAP nicht erforderlich. Eine solche sei nur notwendig, wenn tatsächlich eine bestimmte Anzahl von Stellen bevorzugten Personengruppen reserviert werde (sog. *set-asides*).[408] Da der AAP kein absolutes Hindernis für Männer darstellte (sie wurden bei der Auswahl automatisch mitberücksichtigt; keine Sperrwirkung) und *Johnson* keinen Anspruch auf die Beförderung hatte, wurden auch keine legitimen gefestigten Erwartungen enttäuscht.

J. *O'Connor*, die das Ergebnis zwar unterstützte, befürwortete eine engere Auslegung des *Title VII*, da es sich vorliegend um einen öffentlichen Arbeitgeber handelte, der den gleichen Beschränkungen des *Title VII* wie nach der *Equal Protection Clause* unterliegen müs-

---

406 42 U.S.C. 2000e-2 (a).
407 480 U.S. 616, 636.
408 480 U.S. 616, 639 f.

se.[409] In einem solchen Fall müsse der Arbeitgeber einen sicheren Grund zur Annahme haben, dass Abhilfemaßnahmen notwendig seien. Einen solchen sicheren Grund sah J. *O'Connor* in einem statistischen Ungleichgewicht, das zur Annahme eines *prima facie* Klagegrundes nach *Title VII* eines vom AAP begünstigten Arbeitnehmers ausreichen würde. Da der *prima facie* Beweis darauf hinweist, dass die Unterrepräsentation von Minderheiten oder Frauen nicht bloß das Ergebnis allgemeiner gesellschaftlicher Diskriminierung ist, kam sie hier zum gleichen Ergebnis.[410] Sie stimmt mit J. *Scalia* überein, dass ein AAP, der automatisch und blind denjenigen befördert, der gerade ausreichend qualifiziert ist und zu einer bevorzugten Gruppe gehört, ebenso unzulässig sei wie das Vorhaben einer beständigen proportionalen Repräsentation von „Rassen" und Geschlechter. Sie stellte jedoch fest, dass dieser Vorwurf hier nicht zutreffe, da das Geschlechtsmerkmal nur als ein Pluspunkt neben verschiedenen Auswahlkriterien berücksichtigt wurde.[411]

J. *Scalia* kritisierte in seiner abweichenden Meinung (dem sich C.J. *Rehnquist* und teilweise J. *White* anschlossen) die Entscheidung heftig, da es dem Programm nicht um die Korrektur früherer Diskriminierung gehe. Als Rechtfertigung der Differenzierung dürfe nicht ausreichen, dass gesellschaftliche Ansichten den Zugang eines bestimmten Geschlechts zu bestimmten Arbeitsbereichen verhindert haben.

> „*The most significant proposition of law established by today's decision is that racial or sexual discrimination is permitted under Title VII when it is intended to overcome the effect, not of the employer's own discrimination, but of societal attitudes that have limited the entry of certain races, or of a particular sex, into certain jobs.*"[412]

Der Verzicht auf den Nachweis eigener Diskriminierung durch den Arbeitgeber sei ein Widerspruch zur im Vorjahr ergangenen *Wygant*-Entscheidung[413]. Auch die Übertragung der Prinzipien der *Weber*-Entscheidung auf öffentliche Arbeitnehmer sei unzulässig, da der Staat außer an der gesetzlichen Vorschrift des *Title VII* auch - im Gegensatz

---

409 J. *O'Connor*, concurring in the judgment, 480 U.S. 616, 649.

410 J. *O'Connor*, concurring in the judgment, 480 U.S. 616, 653.

411 J. *O'Connor*, concurring in the judgment, 480 U.S. 616, 656.

412 J. *Scalia*, with whom C.J. *Rehnquist* joined, and with whom J. *White* joined in parts, 480 U.S. 616, 664.

413 Siehe oben, S. 117 ff.

zu privaten Arbeitgebern - an den verfassungsrechtlichen Gleichheitssatz gebunden ist. Es sei höchst unwahrscheinlich, dass *Title VII* Diskriminierungen durch öffentliche Stellen weniger beschränke als dies die *Equal Protection Clause* tue. Abschließend plädiert J. *Scalia* dafür, *Affirmative Action* grundsätzlich für unzulässig zu erklären und die *Weber*-Entscheidung als Präjudiz ausdrücklich aufzuheben.[414]

Aufgrund der klaren Mehrheit (auch in der einheitlichen Begründung) kommt der *Johnson*-Entscheidung erhebliche Bedeutung zu. Neu ist, dass nicht nur Minderheiten, sondern auch Frauen - die keine Minderheit sind, sondern etwas mehr als die Hälfte der Bevölkerung stellen - in den Genuss bevorzugender *Affirmative Action* Programme kommen dürfen. Auffällig ist, dass die Einbeziehung von Frauen nicht kontrovers diskutiert wird, obwohl *Affirmative Action* auf einer historischen Grundlage basiert, die mit der Situation von Frauen in der Gesellschaft nicht ganz vergleichbar ist. Eine qualitative Untersuchung, inwieweit die von Frauen erlittene Diskriminierung mit der Diskriminierung von Minderheiten (insbesondere von Afroamerikanern) gleichgestellt werden kann, wurde nicht angestellt. Die Frage, inwieweit von Diskriminierung gesprochen werden kann, wenn Frauen aufgrund ihres eigenen Selbstverständnisses von sich aus - aus welchen Gründen auch immer - bestimmte Berufe oder Positionen erst gar nicht ergreifen und damit ihr entsprechender Anteil geringer ist, als er tatsächlich (bei optimalen Rahmenbedingungen) sein könnte, wird nicht problematisiert.[415]

Zwar betrifft die Entscheidung nur die Zulässigkeit von Frauenbevorzugung durch öffentliche Arbeitgeber. Gleichwohl lässt die Entscheidung den Schluss zu, dass die bisherige Rechtsprechung sinngemäß auch auf Frauenbevorzugung durch private Arbeitgeber Anwendung findet.

---

[414] 480 U.S. 616, 669 ff.

[415] Näher zur Problematik Frauenförderung und *Affirmative Action* vgl. *Suerbaum*, Der Staat 1989, 419 (433 ff.); *v. Wahl*, KJ 1996, 180 ff.; *Raasch*, DuR 191, 178; *Köhler*, Zeitschrift für Frauenforschung 1996, 49; *Weston*, RdJB 1988, 214; *Bednarz-Braun*, Gleichstellung im Konfliktfall mit Personalpolitik, S. 21 ff.; *v. Wahl*, Gleichstellungsregime, S. 83 ff.; *Kommers*, Der Gleichheitssatz, S. 31 ff.; *Wisskirchen*, Mittelbare Diskriminierung, S. 29 ff.; *Steding*, Chancengleichheit und Quoten, S. 56 ff.; *Cho*, Verfassungsgerichtliche Gleichheitsprüfung, S. 224 ff.

XI. City of Richmond v. Croson Co. (1989)

Nach neun Jahren republikanischer Ämterbesetzung setzte sich 1989 erstmals eine konservative Mehrheit[416] im *Supreme Court* durch und stimmte in mehreren Fällen gegen *Affirmative Action*.[417] Aufsehen aus dogmatischen Gründen erregte die Entscheidung des *Supreme Court* im Fall *City of Richmond v. J.A. Croson Co.*[418] , in der die Richter mit 6:3 Stimmen einen sog. *Minority Business Enterprises* (MBE) Plan für verfassungswidrig hielten.

Die Stadt Richmond, Virginia, hatte - parallel zu dem Bundesgesetz (*Public Works Employment Act*), welches der *Supreme Court* im Fall *Fullilove v. Klutznick*[419] mit deutlicher Mehrheit gebilligt hatte - einen MBE Plan aufgestellt, der vorsah, dass Unternehmen, die öffentliche Bauaufträge erhielten, sich verpflichten mussten, mindestens 30 % des Vertragswerts an solche Subunternehmer weiterzugeben, die überwiegend (über 51 %) von Angehörigen bestimmter Minderheiten[420] geführt wurden. Der MBE Plan sah eine Befreiungsmöglichkeit hinsichtlich des 30 % Erfordernisses vor, wenn nicht hinreichend qualifizierte MBE Subunternehmer verfügbar wären oder sich nicht beteiligen wollten. Nachdem der Baufirma *Croson Co.*, einziger Bewerber für einen Bauauftrag der Stadt, die Befreiung verweigert wurde und sie dadurch den Auftrag verlor, klagte sie mit der Begründung, dass der MBE Plan der Stadt gegen die *Equal Protection Clause* (Amendment XIV) verstoße und somit verfassungswidrig sei. Der *District Court* und der *Court of Appeals* hielten den MBE Plan auf Grundlage der *Fullilove*-Entscheidung für verfassungsgemäß. Der *Supreme Court* gab der Klage hingegen statt.

---

416 Da alle Richter des *Supreme Court* vom U.S. Präsidenten normiert und mit Zustimmung des Senats (einfache Mehrheit) auf Lebenszeit ernannt werden, verläuft die „politische" Besetzung der Richter nicht immer zeitgleich in die Amtsperiode des Präsidenten.

417 Vgl. *Wards Cove Packing Co. v. Atonio*, 490 U.S. 642 (1989); *Lorance v. AT & T Technologies*, 490 U.S. 900 (1989); *Patterson v. McLean Credit Union*, 491 U.S. 164 (1989); *Martin v. Wilks*, 490 U.S. 755 (1989); vgl. aber auch *Price Waterhouse v. Hopkings*, 490 U.S. 228 (1989).

418 *City of Richmond v. J.A. Croson Co.*, 488 U.S. 469 (1989).

419 Siehe oben, S. 111 ff.

420 *Black, Spanish-speaking, Oriental, Indian, Eskimo, or Aleut citizens.*

J. *O'Connor*, verfasste die Entscheidung des Gerichts, der sich an verschiedenen Stellen unterschiedlich viele Richter anschlossen.[421] Danach konnte die Stadt kein zwingendes Interesse darlegen, das den MBE Plan hätte rechtfertigen können, weil es keine vergangene Diskriminierung von Minderheiten seitens der Stadt bei der Vergabe von Bauaufträgen gegeben hatte, die eine Begünstigung dieser Gruppe unter Beachtung des verfassungsrechtlichen Gleichheitsgebots gerechtfertigt hätte. Die generelle Behauptung, dass in der Vergangenheit es in der Bauindustrie zu Diskriminierungen gekommen sei, kann keine starre Quote rechtfertigen.

In der *Fullilove*-Entscheidung kam dem Kongress zugute, dass dieser ausdrücklich ein verfassungsrechtliches Mandat zur Durchsetzung des verfassungsrechtlichen Gleichheitsgebots hat. In Amendment XIV heißt es unter § 5: „*The Congress shall have power to enforce, by appropriate legislation, the provisions of this article*". Die Berechtigung des Kongresses, die Wirkungen gesellschaftlicher Diskriminierung zu erkennen und zu bekämpfen, bedeutet nicht, dass diese Befugnisse auch einzelstaatlichen oder kommunalen Körperschaften zukommen. Gerade diesen gegenüber zieht die *Equal Protection Clause* feste Grenzen.

> „*That Congress may identify and redress the effects of society-wide discrimination does not mean that, a fortiori, the States and their political subdivisions are free to decide that such remedies are appropriate. Section 1 of the Fourteenth Amendment is an explicit constraint on state power, and the States must undertake any remedial efforts in accordance with that provision. To hold otherwise would be to cede control over the content of the Equal Protection Clause to the 50 state legislatures and their myriad political subdivisions. The mere recitation of a benign or compensatory purpose for the use of a racial classification would essentially entitle the States to exercise the full power of Congress under § 5 of the Fourteenth Amendment and insulate any racial classification from judicial scrutiny under § 1. We believe that such a result would be contrary to the intentions of the Framers of the Fourteenth Amendment, who desired to place clear limits on the States' use*

---

[421] C.J. *Rehnquist*, J. *White*, J. *Kennedy*, J. *Scalia*, J. *Stevens*.

> *of race as a criterion for legislative action, and to have the federal courts enforce those limitations.*“[422]

Unter Bezugnahme der *Wygant*-Entscheidung[423], stellte J. *O'Connor*, klar, dass Einzelstaaten und Kommunen gleichwohl die Kompetenz zur Beseitigung der Folgen privater Diskriminierungen innerhalb ihres Hoheitsbereichs haben.

> „*As a matter of state law, the city of Richmond has legislative authority over its procurement policies, and can use its spending powers to remedy private discrimination, if it identifies that discrimination with the particularity required by the Fourteenth Amendment.*" [424]

Mit J. *O'Connor* stimmten insgesamt fünf Richter überein, dass der MBE Plan der Stadt am strengen Maßstab des *strict scrutiny* Tests zu messen ist, da der Plan bestimmten Bürgern einzig aufgrund ihrer „Rassenzugehörigkeit“ die Möglichkeit verwehrt, sich für einen bestimmten Anteil öffentlicher Bauaufträge zu bewerben.

> „*The Richmond Plan denies certain citizens the opportunity to compete for a fixed percentage of public contracts based solely upon their race. To whatever racial group these citizens belong, their "personal rights" to be treated with equal dignity and respect are implicated by a rigid rule erecting race as the sole criterion in an aspect of public decision making.*“[425]

Damit bekräftigte J. *O'Connor* ihre schon in der *Wygant*-Entscheidung vorgetragene Ansicht, dass die *Equal Protection Clause* ein Individual- und kein Gruppenrecht beinhaltet und der Prüfungsmaßstab daher ein einheitlicher sein muss, der nicht von der „Rassenzugehörigkeit“ derjenigen abhängt, die begünstigt bzw. benachteiligt werden. Nur so ist gewährleistet, dass „rassenbezogene“ Differenzierungen reine Abhilfemaßnahmen bleiben und nicht zu Stigmatisierung, Vorstellungen „rassischer“ Unterlegenheit und Rassenhass führen.

> „*Classifications based on race carry a danger of stigmatic harm. Unless they are strictly reserved for remedial settings,*

---

422 488 U.S. 469, 490 f.
423 Siehe oben, S. 117 ff.
424 488 U.S. 469, 492.
425 488 U.S. 469, 493.

they may in fact promote notions of racial inferiority and lead to a politics of racial hostility."[426]

Darauf prüfte J. *O'Connor*, ob der MBE Plan dem strengen Test standhält, d. h., ob er eng zugeschnitten ist auf die Erreichung eines zwingenden staatlichen Interesses. Unter Berufung auf die *Wygant*-Entscheidung bezweifelte sie das Vorliegen einer hinreichenden Diskriminierungslage. Der Verweis auf bundesweite Diskriminierung in der Bauindustrie ist zu allgemein und habe keinen logischen Endpunkt. Damit könnten Maßnahmen gerechtfertigt werden, die erst aufhören, wenn der Anteil von an MBEs vergebenen Bauaufträgen dem Anteil der Minderheiten an der Gesamtbevölkerung entspricht.

„*Like the "role model" theory employed in Wygant, a generalized assertion that there has been past discrimination in an entire industry provides no guidance for a legislative body to determine the precise scope of the injury it seeks to remedy. It "has no logical stopping point."* [...]. *"Relief" for such an ill-defined wrong could extend until the percentage of public contracts awarded to MBE's in Richmond mirrored the percentage of minorities in the population as a whole.*"[427]

Es ist reine Spekulation, wie viele Minderheitenunternehmen es in Richmond gäbe, wäre es in der Vergangenheit nicht zu gesellschaftlichen Diskriminierungen gekommen. Die 30 % Quote (*quota*)[428] kann realistischerweise in keine Beziehung zur Verletzung von irgendjemanden gesetzt werden.[429] Allein die Gegenüberstellung der Anzahl von Bauaufträgen an MBE und dem Bevölkerungsanteil von Minderheiten in Richmond erbringt den hierfür nötigen Beweis nicht.[430] Wie bereits in der *Johnson*-Entscheidung[431] ausgeführt, kann diskriminierende Ausgrenzung in einem Bereich, der spezielle Qualifikation erfordere, nur bei einem Vergleich mit der Zahl derjenigen Minderhei-

---

426 488 U.S. 469, 493.

427 488 U.S. 469, 498.

428 „*The 30% quota cannot in any realistic sense be tied to any injury suffered by anyone. The District Court relied upon five predicate "facts" in reaching its conclusion that there was an adequate basis for the 30% quota.*", vgl. 488 U.S. 469, 499.

429 488 U.S. 469, 499.

430 Der *District Court* hatte sich darauf gestützt, dass die Bevölkerung von Richmond zu 50 % aus Afroamerikanern besteht, aber in den letzten 5 Jahren vor Erlass des MBE Plans nur 0,67 % der Gelder für öffentliche Bauaufträge MBEs erhielt.

431 Siehe oben, S. 124 ff.

ten festgestellt werden, die zur Ausführung der geforderten Aufgaben qualifiziert sind[432]; in diesem Fall weiß die Stadt nicht einmal, wie viele MBEs zur Ausführung öffentlicher Bauaufträge qualifiziert sind. Außerdem ist die Einbeziehung von Orientalen, Indianern, Eskimos und Aleuten, über deren Vorhandensein in Richmond keine Erkenntnisse vorliegen, willkürlich. Da die Stadt keine genaue Bestimmung öffentlicher und privater Diskriminierung vorgenommen hatte, kann sie kein zwingendes Interesse an der „rassenbezogenen" Aufteilung öffentlicher Bauaufträge geltend machen.[433] Schließlich ist der Plan nicht eng auf die Behebung früherer Diskriminierung zugeschnitten, da er in keiner Weise auf identifizierte Diskriminierung bezogen ist.[434] Die Stadt hat die Möglichkeit „rassenneutraler" Methoden der Förderung von MBEs gar nicht erst in Betracht gezogen, obwohl es ihr nicht selten an ausreichender Kapitalisierung mangelt.[435] Darüber hinaus fehlte es dem Programm an einer zeitlichen Begrenzung.

J. *Marshall* hingegen plädierte in seiner abweichenden Meinung[436] - wie schon in der *Bakke*-Entscheidung[437] - *Affirmative Action* Maßnahmen lediglich am Maßstab des *intermediate scrutiny* Tests zu überprüfen, da *strict scrutiny* „*strict in theory, but fatal in fact*" sei.[438] Er kritisierte, dass die Richtermehrheit, indem sie „rassische" Abhilfemaßnahmen dem strengsten Prüfungsmaßstab unterzieht, signalisiere, dass sie Rassendiskriminierung als Phänomen der Vergangenheit betrachtet und sich gesetzgebende Körperschaften nicht länger mit der Abhilfe „rassischer" Ungerechtigkeit beschäftigen müssen. Allerdings sei diese Nation weit davon entfernt, Rassendiskriminierung überwunden zu haben. Indem die Mehrheit ihre Wunschvorstellungen zu Verfassungsrecht macht, erweise sie nicht nur den Opfern vergangener und heutiger Diskriminierung, denen die Regierung helfen wollte, einen schlechten Dienst, sondern auch der langen Tradition dieses Gerichts, an „Rassenprobleme" mit äußerster Sensibilität heranzugehen.

---

[432] 488 U.S. 469, 501.

[433] 488 U.S. 469, 505 f.

[434] 488 U.S. 469, 506.

[435] 488 U.S. 469, 507.

[436] J. *Marshall*, with whom J. *Brennan* and J. *Blackmun* joined, dissenting, 488 U.S. 469, 528 ff.

[437] Siehe oben, S. 103 ff.

[438] 488 U.S. 469, 552.

> „*In concluding that remedial classifications warrant no different standard of review under the Constitution than the most brutal and repugnant forms of state-sponsored racism, a majority of this Court signals that it regards racial discrimination as largely a phenomenon of the past, and that government bodies need no longer preoccupy themselves with rectifying racial injustice. I, however, do not believe this Nation is anywhere close to eradicating racial discrimination or its vestiges. In constitutionalizing its wishful thinking, the majority today does a grave disservice not only to those victims of past and present racial discrimination in this Nation whom government has sought to assist, but also to this Court's long tradition of approaching issues of race with the utmost sensitivity.*“[439]

Es gebe keinen Grund, weshalb Einzelstaaten nicht das durchsetzen könnten, was die *Equal Protection Clause* verfassungsrechtlich gebiete und der Kongress gemäß § 5 des Amendment XIV ihnen oder Privatpersonen erlauben oder gar anordnen könnte.[440]

> „*Nothing whatever in the legislative history of either the Fourteenth Amendment or the Civil Rights Acts even remotely suggests that the States are foreclosed from furthering the fundamental purpose of equal opportunity to which the Amendment and those Acts are addressed. Indeed, voluntary initiatives by the States to achieve the national goal of equal opportunity have been recognized to be essential to its attainment. 'To use the Fourteenth Amendment as a sword against such State power would stultify that Amendment.*"“[441]

Die Entscheidung wirkte als Startsignal, die Quoten bei Auftragsvergabe in vielen Gemeinden abzuschaffen. Dadurch fiel die Auftragsvergabe an geförderte Unternehmen in Richmond von 31 % auf 2 %, in Philadelphia von 25 % auf 2 % und in Tucson von 28 % auf 0 %.[442]

---

[439] 488 U.S. 469, 552 f.
[440] 488 U.S. 469, 559.
[441] 488 U.S. 469, 560.
[442] *Dimeo,* American City and County (July 1992), S. 56.

XII. Wards Cove Packing v. Antonio (1989)

Ein halbes Jahr später änderte der *Supreme Court* im Fall *Wards Cove Packing v. Antonio*[443] die seit dem *Civil Rights Act of 1964* gängige Praxis der Beweisführung.

Wards Cove Packing war ein Unternehmen, das verschiedene Lachsverpackungsfabriken in entfernten Gegenden Alaskas betrieb. In diesen Fabriken gab es qualifizierte Positionen, die nichts mit dem Verpacken des Fisches zu tun hatten, die fast ausschließlich von „weißen" Arbeitnehmern besetzt waren, die in den Wintermonaten in anderen Abteilungen des Unternehmens beschäftigt wurden. Die eigentlichen Verpackungsarbeiten, die nur in den Sommermonaten anfielen, wurden von ungelernten Arbeitskräften (*unskilled job*) zu 52 % von Phillipinos und Alaska-Ureinwohnern verrichtet.

Der *Supreme Court* wies mit 5:4 Stimmen die Ansicht der Vorinstanz zurück, dass allein das statistische Missverhältnis zwischen einer hohen Prozentzahl von „nichtweißen" Arbeitnehmern in den Verpackungspositionen (52 %) und einer niedrigen Prozentzahl dieser Arbeitnehmerschaft in qualifizierten Positionen (15 %), für die Annahme einer mittelbaren Diskriminierung (*disparate impact*) ausreiche.

> „*Since the statistical disparity relied on by the Court of Appeals did not suffice to make out a prima facie case, any inquiry by us into whether the specific challenged employment practices of petitioners caused that disparity is pretermitted, as is any inquiry into whether the disparate impact that any employment practice may have had was justified by business considerations.*"[444]

Vielmehr hat der Kläger, wenn er eine mittelbare Diskriminierung geltend macht, grundsätzlich darzulegen, welche bestimmte Arbeitgeberpraxis zu der mittelbaren Diskriminierung geführt hat.

> „*As a general matter, a plaintiff must demonstrate that it is the application of a specific or particular employment practice that has created the disparate impact under attack. Such a showing*

[443] *Ward's Cove Packing Co. v. Antonio*, 490 U.S. 642 (1989).
[444] 490 U.S. 642, 655.

> *is an integral part of the plaintiff's prima facie case in a disparate-impact suit under Title VII.*"[445]

Der Rechtfertigungsmaßstab wurde für den Beklagten dahingehend gesenkt, dass es nunmehr grundsätzlich ausreicht, wenn die angegriffene Maßnahme „*serves, in a significant way, the legitimate employment goals of the employer*"[446]. Die Maßnahme muss also nicht mehr - wie in der *Griggs*-Entscheidung[447] - notwendig oder unabdingbar für den Geschäftsbetrieb sein und auch nicht mehr einen Bezug zu der angestrebten Position des Klägers aufweisen.

Schließlich befand der *Supreme Court*, dass die Beweislast in jedem Stadium des Verfahrens beim Kläger liegt. Das gilt auch für den Rechtfertigungsgrund, dessen zugrunde liegende Tatsache der Beklagte zwar vorbringen muss (sog. *burden of production of evidence*), der Kläger aber weiterhin die Beweislast (sog. *burden of persuasion*) trägt.[448] Darlegungs- und Beweislast fallen hiernach auseinander.

J. *Blackmun*, der mit dem Urteil nicht einverstanden war, äußerte sich wie folgt: „*Sadly this comes as no surprise. One wonders whether the majority still believes that race discrimination...is a problem in our society, or even remembers that it ever was.*"[449]

Der Grund für die arbeitgeberfreundliche Entscheidung lag in der Sorge des Gerichts, dass - bei bestehender Rechtslage und einer wachsenden Zahl von Rechtsstreitigkeiten wegen (angeblicher) Diskriminierung - Arbeitgeber grundsätzlich eher Minderheiten und Frauen bevorzugen könnten, als das sie sich auf das Risiko kostspieliger Prozesse einließen. Dadurch, dass die Beweislast nun beim Opfer der Diskriminierung und nicht mehr beim Arbeitgeber oder der beklagten Behörde lag, erschwerte sich das Vorgehen gegen strukturelle Diskriminierung erheblich. Die Entscheidung löste in der Bürgerrechtsbewegung besonders heftige Kritik aus und führte rasch zur Forderung eines neuen Bürgerrechtsgesetzes. Mit dem *Civil Rights Act of 1991*

---

[445] 490 U.S. 642, 657.
[446] 490 U.S. 642, 659.
[447] Siehe oben, S. 100 ff.
[448] 490 U.S. 642, 659.
[449] 490 U.S. 642, 662.

wurde dem Beklagten gesetzlich die Beweislast zur Rechtfertigung seiner (mittelbar) diskriminierenden Maßnahme auferlegt.[450]

XIII. Metro Broadcasting, Inc. v. FCC (1990)

Ein Jahr später wandelte sich das Bild wieder. Im Fall *Metro Broadcasting, Inc. v. F.C.C.*[451] wurde nicht nur eine *Affirmative Action* Maßnahme im Ergebnis gebilligt, sondern zudem lediglich der *mid-level scrutiny* Test als Prüfungsmaßstab angewandt.

Die *Federal Communications Commission* (FCC), der 1934 vom Kongress die Befugnis zur Vergabe von Rundfunk- und Fernsehlizenzen übertragen worden ist[452], hatte Richtlinien erlassen, die eine Bevorzugung von Minderheiten bei der Lizenzvergabe vorsahen, um die Programmvielfalt zu sichern. So räumte die FCC zum einen den von Minderheiten geführten Radio- und Fernsehstationen (*minority ownership*) einen Bonus bei der Vergabe neuer Lizenzen ein. Zum anderen sah die sog. „*distress sale policy*" vor, eine begrenzte Anzahl von Radio- und Fernsehstationen, deren Lizenz in Frage stand, nicht auf dem freien Markt zu verkaufen, sondern nur an von Minderheiten kontrollierte Firmen zu übertragen.

Der *Supreme Court* sah mit 5:4 Stimmen in den *minority ownership* Programmen der FCC keine Verletzung der *Equal Protection Clause* Komponente des Amendment V. Für J. *Brennen*, der das Urteil verfasste, war es von entscheidender Bedeutung, dass diese Minderheitenprogramme der FCC vom Kongress besonders gebilligt und geradezu gefördert wurden.[453] Da hier mit dem Kongress der Gesetzgeber gehandelt hat, ist die Fallkonstellation eher mit der *Fullilove*-Entscheidung[454] als mit der *Croson*-Entscheidung[455] zu vergleichen, so dass auf die „rassenbevorzugenden" Maßnahmen gerade nicht der *strict scrutiny* Test anzuwenden ist. Die Minderheitenprogramme der FCC genügen den Anforderungen des *mid-level scrutiny* Tests, da sie

---

[450] Zur Entstehungsgeschichte des *Civil Rights Act of 1991* siehe oben, S. 84 f.; vgl. auch *Wisskirchen*, Mittelbare Diskriminierung, S. 33 ff.

[451] *Metro Broadcasting, Inc. v. FCC*, 497 U.S. 547 (1990).

[452] *Communications Act of 1934*, as amended (47 U.S.C. §§ 151, 301, 303, 307, 309).

[453] J. *Brennan*, with whom J. *White*, J. *Marshall*, J .*Blackmun* and J. *Stevens* joined, 497 U.S. 547, 563 ff.

[454] Siehe oben, S. 111 ff.

[455] Siehe oben, S. 128 ff.

dem wichtigen staatlichen Interesse an der Rundfunkvielfalt dienen und substantiell auf die Erreichung dieses Zweckes bezogen sind.

> *„A majority of the Court in Fullilove did not apply strict scrutiny to the race-based classification at issue. [...] We apply that standard today. We hold that benign race-conscious measures mandated by Congress - even if those measures are not "remedial" in the sense of being designed to compensate victims of past governmental or societal discrimination - are constitutionally permissible to the extent that they serve important governmental objectives within the power of Congress and are substantially related to achievement of those objectives.*“[456]

Der Kongress hat festgestellt, dass die Wirkung vergangener Ungerechtigkeit durch „rassische“ und ethnische Diskriminierung zu einer beträchtlichen Unterrepräsentanz von Minderheiten der Massenkommunikation geführt hat. Gleichwohl rechtfertigen Kongress und FCC die *minority ownership policy* nicht in erster Linie als Abhilfemaßnahmen für die Opfer dieser Diskriminierung, sondern als Förderung der Programmvielfalt.[457] Wegen der Knappheit der zur Verfügung stehenden Frequenzen ist die Regierung berechtigt, Lizenznehmern Auflagen zugunsten der Rechte der Verbraucher zu machen, um ein möglichst vielfältiges Meinungsspektrum zu ermöglichen. Die Meinungs- und Informationsvielfalt dienen den politischen Grundrechten des Amendment I (Meinungs-, Presse- und Versammlungsfreiheit).[458] Die Vorteile der Programmvielfalt kommen nicht nur den Angehörigen von Minderheitengruppen zugute, sondern allen Zuhörern und Zuschauern.[459] Vor diesem Hintergrund besteht an der Förderung der Rundfunkvielfalt durch die *Minority Ownership* Programme der FCC ein wichtiges staatliches Interesse.

Der Kongress und die FCC haben gezeigt, dass eine verstärkte Beteiligung der von Minderheiten geführten Rundfunkunternehmen die Programmvielfalt erhöht.[460] Zur Erreichung dieses Ziels ist ihnen ein weiter Gestaltungsspielraum einzuräumen.[461] Da eine minderheitenneutrale Maßnahme nicht zu einer adäquaten Rundfunkvielfalt führt

---

[456] 497 U.S. 547, 564 f.
[457] 497 U.S. 547, 566.
[458] 497 U.S. 547, 567.
[459] 497 U.S. 547, 567.
[460] 497 U.S. 547, 568 ff. mit vielen Beispielen.
[461] 497 U.S. 547, 579.

und die *minority ownership* Programme der FCC in Umfang und Dauer begrenzt sind sowie der erneuten Beurteilung durch den Kongress unterliegen, stellen sie im Ergebnis eine angemessene auf die Erreichung des staatlichen Interesses gerichtete Maßnahme dar.[462] Schließlich legen sie Angehörigen nichtbevorzugter Gruppen auch keine unangemessenen Lasten auf. Der Bewerber hat bei der Vergabe neuer Lizenzen keinen Anspruch auf die Erteilung einer solchen, sondern hat die öffentlichen Interessen an einer Programmvielfalt hinzunehmen, sofern sie keine unangemessene Belastung der Nichtminderheiten darstellt.[463] Das *distress sale* Programm enthält auch keine starre Quote (*quota*) oder feste Kontingente (*set-asides*) für Minderheiten, da der Notverkauf an *minority ownership* von jedem qualifizierten Interessenten durch rechtzeitige Bewerbung verhindert werden kann.[464]

J. *O'Connor*, der sich drei weitere Richter anschlossen[465], sprach sich in ihrer abweichenden Meinung - wie schon in der *Wygant*-Entscheidung[466] - für eine strenge individualrechtliche Interpretation der *Equal Protection Clause* aus. Unter Berufung auf die *Croson*-Entscheidung[467] verlange die Beurteilung der „rassenbezogenen" *minority ownership* Programme der FCC den strengen *strict scrutiny* Test, da die Benachteiligung von Bürgern wegen ihrer „Rasse" oder ethnischen Zugehörigkeit die Ansicht einer in „Rassen" aufgeteilten Nation und damit den „Rassenhass" fördere.[468] Der verfassungsrechtliche Gleichheitssatz binde den Bundesstaat genauso wie die Einzelstaaten, weshalb kein schwächerer Prüfungsmaßstab herangezogen werden dürfe, wenn „rassische" Differenzierungen bundesstaatlich angeordnet werden.[469] Unter Berufung verschiedener Entscheidungen des *Supreme Court* müsse die Reichweite der *Equal Protection Clause* unter Amendment V derjenigen des Amendment XIV entsprechen.[470] Auch die Einbeziehung des Kongresses könne daran vorliegend nichts ändern, da sich die Kompetenzen aus § 5 des Amendment XIV nur

---

462 497 U.S. 547, 584 ff.
463 497 U.S. 547, 596 f.
464 497 U.S. 547, 599.
465 C. J. *Rehnquist*, J. *Scalia* und J. *Kennedy*.
466 Siehe oben, S. 118 ff.
467 Siehe oben, S. 128 ff.
468 497 U.S. 547, 602 ff.
469 497 U.S. 547, 604 f.
470 497 U.S. 547, 606.

auf Maßnahmen bezögen, die der Kongress an die Einzelstaaten richte. Hier gehe es aber um die Verwaltung eines bundesstaatlichen Programms durch bundesstaatliche Behörden. Deshalb könne die *Fullilove*-Entscheidung auch nicht als Präzedenzfall für die Zulässigkeit der FCC Programme herangezogen werden.[471]

Ein zwingendes staatliches Interesse, welches den erhöhten Anforderungen des *strict scrutiny* Tests entspricht, könne nur in der Beseitigung der Folgen vorangegangener Diskriminierung liegen, nicht aber in der Förderung der Rundfunkvielfalt. Das Interesse an letzterer sei zu schwammig und nicht darauf angelegt, vergangene identifizierte Diskriminierung zu beseitigen.[472] Da die FCC Maßnahmen auf unzulässige Stereotypen und Verallgemeinerungen beruhen, können sie nicht einmal den von der Mehrheit der Richter angewandten *mid-level scrutiny* Test bestehen.[473] Schließlich belaste die „*distress sale policy*" den nicht zu den bevorzugten Minderheitengruppen gehörenden Personen in unangemessener Weise. Die FCC habe mit dem Notverkauf (*distress sale*) einen exklusiven nur für Minderheiten zugänglichen Markt geschaffen. Dieser stelle nicht mehr eine starre Quote (*quota*), sondern ein 100%iges Kontingent (*set-asides*) dar.[474]

Ob sich das Konzept der *Broadcast Diversity* oder der *Academic Diversity* (vgl. *Bakke*-Entscheidung) auch auf andere Bereiche, wie z. B. Bevorzugungsprogramme auf dem Arbeitsmarkt, übertragen lassen, ist fraglich. Angesichts der inzwischen etablierten „konservativen" Richtermehrheit schien sich eine gefestigte Rechtsprechung dahingehend gebildet zu haben, dass die vom Kongress eingeführten Programme zur Minderheitenförderung geringeren Prüfungsanforderungen unterlägen als die von Einzelstaaten oder Kommunen eingeführten Programme. Diese Vermutung sollte sich jedoch nicht bewahrheiten.

XIV. Adarand Constructors, Inc. v. Pena (1995)

1995 sprach sich der *Supreme Court* im Fall *Adarand Constructors, Inc. v. Pena*[475] für einen einheitlichen Prüfungsmaßstab bei allen staat-

---

471 497 U.S. 547, 606 ff.
472 497 U.S. 547, 611.
473 497 U.S. 547, 616 ff.
474 497 U.S. 547, 630 f.
475 *Adarand Constructors, Inc. v. Pena*, 515 U.S. 200 (1995).

lichen Minderheitenprogrammen aus - unabhängig davon, von welcher Körperschaft (Bund, Einzelstaat, Kommune) es erlassen wurde. Dabei wandte das Gericht den strengsten Prüfungsmaßstab an und änderte damit seine Linie aus den Entscheidungen *Fullilove*[476], *Croson*[477] und *FCC*[478].

1989 hatte eine Unterbehörde des *U.S. Department of Transportation* (DOT) einen Bauauftrag an ein Generalunternehmen vergeben, das sich Angebote von Subunternehmen einholte. *Adarand* hatte das billigste Angebot unterbreitet. Jedoch vergab das Generalunternehmen den Auftrag an ein von der *Small Business Administration* (SBA) anerkanntes Minderheitenunternehmen, da der Vertrag mit der DOT auf der Grundlage eines Bundesgesetzes[479] eine sog. *subcontractor compensation clause* (SCC) enthielt, wonach das Generalunternehmen einen Zuschuss in Höhe von 10 % des Auftragwerts erhält, wenn es ein anerkanntes Minderheitenunternehmen beschäftigt.[480] Die Kompensationsklausel stellte damit eine Präferenzregelung zugunsten benachteiligter Kleinunternehmen dar, ohne dass ein Nachweis konkreter Benachteiligung verlangt wurde. Die Benachteiligung bestimmter Minderheitsgruppen wurde vielmehr gesetzlich vermutet.

Adarand Constructors, ein lokal ansässiges Unternehmen, das einem „Weißen" kaukasischer Abstammung gehörte, bestritt die Verfassungsmäßigkeit der *subcontractor compensation clause*. Er machte eine Verletzung der Gleichheitskomponente des Amendment V geltend und begehrte die Unterlassung jeder weiteren Verwendung dieser Kompensationsklauseln. Der *District Court* hielt die gesetzlich definierten *Disadvantaged Business Enterprises* (DBE) und die Zielvorgaben (*goals*) anhand des *mid-level* Standard für verfassungsgemäß und stützte sich dabei auf die *Fullilove*- und *FCC*-Entscheidung des *Supreme Court*. Der *Court of Appeals* bestätigte die Entscheidung. Der *Supreme Court* hob die vorangegangenen Urteile auf und verwies

---

476 *Fullilove v. Klutznick*, 448 U.S. 448 (1980); siehe oben, S. 111 ff.

477 *City of Richmond v. J.A. Croson Co.*, 488 U.S. 469 (1989); siehe oben, S. 128 ff.

478 *Metro Broadcasting, Inc. v. FCC*, 497 U.S. 547 (1990); siehe oben, S. 136 ff.

479 *Small Business Act*, § 2 [8] (d) (2, 3), 15 U.S.C.A. § 637 (d) (2, 3); *Surface Transportation and Uniform Relocation Assistance Act of 1987*, § 106 (c) (1), 23 U.S.C.A. § 101.

480 *„If it hired subcontractors certified as small businesses controlled by socially and economically disadvantaged individuals, and requires the contractor to presume that such individuals include minorities or any other individuals found to be disadvantaged by the Small Business Administration (SBA).*"

zur erneuten Entscheidung unter Anwendung des *strict scrutiny* Tests zurück.

Mit einer knappen Mehrheit von 5:4 Stimmen stellte J. *O'Connor* fest:

> „*All racial classifications, imposed by whatever federal, state, or local governmental actor, must be analyzed by a reviewing court under strict scrutiny.*“[481]

Dabei stützte sie sich vor allem auf die *Croson*-Entscheidung[482], in der die Mehrheit des Gerichts bei einzelstaatlichen oder lokalen „rassenbezogenen“ Programmen den *strict scrutiny* Test angewendet hatte. Obwohl die Entscheidung keine Aussagen über den Prüfungsstandard des Amendment V für bundesstaatliche Programme betraf, entwickelte sie hieraus drei maßgebliche Leitlinien für staatliche „Rassenklassifizierungen“: *skepticism*, *consistency* und *congruence.*

Skepticism bedeutet, dass jede Bevorzugung, die sich auf „rassische“ oder ethnische Kriterien stützt, von vornherein suspekt erscheinen muss.[483] *Consistency* meint, dass alle rassischen Klassifizierungen gleich behandelt werden müssen[484], und *congruence* verlangt, dass der Prüfungsmaßstab für Maßnahmen von Einzelstaaten oder unterstaatlichen Körperschaften nach Amendment XIV der gleiche sein muss, wie für Maßnahmen, für die die Bundesgewalt die Verantwortung trägt und nach Amendment V zu beurteilen ist.[485]

Anders als noch in der *Fullilove-* und *FCC*-Entscheidung gesteht das Gericht dem Kongress als höchster demokratisch legitimierter Instanz demnach nur noch den Beurteilungsspielraum zu, den es auch anderen Teilen der öffentlichen Gewalt zugesteht.

---

481 515 U.S. 200, 201. Kritisch *Ahar/Opoku*, 31 Harv. C.R.-C.L.L. Rev. 223 ff.

482 Siehe oben, S. 128 ff.

483 J. *O'Connor* verweist dabei auf die *Wygant*-Entscheidung (476 U.S. 267, 273 f.), wonach „[a]ny *based on racial or ethnic criteria must necessarily receive a most searching examination.*“

484 Hierbei zitiert J. *O'Connor* die *Croson*-Entscheidung (478 U.S. 469, 494): „[T]he standard of review under the Equal Protection Clause is not dependent on the race of those burdened or benefited by a particular classification.“

485 Dabei stützt sich J. *O'Connor* auf die Entscheidung *Buckley v. Valeo* (424 U.S. 1, 93): „*Equal protection analysis in the Fifth Amendment area is the same as that under the Fourteenth Amendment.*“

J. *Stevens* hielt in seiner abweichenden Meinung das Konzept von *skepticism* für grundsätzlich richtig; das Konzept von *consistency* jedoch für unhaltbar.[486]

> „*There is no moral or constitutional equivalence between a policy that is designed to perpetuate a caste system and one that seeks to eradicate racial subordination. Invidious discrimination is an engine of oppression, subjugating a disfavored group to enhance or maintain the power of the majority. Remedial race-based preferences reflect the opposite impulse: a desire to foster equality in society. No sensible conception of the Government's constitutional obligation to "govern impartially,"* [...] *should ignore this distinction.*“[487]

Auch das Konzept von *congruence* stieß auf heftige Kritik. J. *Stevens* betonte, dass zwischen dem Kongress und den einzelstaatlichen Parlamenten bzw. lokalen Stadträten sehr wohl rechtliche Unterschiede bestünden. Dabei bezog er sich insbesondere auf Amendment XIV, § 5, der die Implementierung der *Equal Protection Clause* explizit dem Kongress überantwortet. Es existiere ein Konsens, dass die Bundesgewalt die erste und wichtigste Verteidigerin der „rassischen“ Minderheiten gegen die Einzelstaaten sei, von denen einige die Minderheiten in der Vergangenheit diskriminiert hätten.[488]

Die Mehrheit der Richter entschied dennoch zugunsten des Grundsatzes *congruence* und unterwarf damit alle einzel- und bundesstaatlichen Programme zur Förderung von Minderheiten dem *strict scrutiny* Test.

> „*Taken together, these propositions lead to the conclusion that any person, of whatever race, has the right to demand that any governmental actor subject to the Constitution justify any racial classification subjecting that person to unequal treatment under the strictest judicial scrutiny.*“[489]

J. *O'Connor* verwarf die Ansicht, der strenge Prüfungsmaßstab sei „*strict in theory, but fatal in fact*“[490]. Denn die Bundesgewalt ist nicht

---

[486] J. *Stevens*, with whom J. *Ginsburg* joins, dissenting, 515 U.S. 200, 242. ff.

[487] J. *Stevens*, zitiert hier aus der Entscheidung *Hampton v. Mow Sun Wong*, 426 U.S. 88, 100.

[488] J. *Stevens*, with whom J. *Ginsburg* joins, dissenting, 515 U.S. 200, 249 ff.

[489] 515 U.S. 200, 201.

[490] Dieser Ausspruch geht auf die *Fullilove*-Entscheidung zurück, 448 U.S. 448, 519.

gehindert, gegen Praktiken und fortdauernde Wirkungen von „Rassendiskriminierung“ vorzugehen. Nur setze *strict scrutiny* eben strengere Anforderungen:

> „*When race-based action is necessary to further a compelling interest, such action is within constitutional constraints if it satisfies the "narrow tailoring" test this Court has set out in previous cases.*“[491]

Im Ergebnis sah sich der *Supreme Court* wegen ungeklärter Fragen hinsichtlich der Details des Regelwerks des *Department of Transportation* (DOT)[492] nicht in der Lage, abschließend zu urteilen und verwies den Fall zurück an den *District Court*, um Feststellungen darüber zu treffen, ob das *subcontractor compensation clause program* (SCC Programm) eng auf zwingende staatliche Interessen zugeschnitten war, ob „rassenneutrale“ Maßnahmen nicht ausreichend gewesen wären, um eine größere Teilhabe von Minderheitenunternehmen an der Vergabe öffentlicher Aufträge zu erreichen und ob das Programm zeitlich auf die Beseitigung der Diskriminierungswirkung begrenzt war.[493]

Der *District Court* stellte daraufhin - unter Anwendung des *strict scrutiny* Tests - die Verfassungswidrigkeit des *Disadvantaged Business Enterprise* (DBE) Programms fest und gab der Klage von *Adarand* statt, woraufhin das *Department of Transportation* (DOT) in Berufung ging. Zwischenzeitlich änderte das *Department of Regulatory Agencies* sein DBE Programm dahingehend ab, dass alle Bewerber erklären mussten, dass jeder ihrer Mehrheitseigner soziale Benachteiligungen wegen Diskriminierung ihrer „Rasse“, Volksabstammung oder Geschlecht erfahren hat. Aufgrund der geänderten Regelung wurde *Adarand* als sozial benachteiligtes Minderheitenunternehmen (DBE) anerkannt. Aufgrund der geänderten Tatsachen hob der *Court*

---

491 515 U.S. 200, 237.

492 So sah z. B. das *SBA's 8(a) program* eine individuelle Befragung eines jeden Bewerbers hinsichtlich seiner wirtschaftlichen Benachteiligung vor, während die *DOT's regulations* eine solche individualisierte Befragung nicht vorsah. Auch war unklar, ob 8(d) Subunternehmer nur einen individuellen Nachweis ihrer Benachteiligung nachzuweisen haben oder ob die rassenbezogene Vermutung sich auf beide soziale *und* wirtschaftliche Benachteiligungen beziehen muss. Darüber hinaus ist es unklar, inwieweit soziale Benachteiligungen auch wirtschaftliche Benachteiligungen von 8(a) und 8(d) Programmen begründen können.

493 515 U.S. 200, 237 ff.

of Appeals das Urteil des *District Court* auf und sprach sich für das DBE Programm aus.[494] Dabei stützte sich das Gericht auf zahlreiche Untersuchungen und Anhörungen des Kongresses sowie Statistiken und Einzelberichte, die bewiesen, dass Diskriminierungen die Entwicklung von qualifizierten Minderheitenunternehmen für den *national subcontracting market* verhindert haben. Das Gericht hat ein zwingendes Interesse der U.S. Regierung an der Abhilfe der Folgen vergangener Diskriminierung in diesem Vergabesektor festgestellt.

> „[...] *we readily conclude that the federal government has a compelling interest in not perpetuating the effects of racial discrimination in its own distribution of federal funds and in remediating the effects of past discrimination in the government contracting markets created by its disbursements.*"[495]

Ferner erkannte das Gericht an, dass das DBE Programm nun einen engen Rahmen besitzt (*narrowly tailored*) und die gesetzliche Vermutung der Benachteiligung durch den individuellen Nachweis eliminiert wurde. Das Gericht hat Gesichtspunkte, wie z. B. „rassenneutrale" Maßnahmen, zeitliche Begrenzung, Flexibilität des Programms (Ausnahmeregelungen), Zielvorgaben (*goals*) und Lasten „unschuldiger Dritter" in seine Entscheidung einbezogen. Der *Supreme Court* forderte zwar aufgrund einer Petition in einer Verfügung die Prozessakten an (*writ of certiorari*), um die Entscheidung des *Court of Appeals* hinsichtlich der Fragen, ob der Kongress für das Bundesgesetz ein zwingendes Interesse hatte und ob das DBE Programm der DOT eng auf dieses zugeschnitten ist, dahingehend zu überprüfen, ob das Gericht den vom *Supreme Court* vorgegebenen strengen Prüfungsmaßstab richtig angewandt hatte. Letztlich lehnte er jedoch die Petition für ein *certiorari* Verfahren, wonach das Gericht den Fall aufgrund verfassungsrechtlicher Bedeutsamkeit hätte annehmen können, aus verfahrensrechtlichen Gründen einstimmig ab.[496]

Auch wenn der *Supreme Court* letztlich nicht in der Sache selbst entschied, hat er mit der *Adarand*-Entscheidung die Kopplung öffentlicher Aufträge im Bausektor an Maßnahmen der Minderheitenförderung aufgrund eines Bundesgesetzes prinzipiell für zulässig erachtet. Gleichzeitig setzte er den Minderheitenprogrammen höhere Schran-

---

[494] *Adarand Constructors, Inc. v. Slater*, 228 F.3d 1147 (2000).
[495] 228 F.3d 1147, 1165.
[496] 534 U.S. 103 (2001).

ken. Zukünftig müssen sie - egal auf welcher Staatsebene (Bund, Einzelstaat, Kommune) - den strengen Anforderungen des *strict scrutiny* Tests entsprechen. Dies setzt zunächst voraus, dass für den Erlass eines solchen Bundesgesetzes ein zwingendes staatliches Interesse besteht, welches der *10th Circuit of Court of Appeals*[497] für Subunternehmen im Bauvergabesektor als erwiesen ansah. Ferner muss die Bevorzugungsmaßnahme eng auf das zwingende Staatsinteresse zugeschnitten sein. Schließlich darf es sich nur um eine vorübergehende Maßnahme handeln, die Dritte (Nichtminderheiten) nicht übermäßig belastet.

XV. Grutter v. Bollinger und Gratz v. Bollinger (2003)

2003 hatte der *Supreme Court* an einem Tag gleich zweimal über die bevorzugte Behandlung von Minderheiten bei Auswahlverfahren einer staatlichen Universität zu entscheiden.

Im ersten Fall *Grutter v. Bollinger*[498] ging es um die Klage, einer („weißen") Bewerberin, die von der Juristischen Fakultät (*Law School*) der staatlichen Universität von Michigan abgewiesen worden war. Die *Law School* sah ein kompliziertes Auswahlverfahren vor, bei dem auch die Zugehörigkeit des Bewerbers zu einer bestimmten Minderheitengruppe berücksichtigt wurde. *Grutter* behauptete, dass sie aufgrund ihrer („weißen") Rasse diskriminiert worden sei und machte u. a. die Verletzung der *Equal Protection Clause* (Amendment XIV) geltend.

Mit knapper Mehrheit (5:4 Stimmen) befand der *Supreme Court* die Berücksichtigung der „Rasse" und ethnischen Zugehörigkeit eines Bewerbers für verfassungsgemäß. J. *O'Connor*, die die Urteilsbegründung schrieb, überprüfte das Auswahlverfahren anhand des *strict scrutiny* Tests und widersprach - mit Bezug auf die *Adarand*-Entscheidung - der Ansicht, dass dieser strenge Prüfungsstandard „*strict in theory, but fatal in fact*" sei, da „rassenbezogene" Bevorzugungen gerade dann nicht verfassungswidrig sind, wenn sie eng auf ein zwingendes staatliches Interesse zugeschnitten sind.[499] Danach prüfte sie zunächst, ob die *Law School* ein zwingendes Interesse an einer vielfältigen Studentenschaft (*diverse student body*) hat. Dabei stellte sie

---

497 *Adarand Constructors, Inc. v. Slater*, 228 F.3d 1147, 1165.
498 *Grutter v. Bollinger*, 123 S.Ct. 2325 (2003).
499 123 S.Ct. 2325, 2337 f.

klar, dass *strict scrutiny* nicht auf die Beseitigung *vergangener* Diskriminierung beschränkt ist.

> „*But we have never held that the only governmental use of race that can survive strict scrutiny is remedying past discrimination.*“[500]

Zur Bejahung des staatlichen Interesses verweist sie auf das von J. *Powell* im Jahr 1978 im Fall *Bakke*[501] vorgebrachte verfassungsrechtliche Argument des Amendment I.

> „*The freedom of a university to make its own judgments as to education includes the selection of its student body.*“[502]

Danach steht der Universität hinsichtlich des Mittels zur Erreichung des Ziels ein Beurteilungsspielraum zu. Eine vielfältige Studentenschaft ist das Herzstück des institutionellen Auftrags. Das Interesse der *Law School* beinhaltet nicht einfach die Sicherung eines bestimmten Anteils von Minderheiten aufgrund ihrer „Rasse“ oder ethnischen Herkunft. Vielmehr ist das Konzept der *critical mass* auf die bildungspolitischen Vorteile (*educational benefits*) ausgerichtet. Wie der *District Court* feststellte, fördert die Zulassungspolitik der Universität multikulturelles Verständnis und hilft Rassenvorurteile abzubauen. Dadurch wird der Unterricht interessanter, lebhafter und aufschlussreicher.[503] Diese Fähigkeiten sind auch nicht nur von theoretischer Bedeutung, sondern - wie große Firmen, wie *Microsoft*, *Texaco* oder *General Motors* klargemacht haben - für eine zunehmende Globalisierung der Wirtschaft erforderlich. Darüber hinaus bilden Universitäten, insbesondere *Law Schools*, die Grundlage der beruflichen Ausbildung für eine Vielzahl der nationalen Führungskräfte. So sind die Hälfte der Gouverneure, mehr als die Hälfte der Senatoren und mehr als ein Drittel im Repräsentantenhaus Juristen. Damit diese - aus Sicht der Bürger - legitimiert sind, ist es notwendig, dass der Weg dorthin für jede talentierte und qualifizierte Person, egal welcher „Rasse“ oder Volkszugehörigkeit, sichtbar offen steht.

Nachdem J. *O'Connor* somit das zwingende Interesse der Universität an einer vielfältigen Studentenschaft (*academic diversity*) bejaht hat,

---

[500] 123 S.Ct. 2325, 2338 ff.

[501] Siehe oben, S. 103 ff.

[502] *Regents of the University of California v. Bakke*, 438 U.S. 265, 312.

[503] 123 S.Ct. 2325, 2340 f.

prüft sie, ob das konkrete Auswahlverfahren eng auf dieses Ziel zugeschnitten ist.

> „*The purpose of the narrow tailoring requirement is to ensure that "the means chosen 'fit' ... th*[e] *compelling goal so closely that there is little or no possibility that the motive for the classification was illegitimate racial prejudice or stereotype.*"“[504]

Dabei stellt sie klar, dass ein Quotensystem diesen Anforderungen nicht gerecht wird.

> „[...] *it cannot "insulat*[e] *each category of applicants with certain desired qualifications from competition with all other applicants."* [...] *Instead, a university may consider race or ethnicity only as a "'plus' in a particular applicant's file," without "insulat*[ing] *the individual from comparison with all other candidates for the available seats.*"“[505]

Ein Zulassungsverfahren muss daher flexibel sein, alle sachdienlichen Elemente einer Vielfalt im Lichte der besonderen Qualifikation eines jeden Bewerbers beachten und diese bei der Zulassungsentscheidung - wenn auch nicht notwendigerweise mit gleichem Gewicht - berücksichtigen.

Dies sah J. *O'Connor* für das individualisierte Zulassungsverfahren der *Law School* für gegeben an. Die Zielsetzung (*goal*) der Erreichung einer *critical mass* von unterrepräsentierten Studenten, die einer Minderheit angehören, verwandelt das Programm nicht in eine Quote (*quota*).[506] Zwar gibt es eine gewisse Verbindung zwischen der numerischen Anzahl von bevorzugten Studenten und der Erreichung bildungspolitischer Vorteile. Allerdings verändert sich das flexible Zulassungssystem durch eine gewisse Beachtung der Anzahl von Minderheiten nicht in eine starre Quote. Die Zugehörigkeit zu einer bestimmten Minderheitengruppe ist nur einer von vielen Faktoren und stellt nicht das entscheidende Kriterium für die Zulassungsentscheidung dar. Im Vordergrund stehen individuelle schulische Leistungen, Erfahrungen, Fähigkeiten, etc. Hierdurch variierte der Anteil von Minderheiten in den Jahren von 1993 bis 2000 zwischen 13,5 % und

---

504 123 S.Ct. 2325, 2341, zitiert die *Croson*-Entscheidung, 488 U.S. 469, 493.
505 123 S.Ct. 2325, 2341, zitiert die *Bakke*-Entscheidung, 438 U.S. 265, 315, 317.
506 123 S.Ct. 2325, 2343.

20 % - eine Spannweite, die einer Quote widerspricht.[507] Die *Law School* führt eine ganzheitliche Betrachtung des einzelnen Bewerbers jeder „Rasse" durch, wobei es weder *de jure* noch *de facto* zu einer automatischen Aufnahme bzw. Ablehnung aufgrund der *soft* Variablen kommt. Alle unterrepräsentierten Studenten, die einer Minderheit angehören und zugelassen wurden, waren qualifiziert.

> „*By virtue of our Nation's struggle with racial inequality, such students are both likely to have experiences of particular importance to the Law School's mission, and less likely to be admitted in meaningful numbers on criteria that ignore those experiences.*"[508]

„*Narrowly tailored*" fordert nicht, dass jede erdenkliche „rassenneutrale" Alternative ausgeschöpft werden muss. Die Universität ist nicht verpflichtet, zwischen ihrer Reputation als Eliteschule und der Eröffnung von Bildungschancen für jedermann zu wählen.

Da das Auswahlverfahren alle sachdienlichen Elemente einer vielfältigen Studentenschaft berücksichtigt, belastet es auch nicht übermäßig Personen, die nicht einer bevorzugten Minderheitengruppe angehören. Können Nichtminderheiten-Bewerber aufgrund ihres persönlichen Hintergrunds mehr zur Vielfalt beitragen, so werden diese durch das Verfahren ausgewählt.[509]

Schließlich muss das Programm zeitlich beschränkt sein.

> „*The requirement that all race-conscious admissions programs have a termination point "assure*[s] *all citizens that the deviation from the norm of equal treatment of all racial and ethnic groups is a temporary matter, a measure taken in the service of the goal of equality itself.*""[510]

Hinsichtlich der zeitlichen Beschränkung des Programms nimmt das Gericht die *Law School* beim Wort, die Berücksichtigung der „Rasse" beim Zulassungsverfahren so bald wie möglich zu beenden. J. *O'Connor* machte deutlich, dass die Politik der *Affirmative Action* nicht ewig Bestand haben kann.

---

[507] 123 S.Ct. 2325, 2343.
[508] 123 S.Ct. 2325, 2344.
[509] 123 S.Ct. 2325, 2345.
[510] 123 S.Ct. 2325, 2346, zitiert die *Croson*-Entscheidung, 488 U.S. 469, 510.

> „*We expect that 25 years from now, the use of racial preferences will no longer be necessary to further the interest approved today.*“[511]

J. *Thomas*, (einziger Afroamerikaner unter den Richtern) kritisierte in seiner abweichenden Meinung die Mehrheitsentscheidung heftig. Seiner Ansicht nach meine die *Equal Protection Clause* in 25 Jahren dasselbe wie schon heute und zwar, jede Person - egal welcher „Rasse“ - gleich zu behandeln. Nach seiner Ansicht müsse die Verfassung farbenblinde (*colorblind*) Gleichheit garantieren. Die *Law School* benutze bei der Auswahl der Studenten ein standardisiertes Verfahren (*Law School Admission Test* - LSAT), das die Vergleichbarkeit der Hochbegabten und damit die Reputation der Universität als Eliteschule sichern soll. Obwohl „Schwarze“ bei diesem Test regelmäßig schlechter abschneiden als „Weiße“, behielt die *Law School* diesen Test bei, um das Testergebnis später wieder zugunsten von unterrepräsentierten „Schwarzen“ zu korrigieren. Es stehe der *Law School* zwar frei, den Test anzuwenden, nicht jedoch die unerwünschten Nebenwirkungen der erwünschten Selektion durch „Rassendiskriminierung“ zu kaschieren. Zwar behaupte die Universität, ihr Streben nach Vielfalt diene ihrem bildungspolitischen Zweck und komme auch den „weißen“ Studenten zugute. Doch wenn der Nutzen wirklich so groß wäre, dann müsste eine entsprechende Änderung der Aufnahmekriterien den Elitestatus nicht gefährden. Dass die Hochschule dazu nicht bereit ist, lasse darauf schließen, dass die behaupteten bildungspolitischen Vorteile unbedeutend sind oder gar nicht existieren. Das Interesse, das Aufnahmetestergebnis kosmetisch zu erzwingen, ist ästhetischer Natur.[512]

> „[...] *the Law School wants to have a certain appearance, from the shape of the desks and tables in its classrooms to the color of the students sitting at them.*“[513]

In der zweiten Entscheidung *Gratz v. Bollinger*[514] ging es um das Zulassungsverfahren des *College* der Universität von Michigan. Dieses sah ein Punktesystem vor, welches Bewerbern, die mindestens 100 Punkte benötigten, um automatisch zugelassen zu sein, von vornhe-

---

511 123 S.Ct. 2325, 2347.

512 123 S.Ct. 2325, 2360 ff.

513 123 S.Ct. 2325, 2353 (Fn. 3).

514 *Gratz v. Bollinger*, 123 S.Ct. 2413 (2003).

rein einen Bonus von 20 Punkten zugestand, wenn diese einer bestimmten Minderheit angehören. *Gratz*, eine „weiße" Bewerberin mit kaukasischer Abstammung, wurde abgelehnt, obwohl sie bessere Noten als „schwarze" Mitbewerber hatte, die zugelassen wurden.

Mit 6:3 Stimmen erachtete der *Supreme Court* das Punktesystem als verfassungswidrig. C.J. *Rehnquist*, der das Urteil verfasste, stellte fest, dass es nun gesicherte Rechtsprechung ist, alle „Rassenklassifizierungen", die der *Equal Protection Clause* unterliegen, dem strengen *strict scrutiny* Test zu unterziehen.

> „*It is by now well established that "all racial classifications reviewable under the Equal Protection Clause must be strictly scrutinized.*"[515]

Das starre Punktesystem des *College* genügte diesen Anforderungen nicht. Da das Auswahlverfahren keine individuellen Gesichtspunkte in Betracht zog, sondern automatisch 1/5 der erforderlichen Punktzahl an die Bewerber vergab, die einer unterrepräsentierten Minderheitengruppe angehörten, war es nicht flexibel genug, um alle sachdienlichen Elemente einer vielfältigen Studentenschaft im Licht der besonderen Qualifikationen eines jeden Bewerbers berücksichtigen zu können.

> „*We find that the University's policy, which automatically distributes 20 points, or one-fifth of the points needed to guarantee admission, to every single "underrepresented minority" applicant solely because of race, is not narrowly tailored to achieve the interest in educational diversity that respondents claim justifies their program.*"[516]

Damit war das Auswahlverfahren nicht eng auf das von der Beklagten behauptete zwingende Interesse an einer vielfältigen Studentenschaft zugeschnitten und verstieß gegen die *Equal Protection Clause* (Amendment XIV).[517]

Mit der Entscheidung bestätigte der *Supreme Court* im Wesentlichen die Prinzipien, die er im Fall *Bakke* gefällt hatte. Danach darf der Staat auch künftig bestimmte Minderheiten bevorzugen, sofern die Maßnahme eng auf das zwingende Staatsinteresse begrenzt ist, „un-

---

[515] 123 S.Ct. 2413, 2427, zitiert die *Adarand*-Entscheidung, 515 U.S. 200, 224.
[516] 123 S.Ct. 2413, 2427 f.
[517] 123 S.Ct. 2413, 2430.

schuldige Dritte“ nicht übermäßig belastet und die Maßnahme nur vorübergehend ist. Starre Quoten und unflexible Programme sind hingegen verfassungswidrig. Die knappe Mehrheit für *Affirmative Action* spiegelt einmal mehr die gesellschaftliche Zerstrittenheit in dieser Frage wider. Der Streit um *Affirmative Action* hatte selbst die US-Regierung gespalten. Während sich Präsident *George W. Bush* in einem Statement zum Verfahren geäußert hatte und der Universität vorwarf, ihr Punktesystem bedeute eine verhüllte Rassenquote, meldeten sich Sicherheitsberaterin *Condoleezza Rice* und Außenminister *Colin Powell* zu Wort. *Powell* stellte deutlich klar, dass er ein starker Befürworter der Minderheitenförderung ist. Bei der Auseinandersetzung um die Besetzung von hohen Richterstellen haben die Gegner von *Affirmative Action* bereits klar gemacht, dass sie von Präsident *Bush* nicht weniger als eine besonders konservative Nominierung erwarten. Auch am *Supreme Court* könnte bald ein Richterwechsel anstehen, so dass die *Grutter*-Entscheidung eine sehr viel kürzere Haltbarkeitsdauer haben könnte, als die von J. *O'Connor* zugestandenen 25 Jahre.

XVI. Ergebnisse der Affirmative Action-Rechtsprechung

Die rechtliche Kontroverse[518], die *Affirmative Action* in den USA verursacht hat, spiegelt die gesellschaftliche Spannung zwischen einem aus liberaler Tradition geborenen absoluten Differenzierungsverbot und einer sozialpolitisch motivierten Vorzugsbehandlung benachteiligter Gruppen wider. Daher ist es nicht verwunderlich, dass der Rechtsprechung des *Supreme Court* ein klares Ja oder Nein zu *Affir-*

---

[518] Die Diskussion in der Literatur entspricht im Wesentlichen dem der Rechtsprechung, so dass einige Fundstellen an dieser Stelle genügen sollen. Vgl. *Tribe*, Constitutional Choices, S. 221 ff.; *Issacharoff*, 2002 U. Chi. Legal. F. 11 ff; *ders.*, 59 Ohio St. L.J. 669 ff.; *Adkins/Moriearty/Rutkowski*, EEO and Affirmative Action, *Whitman*, 24 J.C. & U.L. 637 ff.; *Wallace/Schooner*, 1997-SEP Army Law. 3 ff.; *Simmons*, 14 T.M. Cooley L. Rev. 267 ff.; *Brody*, 29 Akron L. Rev. 291 ff.; *Brunner*, 21 U. Dayton L. Rev. 779 ff.; *Elmore*, 33 Hous. L. Rev. 939 ff.; *Carlson*, 27 St. Mary's L.J. 423 ff.; *Lee*, 44 Buff. L. Rev. 929 ff.; *Carrigan/ Colemann*, 57 Ala. Law. 24 ff.; *Gentile*, 29 Akron L. Rev. 397 ff.; *Seby*, 15 St. Louis. U. Pub. L. Rev. 51 ff.; *Braswell/Moore/Poe*, 57 Alb. L. Rev. 365 ff.; *Rudley/Hubbard*, 25 S. Ill. U. L.J. 39 ff.; *Thomas*, 5 Colum. J. Eur. L. 329 ff.; *Millenson*, 29 U. Mem. L. Rev. 679 ff.; *Alger*, 10 Stan. L. & Pol'y Rev. 191 ff.; *West*, 2 J. G. R. & J. 279 ff.; *West* 10 La Raza L.J. 607 ff.; *Margolis*, 27 Sw. U. L. Rev. 1 ff.; *Erler*, 11 ND J. L. Ethics & Pub Pol'y 15 ff.; *Berkeley*, 50 Wash. U. J. Urb. & Contemp. L. 353 ff.; *Ginsburg/Benton*, 45 Am. U.L. Rev. 1903 ff.; *Pillai*, 2 Temple Pol. & Civ. Rts. L. R. 1 ff.

mative Action nicht zu entnehmen ist. Vielmehr stellt sie einen Versuch der politischen Zurückhaltung dar, formale Gleichheit mit konkreter Diskriminierung zu versöhnen, ohne dabei die Gräben zwischen Befürwortern und Gegnern des hochsensiblen Themas zu vertiefen und „Rassenunruhe" zu provozieren.

Der Konflikt zwischen den gegenläufigen verfassungsrechtlichen Prinzipien (absolute Differenzierungsverbote und Minderheitenschutz) wird gelöst, indem zur Abhilfe der Folgen vergangener Diskriminierung die Durchbrechung des individuellen Gleichbehandlungsgebots unter engen Voraussetzungen erlaubt bzw. gerechtfertigt ist. Hierbei wendet der *Supreme Court* bei Differenzierungen aufgrund von Rasse oder ethnischer Zugehörigkeit - nach nun wohl gefestigter Rechtsprechung - den strengen Prüfungsmaßstab des *strict scrutiny* Tests an. Differenzierungen nach dem Geschlecht wurden hingegen (bislang) dem geringeren Prüfungsmaßstab des *mid-level scrutiny Tests* unterzogen[519], was aber nicht zwangsläufig bedeutet, dass die Differenzierung nach dem Geschlecht eher erlaubt ist.[520]

Jede *staatliche* Maßnahme - egal ob durch Bund, Einzelstaat oder Kommune (*congruence*) -, die diskriminierend wirkt, gilt zunächst als verdächtig (*skepticism*). Dies gilt auch für sog. umgekehrte Diskriminierung (*consistency*).

Für die Differenzierung muss ein zwingendes Staatsinteresse bestehen (*compelling governmental interest*). Als zwingendes Staatsinteresse hat der *Supreme Court* die Minderheitenvielfalt (*diversity*) in Rundfunk- und Fernsehen sowie in staatlichen Universitäten mit Verweis auf deren verfassungsrechtlichen Schutz anerkannt.

Der Rahmen des *Affirmative Action* Programms muss eng auf das zwingende Staatsinteresse zugeschnitten sein (*narrowly tailored*). Da-

---

[519] Vgl. *Craig v. Boren,* 429 U.S. 190, 197 (1976); *United States v. Virginia,* 518 U.S. 515, 533 (1996).

[520] Gerade dies wurde von J. *Thomas* in seiner abweichenden Meinung im Fall *Grutter v. Bollinger* kritisiert (123 S.Ct. 2325, 2358 f.), in dem die Mehrheit der Richter eine Differenzierung nach der Rasse für gerechtfertigt sahen, wohingegen die Mehrheit der Richter im Fall *United States v. Virginia,* 518 U.S. 515 (1996) bei einer Differenzierung nach dem Geschlecht einen Verfassungsverstoß festgestellt hatten. Die Militärschule in Virginia, die traditionell ausschließlich Männern vorbehalten war, musste daraufhin auch Frauen den Zugang gewähren, obwohl nach dem *mid-level of scrutiny* eine größere Flexibilität besteht, als bei dem strengen Prüfungsmaßstab.

bei muss das Programm flexibel (*flexible*) genug sein, um sicherzustellen, dass Personen nicht *nur* aufgrund ihrer Zugehörigkeit zu einer bestimmten Minderheit bevorzugt werden, sondern dass *auch* individuelle Fähigkeiten (*qualifications*) Berücksichtigung finden. Das Programm hat daher Ausnahmeregelungen von der Bevorzugung vorzusehen, wenn ansonsten die persönliche Eignung der Person nicht gewährleistet ist.

Der enge Rahmen des Programms erfordert nicht, dass jede erdenkliche „rassenneutrale" Alternative ausgeschöpft werden muss. Allerdings müssen mildere Mittel ernsthaft nach dem Grundsatz von Treu und Glauben (*good faith*) in die Überlegungen einbezogen werden.

Schließlich darf es sich nur um eine vorübergehende (*temporary*) Maßnahme handeln, die Dritte (Nichtminderheiten) nicht übermäßig belastet (*not unduly harm nonminorities*).

Da starre Quoten (*quotas*) und feste Kontingente (*set-asides*) Angehörige von Nichtminderheiten stärker belasten als Zielvorgaben (*goals*), gelten sie als verfassungswidrig, wobei eine klare Unterscheidung häufig schwierig ist. Während starre Quoten und feste Kontingente Angehörige von Nichtminderheiten von vornherein von bestimmten Stellen oder Positionen ausschließen, werden bei Zielvorgaben die individuellen Eigenschaften und Fähigkeiten der Personen aller Gruppen berücksichtigt. Bestimmte Merkmale, wie die Zugehörigkeit zu einer bestimmten Minderheit oder das Geschlecht, werden als ein zusätzlicher Faktor (*plus*) in die Entscheidung mit einbezogen, ohne dass sie den Hauptausschlag geben dürfen. Die Stärke dieses Zusatzfaktors hängt dabei wesentlich von der Stärke der vorhandenen Ungleichheit zwischen den einzelnen Gruppen ab. Im Einzelfall kann dies dazu führen, dass bei vorhandener Mindestqualifikation eine Person, die einer Minderheit angehört, gegenüber einer anderen Person bevorzugt wird, obwohl diese bei Tests besser abgeschnitten hat. Allerdings muss die bevorzugte Person fähig und geeignet sein, die gestellten Anforderungen zu erfüllen. Die Zielvorgaben dürfen die Anteile der Minderheiten in der Gesellschaft prinzipiell nicht auszugleichen versuchen, sondern müssen sich konkret am Anteil der bestimmten Minderheit am betreffenden Arbeitsmarkt und an der jeweiligen Tätigkeitsposition orientieren.

Der *Supreme Court* hat durch den im Ergebnis verfolgten „goldenen Mittelweg" eine Lösung gefunden, die für die amerikanische Gesellschaft in erster Linie befriedigend wirken soll. Trotzdem bleibt *Affir-*

mative Action weiterhin ein gesellschaftspolitisch hochbrisantes und vieldiskutiertes Thema.

D. Auswirkungen auf Programme der SBA und des OFCCP

Bei den Programmen der *Small Business Administration* (SBA) handelt es sich um gesetzgeberische *Affirmative Action* Maßnahmen. Der Kongress darf Minderheiten und Frauen bevorzugen, soweit er nicht gegen die *Equal Protection* Erfordernisse des Amendment V in Verbindung mit Amendment XIV, § 5 verstößt. Prüfungsmaßstab ist nach (nun wohl) gefestigter Rechtsprechung der strenge *strict scrutiny* Test. Danach ist eine „rassenbezogene" Unterscheidung nur erlaubt, wenn das Programm eng auf ein zwingendes Staatsinteresse zugeschnitten ist.

Ob der Kongress ein zwingendes Staatsinteresse am Erlass von Bundesgesetzen hat, die Minderheitenprogramme in der öffentlichen Auftragsvergabe beinhalten, hat der *Supreme Court* letztlich nicht entschieden. Allerdings hat der *10th Circuit of Court of Appeals*[521] ein zwingendes Interesse der U.S. Regierung an der Abhilfe der Folgen vergangener Diskriminierung für benachteiligte Kleinunternehmen im Bereich der Vergabe von Bauaufträgen des Bundes festgestellt. Aufgrund der vom Gericht gewürdigten Beweise (Statistiken, Kongressanhörungen) erscheint eine Zustimmung des *Supreme Court* in dieser Frage wahrscheinlich. Gleiches dürfte für die Programme (SDB und WOSB) im Bereich der Waren- und Dienstleistungsaufträge des Bundes gelten, da die SBA dem Senat und dem Repräsentantenhaus über die Folgen der Diskriminierung in diesem Bereich und die Nutzen der Programme zu berichten hat.

Die *Adarand*-Entscheidung bewirkte, dass die Programme überarbeitet wurden, um den Anforderungen des *Supreme Court* gerecht zu werden. Sie berücksichtigen nun die individuelle Qualifikation des Bewerbers, schließen Nichtminderheiten nicht von der Teilhabe aus und enthalten Ausnahmeregelungen für Abweichungen im Einzelfall (Verfügbarkeit qualifizierter Minderheiten, wirtschaftliche Umstände), so dass es sich um flexible Präferenzsysteme handelt, die eng auf das zwingende Staatsinteresse zugeschnitten sind. Die Zielvorgaben in Höhe von jeweils 5 % des Gesamtwerts der Bundesaufträge für be-

---

[521] *Adarand Constructors, Inc. v. Slater*, 228 F.3d 1147, 1165.

nachteiligte Kleinunternehmen (SDB) und Kleinunternehmen, die mehrheitlich Frauen gehören (WOSB), sind in Anbetracht der bislang immer unterschrittenen Zahlen zwar hochgesteckt, erscheinen jedoch im Vergleich zum Anteil der Gruppen am entsprechenden Industriezweig als angemessen. Die Dauer des Programms wird im Wesentlichen davon abhängen, wie lange der Nachweis gelingt, dass vorangegangene Diskriminierungen die Entwicklung von qualifizierten Kleinunternehmen, die mehrheitlich Minderheiten bzw. Frauen gehören und von diesen geführt werden, im Bereich der Vergabe von Waren- und Dienstleistungsaufträgen des Bundes behindert haben.

Bei den Programmen des *Office of Federal Contract Compliance Programs* (OFCCP) handelt es sich um administrative *Affirmative Action* Maßnahmen. Das OFCCP hat auf Grundlage der *Executive Order 11246 regulations* erlassen, die eine Verpflichtung zur Aufstellung von AAPs vorsehen.

Teilweise wird die Ansicht vertreten, dass das OFCCP mit der Aufstellung der *regulations* seine Ermächtigungsgrundlage überschritten habe, da der *Executive Order 11246* nicht das Erfordernis bevorzugender AAPs entnommen werden könne.[522] Auch wird der Vorwurf erhoben, dass das Erfordernis der Ziele und Zeitpläne (*goals and timetables*) nichts anderes bedeute als den Zwang zu umgekehrter Diskriminierung.[523] Andererseits haben alle Präsidenten in Kenntnis der *regulations* die *Executive Order 11246* unverändert gelassen, so dass der Schluss nahe liegt, dass das Regelwerk von der Ermächtigung der *Executive Order 11246* gedeckt ist. Selbst Präsident *Ronald Reagan*, dessen Administration *Affirmative Action* sehr ablehnend gegenüberstand, sah aufgrund vielfältigen politischen Drucks davon ab, die *Executive Order 11246* aufzuheben oder die Verpflichtung zur Aufstellung von AAPs aus dem Regelwerk zu streichen.[524] Da die Anforderungen der *regulations* an AAPs den Anforderungen des *Supreme Court* entsprechen, ist zu vermuten, dass das Gericht die *regulations* für zulässig erachten wird.

Da die Vergabeentscheidung nicht von der Unterscheidung von rassen- oder geschlechtsbezogenen Merkmalen des Bewerbers abhängt, ist die *Equal Protection Clause* (Amendment XIV) nicht berührt. Der

---

[522] *Andritzky/Andritzky*, 17 Lincoln L. Rev. 249, 261 ff.
[523] *Scalia*, 1979 Wash. U.L.Q. 147, 149 f.
[524] *Norton*, 62 Tulane L. Rev. 681, 703 ff.; *Urofsky*, A Conflict of Rights, S. 35 ff.

Bewerber hat keinen Anspruch auf Erteilung des Auftrags, so dass er nicht in seinen Rechten verletzt ist.

Andererseits wirkt sich die Vergabeentscheidung mittelbar auf die Beschäftigten aus, so dass bei der Erstellung des AAPs die vom *Supreme Court* vorgegebenen Grundsätze beachtet werden müssen. Hierbei ist zwischen freiwilligen und unfreiwilligen AAPs zu unterscheiden.

Auch wenn der Auftragnehmer mit der Auftragsannahme die Verpflichtung zur Erstellung des AAPs freiwillig eingeht, muss der AAP den Anforderungen eines unfreiwilligen AAPs erfüllen, da die *regulations* des OFCCP nur eine geringe inhaltliche Ausgestaltung (*good faith effort*) zulassen. Der Staat greift damit „erzieherisch" gezielt in Arbeitgeberentscheidungen (bei Einstellung, Beförderung, Fortbildung) ein. Die Arbeitgeberentscheidung könnte betreffende Arbeitnehmer in ihrem Recht aus *Title VII of the Civil Rights Act of 1964* verletzen.

Die wörtliche Auslegung „ *to discriminate* [...] *because of* [...] *race, color, religion, sex, or national origin*" scheint die Förderung bestimmter Gruppen zu untersagen. Gleichwohl hat der *Supreme Court* das Diskriminierungsverbot vor dem Hintergrund des Gesetzgebungsverfahrens und des historischen Umfelds zur Entstehungszeit der Vorschrift gesehen.[525] Danach würde die Interpretation der Vorschrift, die alle rassen- und geschlechtsbezogenen AAPs verbieten würde, dem Gesetzeszweck widersprechen. Primäres Ziel des Gesetzes war die Verbesserung der wirtschaftlichen Lage von Minderheiten (und Frauen)[526], indem ihnen Beschäftigungsmöglichkeiten eröffnet werden sollten, die ihnen durch die bis dahin vorangegangenen Diskriminierungen verschlossen waren. Eine Auslegung, die solche Bemühungen durch AAPs für unzulässig erklären würde, widerspräche daher dem Gesetzeszweck. Hiergegen wird teilweise eingewendet, dass der Gesetzgeber, wenn er die bevorzugte Behandlung von bestimmten Minderheiten und Frauen beabsichtigt habe, eine ausdrückliche oder implizite Ausnahme von dem allgemeinen Diskriminierungsverbot in die Vorschrift hätte aufnehmen müssen.[527] Die bisherige Entscheidungs-

---

[525] *United Steel Workers. v. Weber*, 443 U.S. 193, 201.

[526] Zu den kuriosen Umständen der Einbeziehung des Geschlechts in den Schutzbereich von *Title VII* vgl. *Donohue*, 56 U. Chi. L. Rev. 1337 f.

[527] J. *Rehnquist*, dissenting, 443 U.S. 193, 220 ff.

praxis des *Supreme Court* zeigt jedoch, dass - trotz des allgemeinen Diskriminierungsverbots - bestimmte Diskriminierungen unter besonderen Voraussetzungen gerechtfertigt sind, so dass eine „farbenblinde“ Interpretation der Vorschrift abzulehnen ist.[528]

Der Förderplan (AAP) des Auftragnehmers kann daher mit *Title VII* des *Civil Rights Act of 1964* vereinbar sein, wenn bestimmte Gründe bestehen, die eine Ungleichbehandlung rechtfertigen. Als Prüfungsmaßstab ist bei staatlichen „rassenbezogenen“ Ungleichbehandlungen der strenge Prüfungsmaßstab des *strict scrutiny* Tests heranzuziehen. Aufgrund der mittelbaren Wirkung einer staatlichen Maßnahme erscheint ein enger Prüfungsmaßstab angebracht.[529] Danach muss für den AAP ein zwingender Grund bestehen. Dieser besteht nicht schon allein in der Vorschrift der *Executive Order 11246*, sondern aufgrund der Tatsache, dass zwischen dem tatsächlichen Anteil von Minderheiten und dem im Vergleich am Arbeitsmarkt möglichen Anteil eine offensichtliche Diskrepanz besteht, die eine vorangehende Diskriminierung vermuten lässt. Der AAP muss also die gleiche Zielsetzung wie *Title VII* haben, die Folgen vorangegangener Diskriminierungen zu beseitigen.

Da die Anforderungen der *regulations* an AAPs den Anforderungen des *Supreme Court* entsprechen, erscheint ein AAP, sofern er sich im Rahmen der *regulations* bewegt, zulässig. Allerdings ist zu berücksichtigen, dass es sich bei der Rechtsprechung um *case law* handelt und eine Übertragung nur bedingt möglich ist.

E. Zusammenfassung

Seit rund 40 Jahren werden in den USA mit der Vergabe von Bundesaufträgen neben dem eigentlichen Beschaffungszweck auch Sekundärzwecke verfolgt, die sich (im Gegensatz zur deutschen Diskussion) auf die Förderung von Minderheiten und Frauen in der Privatwirtschaft sowie auf die verstärkte Partizipation von Kleinunternehmen an der Vergabe von Bundesaufträgen beschränken. Rechtsgrundlage bilden hierfür die *Executive Order 11246* sowie diverse Bundesgesetze

---

528 Zur Interpretation der Verfassung vgl. *Stone*, Constitutional Law, S. 759 ff.; *Döring*, Frauenquote und Verfassungsrecht, S. 112.

529 Nicht so *Döring* Frauenquoten und Verfassungsrecht, S. 98, der eine Anwendung des *strict scrutiny* Tests für „alles andere als zwingend“ hält.

(wie z. B. der *Small Business Act* und der *Public Works Employment Act*).

Während die Förderung von Minderheiten und Frauen in der Privatwirtschaft im Vergabeverfahren keine Berücksichtigung findet, sondern erst bei der Auftragsausführung zum Tragen kommt, handelt es sich bei den Regierungsprogrammen zur Förderung von (unterrepräsentierten) Kleinunternehmen um echte Präferenzregelungen, die sich auf die Vergabeentscheidung auswirken. So gewährt die Vergabestelle in bestimmten Industriezweigen dem benachteiligten Kleinunternehmen einen Mehrpreis von bis zu 10 % über dem als *fair* geltenden Angebot, das nach deutscher Terminologie dem wirtschaftlichsten Angebot entspricht. Erfüllt ein Generalunternehmer bestimmte Zielvorgaben (*goals*), indem er unterrepräsentierte Kleinunternehmen als Subunternehmen an den Aufträgen partizipiert, erhält er besondere Eignungspunkte (*evaluation credits*). Jeweils 5 % des Gesamtwerts der Bundesaufträge sollen auf diese Art den Kleinunternehmen vergeben werden, die mehrheitlich sozial und wirtschaftlich benachteiligten Personen bzw. Frauen gehören und von diesen geleitet werden. Die soziale Benachteiligung bestimmter Minderheitengruppen wird gesetzlich vermutet. Für die Umsetzung und Kontrolle ist die *Small Business Administration* (SBA) verantwortlich, die dem Kongress gegenüber rechenschaftspflichtig ist.

Die aktive Förderung von Minderheiten und Frauen in der Privatwirtschaft ist bei einem Auftragswert von 10.000 US Dollar verpflichtend. Bei Waren- und Dienstleistungsaufträgen müssen Auftragnehmer ab einem Wert von 50.000 US Dollar einen schriftlichen Förderplan (*Affirmative Action Program* - AAP) erstellen, wenn sie 50 oder mehr Personen beschäftigen. Dieser muss die Anteile der Minderheiten und Frauen in allen Geschäftsbereichen und Lohnstufen des Betriebes erfassen. Der Auftragnehmer hat alle Anstrengungen (*every good faith effort*) zu unternehmen, vorhandene Ungleichbehandlungen zu beseitigen, bis die Schaffung gleicher Arbeitsbedingungen (*Equal Employment Opportunity*) erzielt ist. Zielsetzungen haben sich am Anteil der Minderheiten und der Frauen am örtlichen Arbeitsmarkt zu orientieren. Starre Quoten wie feste Kontingente für Minderheiten und Frauen sind ebenso verboten wie die Kompensation allgemeiner gesellschaftlicher Diskriminierung. Die Umsetzung und Kontrolle obliegen dem *Office of Contract Compliance Programs* (OFCCP). Verstößt der Auftragnehmer gegen diese Auflagen, kann das OFCCP nach erfolglosem Schlichtungsversuch Sanktionen verhängen, wie z. B. Stornierung, Beendigung oder Suspendierung des Vertrages oder den Ausschluss von künftigen Aufträgen anordnen.

Die *Affirmative Action* Politik ist gesellschaftlich wie rechtlich sehr umstritten. Der *Supreme Court* löst den Konflikt zwischen den gegenläufigen Prinzipien (absolute Differenzierungsverbote und Minderheitenschutz), indem er einerseits die Förderung von Minderheiten und Frauen grundsätzlich als zulässig (gerechtfertigt) ansieht, andererseits jedoch hohe Schranken aufstellt und die Förderung damit auf ein gesellschaftlich tragbares Maß einschränkt.

Die Differenzierung aufgrund von Rasse oder ethnischer Zugehörigkeit ist mit dem verfassungsrechtlichen Gleichheitssatz der *Equal Protection Clause* (Amendment XIV) nur gerechtfertigt, wenn für die Differenzierung ein zwingendes Staatsinteresse besteht und das *Affirmative Action* Programm eng auf dieses zugeschnitten ist. Dabei muss das Programm flexibel genug sein, um sicherzustellen, dass Personen nicht nur aufgrund ihrer Zugehörigkeit zu einer bestimmten Minderheit bevorzugt werden, sondern dass auch individuelle Fähigkeiten Berücksichtigung finden. Das Programm hat Ausnahmen für Abweichungen im Einzelfall (Verfügbarkeit qualifizierter Bewerber, Härtefälle) vorzusehen. Mildere Mittel müssen ernsthaft in die Überlegungen einbezogen werden. Ferner darf die Förderung Dritte nicht übermäßig belasten. Starre Quoten oder feste Kontingente sind daher verboten, weil sie Angehörige von Nichtminderheiten von vornherein von bestimmten Stellen oder Positionen ausschließen. Zielvorgaben haben sich am Anteil der Minderheiten am betreffenden Arbeitsmarkt zu orientieren. Schließlich darf es sich nur um eine vorübergehende Maßnahme handeln. Eine Kompensation allgemeiner gesellschaftlicher Diskriminierung ist unzulässig.

Der *Supreme Court* hat durch den im Ergebnis verfolgten „goldenen Mittelweg" eine Lösung gefunden, die auf die amerikanische Gesellschaft in erster Linie befriedigend wirken soll. Trotzdem bleibt *Affirmative Action* weiterhin ein gesellschaftspolitisch hochbrisantes und vieldiskutiertes Thema.

Der Erfolg von *Affirmative Action* wird im Wesentlichen davon abhängen, ob es gelingt, einen möglichst breiten gesellschaftlichen Konsens über die Art und Dauer der Förderung von Minderheiten und Frauen zu erzielen, um dem Traum einer gerechten und „farbenblinden" Gesellschaft näher zu kommen.

Kapitel Sechs

Vorgaben des Gemeinschaftsrechts

Im Hinblick auf EG-rechtliche Rahmenbedingungen für eine Kopplung öffentlicher Aufträge an Sekundärzwecke ist zu beachten, dass die öffentliche Hand den Bindungen des europäischen Gemeinschaftsrechts unterliegt. Sie muss daher, wenn sie öffentliche Aufträge vergibt, das *primäre Gemeinschaftsrecht* und, sofern der Auftragswert einen bestimmten Schwellenwert erreicht, die Vergaberichtlinien (*sekundäres Gemeinschaftsrecht*) beachten.

A. Primärrecht

Die Maßstäbe für die Beurteilung der gemeinschaftsrechtlichen Zulässigkeit der Verfolgung von Sekundärzwecken bei der öffentlichen Auftragsvergabe sind oberhalb und unterhalb der Schwellenwerte dieselben. Ausschlaggebend in beiden Fällen ist, ob die Verfolgung von Sekundärzwecken mit den Vorschriften des EG-Vertrags (*Primärrecht*) vereinbar ist.

Wie der Gerichtshof immer wieder betont hat, steht bei den zu beachtenden Grundsätzen des Gemeinschaftsrechts das Diskriminierungsverbot im Vordergrund. Die einschlägigen Vorschriften, insbesondere über die Warenverkehrs- (Art. 23 ff. EG) und Dienstleistungsfreiheit (Art. 49 ff. EG) verbieten sowohl unmittelbare als auch mittelbare Diskriminierungen aufgrund der Staatsangehörigkeit. Während die Regelungen über den freien Warenverkehr vor allem für öffentliche Lieferaufträge relevant sind, haben die Vorschriften über die Dienstleistungsfreiheiten vor allem bei der Vergabe öffentlicher Bau- und Dienstleistungsaufträge Bedeutung.[530]

---

[530] *Sterner*, Rechtsbindungen, S. 37.

I. Die Freiheit des Warenverkehrs

Art. 28 EG schützt die Freiheit des Warenverkehrs in der Gemeinschaft. Danach sind *mengenmäßige Einfuhrbeschränkungen*[531] sowie alle *Maßnahmen gleicher Wirkung*[532] zwischen den Mitgliedstaaten grundsätzlich verboten.

Als eine Ausnahme von dem Verbot kann eine der (ungeschriebenen) immanenten Schranken des Art. 28 EG in Betracht kommen.[533] Danach dürfen alle Waren, die in einem Mitgliedstaat rechtmäßig hergestellt und in den Verkehr gebracht worden sind, grundsätzlich in allen Mitgliedstaaten eingeführt und vertrieben werden, es sei denn, dass höherwertige *Interessen der Allgemeinheit* im Einzelfall entgegenstehen.

---

[531] Hierunter sind Restriktionen der Einfuhr einer Ware der Menge oder dem Wert nach zu verstehen. Es handelt sich um Maßnahmen, die sich als eine gänzliche oder teilweise Untersagung von Einfuhren darstellen. In der Praxis handelt es sich um Einfuhrverbote sowie um Kontingentierungen, daneben um Maßnahmen, die wegen ihrer wirtschaftlichen Auswirkungen die Einfuhr- oder Ausfuhr vollständig unmöglich machen. Vgl. *EuGH*, Urteil vom 10.12.1968, Rs. C-7/68 (*Kunstschätze I*), Slg. 1968, 633 (642); *EuGH*, Urteil vom 9.7.1992 - Rs. C-2/90 (*Wallonien*), Slg. 1992, S. I-4431 (4478).

[532] Hierunter ist jede Handelsregelung der Mitgliedstaaten zu verstehen, die geeignet ist, den innergemeinschaftlichen Handel unmittelbar oder mittelbar, tatsächlich oder potenziell zu behindern (*Dassonville*-Formel), vgl. *EuGH*, Urteil vom 11.7. 1974, Rs. 8/74 (*Dassonville*), Slg. 1974, 837 (852). Diese weitgehende Formulierung hat eine wichtige Einschränkung durch die Entscheidung im Rechtsstreit *Keck* (*EuGH*, Urteil vom 24.11.1993, verb. Rs. C-267/91 und C-268/91 (*Keck*), Slg. 1993, I-6097) erfahren. Danach dürfen die Mitgliedstaaten Handelshemmnisse aufrechterhalten, die sich aus den Unterschieden der nationalen Regelungen über die Vermarktung von Erzeugnissen ergeben, soweit die nationalen Vorschriften notwendig sind, um zwingenden Erfordernissen gerecht zu werden, insbesondere den Erfordernissen einer wirksamen steuerlichen Kontrolle, dem Schutz der öffentlichen Gesundheit, der Lauterkeit des Handelsverkehrs und des Verbraucherschutzes. Staatliche Regelungen, die lediglich bestimmte Verkaufsmodalitäten einer Ware beschränken, sind nicht geeignet, den Handel zwischen den Mitgliedstaaten i.S.d. Art. 28 EG zu behindern, solange sie alle betroffenen Wirtschaftsteilnehmer in gleicher Weise treffen (unterschiedslose Anwendbarkeit) und ausländische Erzeugnisse nicht diskriminieren.

[533] Vgl. *EuGH*, Urteil vom 20.2.1979, Rs. 120/78 (*Cassis-de-Dijon*), Slg. 1979, 649, wo der Gerichtshof die *Dassonville*-Formel dahingehend ergänzt, dass alle Waren, die in einem Mitgliedstaat rechtmäßig hergestellt und in den Verkehr gebracht worden sind, grundsätzlich in allen Mitgliedstaaten eingeführt und vertrieben werden dürfen, es sei denn, dass höherwertige Interessen der Allgemeinheit im Einzelfall entgegenstehen.

Zu den zwingenden Erfordernissen im Sinne von höherwertigen Zielen gehören beispielsweise der Gesundheits-, Verbraucher- und Umweltschutz sowie die Kulturpolitik.[534] Greift eines dieser nicht abschließend aufgezählten zwingenden Erfordernisse ein, liegt keine Maßnahme gleicher Wirkung vor. Voraussetzung hierfür ist zunächst, dass die Maßnahme eingeführte und einheimische Waren *formal* gleichermaßen erfasst, aber - beabsichtigt oder nicht - tatsächlich benachteiligt (sog. *materielle* Diskriminierung).[535] Im Übrigen muss die Maßnahme verhältnismäßig sein.[536]

Als weitere Ausnahme kann schließlich einer der in Art. 30 S. 1 EG abschließend aufgeführten Rechtfertigungsgründe eingreifen. Danach können Einfuhrverbote oder Einfuhrbeschränkungen aus Gründen der öffentlichen Sittlichkeit, Ordnung und Sicherheit[537], zum Schutze der Gesundheit und des Lebens von Menschen, Tieren oder Pflanzen gerechtfertigt sein. Die Vorschrift verfolgt den Zweck, unterschiedliche nationale Regelungen nichtwirtschaftlicher Art, die im engen Zusammenhang mit zentralen Aspekten des innerstaatlichen *ordre public* stehen, aufrechtzuerhalten.[538]

Grundsätzlich sind Ausnahmetatbestände eng auszulegen.[539] Allerdings könnte sich aus den Formulierungen des Gerichtshofs[540] zu der

---

534 *Oppermann*, Europarecht, Rn. 1299; *Götz*, Öffentliche Beschaffungsmärkte und Europarecht, S. 25.

535 In der Entscheidung des *EuGH* vom 9.7.1992 - Rs. C-2/90 (*Wallonien*), Slg. 1992, I-4431 wurden Umweltschutzgesichtspunkte für so bedeutsam angesehen, dass sie ausnahmsweise eine *formal diskriminierende Maßnahme* rechtfertigen können. Im konkreten Fall konnte der Gerichtshof allerdings auf das in Art. 130 r Abs. 2 EGV (a. F.) festgelegte Prinzip, dass Umweltbeeinträchtigungen mit Vorrang an ihrem Ursprung zu bekämpfen sind, zurückgreifen und feststellen, dass das in Rede stehende Importverbot für Abfälle keine diskriminierende Maßnahme gewesen sei. Siehe hierzu eingehend *Benedict*, Sekundärzwecke im Vergabeverfahren, S. 222 f.

536 Vgl. *EuGH* , Urteil vom 14.7.1983, (*Sandoz*), Slg. 1983, 2445.

537 Unter *öffentlicher Sicherheit* versteht der Gerichtshof grundlegende Interessen des Staates, wie die Aufrechterhaltung wesentlicher öffentlicher Dienstleistungen oder das sichere und wirksame Funktionieren des Lebens des Staates und *unter öffentlicher Ordnung* hoheitlich festgelegte Grundregeln, die wesentliche Interessen des Staates berühren. *Öffentliche Sittlichkeit* ist dagegen der Inbegriff der Moralvorstellungen einer bestimmten Gesellschaft zu einer bestimmten Zeit. Zu den Begriffsbestimmungen vgl. *Streinz*, Europarecht, Rn. 734.

538 *Oppermann*, Europarecht, Rn. 1306.

539 *EuGH*, Urteil vom 10.12.1968, Rs. C-7/68 (*Kunstschätze I*), Slg. 1968, 633.

Frage der Zulässigkeit von Sekundärzwecken bei der öffentlichen Auftragsvergabe etwas anderes ergeben. Denn hinsichtlich möglicher Verletzungen des EG-Vertrags stellte er keinen strengen Prüfungsmaßstab auf, sondern formulierte lediglich Leitlinien, die darauf schließen lassen können, dass der Gerichtshof nicht starr am Grundsatz festhält, die Grundfreiheiten weit und die Ziele der Ausnahmen eng zu definieren sowie für ihre Verfolgung sämtliche Prüfungsschritte der Verhältnismäßigkeit zu verlangen. Der Gerichtshof könnte danach geneigt sein, die Marktfreiheiten auf der einen und die Ziele der Ausnahmen auf der anderen Seite in ein Gleichgewichtsverhältnis zu setzen. Hiernach wären die Grundfreiheiten möglichst genau und eher eng, die Ausnahmen hingegen eher weiter (als bislang) zu fassen. Die staatliche Maßnahme müsste in einer engen Beziehung zum Schutzziel stehen. An die Verhältnismäßigkeit der Maßnahme wäre keine strenge Erforderlichkeitsprüfung anzulegen. Als Grenze könnten willkürlich überzogene Eingriffe dienen.

Im Lichte der Rechtsprechung des Gerichtshofs zum freien Warenverkehr und zur Dienstleistungsfreiheit[541], die den Mitgliedstaaten seit einigen Jahren zumindest dem Anschein nach größere Spielräume belässt, wäre es geradezu paradox, wenn er im Bereich des öffentlichen Auftragswesens den Mitgliedstaaten eine absolute liberale Wirtschaftspolitik aufzwänge, die sich jeglicher sozialen oder umweltpolitischen Akzentsetzung zu enthalten hätte.[542]

Der Gemeinsame Markt, zu dessen Verwirklichung die Richtlinien über die Vergabe öffentlicher Aufträge dienen[543], ist kein Ziel an sich, sondern ein Mittel zur Verwirklichung u. a. einer harmonischen, ausgewogenen und nachhaltigen Entwicklung des Wirtschaftslebens, ei-

---

540 Vgl. *EuGH*, Urteil vom 20.9.1988, Rs. 31/87 (*Beentjes*), Slg. 1988, 4635 (4659 Rn. 29); *EuGH*, Urteil vom 26.9.2000, Rs. C-255/98 (*Kommission/Frankreich*), Slg. 2000, I-7445 (7489 Rn. 50); *EuGH*, Urteil vom 17.9.2002, Rs. C-513/99 (*Concordia Bus Finland*), Slg. 2002, I-7213 (7277 Rn. 64).

541 Vgl. *EuGH*, Urteil vom 24.11.1993, verb. Rs. C-267/91 und C-268/91(*Keck*), Slg. 1993, I-6097; *EuGH*, Urteil vom 28.4.1998, Rs. C-120/95 (*Decker*), Slg. 1998, I-1831; *EuGH*, Urteil vom 28.4.1998, Rs. C-158/96 (*Kohll*), Slg. 1998, I-1931; *EuGH*, Urteil vom 21.9.1999, Rs. C-124/97 (*Läärä*), Slg. 1999, I-6067; *EuGH*, Urteil vom 8.3.2001, Rs. C-405/98 (*Gourmet*), Slg. 2001, I-1795; *EuGH*, Urteil vom 13.3.2001, Rs. C-379/98 (*PreussenElektra*), Slg. 2001, I-2099.

542 So *Schirma*, NZBau 2002, 1 (6).

543 Vgl. Erwägungsgrund Nr. 2 Klassische Richtlinie; Erwägungsgrund Nr. 9 Sektoren-Richtlinie.

nes hohen Beschäftigungsniveaus, eines hohen Maßes an sozialem Schutz, der Gleichstellung von Männern und Frauen (und deren Förderung) und eines hohen Maßes an Umweltschutz (vgl. Art. 2 EG). Ziele, die sich im Beschaffungswesen als sekundär darstellen, werden also einerseits von der Gemeinschaft selbst verfolgt. Andererseits findet auch im Bereich des Binnenmarktes das Subsidiaritätsprinzip grundsätzlich Anwendung, wonach es den Mitgliedstaaten vorbehaltlich der Beachtung des Gemeinschaftsrechts unbenommen bleibt, materiellrechtliche oder verfahrensrechtliche Bestimmungen aufrechtzuerhalten oder zu erlassen.[544]

Durch die Berücksichtigung von Sekundärzwecken bei der Vergabe öffentlicher Aufträge würde den in Art. 2 EG festgelegten Gemeinschaftspolitiken und -maßnahmen angemessen Rechnung getragen. Den Mitgliedstaaten dürfte bei der Einschätzung der Notwendigkeit der einzelnen Maßnahmen grundsätzlich ein Beurteilungsspielraum zukommen, der Raum für Diskriminierungen ließe. Jedoch dürften diese nicht zu einer willkürlichen oder ungerechtfertigten Diskriminierung zwischen den Mitgliedstaaten, in denen ungleiche Bedingungen herrschen, oder zu einer verschleierten Beschränkung des Handels in der Gemeinschaft führen.

Der Gerichtshof hat deutlich gemacht, dass „*vor allem das Diskriminierungsverbot, beachtet werden*“[545] muss. Das Diskriminierungsverbot sei immer dann verletzt,

> „*wenn sich herausstellen sollte, daß eine solche Bedingung nur von einheimischen Bietern oder daß sie von Bietern aus anderen Mitgliedstaaten nur mit größeren Schwierigkeiten erfüllt werden könnte.*“[546]

Damit wird insbesondere das Diskriminierungsverbot als oberster Grundsatz Prüfungsmaßstab hinsichtlich der Vereinbarkeit der Verfolgung von Sekundärzwecken mit dem EG-Vertrag.

---

[544] Vgl. *EuGH*, Urteil vom 9.7.1987, verb. Rs. 27 bis 29/86 (*CEI und Bellini*), Slg. 1987, 3347 (Rn. 15); *EuGH*, Urteil vom 20.9.1988, Rs. 31/87 (*Beentjes*), Slg. 1988, 4635 (Rn. 15); *EuGH*, Urteil vom 9.10.2001, Rs. C-377/98 (*Niederlande/ Parlament und Rat*), Slg. 2001, I-7079 (Rn. 33). Vgl. auch Erwägungsgrund Nr. 3 BKR, Erwägungsgrund Nr. 6 DKR, Erwägungsgrund Nr. 6 LKR.

[545] Vgl. *EuGH*, Urteil vom 26.9.2000, Rs. C-255/98 (*Kommission/Frankreich*), Slg. 2000, I-7445 (7489 Rn. 50).

[546] *EuGH*, Urteil vom 20.9.1988, Rs. 31/87 (*Beentjes*), Slg. 1988, 4635 (4659 Rn. 30).

II. Die Freiheit des Dienstleistungsverkehrs

Beschränkungen des freien Dienstleistungsverkehrs sind nach Maßgabe der Art. 49 ff. EG verboten. Unter Dienstleistungen sind alle jene Leistungen zu verstehen, die in der Regel gegen Entgelt erbracht werden, soweit sie nicht den Vorschriften über den freien Waren- und Kapitalverkehr und der Freizügigkeit der Personen unterliegen (Art. 50 EG).

Wird eine einzelstaatliche Maßnahme vom Tatbestand der Art. 49 ff. EG erfasst, so kann diese entweder aus Gründen der öffentlichen Ordnung, Sicherheit oder Gesundheit (Art. 55 i. V. m. Art. 46 Abs. 1 EG oder aus den vom Gerichtshof entwickelten zwingenden nichtwirtschaftlichen Gründen des Allgemeininteresses gerechtfertigt sein.[547] Aus den oben genannten Gründen[548] ließe sich somit die Verfolgung von Sekundärzwecken mit dem Recht des freien Dienstleistungsverkehrs begründen, sofern die Grundsätze des Diskriminierungsverbots beachtet werden.

III. Die Freizügigkeit der Arbeitnehmer

Im Vergaberecht kommt der Arbeitnehmerfreizügigkeit gemäß Art. 39 Abs. 1 EG eine verhältnismäßig beschränkte Rolle zu. Im Fall *Storebælt*[549] bewertete der Gerichtshof eine in den Verdingungsunterlagen vorgesehene Klausel, die die weitgehende Verwendung einheimischer Arbeitskräfte vorsah, als einen Verstoß gegen Art. 48 EWGV (jetzt Art. 39 EG). Dagegen verneinte er im Fall *Rush Protugesa*[550] die Voraussetzungen von Art. 48 EWGV für Arbeitnehmer, die für ihren Arbeitgeber eine Dienstleistung im Ausland erbringen und sich dabei nur vorübergehend im Land der Leistungserbringung aufhalten, ohne auf dem dortigen Arbeitsmarkt in Erscheinung zu treten (sog. Arbeitnehmerentsendung). Die Firma *Rush Protugesa* konnte sich hier auf

---

547 Vgl. *EuGH*, Urteil vom 10.5.1995, Rs. C-384/93 (*Alpine Investments BV*), Slg 1995, I-1141.

548 Siehe oben, S. 163 ff.

549 *EuGH*, Urteil vom 22.6.1993, Rs. C-243/89 (*Storebælt*), Slg. 1993, I-3353.

550 *EuGH*, Urteil vom 27.3.1990, Rs. C-113/89 (*Rush Protugesa*), Slg. 1990, S. I-1417. Vgl. auch *Kayser*, Nationale Regelungsspielräume, S. 17 f., 127 ff; *Götz*, Öffentliche Beschaffungsmärkte und Europarecht, S. 29.

die Dienstleistungsfreiheit des Art. 59 EWV (jetzt Art. 49 EG) berufen - hiervon war der Einsatz eigener Arbeitskräfte mit umfasst.[551]

Letztlich ist es den Mitgliedstaaten aus Gründen der öffentlichen Ordnung, Sicherheit und Gesundheit gestattet, die in Art. 39 Abs. 3 EG aufgeführten Arbeitnehmerrechte zu beschränken (sog. *ordre public*-Vorbehalt), wonach sich aus den oben genannten Gründen[552] eine Vereinbarkeit der Verfolgung von Sekundärzwecken konstruieren lässt, sofern die Grundsätze des Diskriminierungsverbots beachtet werden.

Ebenso verhält es sich mit den Bestimmungen des Vertrages zum Niederlassungsrecht nach Art. 43 ff. EG, wonach Maßnahmen aus Gründen der öffentlichen Ordnung, Sicherheit oder Gesundheit gemäß Art. 46 Abs. 1 EG gerechtfertigt sein können.

IV. Das allgemeine Diskriminierungsverbot

Art. 12 EG verbietet jede Form von Diskriminierung aus Gründen der Staatsangehörigkeit und verlangt damit eine strikte *Inländergleichbehandlung*. Verboten sind dabei nicht nur offensichtliche Diskriminierungen. Vielmehr ist der Anwendungsbereich des Diskriminierungsverbots auch dann eröffnet, wenn die Anknüpfung an ein beliebiges Tatbestandsmerkmal wie Wohnsitz, Aufenthalts- oder Herkunftsort Bürger aus anderen Mitgliedstaaten (sog. EG-Ausländer) de facto schlechter stellt als Inländer (*mittelbare Diskriminierung*).[553]

Der Gerichtshof nimmt bei der Verfolgung von Sekundärzwecken eine mittelbare Diskriminierung insbesondere dann an, „*wenn sich herausstellen sollte, daß eine solche Bedingung nur von einheimischen Bietern oder daß sie von Bietern aus anderen Mitgliedstaaten nur mit größeren Schwierigkeiten erfüllt werden könnte.*“[554]

Dies könnte bei Vorgaben nationaler Normen für bei der Auftragserfüllung zu verwendende Produkte, der Notwendigkeit von Niederlas-

---

551 *EuGH*, Urteil vom 27.3.1990, Rs. C-113/89 (*Rush Protugesa*), Slg. 1990, I-1417 (1444 Rn. 15).

552 Siehe oben, S. 163 ff.

553 *EuGH*, Urteil vom 12. 2.1974, Rs. 152/73 (*Sotgui*), Slg. 1974, 153; *EuGH*, Urteil vom 27.6.1996, Rs. C-107/94 (*Asscher*), Slg. 1996, I-308.; *EuGH*, Urteil vom 23.5.1996, Rs. C-237/94 (*O'Flynn*), Slg. 1996, I-2617.

554 *EuGH*, Urteil vom 20.9.1988, Rs. 31/87 (*Beentjes*), Slg. 1988, 4635 (4659 Rn. 30).

sungsgenehmigungen, dem Erfordernis von Tarifverträgen (nach deutschem Recht) oder bei Bezugnahmen auf Klassifizierungen nationaler Berufsverbände für von den Bietern geforderte technische Spezifikationen (z. B. Meisterbetriebe) der Fall sein.[555]

Da Art. 12 EG „*unbeschadet besonderer Bestimmungen des Vertrages*" gilt und der Gerichtshof die Vorschriften über die Waren-, Dienstleistungs- und Niederlassungsfreiheit sowie die Arbeitnehmerfreizügigkeit als Ausprägungen von Art. 12 EG ansieht[556], tritt das allgemeine Diskriminierungsverbot in der praktischen Anwendung hinter die Grundfreiheiten gleichsam als subsidiär zurück.[557] Die Bedeutung der Vorschrift liegt daher weniger in ihrer unmittelbaren Anwendbarkeit als in ihrer Funktion für die Auslegung der spezielleren Marktfreiheiten.[558]

V. Sonstige primärrechtliche Vorgaben

Weitere primärrechtliche Vorgaben bestehen mit den Wettbewerbsregeln nach Art. 81 ff. EG.

Die Anwendung des Missbrauchtatbestands des Art. 82 EG setzt voraus, dass der Auftraggeber über eine beherrschende Stellung auf dem Gemeinsamen Markt oder einem wesentlichen Teilmarkt desselben verfügt.[559] Ferner muss das spezifische wettbewerbswidrige, miss-

---

[555] Vgl. *Ziekow*, NZBau 2001, 77.

[556] *EuGH*, Urteil vom 14.7.1976, Rs. 13/76 (*Doná*), Slg.1976, 1333.; *EuGH*, Urteil vom 9.7.1977, Rs. 90/76 (*van Ameyde*), Slg. 1977, 1091; *EuGH*, Urteil vom 28.2.1992, Rs. 332/90 (*Steen*), Slg.1992, I-341.

[557] *Sterner*, Rechtsbindungen und Rechtsschutz bei der Vergabe öffentlicher Aufträge, 1996, S. 44; *Flach*, Rechtsbindung einer industriepolitischen Instrumentalisierung öffentlicher Aufträge, S. 53f.; *Götz*, Öffentliche Beschaffungsmärkte und Europarecht, S. 23; *Benedict*, Sekundärzwecke, S. 242 f.

[558] *Götz*, Öffentliche Beschaffungsmärkte und Europarecht, S. 24.

[559] Die Marktbeherrschung ist von einer Reihe von Faktoren abhängig (Marktanteil, Zahl der Bewerber, Marktverhalten, usw.). Der Gerichtshof stellt darauf ab, ob das oder die Unternehmen die Befähigung haben, einen wirksamen Wettbewerb auf dem relevanten Markt zu verhindern; die Möglichkeit zum wettbewerbsbehindernden Vorgehen reicht aus, vgl. *EuGH*, Urteil vom 8.6.1971, Rs. 78/70 (*Deutsche Grammophon/Metro*), Slg. 1971, 487; *EuGH*, Urteil vom 21.2.1973, Rs. 6/72 (*Continental Can*), Slg. 1973, 215; *EuGH*, Urteil vom 5.10.1988, Rs. 247/86 (*Alsatel*), Slg. 1988, 5987. Bei einem Marktanteil von mehr als 50 % spricht eine Vermutung für das Bestehen einer marktbeherrschenden Stellung. Vgl. hierzu auch *Flach*, Rechtsbindung, S. 144 ff.

bräuchliche Verhalten des öffentlichen Nachfragers dazu geeignet sein, den innergemeinschaftlichen Handel zu beeinträchtigen.

Die Anwendungsschwelle für Art. 82 EG liegt relativ hoch.[560] Der grundsätzlichen Anwendbarkeit auf die öffentliche Auftragsvergabe steht dies jedoch nicht entgegen.[561] So ist beispielsweise im Einzelfall möglich, staatliche Tariftreueerklärungen auch am Maßstab des Art. 82 EG zu messen.[562]

Schließlich könnte die Begünstigung bestimmter Bieter gegen die Beihilfevorschrift des Art. 87 Abs. 1 EG verstoßen.

Danach sind Beihilfen (gleich welcher Art), die durch die *Begünstigung* bestimmter Unternehmen den Wettbewerb verfälschen oder zu verfälschen drohen, grundsätzlich verboten, soweit sie den Handel zwischen den Mitgliedstaaten beeinträchtigen. Ob in einer Auftragsvergabe eine Beihilfe zu sehen ist[563], hängt daher im Wesentlichen davon ab, ob in ihr eine *Begünstigung* des Auftragnehmers zu sehen ist. Der Gerichtshof hat diese Frage bislang offen gelassen.[564]

Die Erteilung des Auftrags stellt für den erfolgreichen Bieter einen Vorteil dar; denn er erhält einen Anspruch auf das vereinbarte Entgelt. Gleichwohl wird zum Teil[565] der Beihilfecharakter der Auftragsvergabe schon deshalb abgelehnt, weil es an der *Unentgeltlichkeit*[566]

---

560 Regionalen Beschaffungsstellen wird es meist schon an der marktbeherrschenden Stellung fehlen, vgl. *Sterner*, Rechtsbindungen, S. 42.

561 *Kayser*, Nationale Regelungsspielräume, S. 21 ff., 84 f.

562 *Kling*, EuZW 2002, 229.

563 Grundlegend zu diesem Streit *Dreher/Haas/v.Rintelen*, Vergabefremde Regelungen und Beihilferecht; *Götz*, Öffentliche Beschaffungsmärkte und Europarecht, S. 36; *Dreher*, in: Immenga/Mestmäcker, GWB, vor §§ 97 ff. Rn. 21; *Boesen*, Vergaberecht, § 97 Rn. 127 ff.

564 Vgl. *EuGH*, Urteil vom 20.3.1990, Rs. 21/88 (*Du Pont de Nemours*), Slg. 1990, I-889 (916 Rn. 21). Dem Gerichtshof war u. a. die Frage vorgelegt worden, ob die Auftragsvergabe nach Bestimmungen des italienischen Rechts, denen zufolge 30 % bestimmter öffentlicher Lieferaufträge Unternehmen vorzubehalten sind, die ihren Sitz oder zumindest Betriebe in der Region Mezzogiorno haben, eine (Regional-) Beihilfe i.S.d. Art. 92 EGV (jetzt Art. 87 EG) darstellt. Der Gerichtshof ließ diese Frage ausdrücklich offen, da die fragliche Regelung bereits gegen Art. 30 EGV (jetzt Art. 28 EG) verstieß.

565 Siehe *Benedict*, Sekundärzwecke, S. 245.

566 Vgl. *EuGH*, Urteil vom 22.3.1977, Rs. 78/76 (*Steinike & Weinlig/BRD*), Slg. 1977, 595 (612). Zur Umschreibung des Beihilfebegriffs verwendete der Gerichtshof die Worte „*unentgeltlicher Vorteil*“. In der zugrundeliegenden Entscheidung ging es tatsächlich um einen unentgeltlichen Vorteil. Er hatte also im kon-

der Beihilfe als (ungeschriebenes) Tatbestandsmerkmal fehle, da der Begünstigte eine Gegenleistung für den Vorteil erbringen muss. Unentgeltlich im Sinne von kostenfrei ist die Erlangung des Auftrags daher für den Bieter nicht.

Allerdings erhält er für die Erbringung der ausgeschriebenen Leistung in der Regel eine bestimmte Geldleistung. Da diese Geldleistung unter Umständen über dem üblichen Marktpreis liegt, wird vertreten, man könne die Begünstigung gedanklich aufspalten in einen entgeltlichen Teil (in der Höhe des Marktpreises) und einen unentgeltlichen Teil (in der Höhe des darüber hinausgehenden Teils der Geldleistung) und so zur Bejahung der Unentgeltlichkeit kommen.[567] Es erscheint jedoch sinnvoller, auf eine derartige künstliche Aufspaltung zu verzichten und bei der Feststellung einer Begünstigung lediglich darauf abzustellen, ob eine *marktübliche* Gegenleistung erfolgt oder nicht. Denn Ziel der Beihilferegelungen ist es, den Wettbewerb innerhalb der Gemeinschaft vor Verfälschungen zu schützen (Art. 3 lit. g EG), und eine Wettbewerbsverfälschung kann nicht nur durch klassische Subventionen, sondern auch durch solche Austauschgeschäfte erfolgen, in denen die Leistung des Staats die Gegenleistung des Unternehmens wertmäßig übersteigt. Demnach kommt es für eine Bejahung des Beihilfecharakters entscheidend darauf an, ob der öffentliche Auftraggeber für die Auftragserfüllung ein angemessenes Entgelt zu zahlen hat. Ist dies der Fall, liegt keine beihilferechtlich relevante Begünstigung vor.[568]

Überwiegend wird vertreten, dass eine öffentliche Auftragsvergabe immer dann als Beihilfe zu qualifizieren sei, wenn sich durch die Verfolgung von Sekundärzwecken die Beschaffung verteuert.[569] Als Begründung wird darauf verwiesen, dass ein privater Auftraggeber keine

---

kreten Fall nur zu entscheiden, ob der streitige Vorteil, der tatsächlich unentgeltlich zugewendet worden war, eine Beihilfe darstellte. Es bleibt daher offen, ob die Umschreibung des Gerichtshofs weitergehend dahin zu verstehen ist, dass Vorteile immer unentgeltlich sein müssen, um dem Beihilfebegriff zu unterfallen.

567 Vgl. *Benedict*, Sekundärzwecke, S. 246 m. w. N.

568 *Pünder*, NZBau, 2003, 531; *Jennert*, NZBau 2003, 417.

569 Vgl. *Bartosch*, EuZW 2001, 229 (231 f.); *Boesen*, Vergaberecht, Einl. Rn. 29, § 97 Rn. 130; *Dippel/Zeiss*, NZBau 2002, 376 (377); *Dreher/Haas/v. Rintelen*, Vergabefremde Regelungen und Beihilferecht, S. 22; *Knipper*, WuW 1999, 677 (684); *Kulartz*, in: Daub/Meierrose/Ebenstein, Komm. VOL/A, § 25 Rn. 65; *Martin-Ehlers*, WuW 1999, 685 (687 f.); *Pietzcker*, ZHR 1998, 427 (467); *Rittner*, EuZW 1999, 677 (679); *Benedict*, Sekundärzwecke, S. 246.

Mehrkosten für die Steuerung gesellschaftlicher Entwicklungen hinnehmen würde, da sich dieser ausschließlich an seinen Rentabilitätsinteressen orientiere. Hiernach wäre eine beihilferechtlich relevante Begünstigung immer dann gegeben, wenn das erfolgreiche Angebot teurer ist als das eines tatsächlichen oder potenziellen Bieters, der die beschaffungsfremden Kriterien nicht erfüllt. Diese Ansicht würde nach Art. 88 Abs. 3 EG dazu führen, dass bereits die Absicht der Vergabestelle, den Zuschlag zu erteilen, der Kommission mitgeteilt werden müsste und der Zuschlag vor deren Entscheidung über die Vereinbarkeit mit dem Gemeinsamen Markt nicht erteilt werden könnte (sog. Notifizierungs- und Stillhalteverpflichtung). Dies wäre wohl dann das Ende sog. *Mehrpreisstaffelsysteme*, wonach bevorzugte Bewerber auch dann den Zuschlag erhalten, wenn ihr Angebot teurer als das des wirtschaftlich günstigsten Bieters ist; ihnen wird also ein sog. Mehrpreis gewährt. Sekundärzwecke wären dann allenfalls als Hilfskriterien zur Steuerung der Auswahl zwischen mehreren gleich günstigen Angeboten in Form von sog. *Eintrittsrechten* einsetzbar, wonach dem bevorzugten Bewerber angeboten wird, in das Angebot des wirtschaftlich günstigsten Bieters einzutreten; also auf einen niedrigeren Preis einzusteigen.

Gegen diese Auffassung lässt sich einwenden, dass zum Vergleich auch Unternehmen in Betracht kommen, die auch langfristige Rentabilitätsaussichten berücksichtigen, eine globale oder sektorale Strukturpolitik verfolgen oder sich sogar von Image-Gesichtspunkten leiten lassen.[570] Darüber hinaus widerspricht sie grundsätzlichen Erwägungen. Ziel der Beihilferegeln ist es, den Gemeinsamen Markt vor Wettbewerbsverfälschung zu schützen. Charakteristisch für Begünstigungskriterien ist gerade, dass diese potenziell von jedem Bewerber erfüllt werden können (ansonsten verstoßen sie gegen das Diskriminierungsverbot) und nach der Zielsetzung der Bevorzugungsregelungen gerade auch erfüllt werden sollten.[571] Sie sollen daher als Anreiz dafür dienen, die mit der Vergabe verfolgten Sekundärziele zu erreichen. Wenn aber jeder Bewerber potenziell in der Lage ist, die Begünstigungskriterien (wenn auch mit entsprechenden Mehrkosten) zu erfüllen, so stellt sich dies nicht als wettbewerbsverzerrend dar. Das Entgelt des Auftraggebers kann daher nicht als überhöht angesehen werden, sofern hierdurch dem Auftragnehmer die Mehrkosten bezahlt

---

570 Vgl. *Pünder*, NZBau, 2003, 530 (532).
571 *Osterloh*, Gutachten, S. 63.

werden, die durch die Erfüllung sog. vergabefremder Kriterien entstehend. Eine beihilferelevante Begünstigung ist danach nicht gegeben, wenn für die konkret geforderte Leistung einschließlich der an sie gestellten sekundären Anforderungen eine *marktübliche* Vergütung erfolgt.[572] Beihilferechtlich relevant wäre hingegen ein Überausgleich, wenn also dem erfolgreichen Bieter ein Preis gewährt wird, der über die tatsächlich verursachten Mehrkosten hinausgeht.

Diese Ansicht entspricht auch den Entscheidungen des Gerichtshofs in den Rechtssachen *Beentjes* und *Kommission/Frankreich*, in denen der Gerichtshof offensichtlich kein Problem mit den beihilferechtlichen Bestimmungen sah, obwohl der Zuschlag an Bieter erteilt wurde, die nicht das günstigste Angebot abgegeben hatten.

Eine Beihilfe im Sinne des Art. 87 Abs. 1 EG liegt demnach vor, wenn die vereinbarte Leistung einschließlich der an sie gestellten sekundären Anforderungen auf dem Markt zu einem niedrigeren Preis angeboten wird oder die Erfüllung der sekundären Kriterien für den erfolgreichen Bieter tatsächlich keine Mehrkosten verursacht, sein Angebot aber gleichwohl teurer ist als das eines tatsächlichen oder potenziellen Bieters, der die sekundären Anforderungen nicht erfüllt.

Sollten nicht die Ausnahmetatbestände nach Art. 87 Abs. 2 und Abs. 3 bzw. Art. 86 Abs. 2 EG[573] eingreifen, so müsste die Kommission von der geplanten Zuschlagserteilung unterrichtet werden. Solange die Kommission nicht abschließend über die Beihilfe entschieden hat, darf der Zuschlag aufgrund der Sperrwirkung des Art. 88 Abs. 3, S. 3 EG nicht erfolgen.[574]

Da das Beihilfeverbot „*keinesfalls*“[575] dazu dienen kann, den Vorschriften über den freien Warenverkehr ihre Wirkung zu nehmen, ist die praktische Rolle der Beihilfevorschriften aufgrund der Konkurrenz zu den Grundfreiheiten stark eingeschränkt.

---

572 *Pünder*, NZBau, 2003, 530 (532) m. w. N.

573 Siehe hierzu *Pünder*, NZBau, 2003, 530 (532 f.).

574 Zudem ist dieses Verbot unmittelbar anwendbar, so dass sich der Konkurrent des Begünstigten vor den nationalen Gerichten darauf berufen darf. Vgl. *EuGH*, Urteil vom 11.6.1992, verb. Rs. C-149/91 und C-150/91 (*Sanders Adour*), Slg. 1992, S. I-3899 ff. (3926 Rn. 26).

575 *EuGH*, Urteil vom 20.3.1990, Rs. C-21/88 (*Du Pont de Nemours*), Slg. 1990, I-889.

B. Sekundärrecht

Für öffentliche Aufträge, die einen bestimmten Schwellenwert überschreiten, sind die Vergaberichtlinien zu beachten, die auf den im EG-Vertrag niedergelegten Grundsätzen, insbesondere des Grundsatzes des freien Warenverkehrs, der Niederlassungsfreiheit und der Dienstleistungsfreiheit und der davon abgeleiteten Grundsätze, wie z. B. des Grundsatzes der Gleichbehandlung, des Grundsatzes der Nichtdiskriminierung, des Grundsatzes der gegenseitigen Anerkennung, des Grundsatzes der Verhältnismäßigkeit und des Grundsatzes der Transparenz beruhen und dazu dienen, die Öffnung des öffentlichen Beschaffungswesens für den Wettbewerb zu garantieren.[576]

Trotz des beträchtlichen Umfangs der europäischen Rechtsangleichung zeichneten sich die Vergaberichtlinien gerade in der Frage der Berücksichtigung von Sekundärzwecken durch eine große Zurückhaltung aus. Dies mag auf den ersten Blick verwundern, da die Mitgliedstaaten von jeher neben dem reinen Beschaffungszweck häufig noch weitere, insbesondere wirtschafts- und sozialpolitische, aber auch gesellschafts- wie umweltpolitische Ziele im Rahmen der öffentlichen Auftragsvergabe verfolgen.[577] Die große Zurückhaltung lag daran, dass die an der Normsetzung beteiligten Organe der Gemeinschaft sich über eine ausdrückliche Zulässigkeit der Verfolgung von Sekundärzielen nicht einigen konnten. Im Rahmen der durch die Schaffung des Binnenmarktes angestoßenen Novellierung und Erweiterung der Richtlinien kam es in dieser Frage zu einem regelrechten Tauziehen zwischen Parlament und Wirtschafts- und Sozialausschuss einerseits und Kommission und Rat andererseits.[578]

Erst mit Inkrafttreten der neuen Vergaberichtlinien zum 30.4.2004 fand das Bedürfnis nach der Berücksichtigung von Sekundärzwecken erstmals Eingang in die Vergaberichtlinien. Da sich die neuen Vergaberichtlinien auf die Rechtsprechung des Gerichtshofs, insbesondere auf die Urteile zu den Zuschlagskriterien gründen[579], soll zunächst die Rechtslage nach den alten Vergaberichtlinien und die dazu ergangene

---

[576] Vgl. Erwägungsgrund Nr. 2 Klassische Richtlinie; Erwägungsgrund Nr. 9 Sektoren-Richtlinie.

[577] *Benedict*, Sekundärzwecke, S. 18, 35 ff.

[578] Siehe unten, S. 181 f.

[579] Vgl. Erwägungsgrund Nr. 2 Klassische Richtlinie; Erwägungsgrund Nr. 1 Sektoren-Richtlinie.

Rechtsprechung dargestellt werden.[580] Sodann soll untersucht werden, ob mit Inkrafttreten der neuen Vergaberichtlinien eine Änderung der materiellen Rechtslage einhergeht.[581]

I. Rechtslage nach den alten Vergaberichtlinien

1. Ausdrücklich zulässige Präferenzregelungen

Art. 30 Abs. 3 BKR und Art. 35 Abs. 1 SKR eröffneten ausdrücklich die Möglichkeit, von den Zuschlagskriterien des *niedrigsten Preises* bzw. *wirtschaftlich günstigsten Angebots* aufgrund älterer mitgliedstaatlicher Regelung abzuweichen, wenn:

> „[...] *ein Mitgliedstaat bei der Vergabe von Aufträgen im Rahmen einer Regelung, die zum Zeitpunkt des Erlasses dieser Richtlinie in Kraft war und bestimmten Bietern eine Bevorzugung gewährt, andere Kriterien zugrunde legt, sofern die angewandte Regelung mit dem Vertrag vereinbar ist.*“[582]

Eine Bevorzugung im Sinne dieser Vorschriften lag vor, wenn ein Bieter aufgrund anderer Kriterien als dem *niedrigsten Preis* oder dem *wirtschaftlich günstigsten Angebot* den Zuschlag erhält und dadurch andere Bewerber, die dieses weitere Kriterium nicht erfüllen, benachteiligt werden. Bei den Vorschriften des Art. 30 Abs. 3 BKR und Art. 35 Abs.1 SKR handelte es sich nicht um einen klassischen Regelungsvorbehalt zugunsten der Mitgliedstaaten, sondern um eine *grandfather clause*, die lediglich geltendes nationales Recht unter den genannten Voraussetzungen bestehen ließ.[583]

Um einen echten Vorbehalt zugunsten der staatlichen Regelungsbefugnis handelte es sich hingegen bei Art. 31 Abs. 1 BKR und Art. 35 Abs. 2 SKR. Bis zum 31.12.1992 konnten die Mitgliedstaaten im An-

---

580 Siehe unten, S. 183 ff.

581 Siehe unten, S. 206 ff.

582 Art. 30 Abs. 3 BKR; vgl. auch die fast wortgleiche Regelung in Art. 35 Abs. 1 SKR. Bevorzugungsregelungen, die bei der Vergabe öffentlicher Bauaufträge berücksichtigt werden können, müssen vor dem 18.7.1989 erlassen worden sein. Präferenzregelungen, die im Rahmen der Auftragsvergabe von Sektorenauftraggebern berücksichtigt werden, müssen vor dem 17.9.1990 in Kraft getreten sein. Insbesondere dürfen die Präferenzregelungen nicht gegen die Grundfreiheiten verstoßen.

583 Näher hierzu *Benedict*, Sekundärzwecke, S. 140 ff.

wendungsbereich der beiden Richtlinien bestimmte Regionen im Vergabeverfahren bevorzugen, um:

> *„den Abstand zwischen den Regionen zu verringern und die Schaffung von Arbeitsplätzen in den Regionen, die in ihrer Entwicklung zurückgeblieben sind, sowie in im Niedergang befindlichen Industriegebieten zu fördern, sofern die betreffenden Bestimmungen mit dem Vertrag, insbesondere den Grundsätzen der Niederlassungsfreiheit und des freien Dienstleistungsverkehrs, und mit den internationalen Verpflichtungen der Gemeinschaft vereinbar sind.“*[584]

Diese Vorschriften wurden jedoch durch Zeitablauf obsolet.

Weder die LKR noch die DKR enthielten ausdrückliche Regelungen über die Zulässigkeit nationaler Präferenzregelungen. Auch wenn den Vergaberichtlinien die Bevorzugung bestimmter Bieter nicht ganz fremd war, bestanden jedenfalls keine ausdrücklich normierten Vorbehalte für den Erlass neuer Präferenzregelungen.

2. Berücksichtigung von Sekundärzwecken im Rahmen des koordinierten Bereichs

a) Eignungskriterien

Die BKR, LKR, DKR und SKR legten Kataloge zulässiger Ausschlussgründe und Eignungsnachweise fest, die Auswirkungen auf die Auswahl des Bieters hatten. Zum einen enthielten sie eine Liste der Fälle, in denen die *persönliche Situation* eines Bieters zum Ausschluss vom Vergabeverfahren führen kann.[585] Zum anderen musste die Eignung der Bieter anhand der Kriterien der *„finanziellen* und *wirtschaftlichen“*[586] sowie *„technischen“ Leistungsfähigkeit*[587] überprüft werden.

Hiernach war ein Ausschluss eines Bieters wegen Nichteinhaltung von Umweltschutzbestimmung oder Bestimmungen über die Chancengleichheit zwischen Männern und Frauen möglich, sofern die

[584] Art. 31 Abs. 1 BKR; inhaltsgleich Art. 35 Abs. 2 SKR.

[585] Vgl. Art. 24 BKR; Art. 29 DKR; Art. 20 LKR; Art 31 Abs. 2 SKR verweist auf die Ausschlussgründe in der BKR und der LKR.

[586] Vgl. Art. Art. 26 BKR; Art. 31 DRK; Art. 22 LKR.

[587] Vgl. Art. 27 BKR; Art. 23 LKR.

Nichteinhaltung einer solchen Rechtsvorschrift in dem betreffenden Mitgliedstaat eine *schwerwiegende Verfehlung* darstellte. Die Kommission stellte hierzu klar, dass es den Mitgliedstaaten obliegt, den Begriff der schweren beruflichen Verfehlung in der nationalen Gesetzgebung zu bestimmen und insbesondere zu entscheiden, ob die Nichteinhaltung bestimmter sozialer Verpflichtungen eine schwere berufliche Verfehlung darstellt.[588]

Zur Feststellung der *wirtschaftlichen* und *finanziellen Leistungsfähigkeit* des Bieters konnten hingegen keine Nachweise gefordert werden, die soziale Gesichtspunkte berücksichtigten.[589]

Was die *technische Leistungsfähigkeit* anbelangte, so ließen die Richtlinien nur in sehr eingeschränktem Rahmen die Berücksichtigung sozialer Belange zu. So hatte der Auftraggeber die Möglichkeit, Nachweise über Erfahrung und Fachkunde der Bieter zu verlangen. Falls der Auftrag besondere „soziale" Fachkenntnisse erforderte, konnten besondere Erfahrungen als Eignungskriterium festgesetzt werden, die zur Eignungsprüfung der Bewerber dienten.[590]

Streitig war die Frage, ob die Vergaberichtlinien weitere Ausschlussgründe oder Eignungsnachweise zuließen, die eine Verfolgung politischer Ziele ermöglichten. Die Richtlinien enthielten keine Vorschrift, die den abschließenden Charakter der Kataloge zulässiger Ausschlussgründe und Eignungsnachweise ausdrücklich festlegte. Die Kataloge selbst waren neutral formuliert.[591] Der Gerichtshof entschied allerdings, dass die Kataloge der Ausschlussgründe und Eignungs-

---

[588] Mitteilung der Kommission „über die Auslegung des gemeinschaftlichen Vergaberechts und die Möglichkeiten zur Berücksichtigung sozialer Belange bei der Vergabe öffentlicher Aufträge" vom 15.10.2001, KOM (2001) 566 endg., Ziff. 1.3.1 (S. 11 f.).

[589] Vgl. *Benedict*, Sekundärzwecke, S. 123 ff.

[590] Beispielsweise besondere Erfahrung in der Leitung eines Kinderhorts oder mit der Bereitstellung von Fortbildungsleistungen für Langzeitarbeitslose (vgl. Mitteilung der Kommission „über die Auslegung des gemeinschaftlichen Vergaberechts und die Möglichkeiten zur Berücksichtigung sozialer Belange bei der Vergabe öffentlicher Aufträge" vom 15.10.2001, KOM (2001) 566 endg., Ziff. 1.3.2 (S. 12, Fn. 41).

[591] Eine Ausnahme stellte der Katalog der Nachweise über die „*finanzielle* und *wirtschaftliche Leistungsfähigkeit*" dar. Die dort aufgezählten Nachweise galten „in der Regel". Eine weitere Ausnahme stellte Art. 32 DKR dar, der feststellte, dass die Eignung von Dienstleistungserbringern „insbesondere" aufgrund ihrer Fachkunde, Leistungsfähigkeit, Erfahrung und Zuverlässigkeit beurteilt werden konnte.

nachweise abschließend in dem Sinne waren, dass die Mitgliedstaaten keine darüber hinausgehenden Ausschlussgründe aufstellen oder Eignungsnachweise festsetzen durften, es sei denn, diese bezogen sich unmittelbar auf die von den Richtlinien genannten Kriterien.[592] Daraus folgte, dass solche Kriterien, die zur Bevorzugung bestimmter Bieter führen sollten, nur dann als Eignungskriterium im Sinne der alten Vergaberichtlinien angesehen werden konnten, wenn sie unmittelbar die wirtschaftliche oder technische Leistungsfähigkeit oder die persönliche Eignung der Bieter betrafen. Dies war regelmäßig nicht der Fall.[593]

b) Zuschlagskriterien

Die Vergaberichtlinien räumten dem öffentlichen Auftraggeber die Wahl zwischen zwei Zuschlagskriterien ein. Danach erfolgte die Zuschlagserteilung entweder ausschließlich nach dem Kriterium des *„niedrigsten Preises“*[594] oder des *„wirtschaftlich günstigsten Angebots“*[595].

Während bei dem Zuschlagskriterium des *niedrigsten Preises* (Billigkeitsgebot)[596] kein Ermessensspielraum für die Verfolgung von Sekundärzwecken bestand, ermittelte der Auftraggeber das *wirtschaftlich günstigste Angebot* anhand verschiedener Kriterien. Als Wertungskriterien kommen z. B. Preis, Qualität, Ausführungsdauer, Betriebskosten, Rentabilität, Verpflichtungen hinsichtlich der Ersatzteile, Versorgungssicherheit, Kundendienst, technischer Wert, Ästhetik und Zweckmäßigkeit in Betracht.

---

592 Vgl. *EuGH*, Urteil vom 10.2.1982, Rs. 76/81 (*Transporoute*), Slg. 1982, 417 (426 Rn. 8); *EuGH*, Urteil vom 20.9.1988, Rs. 31/87 (*Beentjes*), Slg. 1988, 4635 (4657 Rn. 17); *EuGH*, Urteil vom 26.4.1994, Rs. C-272/91 (*Kommission/Italien*), Slg. 1994, I-1431 (I-1442 Rn. 35).

593 Zur Problematik eingehend *Benedict*, Sekundärzwecke, S. 123 ff.

594 Vgl. Art. 30 Abs. 1 lit. a BKR; Art. 36 Abs. 1 lit. b DKR; Art. 26 Abs. 1 lit. a LKR; Art. 34 Abs. 1 lit. b SKR.

595 Vgl. Art. 30 Abs. 1 lit. b BKR; Art. 36 Abs. 1 lit. a DKR; Art. 26 Abs. 1 lit. b LKR; Art. 34 Abs. 1 lit. a SKR.

596 Vgl. *Prieß*, EuZW 1994, 487 (489). Das Kriterium des *niedrigsten Preises* findet bei der Auswahl des Angebots im deutschen Vergaberecht keine Anwendung; vgl. § 97 Abs. 5 GWB; § 25 Nr. 3 Abs. 3 S. 2 VOB/A, § 25 Nr. 3 VOL/A, § 16 Abs. 2 VOF. Nach dem Grundsatz der Wirtschaftlichkeit kann sich langfristig eine zunächst teure Anschaffung als wirtschaftlich günstiger erweisen.

Das *wirtschaftlich günstigste Angebot* war unter Berücksichtigung aller technischen und wirtschaftlichen sowie funktionalen und ggf. gestalterischen Gesichtspunkten zu ermitteln. Der Preis bildete ein ganz wesentliches, aber nicht das allein entscheidende Zuschlagskriterium bei der Gesamtwürdigung der Angebote. Die Richtlinien räumten dem Auftraggeber einen Ermessensspielraum bei der Gewichtung der einzelnen Wertungskriterien ein, der es ihm ermöglichte, festzulegen, unter welchen Voraussetzungen ein Angebot als das wirtschaftlich günstigste anzusehen ist. Dabei hatte der Auftraggeber alle für ihn relevanten Zuschlagskriterien in den Verdingungsunterlagen oder in der Bekanntmachung anzugeben, und zwar *„möglichst in der Reihenfolge der ihnen zuerkannten Bedeutung"*.

Alle aufgeführten Kriterien zur Ermittlung des günstigsten Angebots bezogen sich unmittelbar auf den Auftragsgegenstand oder die Ausführungsbestimmungen, wie z. B. die Ausführungsfrist, Betriebskosten, Qualität, Lieferzeitpunkt. Die Vergaberichtlinien ordneten ausdrücklich an, dass bei der Ermittlung des wirtschaftlich günstigsten Angebots *„verschiedene auf den jeweiligen Auftrag bezogene Kriterien"*[597] heranzuziehen waren. Daraus ergab sich, dass „zusätzliche Kriterien", die bei der Angebotswertung berücksichtigt werden sollten, in unmittelbarem Zusammenhang mit dem Auftragsgegenstand stehen mussten. Die wörtliche Auslegung ergab somit, dass nur *auftragsbezogene* Kriterien im Rahmen der Angebotswertung berücksichtigt werden konnten.[598]

c) Ausschluss ungewöhnlich niedriger Angebote

Die Vergaberichtlinien sahen vor, dass öffentliche Auftraggeber *ungewöhnlich niedrige* Angebote unter bestimmten Voraussetzungen ablehnen konnten.[599] Über diese Ausnahmevorschrift erschien es möglich, beim Vergabeverfahren auch sozial- und wirtschaftspolitische Ziele berücksichtigen zu können.[600]

---

597 Vgl. Art. 30 Abs. 1 lit. b BKR; Art. 36 Abs. 1 lit. a DKR; Art. 26 Abs. 1 lit. b LKR; Art. 34 Abs. 1 lit. a SKR.

598 Vgl. *Kayser*, Nationale Regelungsspielräume im öffentlichen Auftragswesen, S. 59.

599 Vgl. Art. 30 Abs. 4 BKR; Art. 37 DKR; Art. 27 LKR; Art. 34 Abs. 5 SKR.

600 Siehe hierzu *Benedict*, Sekundärzwecke, S. 133 ff.

So konnte durch eine weite Auslegung ein Gebot als *ungewöhnlich niedrig* angesehen werden, wenn sein niedriger Preis darauf beruhte, dass Vorschriften der Sozial- und Wirtschaftsordnung unterlaufen werden, etwa weil der Bieter in seinem Herkunftsstaat geringere soziale Schutzniveaus zu beachten hatte oder weil er unter Verstoß gegen das Prinzip der gleichen Entlohnung gem. Art. 141 EG unterbezahlte Frauen beschäftigte.[601]

Selbst wenn man mit der weiten Auslegung annahm, dass die Bestimmung über *ungewöhnlich niedrige* Angebote eine Ausnahme vom Grundsatz des Zuschlags nach *auftragsbezogenen* Kriterien darstellte[602], war die Vorschrift restriktiv auszulegen.[603] Daher musste das *ungewöhnlich niedrige* Angebot erheblich von den übrigen Angeboten abweichen, weil ansonsten praktisch jeder Sekundärzweck im Rahmen der Zuschlagsentscheidung berücksichtigt werden konnte, soweit nur seine Förderung den Angebotspreis erhöhte.[604] Ansonsten hätte das günstigere Gebot eines Bieters, der diese Förderung nicht betrieb, als *ungewöhnlich niedrig* zurückgewiesen werden können, indem vermutet wurde, dass er gerade deswegen billiger anbieten konnte.

Der Anwendungsbereich dieser Ausschlussvorschrift wurde auch dadurch begrenzt, dass sie dem Richtlinienziel *Wettbewerbsförderung* nicht zuwiderlaufen durfte.[605] Da eine Ausweitung des Ausschlusses *ungewöhnlich niedriger* Angebote zu einer Behinderung des Preiswettbewerbs führt, war die Förderung von Sekundärzwecken durch eine weite Auslegung des Begriffs abzulehnen.

---

601 *McCrudden*, in: Berliner Anhörung I, S. 72 ff. (82).

602 So *Kayser*, Nationale Regelungsspielräume im öffentlichen Auftragswesen, S. 59; Anders aber *Benedict*, Sekundärzwecke, S. 155.

603 Der Gerichtshof hat mehrfach darauf hingewiesen, dass die Ausnahmebestimmungen der Richtlinie eng auszulegen sind, damit die Rechte, die den Teilnehmern verliehen werden, möglichst weitgehend gewahrt bleiben. Vgl. *EuGH*, Urteil vom 10.2.1982, Rs. 76/81 (*Transporoute*), Slg. 1982, 417 (419 f.).

604 Vgl. *EuGH*, Urteil vom 27.11.2001, verb. Rs. C-285/99 und C-286/99 (*Lombardini* und *Mantovani*), Slg. 2001, I-9252.

605 Vgl. *EuGH*, Urteil vom 22.6.1989, Rs. 103/88 (*Fratelli Costanzo*), Slg. 1989, 1839 (1868 Rn. 18).

d) Zusammenfassung

Die Vergaberichtlinien stellten ein Regelwerk auf, das im Wege der Festsetzung von Katalogen zulässiger Kriterien die Berücksichtigung von Sekundärzwecken weitgehend beschränkte. Der Gerichtshof stellte klar, dass zur Ermittlung des wirtschaftlich günstigsten Angebots Umweltschutzkriterien berücksichtigt werden dürfen, sofern diese Kriterien mit dem Auftragsgegenstand zusammenhängen, dem Auftraggeber keine uneingeschränkte Entscheidungsfreiheit einräumen und die Publizitätsvorschriften sowie alle wesentlichen Grundsätze des Gemeinschaftsrechts (insbesondere das Diskriminierungsverbot) beachtet werden. Damit war der Kreis der Sekundärzwecke, die sich mit den Katalogkriterien verfolgen ließ, eng begrenzt.

3. Berücksichtigung von Sekundärzwecken außerhalb des koordinierten Bereichs

Streitig war und ist insbesondere die Frage, ob und inwieweit die Festsetzung weiterer zusätzlicher Kriterien, die die Berücksichtigung von Sekundärzwecken ermöglicht, mit den Vergaberichtlinien zulässig ist. Diese Frage hängt im Wesentlichen davon ab, inwieweit die Richtlinien den Mitgliedstaaten eine entsprechende Regelungsbefugnis belassen. Da das öffentliche Auftragswesen zum Bereich der konkurrierenden Gesetzgebung[606] gehört, entfällt die Befugnis der Mitgliedstaaten zur Rechtsetzung nur insoweit, als die Vergaberichtlinien eine *Sperrwirkung*[607] gegenüber der staatlichen Rechtsetzungsbefug-

---

606 Nach der in Art. 5 EG getroffenen allgemeinen Aufgaben- und Kompetenzabgrenzung darf die Gemeinschaft nur dann tätig werden, wenn ihr die Verträge eine entsprechende Kompetenz einräumen. Die LKR, BKR, RMRL und SRMRL wurden vor allem von der Ermächtigungsnorm Art. 95 EG (ex Art. 100a EGV) gedeckt. Die BKR beruhte zudem auf Art. 66 i. V. m. Art. 57 Abs. 2 EG (ex Art. 55 i. V. m. Art. 47 Abs. 2 EGV). Die DKR stützte sich auf Art. 66 i. V. m. Art. 57 Abs. 2 EG (ex Art. 55 i. V. m. Art. 47 Abs. 2 EGV).

607 Die Sperrwirkung des Sekundärrechts ist die Folge des Vorrangs des Gemeinschaftsrechts. Ein Kollisionsrecht, wie es für die bundesstaatliche Ordnung in Art. 31 GG normiert ist, fehlt im Gemeinschaftsrecht. Der EuGH hat sich in der Rs. 6/64 (*Costa v. E.N.E.L.*), Slg. 1964, 1254 ff. (1269 f.) bereits früh für den Vorrang des Gemeinschaftsrechts vor dem nationalen Recht entschieden und beruft sich insbesondere auf Art. 10 und Art. 249 EG (ex Art. 5 und Art. 189 EGV) i. V. m. dem Grundsatz der einheitlichen Anwendung des Gemeinschaftsrechts zur Erhaltung der Funktionsfähigkeit des EG-Rechts als Gemeinschaftsrecht. Ein-

nis entfalten. Eine derartige Sperrwirkung erzeugen die Richtlinien gegenüber nationalen Präferenzregelungen, wenn sie im Hinblick darauf eine *abschließende Regelung* enthalten.

a) Systematische Auslegung

Einerseits enthielten die Koordinierungsrichtlinien detaillierte Vorgaben über zulässige Vergabekriterien und ließen nur wenige Ausnahmen zu, was die Annahme des abschließenden Charakters der Richtlinien rechtfertigte. Andererseits koordinierten die Richtlinien nicht den sämtlichen Bereich des öffentliche Auftragswesens[608], und selbst im Anwendungsbereich der Richtlinien waren nicht alle inhaltlichen Fragestellungen geregelt. So fehlte eine ausdrückliche Regelung über die Abgeschlossenheit der Richtlinien, obwohl das Bedürfnis nach der Verfolgung von Sekundärzielen bei der Normierung bekannt war. Die systematische Auslegung erscheint daher zur Klärung der Frage nach der Abgeschlossenheit der Richtlinien ungeeignet.

b) Historische Auslegung

Über die oben genannten Ausnahmen hinaus hat es immer wieder Versuche des Europäischen Parlaments[609] und des Wirtschafts- und

---

gehend hierzu *Kayser*, Nationale Regelungsspielräume im öffentlichen Auftragswesen, S. 36 ff.; *Benedict*, Sekundärzwecke, S. 197 ff.

608 So galten die Vergaberichtlinien nur für Aufträge, deren geschätzter Auftragswert mindestens einen bestimmten Schwellenwert erreichte. Bestimmte Bereiche waren von den Richtlinien ausgenommen. Zur Auftragsvergabe im Verteidigungsbereich siehe *Prieß*, Vergaberecht, S. 309 ff. Darüber hinaus sahen Art. 6 Abs. 3 S. 3 BKR, Art. 7 Abs. 4 Unterabs. 3 S. 2 DKR, Art. 14 Abs. 10 Unterabs. 2 S. 3 SKR eine sog. Bagatellklausel vor, die es den Mitgliedstaaten ermöglichte, für einen Teil der Lose (Großaufträge werden i.d.R. in Fach- und Teillose aufgeteilt, um den Mittelstand zu fördern) von der Anwendung der Richtlinien abzusehen. Diese griff für Lose, deren Wert unter einem bestimmten Betrag blieb, soweit der Gesamtwert dieser Lose 20 % des Wertes des Gesamtauftrags nicht überschritt. Ein Gutteil der Bevorzugungsvorschriften, Eintrittsrechte und Mehrpreisstaffeln der deutschen Mittelstandsrichtlinien blieb auf diese Weise von den Vergaberichtlinien ausgenommen, soweit es um diese Teillose ging.

609 Vgl. die Stellungnahme des Europäischen Parlaments vom 9.7.1987 zu dem Vorschlag der Kommission der Europäischen Gemeinschaften an den Rat für eine Richtlinie zur Änderung der Richtlinie 77/62/EWG über die Koordinierung der Verfahren zur Vergabe öffentlicher Lieferaufträge und zur Streichung einiger Bestimmungen der Richtlinie 80/767/EWG, ABl. vom 14.9.1987, Nr. C 246, S. 84.

Sozialausschusses[610] gegeben, die Ausnahmebereiche zu erweitern, und zwar sowohl im Hinblick auf die Publizität als auch auf die Eignungs- und Zuschlagskriterien.[611] Ziel dieser Bestrebungen war u. a., die Förderung von Lösungsversuchen für Probleme der Langzeitarbeitslosen und Jugendlichen sowie die Förderung von Frauen und Angehörigen ethnischer Minderheiten in die Vergaberichtlinien festzuschreiben. Aus der Tatsache, dass die Verfolgung politisch aktueller Sekundärzwecke letztlich keinen Eingang in die Vergaberichtlinien gefunden hat, wird teilweise geschlossen, dass das rechtssetzende Organ der Gemeinschaft solche Bevorzugungen grundsätzlich ausschließen wollte und die Eignungs- und Zuschlagskriterien daher abschließend seien.[612] Jedoch ist zu beachten, dass die Rechtsakte der Gemeinschaft regelmäßig das Ergebnis eines aus Verhandlungen hervorgegangenen Kompromisses darstellt. Während das Europäische Parlament mehrfach und eindringlich um eine Erweiterung der Kriterienkataloge bemüht war, waren Rat und Kommission ebenso entschlossen, eine Ausweitung dieser Kataloge zu vermeiden oder wenigstens zu befristen.[613] Vor diesem Hintergrund erscheint auch die historische Auslegung wenig geeignet, Aufschluss über die Frage der Abgeschlossenheit der Vergabekriterien zu geben.

c) Teleologische Auslegung

Ziel der Vergaberichtlinien ist es, die nationalen Beschaffungsmärkte für Bieter aus anderen Mitgliedstaaten zu öffnen, um den Binnenmarkt im Bereich der öffentlichen Auftragsvergabe zu garantieren.[614] Voraussetzung dafür ist, dass alle auftragswerbenden Unternehmen aus der Gemeinschaft gleichen Zugang zu den Ausschreibungen öffentlicher Aufträge haben und alle Bieter während des Vergabeverfahrens gleich behandelt werden. Damit zielen die Vergaberichtlinien auf ein wettbewerbliches, transparentes und diskriminierungsfreies Vergabeverfahren ab. Hinweise darauf, ob mit der öffentlichen Auf-

---

[610] Vgl. die Stellungnahme des Wirtschafts- u. Sozialausschusses zu dem Vorschlag für die SKR 90, 89/C 139/08, ABl. vom 5.6.1989, Nr. C 139, S. 23 ff. (27).

[611] Siehe hierzu *Benedict*, Sekundärzwecke, S. 74 ff.

[612] So z. B. *Kling*, Vergabefremde Regelungen, S. 215 ff.; *Kayser*, Nationale Regelungsspielräume im öffentlichen Auftragswesen, S. 64 ff.

[613] *Benedict*, Sekundärzwecke, S. 107.

[614] Vgl. Erwägungsgrund Nr. 1 - 3 DKR, Nr. 1 BKR, Nr. 5 LKR, Nr. 1 - 6 SKR; vgl. auch die Erwägungsgründe der neuen Vergaberichtlinien (Erwägungsgrund Nr. 2 Klassische Richtlinie, Erwägungsgrund Nr. 9 Sektoren-Richtlinie).

tragsvergabe auch soziale und ökologische Ziele verfolgt werden können, finden sich in den Erwägungsgründen der alten Vergaberichtlinien nicht. Allerdings sind derartige Ziele im EG-Vertrag festgelegt.[615] Unter Berücksichtigung, dass es Aufgabe der Gemeinschaft ist, soziale und ökologische Belange bei der Schaffung eines gemeinsamen (Vergabe-) Marktes zu fördern und dass der EG-Vertrag als Auslegungsmaßstab für die Vergaberichtlinien heranzuziehen ist, ist die Berücksichtigung von Sekundärzwecken bei der öffentlichen Auftragsvergabe nach der teleologischen Auslegungsmethode denkbar, sofern diese nicht gegen grundlegende Prinzipien des primären und sekundären Gemeinschaftsrechts verstößt.

d) Die Rechtsprechung des Gerichtshofs

aa) Beentjes

In der Rechtssache *Beentjes*[616] hat sich der Gerichtshof erstmals mit der Frage auseinandergesetzt, ob über die in den Koordinierungsrichtlinien geregelten Eignungs- und Zuschlagskriterien hinaus weitere Bedingungen gestellt werden können.

Anlass für diese Entscheidung war ein Streit über die Vergabeentscheidung eines niederländischen öffentlichen Auftraggebers, der im Rahmen von Flurbereinigungsmaßnahmen eine öffentliche Ausschreibung durchführte. Die Bekanntmachung der Ausschreibung enthielt keinerlei Angaben über Eignungs- noch Zuschlagskriterien. In der Bekanntmachung hieß es am Ende, dass

> *„das beschäftigte Personal sich zu mindestens 70 % aus Langzeitarbeitslosen zusammensetzen muß, die von der örtlichen Arbeitsbeschaffungsstelle vermittelt wurden“*.[617]

Der Auftrag wurde nicht an das Unternehmen mit dem niedrigsten Angebot (und zwar der Firma *Beentjes*) vergeben, sondern an dasjenige, dass das zweitniedrigste Angebot eingereicht hatte. Die Vergabestelle begründete ihre Wahl damit, dass es *Beentjes* an den für die in Rede stehenden Arbeiten erforderlichen spezifischen Erfahrungen fehle, dass ihr das Angebot von *Beentjes* weniger günstig erschienen

---

615 Vgl. Art. 2 EG; Art. 3 Abs. 1 lit. j und l EG; Art. 6 EG.

616 *EuGH*, Urteil vom 20.9.1988, Rs. 31/87 (*Beentjes*), Slg. 1988, 4652.

617 Wörtlich mitgeteilt in den Schlussanträgen des Generalanwalts, *EuGH*, Urteil vom 20.9.1988, Rs. 31/87 (*Beentjes*), Slg. 1988, 4635 (4648 Rn. 32).

sei und *Beentjes* nicht in der Lage sei, Langzeitarbeitslose einzusetzen.

Hiergegen machte *Beentjes* geltend, dass die Gründe, weshalb der Zuschlag nicht an *Beentjes* erteilt worden ist, nicht mit der BKR von 1971 vereinbar seien.

Nachdem der Gerichtshof ausdrücklich hervorhebt, dass eine Bedingung wie die Beschäftigung von Langzeitarbeitslosen

> „*weder mit der Prüfung der fachlichen Eignung der Unternehmer im Hinblick auf deren wirtschaftliche, finanzielle und technische Leistungsfähigkeit noch mit den in Artikel 29* [jetzt Art. 31] *genannten Kriterien für die Erteilung des Zuschlags etwas zu tun hat*“[618],

erklärt er unter Bezugnahme auf seine Entscheidung in der Rechtssache *CEI*[619] die Aufstellung solcher Bedingungen als mit der Richtlinie vereinbar, sofern sie

> „[...] *alle einschlägigen Vorschriften des Gemeinschaftsrechts beachten, und zwar insbesondere die Verbote, die aus den für das Gebiet des Niederlassungsrechts und des freien Dienstleistungsverkehrs vom Vertrag aufgestellten Grundsätzen folgen.*“[620]

Darüber hinaus müssen solche Bedingungen „*unter Beachtung aller Verfahrensvorschriften der Richtlinie, insbesondere der Publizitätsvorschriften, angewendet werden.*“[621] Bei der Herleitung dieser Publizitätspflicht stützt sich der Gerichtshof auf die Begründungserwägungen der Richtlinie.[622] Danach müssen zusätzliche Angaben über die Aufträge in den Verdingungsunterlagen für jeden einzelnen Auftrag oder in allen gleichwertigen Unterlagen enthalten sein.[623]

Hinsichtlich möglicher Verletzungen gegen das Gemeinschaftsrecht begnügte sich der Gerichtshof damit, einige Leitlinien zu formulieren und überließ es dem vorlegenden Gericht, die nötigen Tatsachenfest-

---

618 Slg. 1988, 4635 (4659 Rn. 28).

619 *EuGH*, Urteil vom 9.7.1987, verb. Rs. 27 bis 29/86 (*CEI* und *Bellini*), Slg. 1987, 3347 (Rn. 13).

620 Slg. 1988, 4635 (4659 Rn. 29).

621 Slg. 1988, 4635 (4659 Rn. 31).

622 Slg. 1988, 4635 (4658 Rn. 22).

623 Vgl. Erwägungsgrund Nr. 11 BKR.

stellungen hinsichtlich der Frage zu treffen, ob im konkreten Fall ein Verstoß gegen das Gemeinschaftsrecht vorlag.[624] Dies sei insbesondere der Fall, „*wenn sich herausstellen sollte, daß eine solche Bedingung nur von einheimischen Bietern oder daß sie von Bietern aus anderen Mitgliedstaaten nur mit größeren Schwierigkeiten erfüllt werden könnte.*“[625] Obwohl die Klägerin im Ausgangsverfahren eine niederländische, also einheimische Firma war, hielt der Gerichtshof in diesem Zusammenhang den Diskriminierungsmaßstab für besonders wichtig:

> „*Es ist Sache des vorlegenden Gerichts, unter Berücksichtigung aller Umstände des Sachverhalts zu prüfen, ob die Aufstellung einer solchen Bedingung unmittelbar oder mittelbar zu Diskriminierungen führt.*“[626]

Diese Tatsachenfeststellung wurde allerdings vom vorlegenden Gericht nie getroffen, da sich die Parteien im Ausgangsstreit gütlich einigten.[627]

Hinsichtlich der Beachtung der Publizitätsvorschriften hob der Gerichtshof ausdrücklich hervor:

> "*Was eine Bedingung wie die Beschäftigung von Langzeitarbeitslosen betrifft, so handelt es sich um eine besondere zusätzliche Bedingung, die in der Bekanntmachung erwähnt werden muß, damit die Unternehmer in der Lage sind, von ihrem Bestehen Kenntnis zu nehmen.*“[628]

Im konkreten Fall stellte die Bekanntmachung kein Problem dar, denn die Bedingung, Langzeitarbeitslose zu beschäftigen, war im voraus ausdrücklich in den Verdingungsunterlagen sowie im Amtsblatt der Europäischen Gemeinschaften bekannt gemacht worden.

Damit hat der Gerichtshof die Frage der Zulässigkeit der Bedingung, Langzeitarbeitslose zu beschäftigen, im konkreten Fall zum Teil selbst entschieden, zum Teil an das vorlegende Gericht zurückverwiesen. Eine umfassende europarechtliche Beurteilung über die Zulässig-

---

[624] Diese Tatsachenfeststellungen sind nie getroffen worden, da sich die Parteien im Ausgangsstreit gütlich einigten, vgl. *Benedict*, Sekundärzwecke, S. 177 (Fn. 566).

[625] Slg. 1988, 4635 (4659 Rn. 30).

[626] Ebd.

[627] *Benedict*, Sekundärzwecke, S. 177 (Fn. 566).

[628] Slg. 1988, 4635 (4661 Rn. 36).

keit der Berücksichtigung sog. „vergabefremder" Kriterien bei der öffentlichen Auftragsvergabe hat der Gerichtshof allerdings nicht getroffen.

bb) Kommission/Frankreich

In der Rechtssache *Kommission/Frankreich*[629] musste der Gerichtshof zu der Frage Stellung beziehen, ob die Berücksichtigung von Maßnahmen zum Kampf gegen die Arbeitslosigkeit zu einem *Zusatzkriterium* gemacht werden könne.

Im Rahmen eines allgemeinen Vertragsverletzungsverfahrens machte die Kommission geltend, dass Frankreich im Rahmen eines offenen Verfahrens zur Vergabe öffentlicher Bauaufträge, das den Bau eines Schulgebäudes in der Region *Nord-Pas-de-Calais* betraf (daher auch als *Calais*-Entscheidung bekannt), gegen Vorschriften der BKR verstoßen habe.

Die Kommission begründete ihre Klage u. a. damit, dass französische Auftraggeber, indem sie in den Bekanntmachungen die Beschäftigung von Langzeitarbeitslosen ausdrücklich zum „*Zuschlagskriterium*" gemacht haben, gegen Art. 30 BKR verstoßen hätten. Die Berücksichtigung von Beschäftigungsmaßnahmen könne als „*Ausführungskriterium*" im Sinne der *Beentjes*-Entscheidung angesehen werden. Im vorliegenden Fall sei diese Möglichkeit jedoch in den fraglichen Bekanntmachungen als Zuschlagskriterium bezeichnet worden. Art. 30 BKR sehe aber nur zwei mögliche Zuschlagskriterien vor: das des niedrigsten Preises oder das des wirtschaftlich günstigsten Angebots.[630]

Der Gerichtshof entschied in dieser Frage allerdings anders. Zwar dürfen öffentliche Auftraggeber nach Art. 30 Abs. 1 BKR bei der Erteilung des Zuschlags sich ausschließlich auf den niedrigsten Preis oder, wenn der Zuschlag auf das wirtschaftlich günstigste Angebot erfolgt, verschiedene auf den jeweiligen Auftrag bezogene Kriterien, stützen. Gleichwohl hielt der Gerichtshof die Qualifizierung der Be-

---

629 *EuGH*, Urteil vom 26.9.2000, Rs. C-255/98 (*Kommission/Frankreich*), Slg. 2000, I-7445.

630 Vgl. die Schlussanträge des Generalanwalts *Alber* vom 14.3.2000, Slg. 2000, I-7445 (7449 ff.).

schäftigung von Langzeitarbeitslosen, die kein auftragsbezogenes Kriterium darstellt[631], als „Zuschlagskriterium“ nicht für wesentlich:

> „*Gleichwohl ist der öffentliche Auftraggeber nach* [Art. 30 Abs. 1 BKR] *nicht in jedem Fall daran gehindert, eine mit dem Kampf gegen die Arbeitslosigkeit zusammenhängende Bedingung als Kriterium zu verwenden, wenn diese Bedingung die wesentlichen Grundsätze des Gemeinschaftsrechts, vor allem das Diskriminierungsverbot, beachtet, das aus den Bestimmungen des Vertrages zum Niederlassungsrecht und zum Recht des freien Dienstleistungsverkehrs folgt* [...].“[632]

Die Ansicht, die *Beentjes*-Entscheidung betreffe nur eine Ausführungsbedingung, teilte der Gerichtshof nicht:

> „*Soweit die Kommission vorbringt, dass Urteil Beentjes betreffe eine Ausführungsbedingung des Vertrages und kein Zuschlagskriterium für einen Auftrag, so hatte, wie sich aus Randnummer 14 des Urteils Beentjes eindeutig ergibt, die Bedingung der Beschäftigung von Langzeitarbeitslosen, um die es in dieser Rechtssache ging, als Grund für den Ausschluss eines Bieters gedient und konnte daher nur ein Zuschlagskriterium sein.*“[633]

cc) Concordia Bus Finland

In der Rechtssache *Concordia Bus Finland*[634] hatte der Gerichtshof erstmals über die Frage zu entscheiden, ob *Umweltschutzkriterien* bei der Ermittlung des wirtschaftlich günstigsten Angebots herangezogen werden dürfen.

Die Stadt Helsinki hatte den gesamten innerstädtischen Busverkehr ausgeschrieben. Der Zuschlag sollte auf das für die Stadt gesamtwirtschaftlich günstigste Angebot erteilt werden. Bei der Ermittlung des gesamtwirtschaftlich günstigsten Angebots sollte maßgeblich auf den für den Betrieb geforderten Gesamtpreis, auf die Qualität des Fuhrparks sowie das Qualitäts- und Umweltkonzept des Verkehrsunterneh-

---

631 Slg. 2000, I-7445 (7461 Rn. 45).
632 Slg. 2000, I-7445 (7489 Rn. 50).
633 Slg. 2000, I-7445 (7490 Rn. 52).
634 *EuGH*, Urteil vom 17.9.2002, Rs. C-513/99 (*Concordia Bus Finland*), Slg. 2002, I-7213.

mens abgestellt werden. Hinsichtlich des Qualitäts- und Umweltkonzepts der an der Ausschreibung teilnehmenden Verkehrsunternehmen sollten schließlich zusätzliche Punkte für eine Gesamtheit von qualitativen Kriterien sowie für ein zertifiziertes Umweltkonzept zugeteilt werden.

Den Zuschlag erhielt das Unternehmen mit der höchsten Punktzahl für ihre Qualitäts- und Umweltzertifikate bezogen auf Stickoxidemissionen und auf den Lärmpegel der Busse. Hiergegen wandte sich das Unternehmen *Concordia Bus Finland*, welches das preisgünstigste Angebot abgegeben hatte, mit dem Argument, dass jedes Vergabekriterium, dass der Auftraggeber festgelegt hat, um das wirtschaftlich günstigste Angebot zu ermitteln, notwendigerweise wirtschaftlicher Art sein müsse.

Generalanwalt *Mischo* empfahl in seinen Schlussanträgen Art. 36 Abs. 1 lit. a DKR dahingehend auszulegen,

> „[...] *dass eine Stadt, die einen Auftrag für den Betrieb des innerstädtischen Busverkehrs ausschreibt, bei den Kriterien für den auf der Grundlage des günstigsten Angebots zu vergebenden Auftrag die Verringerung der Stickoxid- und Lärmemissionen in der in der Ausschreibung angegebenen Weise berücksichtigen kann, sofern das Kriterium die Grundsätze des Gemeinschaftsrechts, insbesondere das Diskriminierungsverbot und die vier Grundfreiheiten, beachtet und nach Maßgabe aller Verfahrensvorschriften der Richtlinie, insbesondere der Publizitätsvorschriften, angewendet wird.*“[635]

Dabei stützte sich der Generalanwalt auf Urteile des Gerichtshofs, die die Richtlinien über die Vergabe öffentlicher Bau- (*Beentjes* und *Kommission/Frankreich*) und Lieferaufträge (*Evans Medical* und *Macfarlan Smith*) betrafen. Die Gemeinsamkeit der Urteile in den Rechtssachen *Beentjes* und *Kommission/Frankreich* bestünde darin, dass der Gerichtshof in beiden Fällen die Rechtmäßigkeit einer öffentlichen Auftragsvergabe, in der ein Kriterium angewandt wurde, das dem Allgemeininteresse diente, anerkannt hat. Der Generalanwalt führte aus, dass es sich beim Umweltschutz um ein gemäß Art. 6 EG auch im Vergaberecht zu berücksichtigendes Allgemeininteresse han-

---

[635] Schlussanträge des Generalanwalts *Mischo* vom 13.12.2001, Rs. C-513/99 (*Concordia Bus Finland*), Slg. 2002, I-7213 (7249 Rn. 164).

dele, das als ein zulässiges Vergabekriterium anzusehen sei.[636] Aus den Entscheidungen *Beentjes* und *Kommission/Frankreich* folgerte er, dass ein Umweltkriterium, nicht anders als ein Kriterium im Zusammenhang mit der Arbeitslosigkeit, keinen Zusammenhang mit dem Auftragsgegenstand aufweisen müsse.[637]

Dem folgte der Gerichtshof indes nicht. Zwar hebt er hervor, dass Art. 36 Abs. 1 lit. a DKR eine nicht abschließende Aufzählung möglicher Kriterien enthält.[638] Ebenso folgerte er mit Rücksicht auf die im Vertrag von Amsterdam festgelegten politischen Ziele der Europäischen Union und den Wortlaut des Art. 6 EG, dass Art. 36 Abs. 1 lit. a DKR die Möglichkeit nicht ausschließt, dass der Auftraggeber im Rahmen der Beurteilung, welches Angebot wirtschaftlich am günstigsten ist, Umweltschutzkriterien anwenden kann.[639] Gleichwohl stellt er unter Berufung auf seine bisherige Rechtsprechung[640] das Erfordernis der Auftragsbezogenheit von Zuschlagskriterien ausdrücklich heraus.[641] In seiner Auslegung des Art. 36 Abs. 1 lit. a DKR stellte der Gerichtshof fest, dass ein öffentlicher Auftraggeber Umweltschutzkriterien berücksichtigen darf, wenn er beschließt, einen Auftrag an den Bieter zu vergeben, der das wirtschaftlich günstigste Angebot abgegeben hat,

> „[...] *sofern diese Kriterien mit dem Gegenstand des Auftrags zusammenhängen, diesem Auftraggeber keine uneingeschränkte Entscheidungsfreiheit einräumen, im Leistungsverzeichnis oder in der Bekanntmachung des Auftrags ausdrücklich genannt sind und bei ihnen alle wesentlichen Grundsätze des Gemeinschaftsrechts, vor allem das Diskriminierungsverbot, beachtet werden.*“[642]

Vorliegend war der erforderliche Zusammenhang zwischen dem Auftragsgegenstand und den in Rede stehenden Umweltkriterien unstreitig gegeben. Auch waren die Kriterien in den Bekanntmachungen aus-

---

[636] Slg. 2002, I-7213 (7236 ff. Rn. 91-112).
[637] Slg. 2002, I-7213 (7240 Rn. 112).
[638] Slg. 2002, I-7213 (7275 Rn. 54).
[639] Slg. 2002, I-7213 (7276. Rn. 57).
[640] *EuGH*, Urteil vom 20.9.1988, Rs. 31/87 (*Beentjes*), Slg. 1988, 4652 (Rn. 19); *EuGH*, Urteil vom 28.3.1995, Rs. C-324/93 (*Evans Medical und Macfarlan Smith*), Slg. 1995, I-563 (Rn. 42); *EuGH*, Urteil vom 18.10.2001, Rs. C 19/00 (*SIAC Construcion*), Slg. 2001, I-7725 (Rn. 36).
[641] Slg. 2002, I-7213 (7276 Rn. 59).
[642] Slg. 2002, I-7213 (7277 Rn. 64).

drücklich genannt worden. Außerdem waren sie nicht so geartet, dass sie dem öffentlichen Auftraggeber eine unbeschränkte Entscheidungsfreiheit einräumten.

Den Einwand, die angewandten Umweltschutzkriterien verstießen deshalb gegen das Diskriminierungsverbot, weil einzig der Bestbieter über Busse verfügte, welche die Höchstbewertung bzgl. Stickoxid- und Lärmemissionen erreichen konnten, verwarf der Gerichtshof. Er stellte fest, dass die Zuschlagskriterien objektiv und ohne Unterschied auf alle Angebote anwendbar waren. Der Umstand, dass eines der Kriterien nur von einer kleinen Zahl von Unternehmen erfüllt werden konnte, stellt als solchen keinen Verstoß gegen den Gleichbehandlungsgrundsatz dar.[643]

dd) Wienstrom

In der Rechtssache *Wienstrom*[644] hatte der Gerichtshof erneut über die Berücksichtigung von Umweltschutzbelangen bei der Zuschlagserteilung zu entscheiden.

Ein österreichischer öffentlicher Auftraggeber hatte die Lieferung von elektrischer Energie aus erneuerbaren Energieträgern ausgeschrieben. Der Zuschlag sollte auf das wirtschaftlich günstigste Angebot erteilt werden. Als Zuschlagskriterien wurden der Preis pro Kilowattstunde mit 55% sowie das Kriterium Energie aus erneuerbaren Energieträgern (sog. Öko-Strom) mit 45% festgelegt. Hinsichtlich des letzten Zuschlagkriteriums wurde festgehalten, dass hier nur die Menge der lieferbaren Energie aus erneuerbaren Energieträgern berücksichtigt werde, die über den geschätzten jährlichen Gesamtbezug von 22,5 GWh hinausgeht.[645] Von vier eingereichten Angeboten bewertete der Auftraggeber jenes als das beste, welches die höchste Punktezahl gemäß den beiden Zuschlagskriterien erhielt.

Hiergegen wandte sich die Bietergemeinschaft EVN AG und Wienstrom GmbH, die mit ihrem Angebot bei beiden Kriterien die jeweils geringste Punktezahl erzielte.

---

643 Slg. 2002, I-7213 (7283 Rn. 85).

644 *EuGH*, Urteil vom 4.12.2003, Rs. C-448/01 (*EVN AG Wienstrom GmbH*), EuZW 2004, 81.

645 Rn. 18.

Der Gerichtshof spaltete die Frage des vorlegenden Gerichts, ob es im Hinblick auf Art. 26 LKR möglich ist, nur die Menge an Strom aus erneuerbaren Energieträgern als Zuschlagskriterium zu werten, welche den Verbrauch im Rahmen des ausgeschriebenen Auftrags überschreitet, entsprechend den Vorschlägen von Generalanwalt *Mischo*[646] in mehrere Teilfragen auf.[647]

Im Anschluss an seine bisherige Rechtsprechung bestätigt der Gerichtshof, dass die für die Vergabe öffentlicher Aufträge geltenden Vorschriften des Gemeinschaftsrechts den öffentlichen Auftraggebern nicht verwehren, im Rahmen der Beurteilung des wirtschaftlich günstigsten Angebots Kriterien festzulegen, mit denen nicht unmittelbar finanziell bewertbare Anforderungen im Rahmen des Auftrags gestellt werden, wie etwa Vorteile im Zusammenhang mit dem Umweltschutz. Der Gerichtshof verweist diesbezüglich auf die *Concordia*-Entscheidung[648] in welcher er festgestellt hatte, dass der vergleichbare Art. 36 I lit. a DLK nicht dahin ausgelegt werden darf, dass jedes Vergabekriterium, das der Auftraggeber festgelegt hat, um das wirtschaftlich günstigste Angebot zu ermitteln, notwendigerweise rein wirtschaftlicher Art sein muss.

> *„Der Gerichtshof hat daher zugelassen, dass der öffentliche Auftraggeber, wenn er beschließt, einen Auftrag an den Bieter zu vergeben, der das wirtschaftlich günstigste Angebot abgegeben hat, Umweltschutzkriterien berücksichtigen darf, sofern sie mit dem Gegenstand des Auftrags zusammenhängen, dem Auftraggeber keine unbeschränkte Entscheidungsfreiheit einräumen, ausdrücklich im Leistungsverzeichnis oder in der Bekanntmachung des Auftrags genannt sind und bei ihnen alle wesentlichen Grundsätze des Gemeinschaftsrechts, insbesondere das Diskriminierungsverbot, beachtet werden (Urteil Concordia Bus Finland, Randnr. 69).“*[649]

Nach seiner ständigen Rechtsprechung[650] sind öffentliche Auftraggeber nicht nur bei der Auswahl der Zuschlagskriterien weitgehend frei,

---

646 Rn. 32 ff.

647 Rn. 29.

648 *EuGH*, Urteil vom 17.9.2002, Rs. C-513/99 (*Concordia Bus Finland*), Slg. 2002, I-7213.

649 Rn. 33.

650 *EuGH*, Urteile vom 20.9.1988, Rs. 31/87 (*Beentjes*), Slg. 1988, I-4635 (Rn. 19, 26); *EuGH*, vom 18.10.2001, Rs. C-19/00 (*SIAC Construction*), Slg. 2001, I-7725

sondern auch bei deren Gewichtung, sofern diese eine Gesamtwürdigung der Kriterien ermöglicht, die der Ermittlung des wirtschaftlich günstigsten Angebots dienen und dem Auftraggeber bei der Vergabe keine uneingeschränkte Entscheidungsfreiheit einräumen.[651]

Der Gerichtshof stellte fest, dass das in Rede stehende Zuschlagskriterium (Lieferung von Öko-Strom) dem Umweltschutz dient, zu dem sich die Europäische Gemeinschaft und ihre Mitgliedstaaten verpflichtet haben und erachtet vor diesem Hintergrund dessen Gewichtung mit 45 % nicht als Hindernis für eine Gesamtwürdigung der der Ermittlung des wirtschaftlich günstigsten Angebots dienenden Kriterien.[652] Ob das (umweltpolitische) Kriterium möglicherweise ungeeignet ist, das mit ihm angestrebte Ziel (Erhöhung der Mengen von Öko-Strom) tatsächlich zu erreichen, ist dabei unerheblich.[653]Allerdings müssen die Zuschlagskriterien hinreichend klar gefasst und effektiv nachprüfbar sein, um dem Grundsatz der Gleichbehandlung und der darin enthaltenen Verpflichtung zur Transparenz zu genügen.[654] Hieran mangelte das in streitstehende Vergabeverfahren.

Der Auftraggeber hatte davon abgesehen, Nachweise über die konkreten Lieferverpflichtungen der Bieter bzw. die von ihnen geschlossenen Stromlieferungsverträge zu verlangen, um die Richtigkeit der Angaben der Bieter zu prüfen, ob der von ihnen gelieferte Strom tatsächlich aus erneuerbaren Energieträgern erzeugt worden ist. Der Gerichtshof stellte klar, dass ein Zuschlagskriterium, das nicht mit Anforderungen verbunden ist, die eine effektive Kontrolle der Richtigkeit der Angaben der Bieter ermöglichen, gegen die für die Vergabe öffentlicher Aufträge geltenden Grundsätze des Gemeinschaftsrechts verstößt.[655]

Darüber hinaus überließ der Gerichtshof dem vorlegenden Gericht die nötigen Tatsachenfeststellungen hinsichtlich der Frage zu treffen, ob im konkreten Fall ein Verstoß gegen die Grundsätze der Gleichbehandlung und der Transparenz möglicherweise dadurch vorlag, dass es der Auftraggeber unterlassen hatte, in den Ausschreibungsbedin-

---

(Rn. 36, 37); vom 17.9.2002, Rs. C-513/99 (*Concordia Bus Finland*), Slg. 2002, I-7213 (Rn. 59, 61).

651 Rn. 37 ff.

652 Rn. 40 ff.

653 Rn. 53.

654 Rn. 47 ff.

655 Rn. 52.

gungen anzugeben, für welchen Zeitraum die Lieferanten in ihrem Angebot die von ihnen lieferbare Menge an Öko-Strom zu benennen.[656]

Der Gerichtshof hat noch einmal seine Aussage aus der *Concordia Bus Finland*-Entscheidung bekräftigt, dass im Rahmen der Ermittlung des wirtschaftlich günstigsten Angebots nur solche Kriterien zulässig sind, die mit dem Auftragsgegenstand zusammenhängen.

Hieran scheiterte das streitige Kriterium, da sich das festgelegte Zuschlagskriterium nicht auf die Leistung bezog, die Gegenstand des Auftrags war, nämlich die Lieferung der Menge Strom des im Rahmen des ausgeschriebenen Auftrags zu erwartenden jährlichen Verbrauchs, sondern auf die Menge, die die Bieter anderen Abnehmern geliefert hatten oder zu liefern beabsichtigten.

> „*Ein Zuschlagskriterium, das sich ausschließlich auf die Menge Strom aus erneuerbaren Energieträgern bezieht, die den Rahmen des ausgeschriebenen Auftrags zu erwartenden jährlichen Verbrauch übersteigt, kann jedoch nicht als mit dem Gegenstand des Auftrags zusammenhängend angesehen werden.*“[657]

Die Entscheidung zeigt jedoch gleichzeitig, dass das ökologische Kriterium (Lieferung von Öko-Strom) mit dem Auftragsgegenstand jedenfalls dann zusammenhängt, sofern es um die Stromkapazität geht, die für den ausgeschriebenen Auftrag (hier die Belieferung sämtlicher im Bundesland Kärnten gelegenen Verwaltungsdienststellen des Bundes mit Strom) benötigt wird.

Die Frage, ob das festgelegte Zuschlagskriterium Bietern mit größerer Erzeugungs- oder Lieferkapazität bevorzugt und damit gegen das Diskriminierungsverbot verstößt, ließ der Gerichtshof im Ergebnis offen. Zwar kann die Versorgungssicherheit grundsätzlich zu den Zuschlagskriterien gehören, die der Ermittlung des wirtschaftlich günstigsten Angebots dienen. Allerdings darf die Fähigkeit der Bieter, die über die in der Ausschreibung festgelegte Menge hinaus größtmögliche Menge Strom zu liefern, nicht zum Zuschlagskriterium erhoben werden.[658]

---

656 Rn. 58 f.
657 Rn. 68.
658 Rn. 69 f.

Nach nun gefestigter Rechtsprechung ist die Berücksichtigung von Umweltschutzbelangen bei der Zuschlagserteilung auf das wirtschaftlich günstigste Angebot zulässig, sofern das ökologisch geprägte Zuschlagskriterium mit dem Auftragsgegenstand zusammenhängt, dem Auftraggeber keine unbeschränkte Entscheidungsfreiheit einräumt, ausdrücklich im Leistungsverzeichnis oder in der Bekanntmachung des Auftrags genannt ist und die wesentlichen Grundsätze des Gemeinschaftsrechts, insbesondere das Diskriminierungsverbot und das Transparenzgebot beachtet werden. Unerheblich ist, ob sich mit dem Kriterium das angestrebte Ziel möglicherweise nicht erreichen lässt.

e) Reaktionen der Kommission

Nachdem der Gerichtshof in der Rechtssache *Beentjes* bewusst gegen die Auffassung der Kommission[659] entschieden hatte, unternahm die Kommission eine Reihe von Versuchen, die *Beentjes*-Entscheidung dahingehend zu interpretieren, dass besondere zusätzliche Bedingungen sich nicht wie Teilnahmebestimmungen auswirken, also insbesondere nicht zur Abweisung eines Teilnehmers oder seines Gebots führen dürften.[660] In Mitteilungen über die Auslegung des gemeinschaftlichen Vergaberechts erläutert sie ihre Position hinsichtlich der Möglichkeiten zur Berücksichtigung *sozialer*[661] und *umweltschützender*[662]

---

659 Während des Vorabentscheidungsverfahrens machte die Kommission von ihrem Recht aus Art. 20 Abs. 2 der Satzung des Gerichtshofs Gebrauch und reichte eine schriftliche Stellungnahme ein. In dieser vertrat sie eine enge Auslegung der Teilnahmebestimmungen der Richtlinie. Art. 29 der Richtlinie sehe den Zuschlag auf das niedrigste Gebot vor, soweit nicht in der Bekanntmachung der Ausschreibung ausdrücklich der Zuschlag auf das wirtschaftlich günstigste Gebot angeordnet werde. Vgl. Slg. 1988, 4635 (4642 Rn. 17).

660 Vgl. Mitteilung der Kommission „Öffentliches Auftragswesen - Regionale und soziale Aspekte" vom 22.9.1989, KOM (89), 400 endg., ABl. vom 12.12.1989, C 311/7; Grünbuch der Kommission „Das öffentliche Auftragswesen in der Europäischen Union: Überlegungen für die Zukunft" vom 27.11.1996, KOM (96) 583 endg., S. 49 ff.; Mitteilung der Kommission „Das öffentliche Auftragswesen in der Europäischen Union" vom 11.3.1998, KOM (98) 143 endg., S. 31 ff.

661 Mitteilung der Kommission „über die Auslegung des gemeinschaftlichen Vergaberechts und die Möglichkeiten zur Berücksichtigung sozialer Belange bei der Vergabe öffentlicher Aufträge" vom 15.10.2001, KOM (2001) 566 endg.; siehe hierzu auch *Pache/Rüger*, EuZW 2002, 169 ff.

662 Interpretierende Mitteilung der Kommission über das auf das Öffentliche Auftragswesen anwendbare Gemeinschaftsrecht und die Möglichkeiten zur Berücksichtigung von Umweltbelangen bei der Vergabe öffentlicher Aufträge vom 4.7. 2001, KOM (2001) 274 endg.

Belange bei der Vergabe öffentlicher Aufträge. Hierbei teilt sie das Vergabeverfahren in unterschiedliche Phasen ein.

aa) Auswahl der Bieter

So sollen nach Ansicht der Kommission *inländische* Bieter im Auswahlstadium ausgeschlossen werden können, wenn diese etwa keine Maßnahmen zur Förderung der Gleichbehandlung durchgeführt haben, sofern dies im *nationalen* Recht des Staates vorgeschrieben ist, in dem der Auftragnehmer ansässig ist und die Einhaltung einer solchen Rechtsvorschrift in dem betreffenden Mitgliedstaat eine *schwerwiegende Verfehlung* darstellt. Dies ergibt sich allerdings bereits unmittelbar aus den Richtlinien.[663] Die Kommission weist darauf hin, dass es den Mitgliedstaaten obliegt, den Begriff der schweren beruflichen Verfehlung in der nationalen Gesetzgebung zu bestimmen und insbesondere zu entscheiden, ob die Nichteinhaltung bestimmter sozialer Verpflichtungen eine schwere berufliche Verfehlung darstellt.[664]

Im Rahmen der Eignungsprüfung können hingegen zur Feststellung der wirtschaftlichen und finanziellen Leistungsfähigkeit des Bieters nach Ansicht der Kommission „derzeit" keine Nachweise gefordert werden, die soziale Gesichtspunkte betreffen. Was die technische Leistungsfähigkeit anbelangt, so lassen die Richtlinien in sehr eingeschränktem Rahmen die Berücksichtigung sozialer Belange zu. So habe der Auftraggeber die Möglichkeit, Nachweise über Erfahrung und Fachkunde der Bieter zu verlangen. Falls der Auftrag besondere „soziale" Fachkenntnisse erfordert, kann es daher zulässig sein, besondere Erfahrungen als Eignungskriterium und als Nachweis der technischen Fachkenntnisse zu verlangen, die zur Prüfung der Eignung der Bewerber dienen.[665]

---

663 Vgl. Art. 20 lit. c und d LKR, Art. 24 lit. c und d BKR, auf die Art. 31 Abs. 2 SKR und Art. 29 lit. c und d DKR verweisen.

664 Mitteilung der Kommission „über die Auslegung des gemeinschaftlichen Vergaberechts und die Möglichkeiten zur Berücksichtigung sozialer Belange bei der Vergabe öffentlicher Aufträge" vom 15.10.2001, KOM (2001) 566 endg., Ziff. 1.3.1 (S. 11 f.).

665 Beispielsweise besondere Erfahrung in der Leitung eines Kinderhorts oder mit der Bereitstellung von Fortbildungsleistungen für Langzeitarbeitslose, vgl. Mitteilung der Kommission „über die Auslegung des gemeinschaftlichen Vergaberechts und die Möglichkeiten zur Berücksichtigung sozialer Belange bei der Vergabe öffent-

bb) Zuschlagserteilung

Bei der Zuschlagserteilung hält die Kommission Kriterien, die z. B. erfassen sollen, inwiefern die Bieter ein Programm zur Förderung der Chancengleichheit eingerichtet haben, nach wie vor mit den Vergaberichtlinien unvereinbar.[666] Als Begründung verweist sie auf Art. 30 Abs. 1 lit. b BKR und die Schlussanträge des Generalanwalts in der Rechtssache *Lombardini*[667]. Danach sollen Kriterien, die nicht zur Wahl des wirtschaftlich günstigsten Angebots beitragen, nach Ansicht der Kommission aufgrund der Zielrichtung der derzeitigen Richtlinien ausgeschlossen sein. Darüber hinaus seien solche Kriterien mit dem GPA unvereinbar.[668] Kriterien, die soziale Gegebenheiten beinhalten, können nach Ansicht der Kommission nur berücksichtigt werden, wenn sie dem Auftraggeber einen wirtschaftlichen Vorteil bieten, der mit dem eigentlichen Auftragsgegenstand zusammenhängt.

Hinsichtlich der Berücksichtigung *umweltpolitischer* Ziele können nach Ansicht der Kommission[669] Umweltaspekte im Rahmen der Zuschlagskriterien Beachtung finden, sofern sie sich auf den Auftragsgegenstand beziehen und für den Auftragsgeber einen wirtschaftlichen messbaren Vorteil im Rahmen des jeweiligen Auftrages bringen. Grundlegende

---

licher Aufträge" vom 15.10.2001, KOM (2001) 566 endg., Ziff. 1.3.2. (S. 12, Fn. 41).

666 Mitteilung der Kommission „über die Auslegung des gemeinschaftlichen Vergaberechts und die Möglichkeiten zur Berücksichtigung sozialer Belange bei der Vergabe öffentlicher Aufträge" vom 15.10.2001, KOM (2001) 566 endg., Ziff. 1.4.1. (S. 15).

667 Vgl. die Schlussanträge des Generalanwalts in der verb. Rs. C-285/99 und C-286/99 vom 5.6.2001 (*Lombardini*), Slg. 2001, I-9233 (Rn. 33).

668 Aus dem Umstand, dass die EG im Gegensatz zu anderen Vertragstaaten (wie z. B. die USA) keine ausdrücklichen Vorbehalte zugunsten der Berücksichtigung sozialer Kriterien hat festschreiben lassen, schließt die Kommission, *„dass solche Kriterien im Allgemeinen als Verstoß gegen die Bestimmungen der Richtlinien, insbesondere über die Auftragsvergabe, anzusehen sind."* Vgl. Mitteilung der Kommission „über die Auslegung des gemeinschaftlichen Vergaberechts und die Möglichkeiten zur Berücksichtigung sozialer Belange bei der Vergabe öffentlicher Aufträge" vom 15.10.2001, KOM (2001) 566 endg., Ziff. 1.4.1. (S. 15 Fn. 53). Kritisch sei hierzu angemerkt, dass die Vorbehalte der Vertragstaaten dazu dienen, einen Konflikt mit dem Nichtdiskriminierungsverbot (Art. III GPA) zu vermeiden. Sie lassen daher wenig Rückschlüsse auf die Auslegung der Zuschlagskriterien zu.

669 Interpretierende Mitteilung der Kommission über das auf das Öffentliche Auftragswesen anwendbare Gemeinschaftsrecht und die Möglichkeiten zur Berücksichtigung von Umweltbelangen bei der Vergabe öffentlicher Aufträge vom 4.7. 2001, KOM (2001) 274 endg.

umweltpolitische Überlegungen können danach grundsätzlich nicht unmittelbar im Rahmen der Zuschlagserteilung berücksichtigt werden. Sie können allerdings als Grundlage für die Definition spezifischer, auftragsbezogener und quantifizierbarer Kriterien dienen.

cc) Das „Zusatzkriterium"

Bezugnehmend auf die Rechtssachen „*Beentjes*"[670] und „*Kommission/Frankreich*"[671] erkennt die Kommission zwar an, dass sozialpolitische Kriterien als *Zusatzkriterium* Berücksichtigung finden können. Jedoch dürfen sozialpolitische Kriterien die Zuschlagskriterien nicht betreffen.[672] Vielmehr will sie die Berücksichtigung sozialer Zielsetzungen vornehmlich erst bei der *Auftragsausführung* berücksichtigt sehen.

dd) Auftragsausführung

Aus der Feststellung der *Beentjes*-Entscheidung, dass eine Bedingung, Langzeitarbeitslose zu beschäftigen, weder mit der Prüfung der fachlichen Eignung der Unternehmer im Hinblick auf deren wirtschaftliche, finanzielle und technische Leistungsfähigkeit noch mit den Zuschlagskriterien „etwas zu tun hat", schließt die Kommission, dass die Anwendung von „*Vertragsklauseln*" oder „*Bedingungen*" für die Auftragsausführung im Wesentlichen das Mittel zur Förderung der Berücksichtigung sozialer Zielsetzungen bei der öffentlichen Auftragsvergabe sein kann.[673] Voraussetzungen hierfür ist, dass die Auftragsbedingungen das Gemeinschaftsrecht beachten, insbesondere Bieter aus anderen Mitgliedstaaten nicht direkt oder indirekt diskriminieren. Darüber hinaus muss die Umsetzung dieser Klauseln oder Bedingungen unter Beachtung aller Verfahrensvorschriften der Richtlinien, insbesondere der Publizitätsvorschriften, erfolgen.

---

670 *EuGH*, Urteil vom 20.9.1988, Rs. C-31/87 (*Beentjes*), Slg. 1988, 4635.

671 *EuGH*, Urteil vom 26.9.2000, Rs. C-255/98 (*Kommission/Frankreich*), Slg. 2000, I-7445.

672 Zwar findet die Anwendung eines Zuschlagskriteriums im Zusammenhang sozialer Zielsetzung unter Berücksichtigung der Rechtsprechung Erwähnung. Allerdings dürfen nach Ansicht der Kommission Klauseln oder Bedingungen, die soziale Kriterien beinhalten, weder „die Prüfung der fachlichen Eignung der Bieter [...] noch die Zuschlagskriterien betreffen." Vgl. KOM (2001) 566 endg., Ziff. 1.6. (S. 18).

673 KOM (2001) 566 endg., Ziff. 1.6. (S. 18).

Als mögliche Vertragsklausel führt die Kommission u. a. explizit die Verpflichtung des Auftragnehmers auf, „*bei der Ausführung des Auftrags Maßnahmen zur Förderung der Chancengleichheit zwischen Mann und Frau oder der ethnischen und rassischen Vielfalt durchzuführen*“[674]. Bei der Berücksichtigung sozialer Belange unterscheidet die Kommission zwischen Dienstleistungs- und Lieferaufträgen. Bei letzteren erscheint der Kommission die Festlegung solcher Vertragsklauseln schwieriger, da Klauseln, die die Anpassung der Organisation, der Struktur oder der Politik eines Unternehmens, das in einem anderen Mitgliedstaat ansässig ist, erforderlich machen würden, sich als diskriminierend erweisen oder als ungerechtfertigtes Handelshemmnis darstellen könnten.

Indem die Kommission die Berücksichtigung sozialer Belange *scheinbar*[675] in die Phase nach der Vergabeentscheidung verlagert, löst sie implizit ihre Bedenken über die Vereinbarkeit sozialer Präferenzen mit dem WTO-Übereinkommen über das öffentliche Beschaffungswesen (GPA).[676]

f) Kritische Würdigung

Die Kommission erkennt zwar unter Berücksichtigung der Entscheidungen des Gerichtshofs an, dass sozialpolitische Kriterien als *Zusatzkriterium* berücksichtigt werden können. Allerdings sollen soziale Belange nicht als *Zuschlagskriterien* in Erwägung gezogen werden. Vielmehr soll die Förderung sozialer Zielsetzungen den erfolgreichen Bietern bei der *Auftragsausführung* zur Auflage gemacht werden können. Damit hält die Kommission auf ihre strikte Trennung von Verga-

---

674 KOM (2001) 566 endg., Ziff. 1.6. (S. 19). Ferner nennt sie die Förderung von Arbeitslosen, Jugendlichen und Behinderten sowie die Einhaltung der Bestimmungen der grundlegenden Übereinkommen der Internationalen Arbeits-Organisation (IAO) als zulässige politische Maßnahmen, die mittels Vertragsklauseln an die Auftragsausführung unter Einhaltung der oben genannten Bedingungen gekoppelt werden können. Als eine Maßnahme zur Förderung der ethnischen und rassischen Vielfalt am Arbeitsplatz nennt sie z. B. entsprechende Weisungen, die für die Einstellung, Beförderung oder Weiterbildung zuständiger Personalsachbearbeiter sowie für die Ernennung von Mitarbeitern, die für die Durchführung diesbzgl. Maßnahmen am Arbeitsplatz zuständig sind (z. B. Frauenbeauftragte).

675 Tatsächlich wirkt sich die Nichtakzeptanz solcher Vertragsklauseln eines Bieters negativ in der Phase der Angebotsprüfung und Vergabeentscheidung aus.

676 Siehe Fn. 198, S. 67.

beverfahren und Instrumentfunktion der öffentlichen Auftragsvergabe fest.

Diese restriktive Interpretation, die für die Mitgliedstaaten keine Rechtsverbindlichkeit hat, erscheint allerdings angesichts der Entwicklung der Rechtsprechung des Gerichtshofs wenig nachvollziehbar.[677]

In der Rechtssache *Beentjes* hat der Gerichtshof eindeutig entschieden, dass Bedingungen, Langzeitarbeitslose zu beschäftigen, mit der BKR vereinbar sind, wenn sie das Gemeinschaftsrecht, insbesondere das Diskriminierungsverbot beachten und Publizitätsvorschriften befolgen. Zwar bestand zunächst Unsicherheit darüber, ob solche Bedingungen bei der Auswahl der Bieter (Eignungsprüfung) und Gebote (Zuschlagsentscheidung) herangezogen werden oder lediglich dem erfolgreichen Bieter als nachgeschaltete Ausführungsbedingungen[678] auferlegt werden dürfen.[679]

Im Ausgangsfall hatte die Bedingung, Arbeitslose zu beschäftigen, nicht zur Folge, dass *Beentjes* vom Vergabeverfahren ausgeschlossen wurde, sondern dass derjenige, der das zweitniedrigste Angebot eingereicht hatte, den Zuschlag erhielt. Der Gerichtshof sah sich daher veranlasst, die Vorlagefrage, die lediglich auf den Ausschluss des Bieters (Eignungsprüfung) abzielte, dahingehend zu erweitern, ob diese Bedingung gegen Zuschlagskriterien der Richtlinie verstoßen.[680] Im Ergebnis hielt er diese Bedingungen nicht grundsätzlich unvereinbar mit der Vergaberichtlinie.

Danach ist eine Bedingung bzw. ein Zusatzkriterium, das den Zweck der Bekämpfung von Arbeitslosigkeit verfolgt, sowohl in der Phase

---

677 Vgl. auch *Arrowsmith*, 1 P. P. L. R. 408 (411), der die Interpretation der Kommission für „*wholly unmeritorious*" hält.

678 So *Osterloh*, Gutachten, S. 60.

679 Siehe hierzu *Benedict*, Sekundärzwecke, S. 185 ff.

680 *EuGH*, Urteil vom 20.9.1988, Rs. C-31/87 (*Beentjes*), Slg. 1988, 4635 (4654 Rn. 5; 4656 Rn. 14). Der Gerichtshof stellte in der *Calais*-Entscheidung klar, dass sich die Bedingung in der *Beentjes*-Entscheidung als Zuschlagskriterium ausgewirkt hat, vgl. *EuGH*, Urteil vom 26.9.2000, Rs. C-255/98 (*Kommission v. Französische Republik*), Slg. 2000, I-7445 (7490 Rn. 52). Man kann daher in der *Calais*-Entscheidung eine Fortführung und Bestärkung der *Beentjes*-Entscheidung sehen, weshalb diese Entscheidung auch unter dem Namen *Beentjes II* in die Literatur eingegangen ist, vgl. *Bartosch*, EuZW 2001, 230.

der Auswahl der Bieter (Eignungsprüfung)[681] wie auch in der Phase der Zuschlagserteilung zulässig, sofern dabei die wesentlichen Grundsätze des Gemeinschaftsrechts, insbesondere das Diskriminierungsverbot sowie die Publizitätsvorschriften beachtet werden.

Hinsichtlich der Berücksichtigung von Umweltschutzbelangen hat der Gerichtshof in den Entscheidungen *Concordia Bus Finland* und *Wienstrom* entschieden, dass zur Ermittlung des wirtschaftlich günstigsten Angebots Umweltschutzkriterien berücksichtigt werden dürfen, sofern diese mit dem Auftragsgegenstand zusammenhängen, dem Auftraggeber keine uneingeschränkte Entscheidungsfreiheit einräumen und im Leistungsverzeichnis oder in der Bekanntmachung des Auftrags ausdrücklich benannt sowie alle wesentlichen Grundsätze des Gemeinschaftsrechts (insbesondere das Diskriminierungsverbot und das Transparenzgebot) beachtet werden.

Die *Wienstrom*-Entscheidung führt insoweit zu einer längst überfälligen Konvergenz zwischen der Auslegung der Vergaberichtlinien und der nach Art. 6 EG umweltpolitischen Verpflichtung der Gemeinschaft auch im Bereich des öffentlichen Auftragswesens. Der Ansatz der Kommission, die Vorgabe umweltschutzbezogener Anforderungen zwar im Rahmen der Leistungsbeschreibung zuzulassen, eine Berücksichtigung derartiger Merkmale bei der Zuschlagsentscheidung dagegen als „unwirtschaftlich" abzulehnen, war von jeher widersprüchlich. Umweltanforderungen im Rahmen der Leistungsbeschreibung wirken als zwingende Anforderungen, da Angebote, die den Anforderungen nicht entsprechen, grundsätzlich nicht für den Zuschlag in Betracht kommen (es sei denn als Nebenangebot). Hierdurch wird der Angebotsmarkt und damit der Wettbewerb wesentlich stärker eingeengt, als wenn die betreffenden Merkmale lediglich als relative Auswahlkriterien im Rahmen der Zuschlagsentscheidung herangezogen werden. Gleichzeitig stehen umweltfreundliche und „herkömmliche" Produkte miteinander in Wettbewerb; dabei wird ein etwaiger Mehrpreis der umweltfreundlichen Produkte transparent.[682]

---

[681] Auch wenn der Gerichtshof die Bedingung in der *Beentjes*-Entscheidung als Zuschlagskriterium qualifiziert, so hat er aufgrund der Vorlagefrage, die sich nur auf den Ausschluss des Bieters (Eignungsprüfung) bezog, über die Zulässigkeit einer solchen Bedingung in der Phase der Auswahl der Bieter mitentschieden.

[682] *Krohn*, NZBau 2004, 92 (94).

g) Schlussfolgerung

Die Berücksichtigung von Sekundärzwecken bei der öffentlichen Auftragsvergabe ist nach den alten Vergaberichtlinien im Rahmen der Eignungsprüfung der Bieter nur sehr eingeschränkt möglich. Bei der Zuschlagserteilung können zur Ermittlung des wirtschaftlich günstigsten Angebots Kriterien, die der Verfolgung von Sekundärzwecken dienen, berücksichtigt werden, sofern diese mit dem Auftragsgegenstand zusammenhängen, dem Auftraggeber keine unbeschränkte Entscheidungsfreiheit einräumen und ausdrücklich im Leistungsverzeichnis oder in der Bekanntmachung des Auftrags benannt werden sowie alle wesentlichen Grundsätze des Gemeinschaftsrechts, insbesondere das Diskriminierungsverbot und das Transparenzgebot, beachtet werden. Unerheblich ist, ob sich mit dem Kriterium das angestrebte Ziel tatsächlich erreichen lässt.

Zum Teil wird aus den neueren Entscheidungen (*Concordia Bus Finland* und *Wienstrom*) gefolgert[683], dass der Gerichtshof seine bisherige Rechtsprechung eingeschränkt habe, da er das von Generalanwalt *Mischo*[684] unter Bezugnahme auf die Entscheidungen *Beentjes* und *Kommission/Frankreich* für entbehrlich gehaltene Erfordernis der Auftragsbezogenheit von Zuschlagskriterien in einer Weise herausstellt, die dafür spricht, dass der Gerichtshof Zuschlagskriterien, die nicht auf den jeweiligen Auftrag bezogen sind, generell nicht mehr als zulässig anerkennt, ganz unabhängig davon, ob diese Kriterien umwelt-, sozial- oder arbeitsmarktpolitischer Art sind. Teilweise wird vertreten[685], dass sich die *Concordia Bus Finland*-Entscheidung nur auf Zuschlagskriterien der DKR bezog und somit die frühere Rechtsprechung unangetastet blieb. Dem ist jedoch entgegenzusetzen, dass der Gerichtshof eindeutig klarstellte, dass die Vorlagefragen nicht anders zu beantworten gewesen wären, wenn das Vergabeverfahren in den Anwendungsbereich der SKR gefallen wäre.[686] Dies wurde durch die *Wienstrom*-Entscheidung bekräftigt, wonach der Gerichtshof entschied, dass Art. 26 LKR dem öffentlichen Auftraggeber bei der Er-

683 So z. B. *Steinberg*, EuZW 2002, 634; *Opitz*, NZBau 2003, 252; *Schütz*, WHI Materials 2/03, 39; *Bungenberg*, NVwZ 2003, 314; *Rössner/Schalast*, NJW 2003, 2361; *Antweiler*, Instrumentalisierung der Auftragsvergabe, S. 72 f.

684 Schlussanträge des Generalanwalts *Mischo* vom 13.12.2001, Rs. C-513/99 (*Concordia Bus Finland*), Slg. 2002, I-7213 (7239 Rn. 110 f.).

685 So *Bungenberg/Nowak*, ZUR 2003, 10.

686 Slg. 2002, I-7213 (I7285 Rn. 93).

mittlung des wirtschaftlich günstigsten Angebots nicht verwehrt, auch auf umweltpolitische Kriterien abzustellen. Denn die Zuschlagskriterien der Vergaberichtlinien dürfen nicht dahingehend ausgelegt werden, dass jedes Vergabekriterium, das der Auftraggeber festgelegt hat, um das wirtschaftlich günstigste Angebot zu ermitteln, „notwendigerweise rein wirtschaftlicher Art" sein muss. Danach können bei der Ermittlung des wirtschaftlich günstigsten Angebots sowohl sozial- als auch umweltpolitische Kriterien festgelegt werden.

Diese relativ weitreichende Freiheit des Auftraggebers, Zuschlagskriterien zur Ermittlung des wirtschaftlich günstigsten Angebots festzulegen, schränkt der Gerichtshof durch die Notwendigkeit eines Zusammenhangs mit dem Auftragsgegenstand ein.

In der Literatur wurde ein solcher Zusammenhang schon seit langem gefordert.[687] Die Formulierungen zu den Zuschlagskriterien nach der BKR, DKR sind in der Interpretation offen. Die *Wienstrom*-Entscheidung liefert Anhaltspunkte, welcher der verschiedenen Interpretationsmöglichkeiten der Gerichtshof folgt.

Zunächst ist denkbar, dass ein Auftragsbezug immer dann vorliegt, wenn das Kriterium sich im Auftragsgegenstand niederschlägt. So führte Generalanwalt *Mischo* aus, dass sowohl im Fall *Beentjes* als auch im Fall *Kommission/Frankreich* die Bauaufträge ebenso gut durch nichtarbeitslose Personen hätten ausgeführt werden können, die Bedingung also nicht im Zusammenhang mit dem Auftragsgegenstand stand.[688]

Diese enge Definition wird vom Gerichtshof in der *Wienstrom*-Entscheidung verworfen, da es keinen Unterschied macht, ob der zu liefernde Strom aus erneuerbaren Quellen stammt oder nicht.

Auch die weitgehende Definition, dass die Auftragsbezogenheit erst durch die Leistungsbeschreibung und/oder die Verdingungsunterlagen hergestellt wird, wird vom Gerichtshof in der vorgenannten Entscheidung verworfen. Obwohl das Zuschlagskriterium ausdrücklich durch die Ausschreibung mit dem Auftrag verbunden wurde, stellte der Gerichtshof fest, dass sich das festgelegte Zuschlagskriterium nicht auf die Leistung bezog, die Auftragsgegenstand war, nämlich die Liefe-

---

[687] Vgl. *Steinberg*, EuZW 2004, 76 (77).

[688] Schlussanträge des Generalanwalts *Mischo* vom 13.12.2001, Rs. C-513/99 (*Concordia Bus Finland*), Slg. 2002, I-7213 (7239 Rn. 111).

rung der Strommenge des im Rahmen des ausgeschriebenen Auftrags zu erwartenden jährlichen Verbrauchs der im österreichischen Bundesland Kärnten gelegenen Verwaltungsdienststellen des Bundes.

Der Gerichtshof hat sich für eine Kombination aus beiden vorgenannten Interpretationsmöglichkeiten entschieden. Danach wird zwar durch die Festlegung und Bekanntmachung des Zuschlagskriteriums grundsätzlich ein Auftragsbezug hergestellt, jedoch ist erforderlich, dass sich das Kriterium auf die Leistung bezieht, die Gegenstand des Auftrages ist. Legt der Auftraggeber hingegen ein Kriterium fest, das für den konkreten Auftrag keine Relevanz hat, ist der erforderliche Zusammenhang zum Auftragsgegenstand nicht gegeben. Hieran scheiterte das Zuschlagskriterium in der *Wienstrom*-Entscheidung, da sich das Kriterium ausschließlich auf die Menge an Öko-Strom bezog, die den zu erwartenden jährlichen Verbrauch der zu beliefernden Verwaltungsdienststellen überstieg, also für den konkreten Auftrag gar nicht benötigt wurde.[689]

Danach können sowohl umwelt- als auch sozialpolitische Kriterien grundsätzlich als mit dem Auftragsgegenstand zusammenhängend angesehen werden, wenn sie sich auf die jeweilige Leistung beziehen, die Gegenstand des Auftrages (Primärzweck) ist und entsprechend bekannt gemacht werden. Danach bestünde auch in den Fällen *Beentjes* und *Kommission/Frankreich* ein Auftragsbezug.[690]

Das Erfordernis des Auftragszusammenhangs würde danach nicht bestehen, wenn sich das Kriterium des wirtschaftlich günstigsten Angebots beispielsweise auf die gesamte Betriebsorganisation des Bieters erstreckt, sofern diese nicht insgesamt für den Auftrag (von der Planung bis zur Ausführung) von Bedeutung ist. Auch über den einzelnen Auftrag hinausgehende soziale oder umweltschützende Maßnahmen des Auftragnehmers können nicht als mit dem Auftragsgegenstand zusammenhängend angesehen werden. Danach wären z. B. Zielvorgaben bei der Frauenförderung, wie sie in dem amerikanischen Modell bestehen, jedenfalls im Rahmen der Beurteilung des wirtschaftlich günstigsten Angebots unzulässig, da sie zukunftorientiert sind und sich nicht auf die Ausführung des Auftrags beschränken.

---

[689] *EuGH*, Urteil vom 4.12.2003, Rs. C-448/01 (*EVN AG Wienstrom GmbH*), Rn. 68.

[690] So auch *Steinberg*, EuZW 2004, 76 (77).

Die vom Gerichtshof festgelegte Einschränkung der Freiheit, die Wirtschaftlichkeit bei der Ermittlung des wirtschaftlich günstigsten Angebots selbst zu bestimmen, gewährleistet, dass der öffentliche Auftraggeber den Primärzweck der Vergabe nicht vernachlässigt, ohne dass die Möglichkeit, Gemeinwohlaspekte zu verwirklichen, aus den Augen verloren geht.

Unklar ist hingegen, ob die Berücksichtigung des allgemeinen sozialen und umweltschützenden Engagements der Bieter (auf der Basis der *Beentjes*- und der *Kommission/Frankreich*-Entscheidung) außerhalb der Ermittlung des wirtschaftlich günstigsten Angebots als „besonderes zusätzliches Kriterium" gemeinschaftsrechtlich (weiterhin) zulässig ist.

Weder die Entscheidung *Concordia Bus Finland* noch die *Wienstrom*-Entscheidung enthalten einen Hinweis, wie sich der in *Beentjes* festgestellte nicht abschließende Charakter der Vergaberichtlinien zu dem Erfordernis eines Zusammenhangs zwischen den zur Ermittlung des wirtschaftlichsten Angebots herangezogenen Kriterien und dem Auftragsgegenstand verhält. Der Gerichtshof hat sich in den beiden neueren Entscheidungen vielmehr auf eine Auslegung der Zuschlagskriterien im Rahmen der Ermittlung des wirtschaftlich günstigsten Angebots nach der DKR, SKR und der LKR beschränkt. Er hat keine Aussagen darüber getroffen (was in beiden Fällen auch nicht erforderlich war), ob über den koordinierten Anwendungsbereich der Vergaberichtlinien hinaus die Berücksichtigung von umwelt- oder sozialpolitischen Belangen bei der Vergabe öffentlicher Aufträge zulässig ist. Dafür, dass der Gerichtshof seine frühere Rechtsprechung unangetastet lässt, spricht, dass der Gerichtshof in seinen beiden neueren Entscheidungen auf *Beentjes* und *Kommission/Frankreich* Bezug nimmt. Wollte der Gerichtshof die Beschäftigung von Langzeitarbeitslosen künftig nicht mehr als ein zulässiges Kriterium anerkennen, so hätte er dies wohl deutlich zum Ausdruck gebracht und sich von seinen früheren Entscheidungen ausdrücklich distanziert. Dies ist jedoch nicht erfolgt. Im Gegenteil, dadurch dass der Gerichtshof die beiden Entscheidungen *Beentjes* und *Kommission/Frankreich* ausdrücklich erwähnt, die die Frage nach der Zulässigkeit sog. „vergabefremder" Kriterien außerhalb des koordinierten Bereichs der Vergaberichtlinien betrafen[691], ohne eine Änderung dieser Rechtsprechung in den neueren Entscheidungen auch nur ansatzweise anzudeuten, bekräftigt er, dass die Beschäftigung von Langzeitarbeitslosen als ein zusätzliches Kriterium bei der Vergabeentscheidung außerhalb des koordinierten Anwendungsbereichs der Vergaberichtlinie auch weiterhin zulässig ist.

Welche Sekundärzwecke, neben der Beschäftigung von Langzeitarbeitslosen, außerhalb des koordinierten Anwendungsbereichs der Richtlinien mit der Auftragsvergabe verfolgt werden können, bleibt ungewiss.

Macht man sich die Argumentation des Generalanwalts *Mischo*[692] in der Rechtssache *Concordia Bus Finland* zu Eigen, muss der mit der Vergabe verfolgte Sekundärzweck dem Gemeinschaftsinteresse dienen. Diese relativ weitreichende Freiheit der Berücksichtigung von Sekundärzwecken läge jedenfalls auf der Linie der Rechtsprechung des Gerichtshofs zum freien Warenverkehr und zur Dienstleistungsfreiheit, die den Mitgliedstaaten seit einigen Jahren zumindest den Anschein nach größere Spielräume belässt.[693]

Im Lichte dieser Entscheidungen wäre es geradezu paradox, wenn der Gerichtshof im Bereich des öffentlichen Auftragswesens den Mitgliedstaaten eine absolute liberale Wirtschaftspolitik aufzwänge, die sich jeglicher sozialen oder umweltpolitischen Akzentsetzungen zu enthalten hätte.[694] Dies hieße auch zu vergessen, dass gemäß Art. 2 EG der Binnenmarkt, zu dessen Verwirklichung die Richtlinien über die Vergabe öffentlicher Aufträge dienen, kein Ziel an sich, sondern ein Mittel zur Verwirklichung einer harmonischen, ausgewogenen und nachhaltigen Entwicklung des Wirtschaftslebens, eines hohen Beschäftigungsniveaus und eines hohen Maßes an sozialem Schutz, der

---

691 Zu diesem entscheidenden Unterschied siehe insbesondere *Benedict*, Sekundärzwecke, S. 158 ff.

692 Schlussanträge des Generalanwalts *Mischo* vom 13.12.2001, Rs. C-513/99 (*Concordia Bus Finland*), Slg. 2002, I-7213 (7236 f. Rn. 91-94).

693 Vgl. *EuGH*, Urteil vom 24.11.1993, verb. Rs. C-267/91 und C-268/91(*Keck*), Slg. 1993, I-6097; *EuGH*, Urteil vom 28.4.1998, Rs. C-120/95 (*Decker*), Slg. 1998, I-1831; *EuGH*, Urteil vom 28.4.1998, Rs. C-158/96 (*Kohll*), Slg. 1998, I-1931; *EuGH*, Urteil vom 21.9.1999, Rs. C-124/97 (*Läärä*), Slg. 1999, I-6067; *EuGH*, Urteil vom 8.3.2001, Rs. C-405/98 (*Gourmet*), Slg. 2001, I-1795; *EuGH*, Urteil vom 13.3.2001, Rs. C-379/98 (*PreussenElektra*), Slg. 2001, I-2099. Vgl. auch *Krohn*, NZBau 2004, 92.

694 *Schirma*, NZBau 2002, 1 (6).

Gleichstellung von Männern und Frauen und eines hohen Maßes an Umweltschutz ist.

Danach erscheint die Berücksichtigung von Sekundärzwecken außerhalb des koordinierten Anwendungsbereichs der Vergaberichtlinien zulässig, sofern diese sich mit den Gemeinschaftszielen (Art. 2 EG) decken und die wesentlichen Grundsätze des Gemeinschaftsrechts, insbesondere das Diskriminierungsverbot und das Transparenzgebot beachten.

II. Änderung der Rechtslage durch Inkrafttreten der neuen Vergaberichtlinien?

Eines der Kernprobleme des bisherigen europäischen Vergaberechts war mangels einer expliziten Regelung die Frage nach der Zulässigkeit der Berücksichtigung vergabefremder Eignungs- und Zuschlagskriterien bei der Auftragsvergabe.

Auch die neuen Vergaberichtlinien sehen keinen Ausschluss von Bietern vom Vergabeverfahren wegen Nichteinhaltung tariflicher oder sonstiger arbeits- und sozialrechtlicher Vorschriften und Gesetzen einschließlich der gesetzlichen Vorschriften zur Gleichbehandlung vor, es sei denn, dass diese im Rahmen ihrer beruflichen Tätigkeit eine schwere Verfehlung darstellen. Die Mitgliedstaaten legen hierfür unter Beachtung des Gemeinschaftsrechts den Maßstab fest.[695]

Bei Bau- und Dienstleistungsaufträgen können die öffentlichen Auftraggeber Nachweise für die Erfüllung bestimmter Normen für das Umweltmanagement durch Vorlage von Bescheinigungen unabhängiger Stellen verlangen. Diese müssen auf das Gemeinschaftssystem für das Umweltmanagement und die Umweltbetriebsprüfung (EMAS) oder auf Normen für das Umweltmanagement Bezug nehmen, die auf europäischen oder internationalen Normen beruhen und von entsprechenden Stellen zertifiziert sind. Gleichwertige Bescheinigungen von Stellen in anderen Mitgliedstaaten sind anzuerkennen.[696]

Die neuen Vergaberichtlinien sehen nunmehr die Berücksichtigung von „Umwelteigenschaften" ausdrücklich als zulässiges Kriterium zur

---

[695] Lediglich die Nichtzahlung von Sozialabgaben sowie von Steuern und Abgaben kann zum Ausschluss vom Vergabeverfahren führen, vgl. Art. 45 ff. Klassische Richtlinie; Art. 54 Sektoren-Richtlinie.

[696] Vgl. Art. 50 Klassische Richtlinie.

Ermittlung des wirtschaftlich günstigsten Angebots vor.[697] Dies stellt jedoch keine Änderung gegenüber der alten Rechtslage dar. Vielmehr hat die Hinzufügung des Kriteriums „Umwelteigenschaften" lediglich klarstellende Funktion, da dieses Kriterium auch schon nach den alten Vergaberichtlinien zulässig war.

Hinsichtlich der Berücksichtigung von Sekundärzwecken findet sich in den Erwägungsgründen zu den Vergaberichtlinien der Hinweis, dass die Richtlinien sich auf die Rechtsprechung des Gerichtshofs, insbesondere zu den Zuschlagskriterien (*Concordia Bus Finland*, *Wienstrom*) gründen.[698] Danach steht fest, dass die öffentlichen Auftraggeber Sekundärzwecke berücksichtigen können, sofern diese im Zusammenhang mit dem Auftragsgegenstand stehen, dem öffentlichen Auftraggeber keine uneingeschränkte Entscheidungsfreiheit einräumen, ausdrücklich in den Ausschreibungsunterlagen erwähnt werden und den Grundsätzen des Gemeinschaftsrechts, insbesondere dem Diskriminierungsverbot und dem Transparenzgebot entsprechen.

Wird dem wirtschaftlich günstigsten Angebot der Zuschlag erteilt, so versetzen die wirtschaftlichen und qualitativen Zuschlagskriterien (wie z. B. Kriterien zur Erfüllung von Umweltanforderungen) den Auftraggeber in die Lage, auf die Bedürfnisse der betroffenen Allgemeinheit, so wie es in den Leistungsbeschreibungen festgelegt ist, einzugehen. Unter denselben Voraussetzungen kann ein Auftraggeber auch Kriterien zur Erfüllung sozialer Anforderungen anwenden, die insbesondere den (in den vertraglichen Spezifikationen festgelegten) Bedürfnissen besonders benachteiligter Bevölkerungsgruppen entsprechen, denen die Nutzer der Bauleistungen, Lieferungen oder Dienstleistungen angehören.[699] Auch dies stellt keine Änderung gegenüber den bisher geltenden Richtlinien dar.

Die Vergaberichtlinien sehen nunmehr ausdrücklich vor, dass mittels Bedingungen für die Auftragsausführung soziale und umweltbezogene Aspekte, die nicht im Zusammenhang mit dem Auftragsgegenstand stehen, Berücksichtigung finden können.[700] So kann der Auftragnehmer während der Dauer der Auftragsausführung z. B. verpflichtet

---

697 Vgl. Art. 53 Klassische Richtlinie und Art. 55 Sektoren-Richtlinie.

698 Erwägungsgrund Nr. 1 Klassische Richtlinie; Erwägungsgrund Nr. 1 Sektoren-Richtlinie.

699 Vgl. Erwägungsgrund Nr. 55 Klassische Richtlinie; Erwägungsgrund Nr. 46 Sektoren-Richtlinie.

700 Art. 26 Klassische Richtlinie; Art. 38 Sektoren-Richtlinie.

werden, Langzeitarbeitslose einzustellen oder Ausbildungsmaßnahmen für Arbeitnehmer oder Jugendliche durchzuführen, oder die Bestimmungen der grundlegenden Übereinkommen der Internationalen Arbeitsorganisation (IAO), für den Fall, dass diese nicht in innerstaatliches Recht umgesetzt worden sind, im Wesentlichen einzuhalten, oder ein Kontingent von behinderten Personen einzustellen, das über dem nach innerstaatlichem Recht vorgeschriebenen Kontingent liegt.[701] Auch dies war bereits unter den alten Vergaberichtlinien möglich.[702] Eine Änderung der Rechtslage ist dadurch nicht eingetreten.

Daneben können die öffentlichen Auftraggeber in den Verdingungsunterlagen die Stellen angeben, bei denen die Bewerber die Informationen über ihre Verpflichtungen im Zusammenhang mit Steuern und dem Umweltschutz sowie über die Verpflichtungen erhalten, die sich aus den Vorschriften über Arbeitsschutz und Arbeitsbedingungen ergeben können. Werden diese Informationen bekannt gegeben, so ist der Bewerber zu der Erklärung verpflichtet, dass er bei seinem Angebot seine Verpflichtungen aus den am Ort der Leistungserbringung geltenden Vorschriften über Arbeitsschutz und Arbeitsbedingungen berücksichtigt hat.[703] Andernfalls kann das Angebot als ungewöhnlich niedrig abgelehnt werden.[704]

Darüber hinaus können Programme zur Förderung von Behinderten vorsehen, dass nur geschützte Werkstätten am Vergabeverfahren teilnehmen oder solche Aufträge ausführen.[705] Soweit möglich, soll zudem die Nutzbarkeit des Auftraggegenstandes für diese Personen wie auch für die Allgemeinheit bei der Konzeption des Auftrags und der Verdingungsunterlagen berücksichtigt werden.[706]

Mit der Neufassung der Vergaberichtlinien kam die EG zugleich ihrer Verpflichtung zur Umsetzung des WTO-Beschaffungsübereinkom-

---

701 Vgl. Erwägungsgrund Nr. 44 Klassische Richtlinie; Erwägungsgrund Nr. 33 Sektoren-Richtlinie.

702 Vgl. Mitteilung der Kommission „über die Auslegung des gemeinschaftlichen Vergaberechts und die Möglichkeiten zur Berücksichtigung sozialer Belange bei der Vergabe öffentlicher Aufträge“ vom 15.10.2001, KOM (2001) 566 endg.

703 Art. 27 Klassische Richtlinie; Art. 39 Sektoren-Richtlinie.

704 Art. 55 Abs. 1 lit. d Klassische Richtlinie; Art. 57 Abs. 1 lit. d Sektoren-Richtlinie.

705 Art. 19 Klassische Richtlinie; Art. 28 Sektoren-Richtlinie.

706 Art. 23 Abs. 1 Klassische Richtlinie; Art. 34 Abs. 1 Sektoren-Richtlinie.

mens (GPA) nach[707], die in den Erwägungsgründen ausdrücklich erklären, dass keine Bestimmung der Vergaberichtlinien

> „[...] *dem Erlass oder der Durchsetzung von Maßnahmen entgegenstehen* [sollte], *die zum Schutz der öffentlichen Sittlichkeit, Ordnung und Sicherheit oder zum Schutz der Gesundheit und des Lebens von Menschen und Tieren oder Gesundheit von Pflanzen, insbesondere im Hinblick auf eine nachhaltige Entwicklung, notwendig sind, sofern diese Maßnahmen mit dem Vertrag im Einklang stehen.*“[708]

Nach dieser Ausnahme (die der Ausnahmevorschrift des Art. XXIII Abs. 2 GPA entspricht[709]) erscheint die Berücksichtigung von Sekundärzwecken bei der öffentlichen Auftragsvergabe denkbar, wenn sie zum Schutz eines hohen öffentlichen Interesses notwendig ist und insbesondere nicht gegen das Diskriminierungsverbot verstößt.

Fraglich ist, welchen Stellenwert dieser Ausnahme in der juristischen Diskussion zukommt, da sie systematisch betrachtet keine eigenständige Ausnahmevorschrift, sondern (wegen ihrer Erwähnung in den Erwägungsgründen) eher eine Auslegungsregelung darstellt.

Unklar ist auch, wie die unbestimmten Rechtsbegriffe „Schutz der öffentlichen Sittlichkeit, Ordnung und Sicherheit“, „Schutz der Gesundheit und Leben von Menschen, Tieren“ und „Schutz der Gesundheit von Pflanzen“ auszulegen sind. Orientiert man sich an der Panel-Praxis hinsichtlich des Art. XX GATT, so wird die Ausnahmevorschrift eher restriktiv auszulegen sein. Findet die Ausnahme in den Erwägungsgründen jedoch durch die Umsetzungspflicht der Mitgliedstaaten Eingang in das nationale Recht, so wird man sich einer großzügigeren Auslegung nicht verschließen können.

Ob jedoch für die Berücksichtigung von Sekundärzwecken der eher ungewisse Weg über diese Ausnahme überhaupt beschritten werden muss, kann bezweifelt werden. Die Entstehungsgeschichte der neuen

---

[707] Auch wenn diese Ausnahme nicht durch Einfügung eines neuen Artikels, sondern lediglich durch die Erwähnung in den Erwägungsgründen zu den Vergaberichtlinien Eingang in das Sekundärrecht gefunden hat, ist wohl der Umsetzungspflicht, wenn auch in abgeschwächter Form, genüge getan.

[708] Vgl. Erwägungsgrund Nr. 6 Klassische Richtlinie; Erwägungsgrund Nr. 13 Sektoren-Richtlinie.

[709] Siehe oben, S. 71 ff.

Vergaberichtlinien zeigt, dass das starre Festhalten der Kommission[710] an einem Vergabeverfahren ohne vergabefremde Kriterien und den dafür aufgeschlossenen Wirtschafts- und Sozialausschuss[711] sowie den Ausschuss der Regionen[712] und dem Europäischen Parlament[713] nur zu dem kleinsten gemeinsamen Kompromiss geführt hat. Zwar findet die Möglichkeit der Berücksichtigung von Sekundärzwecken nun auch ausdrücklich in den Vergaberichtlinien Erwähnung. Eine rechtliche Änderung zur den früheren Vergaberichtlinien ist damit jedoch nicht verbunden. Damit erscheinen auch künftig außerhalb des koordinierten Anwendungsbereichs der Richtlinien weitere (soziale oder umweltschützende) Kriterien, die nicht im Zusammenhang mit dem Auftrag stehen, sowohl bei der Eignungsprüfung als auch bei der Zuschlagserteilung, möglich. Voraussetzung hierfür ist allerdings, dass wesentliche Grundsätze des Gemeinschaftsrechts, insbesondere das Transparenzgebot und das Diskriminierungsverbot Beachtung finden. Andernfalls wäre aufgrund der anhaltenden Diskussion und der Entwicklung der Rechtsprechung eine klarstellende Regelung erforderlich gewesen, die eine derartige Berücksichtigung von Sekundärzwecken für unzulässig erklärt.

Insgesamt erscheint die Neufassung der Vergaberichtlinien Sekundärzwecken gegenüber offener zu sein als die bisher geltenden Richtlinien. Tatsächlich aber geht mit der Novellierung keine Änderung der Rechtslage einher, die die Zulässigkeit der Berücksichtigung von Sekundärzwecken ausweiten würde. Hinsichtlich der Berücksichtigung von (insbesondere umweltschützenden) Sekundärkriterien bei der Ermittlung des günstigsten Angebots wird auf die dazu ergangene Rechtsprechung des Gerichtshofs (*Concordia-Bus-Finland*; *Wienstrom*) abgestellt. Keine Antwort geben die Richtlinien auf die Frage, wie sich die *Beenjtes*- und die *Kommission/Frankreich*-Entscheidung des Gerichtshofs auf die neuen Vergaberichtlinien auswirken. Angesichts des Kompromisscharakters und der Auslegungsbedürftigkeit der neuen Regelungen erscheint die Debatte um die Zulässigkeit der Berücksichtigung von Sekundärzwecken in der öffentlichen Auftragsvergabe nicht beendet.

---

[710] ABl. C 29 E vom 30.1.2001, S. 112 und ABl. C 203 E vom 27.8.2002, S. 183.
[711] ABl. C 193 vom 10.7.2001, S. 1.
[712] ABl. C 144 vom 16.5.2001, S. 23.
[713] ABl. C 271 E vom 7.11.2002, S. 293.

C. Zusammenfassung

Die gemeinschaftsrechtliche Zulässigkeit der Verfolgung von Sekundärzwecken bei der öffentlichen Auftragsvergabe ist anhand des Primär- und Sekundärrechts zu beurteilen.

Im Anwendungsbereich der Vergaberichtlinien (Sekundärrecht) ist die Berücksichtigung von Sekundärzwecken nur sehr eingeschränkt möglich. Sie sehen abschließende Kataloge zulässiger Ausschlussgründe und Eignungsnachweise zur Feststellung der wirtschaftlichen und finanziellen Leistungsfähigkeit des Bieters vor, die nur in sehr eingeschränktem Rahmen die Berücksichtigung von Sekundärkriterien zulassen. Bei der Ermittlung des wirtschaftlich günstigsten Angebots müssen Sekundärkriterien mit dem Auftragsgegenstand zusammenhängen. Allerdings hält die Rechtsprechung des Europäischen Gerichtshofs eine Bedingung, die den Kampf der Arbeitslosigkeit zum Gegenstand hat, mit dem Sekundärrecht nicht für unvereinbar. Danach stellen die Vergaberichtlinien kein einheitliches und erschöpfendes Gemeinschaftsrecht dar.

Außerhalb des koordinierten Anwendungsbereichs der Vergaberichtlinien erscheint die Berücksichtigung von Sekundärzwecken daher möglich, sofern diese dem Allgemeininteresse der Gemeinschaft dienen, Publizitätsvorschriften beachten und nicht gegen das Primärrecht, insbesondere das Diskriminierungsverbot, verstoßen.

Sofern Bevorzugungsregelungen im Einzelnen so ausgestaltet sind, dass sie den regional unterschiedlichen Ausgangsbedingungen der potenziellen Auftragsbewerber angemessen Rechnung tragen, also einheimischen Bewerbern keinen faktischen Wettbewerbsvorteil verschaffen und damit Bewerber aus anderen Mitgliedstaaten mittelbar diskriminieren, verstößt die Beachtung von Sekundärzwecken grundsätzlich nicht gegen das Primärrecht. Problematisch dürfte es sein, wenn die Verfolgung von Sekundärzwecken an nationale Bestimmungen oder Standards anknüpft, die von ausländischen Bewerbern meist schwieriger zu erfüllen sind.

Kapitel Sieben

Die Zulässigkeit der Berücksichtigung von Sekundärzwecken nach deutschem Recht

A. Kartellvergaberecht

Ab Erreichen bestimmter *Schwellenwerte*[714] erlaubt § 97 Abs. 4, 2. Halbs. GWB dem Bund und den Ländern „weitergehende“ Anforderungen - als die im 1. Halbs. genannten (Fachkunde, Leistungsfähigkeit und Zuverlässigkeit) - an Auftragnehmer zu stellen. Damit können zusätzliche Kriterien, die die Verfolgung von politischen Zielen ermöglicht, Berücksichtigung finden, sofern sie aufgrund eines Gesetzes beruhen.

I. Gesetzgebungsverfahren

Diese Regelung war während des Gesetzgebungsverfahrens stark umstritten. So hatte das Land Hessen im Bundesrat Zweifel daran geäußert, ob der Bund unter Rückgriff auf Art. 74 Nr. 11 und Nr. 16 GG überhaupt eine ausreichende Kompetenz für die Regelung des Vergaberechts besitzt.[715] Der Bundesrat ist dieser Position jedoch nicht gefolgt, sondern schlug stattdessen zwei Änderungen des von der Bundesregierung[716] formulierten § 106 Abs. 3 GWB (jetzt § 97 Abs. 4 GWB) vor. Die eine betraf die Festlegung abweichender Anforderungen, die eine Berücksichtigung von Sekundärzwecken ermöglichen sollte. Während die Bundesregierung lediglich „weitergehende Anforderungen“ zulassen wollte, sprach sich der Bundesrat für „andere oder weitergehende Anforderungen“ aus. In diesem Punkt setzte er sich durch. Damit ist es zulässig, die in § 97 Abs. 4, 1. Hs. GWB genannten Kriterien der Fachkunde, Leistungsfähigkeit und Zuverlässigkeit

[714] Siehe Fn. 55, S. 37.
[715] BR-Drs. 646/97.
[716] BT-Drs. 13/9340.

durch „andere" zu ersetzen, also sog. „vergabefremde" Kriterien vorzuschreiben.

Die zweite vom Bundesrat vorgeschlagene Änderung betraf die Handlungsinstrumente. Statt wie die Bundesregierung allein ein Bundesgesetz für ausreichend zu erklären, sollten die anderen bzw. weitergehenden Anforderungen auch durch „Rechts- und Verwaltungsvorschriften des Bundes und der Länder" bestimmt werden können. In seiner Begründung wies der Bundesrat ausdrücklich darauf hin, dass die Beschränkung auf Bundesgesetze die größtenteils auf Verwaltungsvorschriften beruhende Praxis der Länder, insbesondere die Tariftreueklauseln unzulässig machen würde. Nachdem der Bundestag im Sinne der Regierungsvorschläge entschieden hatte, wiederholten die Länder im zweiten Durchgang ihren ursprünglichen Beschluss[717] und riefen den Vermittlungsausschuss[718] an. Als Kompromiss kam schließlich die Gesetz gewordene Formulierung zustande.[719]

Damit erlaubt § 97 Abs. 4, 2. Halbs. GWB Bund und Ländern die Berücksichtigung von Sekundärzwecken, jedoch bedarf es hierfür eines Gesetzes. Damit ist der früheren Praxis[720] der Erlasse und Richtlinien ebenso die Grundlage entzogen wie etwaigen Plänen, den Verordnungsgeber zur Festlegung von Sekundärzwecken zu ermächtigen. Grund, Inhalt und Grenzen der Berücksichtigung von Sekundärzwecken müssen durch Parlamentsgesetz bestimmt werden.[721] Nähere Ausführungsbestimmungen kann der Verordnungsgeber erlassen.

II. Gesetzgebungskompetenz

Da der primäre Normzweck des Kartellvergaberechts der §§ 97 ff. GWB in der wettbewerbskonformen und haushälterischen Gestaltung der staatlichen Nachfragetätigkeit im Verhältnis zur Wirtschaft besteht, folgt die Gesetzgebungskompetenz für diese Bundesbestimmungen aus Art. 74 Abs. 1 Nr. 1, 11, 16 und Art. 109 Abs. 3 GG. Soweit

---

[717] BR-Drs. 372/98.

[718] Vgl. die Beschlussempfehlung des Vermittlungsausschusses, BT-Drs. 13/10876.

[719] Zur Entstehungsgeschichte siehe auch *Rust*, NJ 2001, 113 (114).

[720] Frühe Richtlinien und Verwaltungsvorschriften sind gem. Art. 3 Nr. 5 VgRÄG am 30.6.2000 außer Kraft getreten.

[721] *Marx*, in: Schwarze, Die Vergabe öffentlicher Aufträge im Lichte des europäischen WirtschaftsR, S. 81; *Gröning*, ZIP 1999, 52 (55).

der Bund hiervon keinen Gebrauch macht, liegt die Gesetzgebungskompetenz bei den Ländern (vgl. Art. 70 Abs. 1 GG).

Für den Bund bedeutet dies, dass er grundsätzlich die Kompetenz zum Erlass von Gesetzen über die Berücksichtigung von Sekundärzwecken besitzt. Inhaltlich könnte er für den Bereich seiner eigenen Verwaltung wie für die Verwaltungen der Länder und Gemeinden (unter Beachtung der Anforderungen des Art. 72 Abs. 2 GG) entweder einen oder mehrere Sekundärzwecke regeln, oder den Ländern die Verfolgung bestimmter vergabefremder Zwecke verbieten. Erginge eine bundesgesetzliche Regelung, könnten die Länder nicht mehr tätig werden; bereits bestehende Landesgesetze würden kompetenzwidrig. Solange der Bund nicht von seiner Gesetzgebungskompetenz Gebrauch macht, können die Länder Gesetze erlassen, die „weitergehende Anforderungen" als die in § 97 Abs. 4, 1. Hs. GWB genannten aufstellen und somit Sekundärzwecke verfolgen.[722]

III. Normenkollision

Sofern Bundesländer Gesetze erlassen, mit denen bestimmte Sekundärzwecke verfolgt werden, kann dies zu einer *Normenkollision* zwischen Bundes- und Landesrecht führen, die unter Zuhilfenahme der allgemeinen verfassungsrechtlichen Regeln bewältigt werden muss.

Art. 31 GG bestimmt den Vorrang des Bundes- vor Landesrecht. Voraussetzung hierfür ist, dass zwei Normen miteinander kollidieren, also bei Anwendung der Normen auf denselben Sachverhalt zu verschiedenen Ergebnissen führen.[723] Für diesen Fall bestimmt Art. 31 GG den Vorrang des Bundesrechts mit der Folge der Nichtigkeit des kollidierenden Landesrechts. Hat der Bundesgesetzgeber im Rahmen seiner konkurrierenden Kompetenz (Art. 72 GG) eine *erschöpfende* Regelung getroffen, so fehlt dem Landesgesetzgeber die Kompetenz für eine Regelung der Materie.[724]

Was das Verhältnis zum allgemeinen Kartellrecht des GWB anbelangt, so wird die Ansicht vertreten, dass die Missbrauchsvorschriften des allgemeinen Kartellrechts (§§ 19, 20 GWB) zwar nicht unbedingt

---

[722] Zur Kompetenzfrage siehe auch *Heintzen*, ZHR 2001, 62 (64 ff); *Rust*, NJ 2001, 113 (115).

[723] Vgl. *BVerfG*, BVerGE 36, 363.

[724] *Brockmeyer*, in: Schmidt-Bleibtreu/Klein, GG, Art. 31 Rn. 6.

in Anbetracht eines Bundesgesetzes über „weitergehende Anforderungen", wohl aber in Anbetracht diesbzgl. Landesregelungen anwendbar bleiben, weil der Vorschrift des § 97 Abs. 4, 2. Halbs. GWB keine Ermächtigung der Länder zur Legalisierung ansonsten kartellrechtswidriger Tatbestände entnommen werden könne.[725]

Hiergegen wird eingewandt, dass Wortlaut und Entstehungsgeschichte des § 97 Abs. 4 GWB der Fortgeltung des allgemeinen Kartellrechts entgegenstünden. Angesichts der ausdrücklichen Erwähnung der Tariftreuklauseln im Gesetzgebungsverfahren wäre es zwingend geboten gewesen, ein Abgehen von der bisherigen Praxis ausdrücklich im Gesetzestext zu verankern.[726] Materiell-rechtlich betrachtet, verweise § 97 Abs. 4, 2. Halbs. GWB zur Beurteilung der Statthaftigkeit von Sekundärzwecken nach außen, d.h. auf Gesetze außerhalb des GWB, nach dem ihre Verfolgung an sich ausgeschlossen wäre.[727] Diese Verweisung beziehe sich auf Bundes- wie Landesgesetze gleichermaßen. Wenn nun der Bundesgesetzgeber durch ein nach § 97 Abs. 4, 2. Halbs. GWB erlassenes Gesetz die Anwendung des § 20 Abs. 1 GWB ausschließen könnte[728], müsse dasselbe auch für einen Landesgesetzgeber gelten, da § 97 Abs. 4 GWB in keiner Weise zwischen Bundes- und Landesgesetzen differenziert. Die durch Gesetz festgelegten „anderen oder weitergehenden Anforderungen" seien als „sachliche Gründe" zu betrachten, die eine unterschiedliche Behandlung nach § 20 Abs. 1 GWB rechtfertige und die eine Behinderung der Unternehmen, die ihnen nicht entsprechen, nicht unbillig erscheinen lasse.[729]

Seitdem der Bundesgesetzgeber Sekundärzwecke explizit einem eigenen Regime (Kartellvergaberecht, §§ 97 ff. GWB) unterworfen hat,

---

[725] So der *BGH* im Vorlagebeschluss vom 18.1.2000 - KVR 23/98 (KG), NZBau 2000, 189 (193 f.). Hierzu auch *Karenfort/v. Koppenfels/Siebert*, BB 1999, 1825 (1828 f.); *Emmerich*, Kartellrecht, S. 38 ff. Die Vorlagesache wird beim *BVerfG* unter dem Az. 1 BVL 4/00 geführt. Eine Entscheidung in dieser Sache ist im Jahr 2004 nicht mehr zu erwarten, vgl. www.bverfg.de.

[726] Vgl. *Däubler/Rust*, Stellungnahme zum Vorlagebeschluss des BGH (KVR 23/98), S. 15 ff., die in §§ 97 ff. GWB im Vergleich zu §§ 19 ff. GWB *lex-specialis* Vorschriften sehen, sofern die Schwellenwerte nach § 127 GWB überschritten sind.

[727] *Burgi*, NZBau 2001, 64 (69).

[728] *Dreher*, JZ 2000, 514 (519), verlangt, dass in einem Bundesgesetz auf der Grundlage des § 97 Abs. 4 GWB „ausdrücklich die Geltung des allgemeinen Kartellrechts außer Kraft" gesetzt werden müsse.

[729] Vgl. *Däubler/Rust*, Stellungnahme zum Vorlagebeschluss des BGH (KVR 23/98), S. 24.

sei die Behauptung der Fortwirkung des allgemeinen Kartellrechts beweispflichtig.[730] Seit der Neuregelung des Vergaberechts müsse daher zwischen den unterschiedlichen Normenkomplexen unterschieden werden: das allgemeine Kartellrecht (insb. die Missbrauchstatbestände der §§ 19, 20 GWB), das Kartellvergaberecht (§§ 97 ff. GWB) und die etwaigen erlassenen Bundes- oder Landesgesetze mit „weitergehenden Anforderungen". Dabei komme den §§ 97 ff. GWB im Verhältnis zu §§ 19 ff. GWB *lex-specialis* Charakter zu.[731] Unsicherheit und Vollzugsschwierigkeiten drohten, müsste man explizite Spezialregelungen an allgemeinen Missbrauchsnormen messen.[732] Da der Bund im Hinblick auf die Verfolgung von Sekundärzwecken keine erschöpfende Regelung getroffen, sondern sie - ausweislich des § 97 Abs. 4, 2. Halbs. GWB - einer anderweitigen Regelung überlassen hat, bestünde aufgrund der Spezialregelung auch kein Normenkonflikt.[733]

Etwas anderes könnte sich jedoch ergeben, wenn der Bund aufgrund einer Sachgesetzgebungskompetenz Regelungen getroffen hat, wie beispielsweise, wenn bestimmte Umweltstandards festgelegt oder Aussagen über die Allgemeinverbindlicherklärung von Tarifverträgen[734] getroffen worden sind. Ergibt die Prüfung, dass der Bund im

---

730 *Burgi*, NZBau 2001, 64 (69).

731 *Däubler/Rust*, Stellungnahme zum Vorlagebeschluss des BGH (KVR 23/98), S. 16.

732 *Burgi*, NZBau 2001, 64 (68).

733 Vgl. *Burgi*, NZBau 2001, 64 (69).

734 Der *BGH* ist der Ansicht, der Bund habe von seiner konkurrierenden Zuständigkeit aus Art. 74 Abs. 1 Nr. 12 GG mit der Verabschiedung des Tarifvertragsgesetzes (TVG) abschließend Gebrauch gemacht. Dieser enthalte in § 5 TVG eine umfassende Regelung über die Allgemeinverbindlicherklärung von Tarifverträgen, so dass das Land Berlin keine Kompetenz zum Erlasse etwaiger Tariftreueerklärungen habe, vgl. *BGH*, Beschluss vom 18.1.2000 - KVR 23/98 (KG), NZBau 2000, 189 (B. II. 1.). Hiergegen wird eingewandt, dass § 5 TVG nicht nur eine andere Funktion (Arbeitnehmerschutz) als die Tariftreueregelungen des Vergaberechts (Schutz vor Arbeitslosigkeit und daraus resultierenden Belastungen) habe, sondern er ziele auch auf einen ganz anderen, viel weiteren Adressatenkreis. Darüber hinaus entfalte er eine ganz andere Wirkung. Während die vergaberechtliche Regelung den Inhalt einzelner Vergabeverträge determiniere (und auch „nur" hinsichtlich der Lohnhöhe), befinde sich die Allgemeinverbindlicherklärung auf der Ebene der abstrakt-generellen Rechtsetzung. Zudem erscheine die Qualifizierung des § 5 TVG als abschließende Regelung unberechtigt. Der Bund habe mit dem Arbeitnehmer-Entsendegesetz erst kürzlich weitere tarifrelevante Regelungen geschaffen. Auch das *BVerfG* gehe in ständiger Rechtsprechung (BVerfGE 7, 342; zuletzt in Sachen Kündigungsschutz vom 11.4.2000 - 1 BVL 2/00) davon aus,

Rahmen seiner konkurrierenden Kompetenz eine erschöpfende Regelung getroffen hat, so wären diesbezügliche landesvergaberechtliche Bestimmungen verfassungswidrig.

IV. Konsequenzen

Offen bleibt die Frage, wie sich § 97 Abs. 4, 2. Hs. GWB zu § 97 Abs. 5 GWB verhält.[735]

Die systematische Stellung lässt darauf schließen, dass die Gesetzeskompetenz nur personenbezogene Kriterien umfasst und den Grundsatz der Wirtschaftlichkeit unberührt lässt. Damit wären Mehrpreissysteme[736] unzulässig.[737] Allerdings wären Bund und Länder nicht gehindert, neben den Zuschlagskriterien, die der Ermittlung des wirtschaftlichsten Angebots dienen, zusätzliche (personenbezogene) Kriterien aufzustellen[738], so dass nur die Angebote derjenigen Bieter in die engere Auswahl einbezogen werden, die dieses Kriterium erfüllen. Denn der Zuschlag erginge dann immer noch auf das wirtschaftlichste Angebot.[739]

Zum Teil wird eingewendet, dass ein solches Vorgehen nicht hinreichend transparent und damit rechtlich zu beanstanden wäre.[740] Bieter müssten daher vom Vergabeverfahren ausgeschlossen werden, wenn sie nicht die „weitergehenden" Anforderungen erfüllen. Dagegen spricht jedoch, dass das Transparenzgebot in jeder Phase des Vergabeverfahrens gilt. Es macht keinen Unterschied, ob die Vergabestelle das personenbezogene Merkmal bei der Bieterauswahl (Eignungskriterien) oder bei der Angebotsauswahl (Zuschlagskriterien) prüft, da die Frage nach der Transparenz immer die gleiche bleibt. In der Tat

---

dass der Bund das Arbeitsrecht „nicht erschöpfend kodifiziert" habe, vgl. *Däubler/Rust*, Stellungnahme zum Vorlagebeschluss des BGH (KVR 23/98), S. 11 f.

735 *Benedict*, NJW 2001, 947 (949).

736 Danach erhält ein Bieter auch dann den Zuschlag, wenn sein Angebot über dem des wirtschaftlichsten liegt.

737 *Rust*, EuZW 2000, 205 (206).

738 Vgl. die *Beentjes*- und die *Calais*-Entscheidung des EuGH, siehe oben, S.192 ff.

739 *Dreher*, ZVgR 1999, 289 (290).

740 *Rust*, EuZW 2000, 205 (207). Vgl. auch *Rittner*, EuZW 1999, 677 (678), der in jedem vergabefremden Aspekt eine Minderung der Transparenz sieht und daher einer Berücksichtigung von Sekundärzwecken prinzipiell ablehnend gegenübersteht.

stellt jedoch das Transparenzgebot im Einzelfall die wohl größten Schwierigkeiten dar.

Weil zusätzliche Zuschlagskriterien den Grundsatz der Wirtschaftlichkeit nicht durchbrechen, sondern lediglich den Umfang der Angebote einschränken, erscheint die Berücksichtigung von Sekundärzwecken bei der Zuschlagserteilung weniger einschneidend. Dies darf jedoch nicht dazu führen, dass das Wirtschaftlichkeitsgebot (§ 97 Abs. 5 GWB) ins Leere läuft. Vielmehr muss die Berücksichtigung von Sekundärzwecken mit dem Prinzip der Wirtschaftlichkeit in Einklang gebracht werden, indem das personenbezogene Zuschlagskriterium als ein Plusfaktor neben den der Ermittlung des wirtschaftlichsten Angebots dienenden Kriterien in die Entscheidung mit einbezogen wird, ohne dass es den Hauptausschlag gibt. Angebote, die wesentlich über denjenigen Angeboten liegen, die das zusätzliche Kriterium nicht erfüllen, gelten demnach nicht als wirtschaftlich und fallen aus dem Kreis der Angebote heraus. Dabei haben sich die Mehrkosten an den Kosten zu orientieren, die mit der Erfüllung der personenbezogenen Kriterien zusammenhängen.

B. Erlasse und Richtlinien

Unterhalb der GWB-Schwellenwerte gelten über § 55 BHO/LHO die Bestimmungen des ersten Abschnitts der VOB/A und VOL/A (sog. *Basisparagraphen*).

§ 2 VOL/A bestimmt, dass Leistungen im Wettbewerb zu vergeben und dabei nur fachkundige, leistungsfähige und zuverlässige Bewerber zu berücksichtigen sind. Diese Grundsätze lassen darauf schließen, dass andere Kriterien bei der Vergabe grundsätzlich ausgeschlossen sind.

Andererseits ermöglicht § 2 Nr. 4 VOL/A den öffentlichen Auftraggebern zusätzliche Kriterien zu berücksichtigen, sofern letztere in Rechts- oder Verwaltungsvorschriften enthalten sind. Diese Vorschrift ist daher mit § 97 Abs. 4, 2. Hs. GWB vergleichbar.

In Anbetracht des Gesetzgebungsverfahrens von § 97 Abs. 4 GWB, nach dessen Kompromiss die Länder ihre bestehenden Praktiken hinsichtlich der Berücksichtigung von Sekundärzwecken beibehalten dürfen (im Anwendungsbereich der §§ 97 ff. GWB allerdings nur aufgrund eines Gesetzes), bleibt es somit bei der früheren Praxis, wonach Erlasse und Richtlinien die Berücksichtigung von Sekundärzwecken regeln können.[741] Diese haben als Spezialregelung Vorrang vor den Verdingungsordnungen, da letztere bei Aufträgen unterhalb der Schwellenwerte nur den Rang einer Verwaltungsvorschrift haben[742] und deshalb durch speziellere Verwaltungsvorschriften abgeändert werden können.

C. Schranken

I. Verfassungsrecht

Die öffentliche Auftragsvergabe vollzieht sich in der Bundesrepublik Deutschland in Formen des Privatrechts.[743] Ungeachtet der Privatrechtsförmigkeit unterliegt der öffentliche Auftraggeber den grundrechtlichen Bindungen[744]. Die Vergabestelle kann sich bei der Verfolgung von Sekundärzwecken insoweit (anders als private Wirtschaftsteilnehmer) nicht auf den Grundsatz der Privatautonomie berufen.

Aus der Grundrechtsbindung folgt insbesondere, dass der öffentliche Auftraggeber den Gleichbehandlungsgrundsatz des Art. 3 Abs. 1 GG

---

[741] So sieht das Land *Brandenburg* vor, dass die Gemeinden und Gemeindeverbände bei Beschaffungen im Unterschwellenbereich bis zum Erlass allgemeiner Verwaltungsvorschriften nach § 141 Satz 2 SGB IX (ex § 56 SchwbG) weiterhin nach der Richtlinie der Bundesregierung für die Berücksichtigung von Werkstätten für Behinderte und Blindenwerkstätten bei der Vergabe öffentlicher Aufträge vom 10.5.2001 (BAnz. Nr. 109 vom 16.6.2001, S. 11773) verfahren, vgl. Rundschreiben vom 27.8.2001 des Ministeriums des Innern des Landes Brandenburg. Nach dieser Richtlinie ist der Zuschlag an anerkannte Werkstätten für Behinderte und anerkannte Blindenwerkstätten zu erteilen, wenn ihr Angebotspreis dem des wirtschaftlichsten Bieters um nicht mehr als 15 % übersteigt. Aus Gründen der Rechtssicherheit wird zum Teil auch für Aufträge unterhalb der Schwellenwerte die Entscheidung des Gesetzgebers gefordert, vgl. bereits *Pietzcker*, Der Staatsauftrag als Instrument des Verwaltungshandelns, S. 38 f., *Otting*, Stadt und Gemeinde 1996, 463; *Knipper*, WuW 1999, 677 (681); *Burgi*, NZBau 2001, 64 (68); *Puhl*, VVDStRL 60 (2001), C II 2a bb.

[742] *Mestmäcker/Bremer*, BB-Beilage Nr. 19 zu BB 1995, H. 50, 1 (3).

[743] Mit der Zuschlagsentscheidung wird zwischen dem öffentlichen Auftraggeber und dem privaten Auftragnehmer ein zivilrechtlicher Beschaffungsvertrag geschlossen, vgl. *Badura*, Wirtschaftsverwaltungsrecht, in: Schmidt-Aßmann, Besonderes Verwaltungsrecht, S. 249 ff. (273); *Arndt*, in: Steiner, Besonderes Verwaltungsrecht, 1988, S. 705 ff.; *Kopp*, BayVBl. 1980, 609.

[744] Grundlegend hierzu *Pietzcker*, Staatsauftrag, S. 366 ff.; *Höfling*, in: Sachs, GG, Art. 1 Rn. 95 m. w. N.; *Osterloh*, Gutachten, S. 27 ff.; *Wittig*, Wettbewerbs- und verfassungsrechtliche Probleme des Vergaberechts, S. 137 ff. Vgl. auch die Entscheidungen des *BGH*, in: BGHZ 97, 312; 101, 72; 102, 280.

(neben dem Diskriminierungsverbot des Art. 3 Abs. 3 GG) zu beachten hat. Der allgemeine Gleichheitssatz nach Art. 3 Abs. 1 GG beinhaltet ein Willkürverbot. Hieraus folgt, dass das Vergabeverfahren keiner Willkür unterliegen darf, sondern anhand sachgerechter Kriterien zu erfolgen hat.

Wird mit dem entsprechenden Sekundärzweck ein verfassungsrechtlich legitimes Ziel verfolgt, schließt dies eine gleichzeitige Beachtung entsprechender Kriterien als willkürlich aus. Einen verfassungsrechtlichen Zielvorrang, etwa den des Beschaffungszwecks (Primärzweck), kann aus Art. 3 Abs. 1 GG jedenfalls nicht hergeleitet werden. Vielmehr ist jedenfalls der Gesetzgeber bei Zielfindung und Zielkombination weitgehend frei.[745]

Sieht man von Sonderfällen wie der Verhängung einer Auftragssperre oder dem Bestehen einer Monopolstellung ab[746], so bildet der Gleichheitsgrundsatz des Art. 3 Abs.1 GG den zentralen Prüfungsmaßstab[747], unter Umständen flankiert von thematisch gleichsam berührten Grundrechten wie das der negativen Koalitionsfreiheit des Art. 9 Abs. 3 GG im Falle von Tariftreueerklärungen oder das Förderungsgebot des Art. 3 Abs. 2, S. 2 GG im Falle der Frauenförderung.[748]

Mangels eines grundrechtlich begründbaren Anspruchs des potenziellen Vertragspartners auf Abschluss eines Beschaffungsvertrages[749] kommt den möglicherweise zusätzlich einschlägigen Freiheitsgrundrechten des Wirtschaftslebens (Art. 12 Abs. 1, Art. 14 Abs. 1 und Art. 2 Abs. 1 GG) nur insoweit Berücksichtigung zu, als es um die hinreichende Berücksichtigung der objektiven Grundrechtsgehalte durch den öffentlichen Auftraggeber geht. Unmittelbare Grundrechtsbindung bedeutet in diesem Zusammenhang, dass der öffentliche Auftraggeber bei der Bestimmung seiner Zielsetzungen und der dafür eingesetzten Mittel verpflichtet ist, immer auch den grundrechtlich ge-

---

[745] *Osterloh*, Gutachten, S. 31.

[746] Insoweit sieht *Huber*, Konkurrenzschutz im Verwaltungsrecht, S. 441 ff., die Freiheitsgrundrechte als berührt an. Vgl. auch *Pietzcker*, Staatsauftrag, S. 388 f.

[747] *Pietzcker*, Staatsauftrag, S. 388 f.; *Riese*, Vergaberecht, S. 45 ff., 50 f.; *Otting*, Stadt und Gemeinde 1996, 461 (463); *Hermes*, JZ 1997, 909 (912 f.); *Boesen*, Vergaberecht, Einl. Rn. 90 f.

[748] *Burgi*, NZBau 2001, 64 (66).

[749] *Kunert*, Staatliche Bedarfsdeckungsgeschäfte, S. 210; *Wallerath*, Öffentliche Bedarfsdeckung und Verfassungsrecht, S. 346; *Burgi*, Funktionale Privatisierung und Verwaltungshilfe, S. 252.

schützten Freiheitsraum des potenziellen Bewerbers in angemessener Weise mit zu berücksichtigen. Will der öffentliche Auftraggeber verfassungsrechtliche Ziele bei der Auftragsvergabe verfolgen, so darf er sich nicht einseitig an der Aufgabe der Verwirklichung dieser Ziele orientieren. Vielmehr hat er die freie unternehmerische Betätigung in seine Abwägung mit einzubeziehen, mit dem Ziel, die jeweils gegenläufigen Interessen zu einem angemessenen Ausgleich zu bringen.[750]

Für die hiernach erforderliche Abwägung der widerstreitenden Interessen liefert das Grundgesetz keine konkreten Maßstäbe. Das Bundesverfassungsgericht billigt deshalb dem Gesetzgeber für die Aufgabe der Verwirklichung der objektiven Grundentscheidung des Grundgesetzes generell einen weiten Gestaltungsspielraum zu, und zwar auch dann, wenn es um rechtliche Beschränkungen der Vertragsfreiheit in Fällen mangelnder Vertragsparität geht.[751] Geht es nicht um rechtliche Beschränkungen der Vertrags- und Berufsfreiheit potenzieller Bewerber, sondern um eine hinreichend abgewogene Rücksichtnahme auch auf deren freie unternehmerische Interessen bei Vergabeentscheidungen, so wird man dem öffentlichen Auftraggeber ebenfalls einen erheblichen Abwägungsspielraum zubilligen müssen. Da der öffentliche Auftraggeber den potenziellen Bewerbern weder im Verhältnis rechtlicher Überordnung noch im Verhältnis wirtschaftlicher Übermacht (sofern keine marktbeherrschende Stellung vorliegt) begegnet, sondern auf der Ebene rechtlicher und wirtschaftlicher Gleichordnung, ist von ihm im Ergebnis nicht mehr zu fordern als eine sachgerechte Interessenabwägung.[752]

Den allgemeinen Rahmen für diese Interessenabwägung liefern die Grundsätze des verfassungsrechtlichen Übermaßverbots. Da es sich bei der Auftragsvergabe nicht um Grundrechtseingriffe handelt, folgt die Abwägung keiner strengen Verhältnismäßigkeitsprüfung.[753] Vielmehr geht es um einen angemessenen Ausgleich unter Berücksichtigung der gegenläufigen Interessen. Bei einer Gesamtabwägung zwischen Gewicht und Dringlichkeit der Verfolgung sekundärer Zielsetzungen einerseits und den unternehmerischen Interessen an freien

---

[750] *Osterloh*, Gutachten, S. 34 f.

[751] BVerfGE 81, 242 (256) m. w. N.

[752] Vgl. *Osterloh*, Gutachten, S. 35, die jedoch die Berücksichtigung gleichstellungspolitischer Ziele erst in der Phase der Auftragsausführung für zulässig erachtet.

[753] Insofern ist die Interessensabwägung ähnlich dem des Art. XXIII Abs. 2 GPA, siehe oben, S. 71 ff.

und privatnützigen Dispositionen andererseits muss die Berücksichtigung von Sekundärzwecken insgesamt ökonomisch zumutbar sein.

Aus verfassungsrechtlicher Sicht ergibt sich somit ein relativ weiter Gestaltungsspielraum für die Verfolgung von Sekundärzwecken im Rahmen der Auftragsvergabe, begrenzt durch den Gleichheitssatz, dem Diskriminierungsverbot und der Zumutbarkeitsgrenze.

II. GWB

Zum Teil wird vertreten, dass das Kartellvergaberecht (§§ 97 ff. GWB) im Vergleich zum allgemeinen Kartellrecht (§§ 19 ff. GWB) *lex-specialis* ist, so dass die allgemeinen kartellrechtlichen Regelungen keine Anwendung finden, sofern der Anwendungsbereich des besonderen Kartellvergaberechts eröffnet ist.[754] Kommt dem öffentlichen Auftraggeber jedoch eine *marktbeherrschende* Stellung zu, so wird man die Anwendung des allgemeinen Kartellrechts aus Gleichheitsgründen nicht absprechen können.

Nach § 20 Abs. 1 GWB dürfen *marktbeherrschende* Unternehmen andere Unternehmen im Geschäftsverkehr weder behindern (*Behinderungsverbot*) noch ohne sachlich gerechtfertigten Grund unterschiedlich behandeln (*Diskriminierungsverbot*). Wann eine Vergabestelle eine *marktbeherrschende Stellung* einnimmt, ist Frage des Einzelfalls, auf die hier nicht näher eingegangen werden soll.

Unbillige Behinderung, wie sachlich nicht gerechtfertigte Diskriminierung ist nach dem einheitlichen Maßstab einer umfassenden Interessensabwägung der betroffenen Beteiligten und Mitbewerber unter Berücksichtigung der auf die Freiheit des Wettbewerbs gerichteten Zielsetzung des GWB zu beurteilen.[755] Entscheidend ist,

> „[...] *ob die Wettbewerbsfreiheit missbräuchlich ausgenutzt und die Handlungsfreiheit des betroffenen Unternehmens unangemessen eingeschränkt werden und dadurch eigene Interessen in*

---

754 Vgl. *Burgi*, NZBau 2001, 64 (68). *Däubler/Rust*, Stellungnahme zum Vorlagebeschluss des BGH (KVR 23/98), S. 15 ff.; siehe oben, S. 215 ff.

755 *BGH*, Urteil vom 27.9.1962, KZR 6/61 (*Treuhandbüro*), BGHZ 38, 90 (102); BGHZ 52, 65 (71) (*Sportartikelmesse*); BGH, Urteil vom 7.3.1989, KZR 15/87 (*Staatslotterie*), BGHZ 107, 273 (280); *BGH*, Beschluss vom 23.2.1988, KVR 2/87 (*Reparaturbetrieb*), GRUR 1988, 640; *BGH*, Urteil vom 27.4.1999, KZR 35/97 (*Feuerwehrgeräte*), GRUR 2000, 95; *BGH*, Urteil vom 24.6.2003, KZR 32/01 (Schülertransporte), GRUR 2003, 893.

> *rechtlich zu missbilligender Weise auf Kosten des betroffenen Unternehmens verwirklicht werden sollen*".[756]

Der Kreis der abwägungsfähigen Interessen der betroffenen Unternehmen (hier die potenziell benachteiligten Bieter) beschränkt sich auf deren unbehinderten wettbewerblichen Betätigungsmöglichkeiten, also vor allem auf das Interesse am freien Marktzugang und darauf, nicht durch Beeinträchtigung der Chancengleichheit in der wettbewerblichen Betätigung auf dem Markt im Verhältnis zu anderen Unternehmen benachteiligt zu werden.[757]

Demgegenüber sind die potenziell berücksichtigungsfähigen Interessen der Normadressaten (hier die Vergabestelle als Wirtschaftsunternehmen) grundsätzlich weiter gespannt und umfassen prinzipiell alles, was nicht rechtlich missbilligt ist.[758] Insbesondere sind hier generell auch spezifische öffentliche Interessen anerkanntermaßen mit einzubeziehen.[759] Die Grundrechtsbindung öffentlicher Unternehmen wirkt sich nicht nur begrenzend aus, sondern kann das maßgebliche Gewicht der Interessen der Normadressaten auch positiv beeinflussen. Dabei wird die notwendige Berücksichtigung der objektiven Wertentscheidung der Grundrechte auch nicht etwa durch die institutionelle, auf Schutz der Funktionsfähigkeit des Wettbewerbs gerichtete Zielsetzung des GWB in Frage gestellt.[760]

> „*Das Gesetz gegen Wettbewerbsbeschränkungen soll zwar die Freiheit des Wettbewerbs als Institution sowie einen leistungsgerechten Wettbewerb sicherstellen; das gilt jedoch nicht schranken- und unterschiedslos.*"[761]

Daher ist zwar die primäre Zielsetzung des GWB (Wettbewerbsfreiheit) bei der Gesamtwürdigung aller Umstände stets mit zu berücksichtigen. Sie bildet jedoch kein ohne weiteres einseitiges dominierendes Bewertungskriterium, hinter dem etwa andere zu berücksich-

---

756 *BGH*, Urteil vom 7.3.1989, KZR 15/87 (*Staatslotterie*), BGHZ 107, 273 (279).

757 *Markert*, in: Immenga/Mestmäcker, GWB, § 26 Rn. 199.

758 So ist der Normadressat des § 20 Abs. 1 GWB (§ 26 Abs. 2 GWB a.F.) nicht gehindert, „*sein Absatzsystem und Verteilernetz nach eigenem Ermessen so zu gestalten, wie er dies für richtig und wirtschaftlich sinnvoll hält*", *BGH*, Urteil vom 7.3.1989, KZR 15/87 (*Staatslotterie*), BGHZ 107, 273.

759 *BGH*, Urteil vom 26.5.1987, KZR 13/85 (*Krankentransporte*), BGHZ 101, 72 (80 ff.).

760 *Osterloh*, Gutachten, S. 51.

761 *BGH*, Urteil vom 7.3.1989, KZR 15/87 (*Staatslotterie*), BGHZ 107, 273 (278).

tigende grundrechtlich geschützte Werte im Rahmen der Interessenabwägung zurückzustehen hätten. Dies ergibt sich schon aus § 97 Abs. 4, 2. Halbs. GWB, der ausdrücklich Bund und Ländern die Berücksichtigung weiterer (sekundärer) Ziele ermöglicht.

Selbst wenn die Einzelabwägung zuungunsten des öffentlichen Interesses ausgehen sollte, so wäre eine Diskriminierung jedenfalls sachlich gerechtfertigt. Denn sollten die Vergabestellen zu einem derartigen Verhalten durch ein (gültiges)[762] Gesetz im Sinne des § 97 Abs. 4, 2. Halbs. GWB verpflichtet sein, kann hierin kein Verstoß gegen das kartellrechtliche Diskriminierungsverbot liegen. Einem Verhalten, das gesetzlich geboten ist, fehlt es niemals am sachlich gerechtfertigten Grund.[763]

III. BGB

Sind Auftragsbedingungen (wie z. B. die Beschäftigung von Langzeitarbeitslosen oder die Förderung von Frauen) vorformuliert und liegen einer unbestimmten Vielzahl von Ausschreibungen verwendungsfertig vor, so gelten sie als Allgemeine Geschäftsbedingungen (AGBs), die der Inhaltskontrolle nach § 307 Abs. 1 und Abs. 2 BGB unterliegen.[764] Hiernach dürfen Auftragsbedingungen Auftragnehmer[765] nicht gegen Treu und Glauben unangemessen benachteiligen. Eine unangemessene Benachteiligung kann sich dabei bereits ergeben, wenn die Auftragsbedingung nicht klar und verständlich ist (*Transparenzgebot*, § 307 Abs. 1, S. 2 BGB).

Im Fall einer unangemessenen Benachteiligung wäre die Auftragsbedingung unwirksam. Das Verbot unangemessener Benachteiligung ist verletzt, wenn der Verwender (Auftraggeber) durch einseitige Vertragsgestaltung missbräuchlich eigene Interessen auf Kosten seines Vertragspartners (Auftragnehmer) durchzusetzen versucht, ohne von vornherein auch dessen Belange hinreichend zu berücksichtigen und

---

762 D. h. ein dem Europarecht, den Gesetzgebungskompetenzen (Art. 72 GG) und dem Übermaßverbot (Art. 3 GG) entsprechendes Gesetz.

763 So der *BGH* in seinem Vorlagebeschluss zur Berliner Tariftreueerklärung (KVR 23/98), NZBau 2000, 189 (193 unter B. I. 3. b).

764 Leistungsbeschreibungen unterliegen grundsätzlich nicht der Inhaltskontrolle, vgl. *Heinrichs*, in: Palandt, BGB, § 307 Rn. 57 m. w. N.

765 § 307 BGB gilt auch für die Verwendung von AGBs gegenüber Unternehmern i. S. d. § 14 BGB. §§ 308, 309 BGB finden hingegen keine Anwendung, vgl. § 310 Abs. 1, S. 1 BGB.

ihm einen angemessenen Ausgleich zuzugestehen.[766] Die Feststellung der unangemessenen Benachteiligung setzt - auch wenn die Vermutungstatbestände des § 307 Abs. 2 BGB erfüllt sind - stets eine umfassende Interessenabwägung unter Berücksichtigung des gesamten Vertragsinhalts voraus. Darüber hinaus muss die Benachteiligung von einigem Gewicht sein.[767]

Die schutzwürdigen Interessen können sowohl wirtschaftlicher als auch ideeller Art sein.[768] Letztere dürfen jedoch nicht dazu führen, dass sie die Erreichung des Vertragszwecks gefährden (§ 307 Abs. 2 Nr. 2 BGB). Da es sich bei der Auftragsvergabe um einen entgeltlichen Austauschvertrag handelt, erfolgt die Abwägung unter dem Aspekt eines ausgewogenen Interessenausgleichs. Dabei ist zwar auf Seiten des Auftragnehmers einerseits dessen grundrechtlich geschützte Dispositionsfreiheit zu berücksichtigen (der Schutz wird allerdings bereits durch die allgemeine Vertragsabschlussfreiheit gewährleistet). Auf Seiten des Auftraggebers fallen dagegen dessen verfassungsrechtlich legitimierten Zielsetzungen ins Gewicht. Solange die entsprechenden Kosten des Auftragnehmers aufgrund der zu erfüllenden Auftragsbedingungen nicht zu unangemessen hohen Zusatzkosten führen, liegt kein Verstoß gegen das Benachteiligungsverbot im Sinne des § 307 Abs. 1 BGB vor.

IV. UWG

Der Handlungsspielraum der Vergabestellen hinsichtlich der Berücksichtigung von Sekundärzwecken wird auch nicht durch das generelle Verbot unlauterer Wettbewerbshandlungen über die Bindungen des GWB und BGB hinaus zusätzlich eingeschränkt.

Nach § 1 UWG sind Handlungen im Geschäftsverkehr zu Zwecken des Wettbewerbs verboten, wenn sie gegen die guten Sitten verstoßen. Zweck dieser Generalklausel - wie auch des UWG insgesamt - ist es, durch die Aufstellung objektiver Verhaltensnormen im Interesse der Mitbewerber, der übrigen Marktbeteiligten *und* der Allgemeinheit - im Zusammenwirken mit dem GWB - die Funktionsfähigkeit des lau-

---

[766] *Heinrichs*, in: Palandt, BGB, § 307 Rn. 8 m. w. N.

[767] *Teichmann*, in: Jauernig, BGB, § 307 Rn. 4.

[768] Im Zusammenhang mit Frauenförderung vgl. *Osterloh*, Gutachten, S. 41 ff.; *Weisberg-Schwarz*, LGG Brandenburg, 189 ff.

teren Wettbewerbs zu schützen.[769] Aufgrund des „sozialrechtlichen" Verständnisses des UWG sind bei der Interessensabwägung öffentliche Interessen mit zu berücksichtigen. Da die Generalklausel des § 1 UWG im besonderen Maße auch für grundrechtsgebundene Werte offen ist[770], ist die Bewertung der Berücksichtigung von Sekundärzwecken als sittenwidrige Wettbewerbshandlung mit der grundrechtsorientierten Interpretation des § 1 UWG unvereinbar.[771]

Die Ansicht, dass das einzige legitime Interesse der Allgemeinheit, das im Rahmen des UWG verfolgt werden darf, der Schutz des Wettbewerbs selbst ist[772], widerspricht der bisherigen Rechtsprechung des *BGH*[773], nach der bei der Interessenabwägung gemäß § 1 UWG öffentliche Interessen in äußerst großzügiger Weise berücksichtigt worden sind.

Da die öffentliche Hand zur Berücksichtigung sozialer Belange zumindest berechtigt ist, wird die Verwendung öffentlicher Mittel im Wettbewerb regelmäßig unlauter erst durch das Hinzutreten weiterer Umstände, die den Einsatz dieser Mittel als rechts- und zweckwidrig und damit als sittenwidrig im Sinne des § 1 UWG erscheinen lassen (beispielsweise durch Missbrauch ihrer Marktstellung).

Erst wenn das Vergabeverfahren die Absicht erkennen lässt oder auch nur objektiv geeignet ist, private Mitbewerber vom Markt zu verdrängen oder sonst in wettbewerbswidriger Weise zu benachteiligen, kann hierin eine sittenwidrige Handlung im Sinne des § 1 UWG gesehen werden.

Weil die Berücksichtigung von Sekundärzwecken bei der Vergabe nur als Anreiz zur Erreichung dieser Ziele dienen kann, ist sie grundsätzlich nicht geeignet, Bewerber, die nicht an den Zielsetzungen partizi-

---

769 *Emmerich*, UWG, S. 17 ff.

770 Vgl. *Baumbach/Hefermehl*, Wettbewerbsrecht, Einl. UWG Rn. 92 f. m. w. N.

771 Zur Problematik Frauenförderung vgl. *Osterloh*, Gutachten, S. 47 ff.

772 *Emmerich*, UWG, S. 19.

773 Vgl. *BGH*, Urteil vom 19.6.1986, I ZR 54/84 (*Kommunaler Bestattungswirtschaftsbetrieb I*), NJW 1987, 60; *BGH*, Urteil vom 19.6.1986, I ZR 53/84 (*Kommunaler Bestattungswirtschaftsbetrieb II*), NJW 1987, 62; Vgl. *BGH*, Urteil vom 11.5.1989, I ZR 91/87 (*Kommunaler Bestattungswirtschaftsbetrieb IIII*), GRUR 1989, 603; *BGH*, Urteil vom 26.5.1987, KZR 13/85 (*Krankentransporte*), GRUR 1987, 829; *BGH*, Urteil vom 21.2.1989, KZR 7/88 (*Krankentransportbestellung*), GRUR 1989, 430.

pieren, vom Markt zu verdrängen. Daher ist sie nicht sittenwidrig im Sinne des § 1 UWG.

V. Haushaltsrecht

Gemäß §§ 6 Abs. 1 HGrG, 7 Abs. 1 BHO/LHO[774] sind Bund und Länder zur wirtschaftlichen und sparsamen Verwendung der öffentlichen Haushaltsmittel verpflichtet. Nach dem haushaltsrechtlichen *Grundsatz der Wirtschaftlichkeit und Sparsamkeit* ist bei jedem Verwaltungshandeln die günstigste Relation zwischen dem verfolgten Zweck und den einzusetzenden Mitteln anzustreben.[775] Dies lässt zunächst eine starke Beschränkung für die Verfolgung von Sekundärzwecken vermuten. Allerdings ist der Wirtschaftlichkeitsbegriff des Haushaltsrechts (§§ 6 Abs. 1 HGrG, 7 Abs. 1 BHO/LHO) von demjenigen des Vergaberechts (§§ 97 Abs. 5 GWB, 25 Nr. 3 Abs. 3 S. 2 VOB/A, § 25 Nr. 3 VOL/A) zu unterscheiden. Während sich der Wirtschaftlichkeitsbegriff des Vergaberechts auf den Primärzweck (den Auftragsgegenstand) beschränkt, ist der Begriff der Wirtschaftlichkeit im Haushaltsrecht weit zu interpretieren, d.h. er ist nicht auf die Verfolgung des Primärzwecks beschränkt. Es ist daher legitim (und geboten), den gesellschaftlichen Nutzen einer Maßnahme im Rahmen der Wirtschaftlichkeit in Ansatz zu bringen.[776] Der Mitteleinsatz hat in Relation zu den jeweils verfolgten (Sekundär-) Zwecken wirtschaftlich und sparsam zu erfolgen. Da selbst eine (moderate) Mehrpreisgewährung bei der Verfolgung von Sekundärzwecken grundsätzlich nicht gegen das Wirtschaftlichkeitsprinzip des Haushaltsrechts verstößt, ergeben sich aus dem Bundes- und Landeshaushaltsrecht grundsätzlich keine Bedenken gegen eine Berücksichtigung von Sekundärzwecken in der öffentlichen Auftragsvergabe.[777]

Gemäß § 55 Abs. 2 BHO/LHO sind Bund und Länder dazu verpflichtet, beim Abschluss von Verträgen über Lieferungen und Leistungen

---

[774] Im Kommunalen Bereich schreiben die Gemeindeordnungen den Kommunen vor, dass sie ihre Haushaltswirtschaft sparsam und wirtschaftlich führen müssen, vgl. etwa § 92 Abs. 2 Hess. GemO.

[775] Das betrifft insbesondere Beschaffungsvorhaben, die ausdrücklich als Beispiel in Nr. 1 Vorl. VV-BHO zu § 7 genannt werden.

[776] *Püttner*, in: Bräunig, FS für Eichhorn, S. 380 ff.; *v. Arnim*, Wirtschaftlichkeit als Rechtsprinzip, S. 19 ff.; *Helm*, in: Piduch, Bundeshaushaltsrecht, § 7 Rn. 1 ff.; *Pietzcker*, Staatsauftrag S. 335 f.

[777] *Kling*, Vergabefremde Regelungen, S. 253 ff.; *Osterloh*, Gutachten, S. 57.

nach „einheitlichen Richtlinien“ zu verfahren. Das Haushaltsrecht verweist mithin auf die Verdingungsordnungen. Die wichtigsten Regelwerke sind die Verdingungsordnungen für Bauleistungen (VOB/A) und die Verdingungsordnung für Leistungen (VOL/A).

Unterhalb der Schwellenwerte gelten nur die sog. Basisparagraphen im Abschnitt 1 der VOB/A bzw. der VOL/A. Die Anwendung erfolgt durch Dienstanweisung.[778] Sie haben daher den Charakter von Verwaltungsvorschriften, d. h. sie wirken mit behördeninterner Verbindlichkeit. Zwar können auch Verwaltungsvorschriften eine gewisse (mittelbare) rechtliche Außenwirkung wegen der „Selbstbindung“ der Verwaltung (Art. 3 Abs. 1 GG) entfalten. Jedoch können die weisungsbefugten Stellen des Bundes bzw. Landes generelle Ergänzungen oder Modifikationen für die Zukunft neu einführen, so dass die Einführung von Präferenzregeln nicht gegen die Haushaltsordnung verstößt.

Oberhalb der Schwellenwerte (Kartellvergaberecht, §§ 97 ff. GWB) hat die Anwendung der Abschnitte 2 bis 4 der VOB/A bzw. der VOL/A in den Verdingungsordnungen aufgrund der Vergabeverordnung (VgV) zu erfolgen. Ihnen kommt daher rechtliche Außenwirkung zu. Übergangene Bieter können in einem *Nachprüfungsverfahren* (§§ 102 ff. GWB) die ordnungsgemäße Einhaltung der Vergabevorschriften überprüfen lassen.

D. Zusammenfassung

Im Anwendungsbereich des Kartellvergaberechts ermächtigt § 97 Abs. 4, 2. Halbs. GWB Bund und Länder „weitergehende“ Anforderungen als die im 1. Halbs. genannten (Fachkunde, Leistungsfähigkeit und Zuverlässigkeit) an Auftragnehmer zu stellen. Damit können grundsätzlich gesetzliche Regelungen aufgestellt werden, wonach die Berücksichtigung von Sekundärzwecken möglich ist. Unklar in diesem Zusammenhang ist, ob sich die Ermächtigung nur auf die Eig-

---

[778] Auf Bundesebene bestimmt der Bundesminister für Verkehr, Bau- und Wohnungswesen mit Rundschreiben an die Oberfinanzdirektionen und das Bundesamt für Bauwesen und Raumordnung mit nachgeordneten Ämtern die Anwendung der jeweils geltenden Neufassung des anzuwendenden Abschnitts I der VOB, VOL und VOF aufgrund § 55 BHO und Ziff. 2.1.1. der Vorl. VV zu § 55 BHO. Auf Landesebene erfolgt die Anwendung des Abschnitts I der Verdingungsordnungen durch Einführungserlasse aufgrund § 55 LHO.

nungsprüfung oder auch auf die Zuschlagserteilung bezieht. Europarechtlich wäre beides möglich, sofern die wesentlichen Grundsätze des Gemeinschaftsrechts, insbesondere das Transparenzgebot und das Nichtdiskriminierungsverbot beachtet werden. Insofern bietet die Pflicht zur Umsetzung der neuen Vergaberichtlinien die Möglichkeit einer klarstellenden Regelung.

Erreicht der Auftragswert nicht den für den Anwendungsbereich des Kartellvergaberechts erforderlichen Schwellenwert, so können Erlasse und Richtlinien die Berücksichtigung von Sekundärzwecken unter Beachtung des Primärrechts regeln.

Aus verfassungsrechtlicher Sicht ergibt sich ein relativ weiter Gestaltungsspielraum für die Verfolgung von Sekundärzwecken im Rahmen der Auftragsvergabe, begrenzt durch den Gleichheitssatz, dem Diskriminierungsverbot und der Zumutbarkeitsgrenze.

Schranken für die Berücksichtigung von Sekundärzwecken können sich vor allem bei *marktbeherrschenden* Vergabestellen aus dem allgemeinen Kartellrecht ergeben, sofern es neben dem spezielleren Kartellvergaberecht Anwendung findet. Bei einer Gesamtwürdigung ist die primäre Zielsetzung des GWB (Wettbewerbsfreiheit) mit den Interessen der Allgemeinheit abzuwägen. Außerdem darf ein Verstoß gegen das Diskriminierungsverbot nicht sachlich gerechtfertigt sein. Eine solche Rechtfertigung kann aber gerade ein vom Bund oder Land erlassenes (gültiges) Gesetz zur Berücksichtigung von Sekundärzwecken (i. S. d. § 97 Abs. 4, 2. Halbs. GWB) sein.

Auftragsbedingungen, die Sekundärzwecke beinhalten, unterliegen regelmäßig der Inhaltskontrolle von Allgemeinen Geschäftsbedingungen nach § 307 BGB. Sie müssen transparent sein und dürfen den Auftragnehmer nicht unangemessen benachteiligen. Bei einer Interessenabwägung fallen einerseits die grundrechtlich geschützte Dispositionsfreiheit des Auftragnehmers, andererseits die öffentlichen Interessen an der Verfolgung verfassungsrechtlich legitimierter Zielsetzungen ins Gewicht. Die Auftragsbedingungen dürfen zu keinen unangemessenen hohen Zusatzkosten führen.

Der Handlungsspielraum der Vergabestellen hinsichtlich der Berücksichtigung von Sekundärzwecken wird durch das generelle Verbot unlauterer Wettbewerbshandlungen über die Bindungen des GWB und BGB hinaus nicht zusätzlich eingeschränkt.

Aus dem Bundes- und Landeshaushaltsrecht ergeben sich grundsätzlich keine Bedenken hinsichtlich der Berücksichtigung von Sekundärzwecken in der öffentlichen Auftragsvergabe.

Kapitel Acht

Ergebnisse der Untersuchung

Die Frage nach der Zulässigkeit der Berücksichtigung von Sekundärzwecken bei der öffentlichen Auftragsvergabe stellt sich auf unterschiedlichen Regelungsebenen.

Auf der Ebene des internationalen Beschaffungsübereinkommens (GPA) erscheint die Verfolgung von Sekundärzwecken im Rahmen der Zuschlagserteilung nicht ausgeschlossen. Dies gilt umso mehr, als die Vorschriften des GPA unter dem Vorbehalt stehen, dass ein Verstoß nicht aufgrund eines hohen nationalen Interesses ausnahmsweise nach Art. XXIII GPA gerechtfertigt ist. Ob jedoch die Verfolgung von Sekundärzwecken ein solch hohes nationales Interesse darstellen kann, dass sie einen Verstoß gegen das GPA zu rechtfertigen vermögen, kann angesichts der bisherigen Streitschlichtungsverfahren zur gleichartigen Ausnahmevorschrift des GATT bezweifelt werden. Da das Übereinkommen wegen der unterschiedlichen Liberalisierungsgrade zwischen den Vertragstaaten jedoch kein abgeschlossenes Vergaberegime darstellt, sondern lediglich internationale Mindeststandards festlegt, erscheint die Einführung zusätzlicher Kriterien zulässig. Diese müssen mit den wesentlichen Prinzipien des Übereinkommens, insbesondere des Diskriminierungsverbots und des Transparenzgebots, vereinbar sein. Die Verfolgung von Sekundärzwecken ist dabei auf international anerkannte Ziele im Sinne einer nachhaltigen Entwicklung beschränkt.

Auf der Ebene des Gemeinschaftsrechts sind ab Erreichen bestimmter Schwellenwerte neben dem Primärrecht die Vergaberichtlinien zu beachten. Abschließende Kataloge zulässiger Ausschlussgründe und Eignungsnachweise zur Feststellung der wirtschaftlichen und finanziellen Leistungsfähigkeit des Bieters lassen nur in geringem Maße die Berücksichtigung von Sekundärkriterien zu. Bei der Ermittlung des wirtschaftlichen Angebots müssen Kriterien, die der Verfolgung von Sekundärzwecken dienen, mit dem Auftragsgegenstand zusammenhängen. Dies gilt nach der jüngeren Rechtsprechung des Europäischen Gerichtshofs jedenfalls für Umweltschutzkriterien. Darüber hinaus hat der Gerichtshof im Zusammenhang mit dem Kampf gegen die Arbeitslosigkeit neben den von den Vergaberichtlinien geregelten Eignungs- und Zuschlagskriterien auch zusätzliche Kriterien anerkannt. Damit stellt das Sekundärrecht kein abschließendes Vergaberegime dar, sondern ist weiteren Kriterien gegenüber offen, sofern diese dem Auftraggeber keine uneingeschränkte Entscheidungsfreiheit einräumen. Neben der vom Gerichtshof als zulässig erachteten Berücksichtigung von Maßnahmen gegen die Arbeitslosigkeit erscheint die Berücksichtigung weiterer Sekundärzwecke möglich, sofern damit wichtige Gemeinschaftsinteressen verfolgt werden. Als zulässige Sekundärzwecke erscheinen somit die in Art. 2 EG festgelegten Gemeinschaftspolitiken. Dabei muss die Verfolgung politischer Ziele bei der Vergabe öffentlicher Aufträge dem Transparenzgebot genügen und darf nicht gegen wesentliche Grundsätze des Gemeinschaftsrechts, insbesondere nicht gegen das Diskriminierungsverbot, verstoßen.

Findet das nationale Kartellvergaberecht (§§ 97 ff. GWB) Anwendung, so lässt § 97 Abs. 4, 2. Halbs. GWB die Berücksichtigung von Sekundärzwecken zu, soweit sie aufgrund eines Gesetzes erfolgen. Dies erhöht zum einen die Rechtssicherheit, zum anderen wird durch den parlamentarischen Gesetzgeber die Legitimität einer solchen Maßnahme erhöht und damit die gesellschaftliche Akzeptanz einer derartigen Präferenzregelung verstärkt. Unterhalb der Schwellenwerte bilden immer noch das Haushaltsrecht und die Bestimmungen der VOB/A und der VOL/A (jeweils Abschnitt 1) sowie weitere landesrechtliche Vorschriften die rechtlichen Grundlagen für die Auftragsvergabe. Hier genügt es, wenn Erlasse und Richtlinien die Berücksichtigung von Sekundärzwecken regeln, da sie als Spezialregelung Vorrang vor den Verdingungsordnungen haben.

Die Ende April 2004 in Kraft getretenen neuen Vergaberichtlinien machen auch eine Änderung der deutschen vergaberechtlichen Vorschriften (§§ 97 ff. GWB) erforderlich. Dies betrifft vor allem den Anwendungsbereich und das Vergabeverfahren. Der Umfang der erforderlichen Änderungen wirft erneut die Frage nach der Schaffung eines eigenständigen Vergabegesetzes und einer klareren Regelung hinsichtlich der Berücksichtigung von Sekundärzwecken auf. Auch wenn beides rechtlich nicht zwingend erforderlich ist, wäre eine entsprechende Reform nicht nur aus Gründen der Rechtsklarheit zu begrüßen.

Nationale Schranken hinsichtlich der Berücksichtigung von Sekundärzwecken bestehen vor allem im Diskriminierungsverbot (Art. 3 GG) sowie im allgemeinen Kartellrecht, falls der Vergabestelle eine Monopolstellung zukommt. Aus dem Haushaltsrecht ergeben sich keine weiteren Beschränkungen.

Die Untersuchung konnte vorliegend nur den Rahmen für die Berücksichtigung von Präferenzregelungen abstecken: das Vorliegen eines hohen öffentlichen (Gemeinschafts-) Interesses, die Einhaltung des Diskriminierungsverbots sowie des Transparenzgebots. Die Aufgabe wird sein, diesen Rahmen künftig für den Einzelfall zu konkretisieren.

Hierfür erscheint ein Vergleich mit dem amerikanischen Recht nützlich, das die Vergabe öffentlicher Aufträge eng mit der Erfüllung politischer Ziele, wie etwa die Förderung von Minderheiten (und Frauen) verknüpft. Allerdings beruht die Förderung bestimmter Gruppen auf der historischen systematischen Diskriminierung von Minderheiten (insbesondere der afroamerikanischen Bevölkerung) und stellt eine Wiedergutmachung vergangenen Unrechts dar, so dass das Modell der *Affirmative Action* nicht ohne weiteres auf deutsche Verhältnisse übertragen werden kann. Auch ist das Modell gesellschaftspolitisch wie rechtlich äußerst umstritten. Gegenläufige Prinzipien, wie z. B. absolute Differenzierungsverbote und Minderheitenschutz oder Wirtschaftlichkeit und soziale Verantwortung, müssen in Einklang gebracht werden. Der *Supreme Court* löst den Konflikt, indem er einerseits Präferenzregelung grundsätzlich als zulässig (gerechtfertigt) erachtet, andererseits hohe Schranken aufstellt und damit die Berücksichtigung von Sekundärzwecken auf ein gesellschaftlich tragbares Maß einschränkt.

Präferenzregelungen sind danach nur zulässig, wenn sie eng auf ein zwingendes Staatsinteresse zugeschnitten sind. Gleichzeitig muss die Präferenzregelung flexibel genug sein, um sicherzustellen, dass die Bevorzugung nicht ausschließlich aufgrund der Erfüllung eines gewünschten Sekundärzwecks erfolgt, sondern dass dieser als ein „Plus" neben den anderen primären Kriterien (Eignung und Wirtschaftlichkeit) Berücksichtigung findet. Mildere Mittel müssen ernsthaft in die Überlegungen einbezogen werden. Die Bevorzugung darf Dritte nicht übermäßig belasten. Starre Quoten oder feste Kontingente sind daher verboten, weil sie Mitbewerber von vornherein ausschließen. Zielvorgaben haben sich an einem vernünftigen Maß zu orientieren, welches jeder Bewerber mit gutwilligem Bemühen erreichen kann. Schließlich muss die Präferenzregelung zeitlich begrenzt sein.

Damit Präferenzregelungen wirkungsvoll funktionieren, ist eine institutionelle Umsetzung zwingend erforderlich. Durch Schaffung einer Kontrollbehörde, die dem Kongress bzw. Parlament gegenüber verantwortlich ist, kann der Nutzen der Präferenzregelung überprüft und gegebenenfalls neuen Gegebenheiten angepasst werden. Darüber hinaus kann sie die Einhaltung der Sekundärzwecke gewährleisten, wenn sie über empfindliche Sanktionsmittel (Stornierung oder Suspendierung des Vertrages, Vertragsstrafe oder Ausschluss von künftigen Aufträgen) verfügt.

Anhang

I.

Agreement on Government Procurement (GPA)

Parties to this Agreement (hereinafter referred to as "Parties"),

Recognizing the need for an effective multilateral framework of rights and obligations with respect to laws, regulations, procedures and practices regarding government procurement with a view to achieving greater liberalization and expansion of world trade and improving the international framework for the conduct of world trade;

Recognizing that laws, regulations, procedures and practices regarding government procurement should not be prepared, adopted or applied to foreign or domestic products and services and to foreign or domestic suppliers so as to afford protection to domestic products or services or domestic suppliers and should not discriminate among foreign products or services or among foreign suppliers;

Recognizing that it is desirable to provide transparency of laws, regulations, procedures and practices regarding government procurement;

Recognizing the need to establish international procedures on notification, consultation, surveillance and dispute settlement with a view to ensuring a fair, prompt and effective enforcement of the international provisions on government procurement and to maintain the balance of rights and obligations at the highest possible level;

Recognizing the need to take into account the development, financial and trade needs of developing countries, in particular the least-developed countries;

Desiring, in accordance with paragraph 6(b) of Article IX of the Agreement on Government Procurement done on 12 April 1979, as amended on 2 February 1987, to broaden and improve the Agreement on the basis of mutual reciprocity and to expand the coverage of the Agreement to include service contracts;

Desiring to encourage acceptance of and accession to this Agreement by governments not party to it;

Having undertaken further negotiations in pursuance of these objectives;

Hereby agree as follows:

Article I: Scope and Coverage

1. This Agreement applies to any law, regulation, procedure or practice regarding any procurement by entities covered by this Agreement, as specified in Appendix I.[1]

2. This Agreement applies to procurement by any contractual means, including through such methods as purchase or as lease, rental or hire purchase, with or without an option to buy, including any combination of products and services.

3. Where entities, in the context of procurement covered under this Agreement, require enterprises not included in Appendix I to award contracts in accordance with particular requirements, Article III shall apply mutatis mutandis to such requirements.

4. This Agreement applies to any procurement contract of a value of not less than the relevant threshold specified in Appendix I.

Article II: Valuation of Contracts

1. The following provisions shall apply in determining the value of contracts[2] for purposes of implementing this Agreement.

---

[1] For each Party, Appendix I is divided into five Annexes:

- Annex 1 contains central government entities.
- Annex 2 contains sub-central government entities.
- Annex 3 contains all other entities that procure in accordance with the provisions of this Agreement.
- Annex 4 specifies services, whether listed positively or negatively, covered by this Agreement.
- Annex 5 specifies covered construction services.

Relevant thresholds are specified in each Party's Annexes.

2. Valuation shall take into account all forms of remuneration, including any premiums, fees, commissions and interest receivable.

3. The selection of the valuation method by the entity shall not be used, nor shall any procurement requirement be divided, with the intention of avoiding the application of this Agreement.

4. If an individual requirement for a procurement results in the award of more than one contract, or in contracts being awarded in separate parts, the basis for valuation shall be either:

(a) the actual value of similar recurring contracts concluded over the previous fiscal year or 12 months adjusted, where possible, for anticipated changes in quantity and value over the subsequent 12 months; or

(b) the estimated value of recurring contracts in the fiscal year or 12 months subsequent to the initial contract.

5. In cases of contracts for the lease, rental or hire purchase of products or services, or in the case of contracts which do not specify a total price, the basis for valuation shall be:

(a) in the case of fixed-term contracts, where their term is 12 months or less, the total contract value for their duration, or, where their term exceeds 12 months, their total value including the estimated residual value;

(b) in the case of contracts for an indefinite period, the monthly instalment multiplied by 48.

If there is any doubt, the second basis for valuation, namely (b), is to be used.

6. In cases where an intended procurement specifies the need for option clauses, the basis for valuation shall be the total value of the maximum permissible procurement, inclusive of optional purchases.

Article III: National Treatment and Non-discrimination

1. With respect to all laws, regulations, procedures and practices regarding government procurement covered by this Agreement, each

---

[2] This Agreement shall apply to any procurement contract for which the contract value is estimated to equal or exceed the threshold at the time of publication of the notice in accordance with Article IX.

Party shall provide immediately and unconditionally to the products, services and suppliers of other Parties offering products or services of the Parties, treatment no less favourable than:

(a) that accorded to domestic products, services and suppliers; and

(b) that accorded to products, services and suppliers of any other Party.

2. With respect to all laws, regulations, procedures and practices regarding government procurement covered by this Agreement, each Party shall ensure:

(a) that its entities shall not treat a locally-established supplier less favourably than another locally-established supplier on the basis of degree of foreign affiliation or ownership; and

(b) that its entities shall not discriminate against locally-established suppliers on the basis of the country of production of the good or service being supplied, provided that the country of production is a Party to the Agreement in accordance with the provisions of Article IV.

3. The provisions of paragraphs 1 and 2 shall not apply to customs duties and charges of any kind imposed on or in connection with importation, the method of levying such duties and charges, other import regulations and formalities, and measures affecting trade in services other than laws, regulations, procedures and practices regarding government procurement covered by this Agreement.

Article IV: Rules of Origin

1. A Party shall not apply rules of origin to products or services imported or supplied for purposes of government procurement covered by this Agreement from other Parties, which are different from the rules of origin applied in the normal course of trade and at the time of the transaction in question to imports or supplies of the same products or services from the same Parties.

2. Following the conclusion of the work programme for the harmonization of rules of origin for goods to be undertaken under the Agreement on Rules of Origin in Annex 1A of the Agreement Establishing the World Trade Organization (hereinafter referred to as "WTO Agreement") and negotiations regarding trade in services, Parties

shall take the results of that work programme and those negotiations into account in amending paragraph 1 as appropriate.

Article V: Special and Differential Treatment for Developing Countries

Objectives

1. Parties shall, in the implementation and administration of this Agreement, through the provisions set out in this Article, duly take into account the development, financial and trade needs of developing countries, in particular least-developed countries, in their need to:

(a) safeguard their balance-of-payments position and ensure a level of reserves adequate for the implementation of programmes of economic development;

(b) promote the establishment or development of domestic industries including the development of small-scale and cottage industries in rural or backward areas; and economic development of other sectors of the economy;

(c) support industrial units so long as they are wholly or substantially dependent on government procurement; and

(d) encourage their economic development through regional or global arrangements among developing countries presented to the Ministerial Conference of the World Trade Organization (hereinafter referred to as the "WTO") and not disapproved by it.

2. Consistently with the provisions of this Agreement, each Party shall, in the preparation and application of laws, regulations and procedures affecting government procurement, facilitate increased imports from developing countries, bearing in mind the special problems of least-developed countries and of those countries at low stages of economic development.

Coverage

3. With a view to ensuring that developing countries are able to adhere to this Agreement on terms consistent with their development, financial and trade needs, the objectives listed in paragraph 1 shall be duly taken into account in the course of negotiations with respect to the procurement of developing countries to be covered by the provisions of this Agreement. Developed countries, in the preparation of their coverage lists under the provisions of this Agreement, shall en-

deavour to include entities procuring products and services of export interest to developing countries.

Agreed Exclusions

4. A developing country may negotiate with other participants in negotiations under this Agreement mutually acceptable exclusions from the rules on national treatment with respect to certain entities, products or services that are included in its coverage lists, having regard to the particular circumstances of each case. In such negotiations, the considerations mentioned in subparagraphs 1(a) through 1(c) shall be duly taken into account. A developing country participating in regional or global arrangements among developing countries referred to in subparagraph 1(d) may also negotiate exclusions to its lists, having regard to the particular circumstances of each case, taking into account, inter alia, the provisions on government procurement provided for in the regional or global arrangements concerned and, in particular, products or services which may be subject to common industrial development programmes.

5. After entry into force of this Agreement, a developing country Party may modify its coverage lists in accordance with the provisions for modification of such lists contained in paragraph 6 of Article XXIV, having regard to its development, financial and trade needs, or may request the Committee on Government Procurement (hereinafter referred to as "the Committee") to grant exclusions from the rules on national treatment for certain entities, products or services that are included in its coverage lists, having regard to the particular circumstances of each case and taking duly into account the provisions of subparagraphs 1(a) through 1(c). After entry into force of this Agreement, a developing country Party may also request the Committee to grant exclusions for certain entities, products or services that are included in its coverage lists in the light of its participation in regional or global arrangements among developing countries, having regard to the particular circumstances of each case and taking duly into account the provisions of subparagraph 1(d). Each request to the Committee by a developing country Party relating to modification of a list shall be accompanied by documentation relevant to the request or by such information as may be necessary for consideration of the matter.

6. Paragraphs 4 and 5 shall apply mutatis mutandis to developing countries acceding to this Agreement after its entry into force.

7. Such agreed exclusions as mentioned in paragraphs 4, 5 and 6 shall be subject to review in accordance with the provisions of paragraph 14 below.

Technical Assistance for Developing Country Parties

8. Each developed country Party shall, upon request, provide all technical assistance which it may deem appropriate to developing country Parties in resolving their problems in the field of government procurement.

9. This assistance, which shall be provided on the basis of non-discrimination among developing country Parties, shall relate, inter alia, to:

the solution of particular technical problems relating to the award of a specific contract; and

any other problem which the Party making the request and another Party agree to deal with in the context of this assistance.

10. Technical assistance referred to in paragraphs 8 and 9 would include translation of qualification documentation and tenders made by suppliers of developing country Parties into an official language of the WTO designated by the entity, unless developed country Parties deem translation to be burdensome, and in that case explanation shall be given to developing country Parties upon their request addressed either to the developed country Parties or to their entities.

Information Centres

11. Developed country Parties shall establish, individually or jointly, information centres to respond to reasonable requests from developing country Parties for information relating to, inter alia, laws, regulations, procedures and practices regarding government procurement, notices about intended procurements which have been published, addresses of the entities covered by this Agreement, and the nature and volume of products or services procured or to be procured, including available information about future tenders. The Committee may also set up an information centre.

Special Treatment for Least-Developed Countries

12. Having regard to paragraph 6 of the Decision of the CONTRACTING PARTIES to GATT 1947 of 28 November 1979 on Differential and More Favourable Treatment, Reciprocity and Fuller Participation of Developing Countries (BISD 26S/203-205), special treatment shall be granted to least-developed country Parties and to the suppliers in those Parties with respect to products or services originating in those Parties, in the context of any general or specific measures in favour of developing country Parties. A Party may also grant the benefits of this Agreement to suppliers in least-developed countries which are not Parties, with respect to products or services originating in those countries.

13. Each developed country Party shall, upon request, provide assistance which it may deem appropriate to potential tenderers in least-developed countries in submitting their tenders and selecting the products or services which are likely to be of interest to its entities as well as to suppliers in least-developed countries, and likewise assist them to comply with technical regulations and standards relating to products or services which are the subject of the intended procurement.

Review

14. The Committee shall review annually the operation and effectiveness of this Article and, after each three years of its operation on the basis of reports to be submitted by Parties, shall carry out a major review in order to evaluate its effects. As part of the three-yearly reviews and with a view to achieving the maximum implementation of the provisions of this Agreement, including in particular Article III, and having regard to the development, financial and trade situation of the developing countries concerned, the Committee shall examine whether exclusions provided for in accordance with the provisions of paragraphs 4 through 6 of this Article shall be modified or extended.

15. In the course of further rounds of negotiations in accordance with the provisions of paragraph 7 of Article XXIV, each developing country Party shall give consideration to the possibility of enlarging its coverage lists, having regard to its economic, financial and trade situation.

Article VI: Technical Specifications

1. Technical specifications laying down the characteristics of the products or services to be procured, such as quality, performance, safety and dimensions, symbols, terminology, packaging, marking and labelling, or the processes and methods for their production and requirements relating to conformity assessment procedures prescribed by procuring entities, shall not be prepared, adopted or applied with a view to, or with the effect of, creating unnecessary obstacles to international trade.

2. Technical specifications prescribed by procuring entities shall, where appropriate:

(a) be in terms of performance rather than design or descriptive characteristics; and

(b) be based on international standards, where such exist; otherwise, on national technical regulations[3], recognized national standards[4], or building codes.

3. There shall be no requirement or reference to a particular trademark or trade name, patent, design or type, specific origin, producer or supplier, unless there is no sufficiently precise or intelligible way of describing the procurement requirements and provided that words such as "or equivalent" are included in the tender documentation.

4. Entities shall not seek or accept, in a manner which would have the effect of precluding competition, advice which may be used in the preparation of specifications for a specific procurement from a firm that may have a commercial interest in the procurement.

---

[3] For the purpose of this Agreement, a technical regulation is a document which lays down characteristics of a product or a service or their related processes and production methods, including the applicable administrative provisions, with which compliance is mandatory. It may also include or deal exclusively with terminology, symbols, packaging, marking or labelling requirements as they apply to a product, service, process or production method.

[4] For the purpose of this Agreement, a standard is a document approved by a recognized body, that provides, for common and repeated use, rules, guidelines or characteristics for products or services or related processes and production methods, with which compliance is not mandatory. It may also include or deal exclusively with terminology, symbols, packaging, marking or labelling requirements as they apply to a product, service, process or production method.

Article VII: Tendering Procedures

1. Each Party shall ensure that the tendering procedures of its entities are applied in a non-discriminatory manner and are consistent with the provisions contained in Articles VII through XVI.

2. Entities shall not provide to any supplier information with regard to a specific procurement in a manner which would have the effect of precluding competition.

3. For the purposes of this Agreement:

(a) Open tendering procedures are those procedures under which all interested suppliers may submit a tender.

(b) Selective tendering procedures are those procedures under which, consistent with paragraph 3 of Article X and other relevant provisions of this Agreement, those suppliers invited to do so by the entity may submit a tender.

(c) Limited tendering procedures are those procedures where the entity contacts suppliers individually, only under the conditions specified in Article XV.

Article VIII: Qualification of Suppliers

In the process of qualifying suppliers, entities shall not discriminate among suppliers of other Parties or between domestic suppliers and suppliers of other Parties. Qualification procedures shall be consistent with the following:

(a) any conditions for participation in tendering procedures shall be published in adequate time to enable interested suppliers to initiate and, to the extent that it is compatible with efficient operation of the procurement process, complete the qualification procedures;

(b) any conditions for participation in tendering procedures shall be limited to those which are essential to ensure the firm's capability to fulfil the contract in question. Any conditions for participation required from suppliers, including financial guarantees, technical qualifications and information necessary for establishing the financial, commercial and technical capacity of suppliers, as well as the verification of qualifications, shall be no less favourable to suppliers of other Parties than to domestic suppliers and shall not discriminate among suppliers of other Parties. The financial, commercial and technical capacity of a supplier shall be judged on the basis both of that supplier's global business activity as well as of its activity in the territory of the procuring entity, taking due account of the legal relationship between the supply organizations;

(c) the process of, and the time required for, qualifying suppliers shall not be used in order to keep suppliers of other Parties off a suppliers' list or from being considered for a particular intended procurement. Entities shall recognize as qualified suppliers such domestic suppliers or suppliers of other Parties who meet the conditions for participation in a particular intended procurement. Suppliers requesting to participate in a particular intended procurement who may not yet be qualified shall also be considered, provided there is sufficient time to complete the qualification procedure;

(d) entities maintaining permanent lists of qualified suppliers shall ensure that suppliers may apply for qualification at any time; and that all qualified suppliers so requesting are included in the lists within a reasonably short time;

(e) if, after publication of the notice under paragraph 1 of Article IX, a supplier not yet qualified requests to participate in an intended procurement, the entity shall promptly start procedures for qualification;

(f) any supplier having requested to become a qualified supplier shall be advised by the entities concerned of the decision in this regard. Qualified suppliers included on permanent lists by entities shall also be notified of the termination of any such lists or of their removal from them;

(g) each Party shall ensure that:

(i) each entity and its constituent parts follow a single qualification procedure, except in cases of duly substantiated need for a different procedure; and

(ii) efforts be made to minimize differences in qualification procedures between entities.

(h) nothing in subparagraphs (a) through (g) shall preclude the exclusion of any supplier on grounds such as bankruptcy or false declarations, provided that such an action is consistent with the national treatment and non-discrimination provisions of this Agreement.

Article IX: Invitation to Participate Regarding Intended Procurement

1. In accordance with paragraphs 2 and 3, entities shall publish an invitation to participate for all cases of intended procurement, except as otherwise provided for in Article XV (limited tendering). The notice shall be published in the appropriate publication listed in Appendix II.

2. The invitation to participate may take the form of a notice of proposed procurement, as provided for in paragraph 6.

3. Entities in Annexes 2 and 3 may use a notice of planned procurement, as provided for in paragraph 7, or a notice regarding a qualification system, as provided for in paragraph 9, as an invitation to participate.

4. Entities which use a notice of planned procurement as an invitation to participate shall subsequently invite all suppliers who have expressed an interest to confirm their interest on the basis of information which shall include at least the information referred to in paragraph 6.

5. Entities which use a notice regarding a qualification system as an invitation to participate shall provide, subject to the considerations referred to in paragraph 4 of Article XVIII and in a timely manner, information which allows all those who have expressed an interest to have a meaningful opportunity to assess their interest in participating in the procurement. This information shall include the information contained in the notices referred to in paragraphs 6 and 8, to the extent such information is available. Information provided to one interested supplier shall be provided in a non-discriminatory manner to the other interested suppliers.

6. Each notice of proposed procurement, referred to in paragraph 2, shall contain the following information:

(a) the nature and quantity, including any options for further procurement and, if possible, an estimate of the timing when such options may be exercised; in the case of recurring contracts the nature and quantity and, if possible, an estimate of the timing of the subsequent tender notices for the products or services to be procured;

(b) whether the procedure is open or selective or will involve negotiation;

(c) any date for starting delivery or completion of delivery of goods or services;

(d) the address and final date for submitting an application to be invited to tender or for qualifying for the suppliers' lists, or for receiving tenders, as well as the language or languages in which they must be submitted;

(e) the address of the entity awarding the contract and providing any information necessary for obtaining specifications and other documents;

(f) any economic and technical requirements, financial guarantees and information required from suppliers;

(g) the amount and terms of payment of any sum payable for the tender documentation; and

(h) whether the entity is inviting offers for purchase, lease, rental or hire purchase, or more than one of these methods.

7. Each notice of planned procurement referred to in paragraph 3 shall contain as much of the information referred to in paragraph 6 as is available. It shall in any case include the information referred to in paragraph 8 and:

(a) a statement that interested suppliers should express their interest in the procurement to the entity;

(b) a contact point with the entity from which further information may be obtained.

8. For each case of intended procurement, the entity shall publish a summary notice in one of the official languages of the WTO. The notice shall contain at least the following information:

(a) the subject matter of the contract;

(b) the time-limits set for the submission of tenders or an application to be invited to tender; and

(c) the addresses from which documents relating to the contracts may be requested.

9. In the case of selective tendering procedures, entities maintaining permanent lists of qualified suppliers shall publish annually in one of the publications listed in Appendix III a notice of the following:

(a) the enumeration of the lists maintained, including their headings, in relation to the products or services or categories of products or services to be procured through the lists;

(b) the conditions to be fulfilled by suppliers with a view to their inscription on those lists and the methods according to which each of those conditions will be verified by the entity concerned; and

(c) the period of validity of the lists, and the formalities for their renewal.

When such a notice is used as an invitation to participate in accordance with paragraph 3, the notice shall, in addition, include the following information:

(d) the nature of the products or services concerned;

(e) a statement that the notice constitutes an invitation to participate.

However, when the duration of the qualification system is three years or less, and if the duration of the system is made clear in the notice and it is also made clear that further notices will not be published, it shall be sufficient to publish the notice once only, at the beginning of the system. Such a system shall not be used in a manner which circumvents the provisions of this Agreement.

10. If, after publication of an invitation to participate in any case of intended procurement, but before the time set for opening or receipt of tenders as specified in the notices or the tender documentation, it becomes necessary to amend or re-issue the notice, the amendment or the re-issued notice shall be given the same circulation as the original documents upon which the amendment is based. Any significant information given to one supplier with respect to a particular intended procurement shall be given simultaneously to all other suppliers concerned in adequate time to permit the suppliers to consider such information and to respond to it.

11. Entities shall make clear, in the notices referred to in this Article or in the publication in which the notices appear, that the procurement is covered by the Agreement.

Article X: Selection Procedures

1. To ensure optimum effective international competition under selective tendering procedures, entities shall, for each intended procurement, invite tenders from the maximum number of domestic suppliers and suppliers of other Parties, consistent with the efficient operation of the procurement system. They shall select the suppliers to participate in the procedure in a fair and non-discriminatory manner.

2. Entities maintaining permanent lists of qualified suppliers may select suppliers to be invited to tender from among those listed. Any selection shall allow for equitable opportunities for suppliers on the lists.

3. Suppliers requesting to participate in a particular intended procurement shall be permitted to submit a tender and be considered, provided, in the case of those not yet qualified, there is sufficient time to complete the qualification procedure under Articles VIII and IX. The number of additional suppliers permitted to participate shall be limited only by the efficient operation of the procurement system.

4. Requests to participate in selective tendering procedures may be submitted by telex, telegram or facsimile.

Article XI: Time-limits for Tendering and Delivery

General

1. (a) Any prescribed time-limit shall be adequate to allow suppliers of other Parties as well as domestic suppliers to prepare and submit tenders before the closing of the tendering procedures. In determining any such time-limit, entities shall, consistent with their own reasonable needs, take into account such factors as the complexity of the intended procurement, the extent of subcontracting anticipated and the normal time for transmitting tenders by mail from foreign as well as domestic points.

(b) Each Party shall ensure that its entities shall take due account of publication delays when setting the final date for receipt of tenders or of applications to be invited to tender.

Deadlines

2. Except in so far as provided in paragraph 3,

(a) in open procedures, the period for the receipt of tenders shall not be less than 40 days from the date of publication referred to in paragraph 1 of Article IX;

(b) in selective procedures not involving the use of a permanent list of qualified suppliers, the period for submitting an application to be invited to tender shall not be less than 25 days from the date of publication referred to in paragraph 1 of Article IX; the period for receipt of tenders shall in no case be less than 40 days from the date of issuance of the invitation to tender;

(c) in selective procedures involving the use of a permanent list of qualified suppliers, the period for receipt of tenders shall not be less than 40 days from the date of the initial issuance of invitations to tender, whether or not the date of initial issuance of invitations to tender coincides with the date of the publication referred to in paragraph 1 of Article IX.

3. The periods referred to in paragraph 2 may be reduced in the circumstances set out below:

(a) if a separate notice has been published 40 days and not more than 12 months in advance and the notice contains at least:

(i) as much of the information referred to in paragraph 6 of Article IX as is available;

(ii) the information referred to in paragraph 8 of Article IX;

(iii) a statement that interested suppliers should express their interest in the procurement to the entity; and

(iv) a contact point with the entity from which further information may be obtained, the 40-day limit for receipt of tenders may be replaced by a period sufficiently long to enable responsive tendering, which, as a general rule, shall not be less than 24 days, but in any case not less than 10 days;

(b) in the case of the second or subsequent publications dealing with contracts of a recurring nature within the meaning of paragraph 6 of Article IX, the 40-day limit for receipt of tenders may be reduced to not less than 24 days;

(c) where a state of urgency duly substantiated by the entity renders impracticable the periods in question, the periods specified in paragraph 2 may be reduced but shall in no case be less than 10 days from the date of the publication referred to in paragraph 1 of Article IX; or

(d) the period referred to in paragraph 2(c) may, for procurements by entities listed in Annexes 2 and 3, be fixed by mutual agreement between the entity and the selected suppliers. In the absence of agreement, the entity may fix periods which shall be sufficiently long to enable responsive tendering and shall in any case not be less than 10 days.

4. Consistent with the entity's own reasonable needs, any delivery date shall take into account such factors as the complexity of the intended procurement, the extent of subcontracting anticipated and the realistic time required for production, de-stocking and transport of goods from the points of supply or for supply of services.

Article XII: Tender Documentation

1. If, in tendering procedures, an entity allows tenders to be submitted in several languages, one of those languages shall be one of the official languages of the WTO.

2. Tender documentation provided to suppliers shall contain all information necessary to permit them to submit responsive tenders, including information required to be published in the notice of intended procurement, except for paragraph 6(g) of Article IX, and the following:

(a) the address of the entity to which tenders should be sent;

(b) the address where requests for supplementary information should be sent;

(c) the language or languages in which tenders and tendering documents must be submitted;

(d) the closing date and time for receipt of tenders and the length of time during which any tender should be open for acceptance;

(e) the persons authorized to be present at the opening of tenders and the date, time and place of this opening;

(f) any economic and technical requirement, financial guarantees and information or documents required from suppliers;

(g) a complete description of the products or services required or of any requirements including technical specifications, conformity certification to be fulfilled, necessary plans, drawings and instructional materials;

(h) the criteria for awarding the contract, including any factors other than price that are to be considered in the evaluation of tenders and the cost elements to be included in evaluating tender prices, such as transport, insurance and inspection costs, and in the case of products or services of other Parties, customs duties and other import charges, taxes and currency of payment;

(i) the terms of payment;

(j) any other terms or conditions;

(k) in accordance with Article XVII the terms and conditions, if any, under which tenders from countries not Parties to this Agreement, but which apply the procedures of that Article, will be entertained.

Forwarding of Tender Documentation by the Entities

3. (a) In open procedures, entities shall forward the tender documentation at the request of any supplier participating in the procedure, and shall reply promptly to any reasonable request for explanations relating thereto.

(b) In selective procedures, entities shall forward the tender documentation at the request of any supplier requesting to participate, and shall reply promptly to any reasonable request for explanations relating thereto.

(c) Entities shall reply promptly to any reasonable request for relevant information submitted by a supplier participating in the tendering procedure, on condition that such information does not give that supplier an advantage over its competitors in the procedure for the award of the contract.

Article XIII: Submission, Receipt and Opening of Tenders and Awarding of Contracts

1. The submission, receipt and opening of tenders and awarding of contracts shall be consistent with the following:

(a) tenders shall normally be submitted in writing directly or by mail. If tenders by telex, telegram or facsimile are permitted, the tender made thereby must include all the information necessary for the evaluation of the tender, in particular the definitive price proposed by the tenderer and a statement that the tenderer agrees to all the terms, conditions and provisions of the invitation to tender. The tender must be confirmed promptly by letter or by the despatch of a signed copy of the telex, telegram or facsimile. Tenders presented by telephone shall not be permitted. The content of the telex, telegram or facsimile shall prevail where there is a difference or conflict between that content and any documentation received after the time-limit; and

(b) the opportunities that may be given to tenderers to correct unintentional errors of form between the opening of tenders and the awarding of the contract shall not be permitted to give rise to any discriminatory practice.

Receipt of Tenders

2. A supplier shall not be penalized if a tender is received in the office designated in the tender documentation after the time specified because of delay due solely to mishandling on the part of the entity. Tenders may also be considered in other exceptional circumstances if the procedures of the entity concerned so provide.

Opening of Tenders

3. All tenders solicited under open or selective procedures by entities shall be received and opened under procedures and conditions guaranteeing the regularity of the openings. The receipt and opening of tenders shall also be consistent with the national treatment and non-discrimination provisions of this Agreement. Information on the opening of tenders shall remain with the entity concerned at the disposal of the government authorities responsible for the entity in order that it may be used if required under the procedures of Articles XVIII, XIX, XX and XXII.

Award of Contracts

4. (a) To be considered for award, a tender must, at the time of opening, conform to the essential requirements of the notices or tender documentation and be from a supplier which complies with the conditions for participation. If an entity has received a tender abnormally lower than other tenders submitted, it may enquire with the tenderer to ensure that it can comply with the conditions of participation and be capable of fulfilling the terms of the contract.

(b) Unless in the public interest an entity decides not to issue the contract, the entity shall make the award to the tenderer who has been determined to be fully capable of undertaking the contract and whose tender, whether for domestic products or services, or products or services of other Parties, is either the lowest tender or the tender which in terms of the specific evaluation criteria set forth in the notices or tender documentation is determined to be the most advantageous.

(c) Awards shall be made in accordance with the criteria and essential requirements specified in the tender documentation.

Option Clauses

5. Option clauses shall not be used in a manner which circumvents the provisions of the Agreement.

Article XIV: Negotiation

1. A Party may provide for entities to conduct negotiations:

(a) in the context of procurements in which they have indicated such intent, namely in the notice referred to in paragraph 2 of Article IX (the invitation to suppliers to participate in the procedure for the proposed procurement); or

(b) when it appears from evaluation that no one tender is obviously the most advantageous in terms of the specific evaluation criteria set forth in the notices or tender documentation.

2. Negotiations shall primarily be used to identify the strengths and weaknesses in tenders.

3. Entities shall treat tenders in confidence. In particular, they shall not provide information intended to assist particular participants to bring their tenders up to the level of other participants.

4. Entities shall not, in the course of negotiations, discriminate between different suppliers. In particular, they shall ensure that:

(a) any elimination of participants is carried out in accordance with the criteria set forth in the notices and tender documentation;

(b) all modifications to the criteria and to the technical requirements are transmitted in writing to all remaining participants in the negotiations;

(c) all remaining participants are afforded an opportunity to submit new or amended submissions on the basis of the revised requirements; and

(d) when negotiations are concluded, all participants remaining in the negotiations shall be permitted to submit final tenders in accordance with a common deadline.

Article XV: Limited Tendering

1. The provisions of Articles VII through XIV governing open and selective tendering procedures need not apply in the following conditions, provided that limited tendering is not used with a view to avoiding maximum possible competition or in a manner which would constitute a means of discrimination among suppliers of other Parties or protection to domestic producers or suppliers:

(a) in the absence of tenders in response to an open or selective tender, or when the tenders submitted have been collusive, or not in conformity with the essential requirements in the tender, or from suppliers who do not comply with the conditions for participation provided for in accordance with this Agreement, on condition, however, that the requirements of the initial tender are not substantially modified in the contract as awarded;

(b) when, for works of art or for reasons connected with protection of exclusive rights, such as patents or copyrights, or in the absence of competition for technical reasons, the products or services can be supplied only by a particular supplier and no reasonable alternative or substitute exists;

(c) in so far as is strictly necessary when, for reasons of extreme urgency brought about by events unforeseeable by the entity, the products or services could not be obtained in time by means of open or selective tendering procedures;

(d) for additional deliveries by the original supplier which are intended either as parts replacement for existing supplies, or installations, or as the extension of existing supplies, services, or installations where a change of supplier would compel the entity to procure equipment or services not meeting requirements of interchangeability with already existing equipment or services[5];

(e) when an entity procures prototypes or a first product or service which are developed at its request in the course of, and for, a particu-

---

[5] It is the understanding that "existing equipment" includes software to the extent that the initial procurement of the software was covered by the Agreement.

lar contract for research, experiment, study or original development. When such contracts have been fulfilled, subsequent procurements of products or services shall be subject to Articles VII through XIV[6];

(f) when additional construction services which were not included in the initial contract but which were within the objectives of the original tender documentation have, through unforeseeable circumstances, become necessary to complete the construction services described therein, and the entity needs to award contracts for the additional construction services to the contractor carrying out the construction services concerned since the separation of the additional construction services from the initial contract would be difficult for technical or economic reasons and cause significant inconvenience to the entity. However, the total value of contracts awarded for the additional construction services may not exceed 50 per cent of the amount of the main contract;

(g) for new construction services consisting of the repetition of similar construction services which conform to a basic project for which an initial contract was awarded in accordance with Articles VII through XIV and for which the entity has indicated in the notice of intended procurement concerning the initial construction service, that limited tendering procedures might be used in awarding contracts for such new construction services;

(h) for products purchased on a commodity market;

(i) for purchases made under exceptionally advantageous conditions which only arise in the very short term. This provision is intended to cover unusual disposals by firms which are not normally suppliers, or disposal of assets of businesses in liquidation or receivership. It is not intended to cover routine purchases from regular suppliers;

(j) in the case of contracts awarded to the winner of a design contest provided that the contest has been organized in a manner which is consistent with the principles of this Agreement, notably as regards

---

6 Original development of a first product or service may include limited production or supply in order to incorporate the results of field testing and to demonstrate that the product or service is suitable for production or supply in quantity to acceptable quality standards. It does not extend to quantity production or supply to establish commercial viability or to recover research and development costs.

the publication, in the sense of Article IX, of an invitation to suitably qualified suppliers, to participate in such a contest which shall be judged by an independent jury with a view to design contracts being awarded to the winners.

2. Entities shall prepare a report in writing on each contract awarded under the provisions of paragraph 1. Each report shall contain the name of the procuring entity, value and kind of goods or services procured, country of origin, and a statement of the conditions in this Article which prevailed. This report shall remain with the entities concerned at the disposal of the government authorities responsible for the entity in order that it may be used if required under the procedures of Articles XVIII, XIX, XX and XXII.

Article XVI: Offsets

1. Entities shall not, in the qualification and selection of suppliers, products or services, or in the evaluation of tenders and award of contracts, impose, seek or consider offsets.[7]

2. Nevertheless, having regard to general policy considerations, including those relating to development, a developing country may at the time of accession negotiate conditions for the use of offsets, such as requirements for the incorporation of domestic content. Such requirements shall be used only for qualification to participate in the procurement process and not as criteria for awarding contracts. Conditions shall be objective, clearly defined and non-discriminatory. They shall be set forth in the country's Appendix I and may include precise limitations on the imposition of offsets in any contract subject to this Agreement. The existence of such conditions shall be notified to the Committee and included in the notice of intended procurement and other documentation.

Article XVII: Transparency

1. Each Party shall encourage entities to indicate the terms and conditions, including any deviations from competitive tendering procedures or access to challenge procedures, under which tenders will be

---

[7] Offsets in government procurement are measures used to encourage local development or improve the balance-of-payments accounts by means of domestic content, licensing of technology, investment requirements, counter-trade or similar requirements.

entertained from suppliers situated in countries not Parties to this Agreement but which, with a view to creating transparency in their own contract awards, nevertheless:

(a) specify their contracts in accordance with Article VI (technical specifications);

(b) publish the procurement notices referred to in Article IX, including, in the version of the notice referred to in paragraph 8 of Article IX (summary of the notice of intended procurement) which is published in an official language of the WTO, an indication of the terms and conditions under which tenders shall be entertained from suppliers situated in countries Parties to this Agreement;

(c) are willing to ensure that their procurement regulations shall not normally change during a procurement and, in the event that such change proves unavoidable, to ensure the availability of a satisfactory means of redress.

2. Governments not Parties to the Agreement which comply with the conditions specified in paragraphs 1(a) through 1(c), shall be entitled if they so inform the Parties to participate in the Committee as observers.

Article XVIII: Information and Review as Regards Obligations of Entities

1. Entities shall publish a notice in the appropriate publication listed in Appendix II not later than 72 days after the award of each contract under Articles XIII through XV. These notices shall contain:

(a) the nature and quantity of products or services in the contract award;

(b) the name and address of the entity awarding the contract;

(c) the date of award;

(d) the name and address of winning tenderer;

(e) the value of the winning award or the highest and lowest offer taken into account in the award of the contract;

(f) where appropriate, means of identifying the notice issued under paragraph 1 of Article IX or justification according to Article XV for the use of such procedure; and

(g) the type of procedure used.

2. Each entity shall, on request from a supplier of a Party, promptly provide:

(a) an explanation of its procurement practices and procedures;

(b) pertinent information concerning the reasons why the supplier's application to qualify was rejected, why its existing qualification was brought to an end and why it was not selected; and

(c) to an unsuccessful tenderer, pertinent information concerning the reasons why its tender was not selected and on the characteristics and relative advantages of the tender selected as well as the name of the winning tenderer.

3. Entities shall promptly inform participating suppliers of decisions on contract awards and, upon request, in writing.

4. However, entities may decide that certain information on the contract award, contained in paragraphs 1 and 2(c), be withheld where release of such information would impede law enforcement or otherwise be contrary to the public interest or would prejudice the legitimate commercial interest of particular enterprises, public or private, or might prejudice fair competition between suppliers.

Article XIX: Information and Review as Regards Obligations of Parties

1. Each Party shall promptly publish any law, regulation, judicial decision, administrative ruling of general application, and any procedure (including standard contract clauses) regarding government procurement covered by this Agreement, in the appropriate publications listed in Appendix IV and in such a manner as to enable other Parties and suppliers to become acquainted with them. Each Party shall be prepared, upon request, to explain to any other Party its government procurement procedures.

2. The government of an unsuccessful tenderer which is a Party to this Agreement may seek, without prejudice to the provisions under Article XXII, such additional information on the contract award as may be necessary to ensure that the procurement was made fairly and impar-

tially. To this end, the procuring government shall provide information on both the characteristics and relative advantages of the winning tender and the contract price. Normally this latter information may be disclosed by the government of the unsuccessful tenderer provided it exercises this right with discretion. In cases where release of this information would prejudice competition in future tenders, this information shall not be disclosed except after consultation with and agreement of the Party which gave the information to the government of the unsuccessful tenderer.

3. Available information concerning procurement by covered entities and their individual contract awards shall be provided, upon request, to any other Party.

4. Confidential information provided to any Party which would impede law enforcement or otherwise be contrary to the public interest or would prejudice the legitimate commercial interest of particular enterprises, public or private, or might prejudice fair competition between suppliers shall not be revealed without formal authorization from the party providing the information.

5. Each Party shall collect and provide to the Committee on an annual basis statistics on its procurements covered by this Agreement. Such reports shall contain the following information with respect to contracts awarded by all procurement entities covered under this Agreement:

(a) for entities in Annex 1, statistics on the estimated value of contracts awarded, both above and below the threshold value, on a global basis and broken down by entities; for entities in Annexes 2 and 3, statistics on the estimated value of contracts awarded above the threshold value on a global basis and broken down by categories of entities;

(b) for entities in Annex 1, statistics on the number and total value of contracts awarded above the threshold value, broken down by entities and categories of products and services according to uniform classification systems; for entities in Annexes 2 and 3, statistics on the estimated value of contracts awarded above the threshold value broken down by categories of entities and categories of products and services;

(c) for entities in Annex 1, statistics, broken down by entity and by categories of products and services, on the number and total value of contracts awarded under each of the cases of Article XV; for categories of entities in Annexes 2 and 3, statistics on the total value of contracts awarded above the threshold value under each of the cases of Article XV; and

(d) for entities in Annex 1, statistics, broken down by entities, on the number and total value of contracts awarded under derogations to the Agreement contained in the relevant Annexes; for categories of entities in Annexes 2 and 3, statistics on the total value of contracts awarded under derogations to the Agreement contained in the relevant Annexes.

To the extent that such information is available, each Party shall provide statistics on the country of origin of products and services purchased by its entities. With a view to ensuring that such statistics are comparable, the Committee shall provide guidance on methods to be used. With a view to ensuring effective monitoring of procurement covered by this Agreement, the Committee may decide unanimously to modify the requirements of subparagraphs (a) through (d) as regards the nature and the extent of statistical information to be provided and the breakdowns and classifications to be used.

Article XX: Challenge Procedures

Consultations

1. In the event of a complaint by a supplier that there has been a breach of this Agreement in the context of a procurement, each Party shall encourage the supplier to seek resolution of its complaint in consultation with the procuring entity. In such instances the procuring entity shall accord impartial and timely consideration to any such complaint, in a manner that is not prejudicial to obtaining corrective measures under the challenge system.

Challenge

2. Each Party shall provide non-discriminatory, timely, transparent and effective procedures enabling suppliers to challenge alleged breaches of the Agreement arising in the context of procurements in which they have, or have had, an interest.

3. Each Party shall provide its challenge procedures in writing and make them generally available.

4. Each Party shall ensure that documentation relating to all aspects of the process concerning procurements covered by this Agreement shall be retained for three years.

5. The interested supplier may be required to initiate a challenge procedure and notify the procuring entity within specified time-limits from the time when the basis of the complaint is known or reasonably should have been known, but in no case within a period of less than 10 days.

6. Challenges shall be heard by a court or by an impartial and independent review body with no interest in the outcome of the procurement and the members of which are secure from external influence during the term of appointment. A review body which is not a court shall either be subject to judicial review or shall have procedures which provide that:

(a) participants can be heard before an opinion is given or a decision is reached;

(b) participants can be represented and accompanied;

(c) participants shall have access to all proceedings;

(d) proceedings can take place in public;

(e) opinions or decisions are given in writing with a statement describing the basis for the opinions or decisions;

(f) witnesses can be presented;

(g) documents are disclosed to the review body.

7. Challenge procedures shall provide for:

(a) rapid interim measures to correct breaches of the Agreement and to preserve commercial opportunities. Such action may result in suspension of the procurement process. However, procedures may provide that overriding adverse consequences for the interests concerned, including the public interest, may be taken into account in deciding whether such measures should be applied. In such circumstances, just cause for not acting shall be provided in writing;

(b) an assessment and a possibility for a decision on the justification of the challenge;

(c) correction of the breach of the Agreement or compensation for the loss or damages suffered, which may be limited to costs for tender preparation or protest.

8. With a view to the preservation of the commercial and other interests involved, the challenge procedure shall normally be completed in a timely fashion.

Article XXI Institutions

1. A Committee on Government Procurement composed of representatives from each of the Parties shall be established. This Committee shall elect its own Chairman and Vice-Chairman and shall meet as necessary but not less than once a year for the purpose of affording Parties the opportunity to consult on any matters relating to the operation of this Agreement or the furtherance of its objectives, and to carry out such other responsibilities as may be assigned to it by the Parties.

2. The Committee may establish working parties or other subsidiary bodies which shall carry out such functions as may be given to them by the Committee.

Article XXII: Consultations and Dispute Settlement

1. The provisions of the Understanding on Rules and Procedures Governing the Settlement of Disputes under the WTO Agreement (hereinafter referred to as the "Dispute Settlement Understanding") shall be applicable except as otherwise specifically provided below.

2. If any Party considers that any benefit accruing to it, directly or indirectly, under this Agreement is being nullified or impaired, or that the attainment of any objective of this Agreement is being impeded as the result of the failure of another Party or Parties to carry out its obligations under this Agreement, or the application by another Party or Parties of any measure, whether or not it conflicts with the provisions of this Agreement, it may with a view to reaching a mutually satisfactory resolution of the matter, make written representations or proposals to the other Party or Parties which it considers to be concerned. Such action shall be promptly notified to the Dispute Settlement Body established under the Dispute Settlement Understanding (hereinafter referred to as "DSB"), as specified below. Any Party thus approached shall give sympathetic consideration to the representations or proposals made to it.

3. The DSB shall have the authority to establish panels, adopt panel and Appellate Body reports, make recommendations or give rulings on the matter, maintain surveillance of implementation of rulings and recommendations, and authorize suspension of concessions and other obligations under this Agreement or consultations regarding remedies when withdrawal of measures found to be in contravention of the Agreement is not possible, provided that only Members of the WTO Party to this Agreement shall participate in decisions or actions taken by the DSB with respect to disputes under this Agreement.

4. Panels shall have the following terms of reference unless the parties to the dispute agree otherwise within 20 days of the establishment of the panel:

"To examine, in the light of the relevant provisions of this Agreement and of (name of any other covered Agreement cited by the parties to the dispute), the matter referred to the DSB by (name of party) in document ... and to make such findings as will assist the DSB in making the recommendations or in giving the rulings provided for in this Agreement."

In the case of a dispute in which provisions both of this Agreement and of one or more other Agreements listed in Appendix 1 of the Dispute Settlement Understanding are invoked by one of the parties to the dispute, paragraph 3 shall apply only to those parts of the panel report concerning the interpretation and application of this Agreement.

5. Panels established by the DSB to examine disputes under this Agreement shall include persons qualified in the area of government procurement.

6. Every effort shall be made to accelerate the proceedings to the greatest extent possible. Notwithstanding the provisions of paragraphs 8 and 9 of Article 12 of the Dispute Settlement Understanding, the panel shall attempt to provide its final report to the parties to the dispute not later than four months, and in case of delay not later than seven months, after the date on which the composition and terms of reference of the panel are agreed. Consequently, every effort shall be made to reduce also the periods foreseen in paragraph 1 of Article 20 and paragraph 4 of Article 21 of the Dispute Settlement Understanding by two months. Moreover, notwithstanding the provisions of

paragraph 5 of Article 21 of the Dispute Settlement Understanding, the panel shall attempt to issue its decision, in case of a disagreement as to the existence or consistency with a covered Agreement of measures taken to comply with the recommendations and rulings, within 60 days.

7. Notwithstanding paragraph 2 of Article 22 of the Dispute Settlement Understanding, any dispute arising under any Agreement listed in Appendix 1 to the Dispute Settlement Understanding other than this Agreement shall not result in the suspension of concessions or other obligations under this Agreement, and any dispute arising under this Agreement shall not result in the suspension of concessions or other obligations under any other Agreement listed in the said Appendix 1.

Article XXIII: Exceptions to the Agreement

1. Nothing in this Agreement shall be construed to prevent any Party from taking any action or not disclosing any information which it considers necessary for the protection of its essential security interests relating to the procurement of arms, ammunition or war materials, or to procurement indispensable for national security or for national defence purposes.

2. Subject to the requirement that such measures are not applied in a manner which would constitute a means of arbitrary or unjustifiable discrimination between countries where the same conditions prevail or a disguised restriction on international trade, nothing in this Agreement shall be construed to prevent any Party from imposing or enforcing measures: necessary to protect public morals, order or safety, human, animal or plant life or health or intellectual property; or relating to the products or services of handicapped persons, of philanthropic institutions or of prison labour.

Article XXIV: Final Provisions

1. Acceptance and Entry into Force

This Agreement shall enter into force on 1 January 1996 for those governments[8] whose agreed coverage is contained in Annexes 1 through 5 of Appendix I of this Agreement and which have, by sig-

---

[8] For the purpose of this Agreement, the term "government" is deemed to include the competent authorities of the European Communities.

nature, accepted the Agreement on 15 April 1994 or have, by that date, signed the Agreement subject to ratification and subsequently ratified the Agreement before 1 January 1996.

2. Accession

Any government which is a Member of the WTO, or prior to the date of entry into force of the WTO Agreement which is a contracting party to GATT 1947, and which is not a Party to this Agreement may accede to this Agreement on terms to be agreed between that government and the Parties. Accession shall take place by deposit with the Director-General of the WTO of an instrument of accession which states the terms so agreed. The Agreement shall enter into force for an acceding government on the 30th day following the date of its accession to the Agreement.

3. Transitional Arrangements

(a) Hong Kong and Korea may delay application of the provisions of this Agreement, except Articles XXI and XXII, to a date not later than 1 January 1997. The commencement date of their application of the provisions, if prior to 1 January 1997, shall be notified to the Director-General of the WTO 30 days in advance.

(b) During the period between the date of entry into force of this Agreement and the date of its application by Hong Kong, the rights and obligations between Hong Kong and all other Parties to this Agreement which were on 15 April 1994 Parties to the Agreement on Government Procurement done at Geneva on 12 April 1979 as amended on 2 February 1987 (the "1988 Agreement") shall be governed by the substantive[9] provisions of the 1988 Agreement, including its Annexes as modified or rectified, which provisions are incorporated herein by reference for that purpose and shall remain in force until 31 December 1996.

(c) Between Parties to this Agreement which are also Parties to the 1988 Agreement, the rights and obligations of this Agreement shall supersede those under the 1988 Agreement.

---

9 All provisions of the 1988 Agreement except the Preamble, Article VII and Article IX other than paragraphs 5(a) and (b) and paragraph 10.

(d) Article XXII shall not enter into force until the date of entry into force of the WTO Agreement. Until such time, the provisions of Article VII of the 1988 Agreement shall apply to consultations and dispute settlement under this Agreement, which provisions are hereby incorporated in the Agreement by reference for that purpose. These provisions shall be applied under the auspices of the Committee under this Agreement.

(e) Prior to the date of entry into force of the WTO Agreement, references to WTO bodies shall be construed as referring to the corresponding GATT body and references to the Director-General of the WTO and to the WTO Secretariat shall be construed as references to, respectively, the Director-General to the CONTRACTING PARTIES to GATT 1947 and to the GATT Secretariat.

4. Reservations

Reservations may not be entered in respect of any of the provisions of this Agreement.

5. National Legislation

(a) Each government accepting or acceding to this Agreement shall ensure, not later than the date of entry into force of this Agreement for it, the conformity of its laws, regulations and administrative procedures, and the rules, procedures and practices applied by the entities contained in its lists annexed hereto, with the provisions of this Agreement.

(b) Each Party shall inform the Committee of any changes in its laws and regulations relevant to this Agreement and in the administration of such laws and regulations.

6. Rectifications or Modifications

(a) Rectifications, transfers of an entity from one Annex to another or, in exceptional cases, other modifications relating to Appendices I through IV shall be notified to the Committee, along with information as to the likely consequences of the change for the mutually agreed coverage provided in this Agreement. If the rectifications, transfers or other modifications are of a purely formal or minor nature, they shall become effective provided there is no objection within 30 days. In other cases, the Chairman of the Committee shall promptly convene a meeting of the Committee. The Committee shall consider the proposal and any claim for compensatory adjustments, with a view to maintaining a balance of rights and obligations and a comparable level of mutually agreed coverage provided in this Agreement prior to such notification. In the event of agreement not being reached, the matter may be pursued in accordance with the provisions contained in Article XXII.

(b) Where a Party wishes, in exercise of its rights, to withdraw an entity from Appendix I on the grounds that government control or influence over it has been effectively eliminated, that Party shall notify the Committee. Such modification shall become effective the day after the end of the following meeting of the Committee, provided that the meeting is no sooner than 30 days from the date of notification and no objection has been made. In the event of an objection, the matter may be pursued in accordance with the procedures on consultations and dispute settlement contained in Article XXII. In considering the proposed modification to Appendix I and any consequential compensatory adjustment, allowance shall be made for the market-opening effects of the removal of government control or influence.

7. Reviews, Negotiations and Future Work

(a) The Committee shall review annually the implementation and operation of this Agreement taking into account the objectives thereof. The Committee shall annually inform the General Council of the WTO of developments during the periods covered by such reviews.

(b) Not later than the end of the third year from the date of entry into force of this Agreement and periodically thereafter, the Parties thereto shall undertake further negotiations, with a view to improving this Agreement and achieving the greatest possible extension of its coverage among all Parties on the basis of mutual reciprocity, having regard to the provisions of Article V relating to developing countries.

(c) Parties shall seek to avoid introducing or prolonging discriminatory measures and practices which distort open procurement and shall, in the context of negotiations under subparagraph (b), seek to eliminate those which remain on the date of entry into force of this Agreement.

8. Information Technology

With a view to ensuring that the Agreement does not constitute an unnecessary obstacle to technical progress, Parties shall consult regularly in the Committee regarding developments in the use of information technology in government procurement and shall, if necessary, negotiate modifications to the Agreement. These consultations shall in particular aim to ensure that the use of information technology promotes the aims of open, non-discriminatory and efficient government procurement through transparent procedures, that contracts covered under the Agreement are clearly identified and that all available information relating to a particular contract can be identified. When a Party intends to innovate, it shall endeavour to take into account the views expressed by other Parties regarding any potential problems.

9. Amendments

Parties may amend this Agreement having regard, inter alia, to the experience gained in its implementation. Such an amendment, once the Parties have concurred in accordance with the procedures established by the Committee, shall not enter into force for any Party until it has been accepted by such Party.

10. Withdrawal

(a) Any Party may withdraw from this Agreement. The withdrawal shall take effect upon the expiration of 60 days from the date on which written notice of withdrawal is received by the Director-General of the WTO. Any Party may upon such notification request an immediate meeting of the Committee.

(b) If a Party to this Agreement does not become a Member of the WTO within one year of the date of entry into force of the WTO Agreement or ceases to be a Member of the WTO, it shall cease to be a Party to this Agreement with effect from the same date.

11. Non-application of this Agreement between Particular Parties

This Agreement shall not apply as between any two Parties if either of the Parties, at the time either accepts or accedes to this Agreement, does not consent to such application.

12. Notes, Appendices and Annexes

The Notes, Appendices and Annexes to this Agreement constitute an integral part thereof.

13. Secretariat

This Agreement shall be serviced by the WTO Secretariat.

14. Deposit

This Agreement shall be deposited with the Director-General of the WTO, who shall promptly furnish to each Party a certified true copy of this Agreement, of each rectification or modification thereto pursuant to paragraph 6 and of each amendment thereto pursuant to paragraph 9, and a notification of each acceptance thereof or accession thereto pursuant to paragraphs 1 and 2 and of each withdrawal therefrom pursuant to paragraph 10 of this Article.

15. Registration

This Agreement shall be registered in accordance with the provisions of Article 102 of the Charter of the United Nations.

Done at Marrakesh this fifteenth day of April one thousand nine hundred and ninety-four in a single copy, in the English, French and Spanish languages, each text being authentic, except as otherwise specified with respect to the Appendices hereto.

Notes

The terms "country" or "countries" as used in this Agreement, including the Appendices, are to be understood to include any separate customs territory Party to this Agreement.

In the case of a separate customs territory Party to this Agreement, where an expression in this Agreement is qualified by the term "national", such expression shall be read as pertaining to that customs territory, unless otherwise specified.

Article 1, paragraph 1

Having regard to general policy considerations relating to tied aid, including the objective of developing countries with respect to the untying of such aid, this Agreement does not apply to procurement made in furtherance of tied aid to developing countries so long as it is practised by Parties.

II.

Auszüge aus den „*Bill of Rights*“

Amendment V (*Due Process* [1791])

No person shall be held to answer for a capital, or otherwise infamous crime, unless on a presentment or indictment of a Grand Jury, except in cases arising in the land or naval forces, or in the militia, when in actual service in time of war or public danger; nor shall any person be subject for the same offense to be twice put in jeopardy of life or limb; nor shall be compelled in any criminal case to be a witness against himself, nor be deprived of life, liberty, or property, without due process of law; nor shall private property be taken for public use without just compensation.

Amendment XIII (*Abolition of Slavery* [1865])

Sec. 1: Neither slavery nor involuntary servitude, except as a punishment for crime whereof the party shall have been duly convicted, shall exist within the United States, or any place subject to their jurisdiction.

Sec. 2: Congress shall have power to enforce this article by appropriate legislation.

Amendment XIV (*Equal Protection Clause* [1868])

Sec. 1: All persons born or naturalized in the United States, and subject to the jurisdiction thereof, are citizens of the United States and of the State wherein they reside. No State shall make or enforce any law which shall abridge the privileges or immunities of citizens of the United States; nor shall any State deprive any person of life, liberty, or property, without due process of law; nor deny to any person within its jurisdiction the equal protection of the laws.

[...]

Sec. 5: The Congress shall have the power to enforce, by appropriate legislation, the provisions of this article.

Amendment XV (*Rights Not to Be Denied on Account of Race* [1870])

Sec. 1: The right of citizens of the United States to vote shall not be denied or abridged by the United States or by any state on account of race, color, or previous condition of servitude.

Sec. 2: The Congress shall have power to enforce this article by appropriate legislation.

III.

Auszüge aus den *Federal Aquisition Regulations* (FAR)

Part 1- Federal Acquisition Regulations System

Subpart 1.1- Purpose, Authority, Issuance

[...]

1.102 Statement of guiding principles for the Federal Acquisition System.

(a) The vision for the Federal Acquisition System is to deliver on a timely basis the best value product or service to the customer, while maintaining the public's trust and fulfilling public policy objectives. Participants in the acquisition process should work together as a team and should be empowered to make decisions within their area of responsibility.

(b) The Federal Acquisition System will-

(1) Satisfy the customer in terms of cost, quality, and timeliness of the delivered product or service by, for example-

(i) Maximizing the use of commercial products and services;

(ii) Using contractors who have a track record of successful past performance or who demonstrate a current superior ability to perform; and

(iii) Promoting competition;

(2) Minimize administrative operating costs;

(3) Conduct business with integrity, fairness, and openness; and

(4) Fulfill public policy objectives.

(c) The Acquisition Team consists of all participants in Government acquisition including not only representatives of the technical, supply, and procurement communities but also the customers they serve, and the contractors who provide the products and services.

(d) The role of each member of the Acquisition Team is to exercise personal initiative and sound business judgment in providing the best value product or service to meet the customer's needs. In exercising initiative, Government members of the Acquisition Team may assume if a specific strategy, practice, policy or procedure is in the best interests of the Government and is not addressed in the FAR, nor prohibited by law (statute or case law), Executive order or other regulation, that the strategy, practice, policy or procedure is a permissible exercise of authority.

[...]

1.102-2 Performance standards.

(a) *Satisfy the customer in terms of cost, quality, and timeliness of the delivered product or service.*

(1) The principal customers for the product or service provided by the System are the users and line managers, acting on behalf of the American taxpayer.

(2) The System must be responsive and adaptive to customer needs, concerns, and feedback. Implementation of acquisition policies and procedures, as well as consideration of timeliness, quality, and cost throughout the process, must take into account the perspective of the user of the product or service.

(3) When selecting contractors to provide products or perform services, the Government will use contractors who have a track record of successful past performance or who demonstrate a current superior ability to perform.

(4) The Government must not hesitate to communicate with the commercial sector as early as possible in the acquisition cycle to help the Government determine the capabilities available in the commercial marketplace. The Government will maximize its use of commercial products and services in meeting Government requirements.

(5) It is the policy of the System to promote competition in the acquisition process.

(6) The System must perform in a timely, high quality, and cost-effective manner.

(7) All members of the Team are required to employ planning as an integral part of the overall process of acquiring products or services. Although advance planning is required, each member of the Team must be flexible in order to accommodate changing or unforeseen mission needs. Planning is a tool for the accomplishment of tasks, and application of its discipline should be commensurate with the size and nature of a given task.

(b) *Minimize administrative operating costs.*

(1) In order to ensure that maximum efficiency is obtained, rules, regulations, and policies should be promulgated only when their benefits clearly exceed the costs of their development, implementation, administration, and enforcement. This applies to internal administrative processes, including reviews, and to rules and procedures applied to the contractor community.

(2) The System must provide uniformity where it contributes to efficiency or where fairness or predictability is essential. The System should also, however, encourage innovation, and local adaptation where uniformity is not essential.

(c) *Conduct business with integrity, fairness, and openness.*

(1) An essential consideration in every aspect of the System is maintaining the public's trust. Not only must the System have integrity, but the actions of each member of the Team must reflect integrity, fairness, and openness. The foundation of integrity within the System is a competent, experienced, and well-trained, professional workforce. Accordingly, each member of the Team is responsible and accountable for the wise use of public resources as well as acting in a manner which maintains the public's trust. Fairness and openness require open communication among team members, internal and external customers, and the public.

(2) To achieve efficient operations, the System must shift its focus from "risk avoidance" to one of "risk management." The cost to the taxpayer of attempting to eliminate all risk is prohibitive. The Executive Branch will accept and manage the risk associated with empowering local procurement officials to take independent action based on their professional judgment.

(3) The Government shall exercise discretion, use sound business judgment, and comply with applicable laws and regulations in dealing

with contractors and prospective contractors. All contractors and prospective contractors shall be treated fairly and impartially but need not be treated the same.

(d) *Fulfill public policy objectives.* The System must support the attainment of public policy goals adopted by the Congress and the President. In attaining these goals, and in its overall operations, the process shall ensure the efficient use of public resources.

[...]

Subpart 6.4- Sealed Bidding and Competitive Proposals

[...]

6.401 Sealed bidding and competitive proposals.

Sealed bidding and competitive proposals, as described in Parts 14 and 15, are both acceptable procedures for use under Subparts 6.1, 6.2; and, when appropriate, under Subpart 6.3.

(a) *Sealed bids.* (See Part 14 for procedures.) Contracting officers shall solicit sealed bids if-

(1) Time permits the solicitation, submission, and evaluation of sealed bids;

(2) The award will be made on the basis of price and other price-related factors;

(3) It is not necessary to conduct discussions with the responding offerors about their bids; and

(4) There is a reasonable expectation of receiving more than one sealed bid.

(b) *Competitive proposals.* (See Part 15 for procedures.)

(1) Contracting officers may request competitive proposals if sealed bids are not appropriate under paragraph (a) of this section.

(2) Because of differences in areas such as law, regulations, and business practices, it is generally necessary to conduct discussions with offerors relative to proposed contracts to be made and performed outside the United States and its outlying areas. Competitive proposals

will therefore be used for these contracts unless discussions are not required and the use of sealed bids is otherwise appropriate.

[...]

Part 13- Simplified Acquisition Procedures

[...]

13.002 Purpose.

The purpose of this part is to prescribe simplified acquisition procedures in order to-

(a) Reduce administrative costs;

(b) Improve opportunities for small, small disadvantaged, and women-owned small business concerns to obtain a fair proportion of Government contracts;

(c) Promote efficiency and economy in contracting; and

(d) Avoid unnecessary burdens for agencies and contractors.

13.003 Policy.

(a) Agencies shall use simplified acquisition procedures to the maximum extent practicable for all purchases of supplies or services not exceeding the simplified acquisition threshold (including purchases at or below the micro-purchase threshold). This policy does not apply if an agency can meet its requirement using-

(1) Required sources of supply under Part 8 (*e.g.*, Federal Prison Industries, Committee for Purchase from People Who are Blind or Severely Disabled, and Federal Supply Schedule contracts);

(2) Existing indefinite delivery/indefinite quantity contracts; or

(3) Other established contracts.

(b)(1) Each acquisition of supplies or services that has an anticipated dollar value exceeding $2,500 ($15,000 for acquisitions as described in 13.201(g)(1)) and not exceeding $100,000 ($250,000 for acquisitions described in paragraph (1) of the Simplified Acquisition Threshold definition at 2.101) is reserved exclusively for small business concerns and shall be set aside (see 19.000 and Subpart 19.5). See 19.502-2 for exceptions.

(2) The contracting officer may set aside for HUBZone small business concerns (see 19.1305) or service-disabled veteran-owned small business concerns (see 19.1405) an acquisition of supplies or services that has an anticipated dollar value exceeding the micro-purchase threshold and not exceeding the simplified acquisition threshold. The contracting officer's decision not to set aside an acquisition for HUBZone small business or service-disabled veteran-owned small business concerns participation below the simplified acquisition threshold is not subject to review under Subpart 19.4.

(3) Each written solicitation under a set-aside shall contain the appropriate provisions prescribed by Part 19. If the solicitation is oral, however, information substantially identical to that in the provision shall be given to potential quoters.

(c)(1) The contracting officer shall not use simplified acquisition procedures to acquire supplies and services if the anticipated award will exceed-

(i) The simplified acquisition threshold; or

(ii) $5,000,000 ($10,000,000 for acquisitions entered into under the authority of 12.102(f)(1)), including options, for acquisitions of commercial items using Subpart 13.5.

(2) Do not break down requirements aggregating more than the simplified acquisition threshold (or for commercial items, the threshold in Subpart 13.5) or the micro-purchase threshold into several purchases that are less than the applicable threshold merely to-

(i) Permit use of simplified acquisition procedures; or

(ii) Avoid any requirement that applies to purchases exceeding the micro-purchase threshold.

(d) An agency that has specific statutory authority to acquire personal services (see 37.104) may use simplified acquisition procedures to acquire those services.

(e) Agencies shall use the Governmentwide commercial purchase card and electronic purchasing techniques to the maximum extent practicable in conducting simplified acquisitions.

(f) Agencies shall maximize the use of electronic commerce when practicable and cost-effective (see Subpart 4.5). Drawings and lengthy specifications can be provided off-line in hard copy or through other appropriate means.

(g) Authorized individuals shall make purchases in the simplified manner that is most suitable, efficient, and economical based on the circumstances of each acquisition. For acquisitions not expected to exceed-

(1) The simplified acquisition threshold for other than commercial items, use any appropriate combination of the procedures in Parts 13, 14, 15, 35, or 36, including the use of Standard Form 1442, Solicitation, Offer, and Award (Construction, Alteration, or Repair), for construction contracts (see 36.701(b)); or

(2) $5,000,000 ($10,000,000 for acquisitions entered into under the authority of 12.102(f)(1)) for commercial items, use any appropriate combination of the procedures in Parts 12, 13, 14, and 15 (see paragraph (d) of this section).

(h) In addition to other considerations, contracting officers shall-

(1) Promote competition to the maximum extent practicable (see 13.104);

(2) Establish deadlines for the submission of responses to solicitations that afford suppliers a reasonable opportunity to respond (see 5.203);

(3) Consider all quotations or offers that are timely received. For evaluation of quotations or offers received electronically, see 13.106-2(b)(3); and

(4) Use innovative approaches, to the maximum extent practicable, in awarding contracts using simplified acquisition procedures.

13.004 Legal effect of quotations.

(a) A quotation is not an offer and, consequently, cannot be accepted by the Government to form a binding contract. Therefore, issuance by the Government of an order in response to a supplier's quotation does not establish a contract. The order is an offer by the Government to the supplier to buy certain supplies or services upon specified terms and conditions. A contract is established when the supplier accepts the offer.

(b) When appropriate, the contracting officer may ask the supplier to indicate acceptance of an order by notification to the Government, preferably in writing, as defined at 2.101. In other circumstances, the supplier may indicate acceptance by furnishing the supplies or services ordered or by proceeding with the work to the point where substantial performance has occurred.

(c) If the Government issues an order resulting from a quotation, the Government may (by written notice to the supplier, at any time before acceptance occurs) withdraw, amend, or cancel its offer. (See 13.302-4 for procedures on termination or cancellation of purchase orders.)

13.102 Source list.

(a) Contracting officers should use the Central Contractor Registration database (see Subpart 4.11) at *http://www.ccr.gov* as their primary sources of vendor information. Offices maintaining additional vendor source files or listings should identify the status of each source (when the status is made known to the contracting office) in the following categories:

(1) Small business.

(2) Small disadvantaged business.

(3) Women-owned small business.

(4) HUBZone small business.

(5) Service-disabled veteran-owned small business.

(6) Veteran-owned small business.

(b) The status information may be used as the basis to ensure that small business concerns are provided the maximum practicable opportunities to respond to solicitations issued using simplified acquisition procedures.

13.103 Use of standing price quotations.

Authorized individuals do not have to obtain individual quotations for each purchase. Standing price quotations may be used if-

(a) The pricing information is current; and

(b) The Government obtains the benefit of maximum discounts before award.

13.104 Promoting competition.

The contracting officer must promote competition to the maximum extent practicable to obtain supplies and services from the source whose offer is the most advantageous to the Government, considering the administrative cost of the purchase.

[...]

Part 14- Sealed Bidding

14.101 Elements of sealed bidding.

Sealed bidding is a method of contracting that employs competitive bids, public opening of bids, and awards. The following steps are involved:

(a) *Preparation of invitations for bids*. Invitations must describe the requirements of the Government clearly, accurately, and completely. Unnecessarily restrictive specifications or requirements that might unduly limit the number of bidders are prohibited. The invitation includes all documents (whether attached or incorporated by reference) furnished prospective bidders for the purpose of bidding.

(b) *Publicizing the invitation for bids*. Invitations must be publicized through distribution to prospective bidders, posting in public places, and such other means as may be appropriate. Publicizing must occur a sufficient time before public opening of bids to enable prospective bidders to prepare and submit bids.

(c) *Submission of bids*. Bidders must submit sealed bids to be opened at the time and place stated in the solicitation for the public opening of bids.

(d) *Evaluation of bids*. Bids shall be evaluated without discussions.

(e) *Contract award*. After bids are publicly opened, an award will be made with reasonable promptness to that responsible bidder whose bid, conforming to the invitation for bids, will be most advantageous to the Government, considering only price and the price-related factors included in the invitation.

[...]

14.201-8 Price related factors.

The factors set forth in paragraphs (a) through (e) of this subsection may be applicable in evaluation of bids for award and shall be included in the solicitation when applicable. (See 14.201-5(c).)

(a) Foreseeable costs or delays to the Government resulting from such factors as differences in inspection, locations of supplies, and transportation. If bids are on an f.o.b. origin basis (see 47.303 and 47.305), transportation costs to the designated points shall be considered in determining the lowest cost to the Government.

(b) Changes made, or requested by the bidder, in any of the provisions of the invitation for bids, if the change does not constitute a ground for rejection under 14.404.

(c) Advantages or disadvantages to the Government that might result from making more than one award (see 14.201-6(q)). The contracting officer shall assume, for the purpose of making multiple awards, that $500 would be the administrative cost to the Government for issuing and administering each contract awarded under a solicitation. Individual awards shall be for the items or combinations of items that result in the lowest aggregate cost to the Government, including the assumed administrative costs.

(d) Federal, state, and local taxes (see Part 29).

(e) Origin of supplies, and, if foreign, the application of the Buy American Act or any other prohibition on foreign purchases (see Part 25).

[...]

14.404 Rejection of bids.

14.404-1 Cancellation of invitations after opening.

(a)(1) Preservation of the integrity of the competitive bid system dictates that, after bids have been opened, award must be made to that responsible bidder who submitted the lowest responsive bid, unless there is a compelling reason to reject all bids and cancel the invitation.

(2) Every effort shall be made to anticipate changes in a requirement before the date of opening and to notify all prospective bidders of any resulting modification or cancellation. This will permit bidders to change their bids and prevent unnecessary exposure of bid prices.

(3) As a general rule, after the opening of bids, an invitation should not be cancelled and resolicited due solely to increased requirements for the items being acquired. Award should be made on the initial invitation for bids and the additional quantity should be treated as a new acquisition.

(b) When it is determined before award but after opening that the requirements of 11.201 (relating to the availability and identification of specifications) have not been met, the invitation shall be cancelled.

(c) Invitations may be cancelled and all bids rejected before award but after opening when, consistent with subparagraph (a)(1) of this section, the agency head determines in writing that-

(1) Inadequate or ambiguous specifications were cited in the invitation;

(2) Specifications have been revised;

(3) The supplies or services being contracted for are no longer required;

(4) The invitation did not provide for consideration of all factors of cost to the Government, such as cost of transporting Government-furnished property to bidders' plants;

(5) Bids received indicate that the needs of the Government can be satisfied by a less expensive article differing from that for which the bids were invited;

(6) All otherwise acceptable bids received are at unreasonable prices, or only one bid is received and the contracting officer cannot determine the reasonableness of the bid price;

(7) The bids were not independently arrived at in open competition, were collusive, or were submitted in bad faith (see Subpart 3.3 for reports to be made to the Department of Justice);

(8) No responsive bid has been received from a responsible bidder;

(9) A cost comparison as prescribed in OMB Circular A-76 and Subpart 7.3 shows that performance by the Government is more economical; or

(10) For other reasons, cancellation is clearly in the public's interest.

(d) Should administrative difficulties be encountered after bid opening that may delay award beyond bidders' acceptance periods, the several lowest bidders whose bids have not expired (irrespective of the acceptance period specified in the bid) should be requested, before expiration of their bids, to extend in writing the bid acceptance period (with consent of sureties, if any) in order to avoid the need for resoliciting.

(e) Under some circumstances, completion of the acquisition after cancellation of the invitation for bids may be appropriate.

(1) If the invitation for bids has been cancelled for the reasons specified in subparagraphs (c)(6), (7), or (8) of this subsection, and the agency head has authorized, in the determination in paragraph (c) of this subsection, the completion of the acquisition through negotiation, the contracting officer shall proceed in accordance with paragraph (f) of this subsection.

(2) If the invitation for bids has been cancelled for the reasons specified in subparagraphs (c)(1), (2), (4), (5), or (10) of this subsection, or for the reasons in subparagraphs (c)(6), (7), or (8) of this subsection and completion through negotiation is not authorized under subparagraph (e)(1) of this subsection, the contracting officer shall proceed with a new acquisition.

(f) When the agency head has determined, in accordance with paragraph (e)(1) of this subsection, that an invitation for bids should be canceled and that use of negotiation is in the Government's interest, the contracting officer may negotiate (in accordance with Part 15, as appropriate) and make award without issuing a new solicitation provided-

(1) Each responsible bidder in the sealed bid acquisition has been given notice that negotiations will be conducted and has been given an opportunity to participate in negotiations; and

(2) The award is made to the responsible bidder offering the lowest negotiated price

[...]

14.408 Award.

14.408-1 General.

(a) The contracting officer shall make a contract award (1) by written or electronic notice, (2) within the time for acceptance specified in the bid or an extension (see 14.404-1(d)), and (3) to that responsible bidder whose bid, conforming to the invitation, will be most advantageous to the Government, considering only price and the price-related factors (see 14.201-8) included in the invitation. Award shall not be made until all required approvals have been obtained and the award otherwise conforms with 14.103-2.

(b) If less than three bids have been received, the contracting officer shall examine the situation to ascertain the reasons for the small number of responses. Award shall be made notwithstanding the limited number of bids. However, the contracting officer shall initiate, if appropriate, corrective action to increase competition in future solicitations for the same or similar items, and include a notation of such action in the records of the invitation for bids (see 14.204).

(c)(1) Award shall be made by mailing or otherwise furnishing a properly executed award document to the successful bidder.

(2) When a notice of award is issued, it shall be followed as soon as possible by the formal award.

(3) When more than one award results from any single invitation for bids, separate award documents shall be suitably numbered and executed.

(4) When an award is made to a bidder for less than all of the items that may be awarded to that bidder and additional items are being withheld for subsequent award, the award shall state that the Government may make subsequent awards on those additional items within the bid acceptance period.

(5) All provisions of the invitation for bids, including any acceptable additions or changes made by a bidder in the bid, shall be clearly and accurately set forth (either expressly or by reference) in the award

document. The award is an acceptance of the bid, and the bid and the award constitute the contract.

(d)(1) Award is generally made by using the Award portion of Standard Form (SF) 33, Solicitation, Offer, and Award, or SF 1447, Solicitation/Contract (see 53.214). If an offer from a SF 33 leads to further changes, the resulting contract shall be prepared as a bilateral document on SF 26, Award/Contract.

(2) Use of the Award portion of SF 33, SF 26, or SF 1447, does not preclude the additional use of informal documents, including telegrams or electronic transmissions, as notices of awards.

14.408-2 Responsible bidder-reasonableness of price.

(a) The contracting officer shall determine that a prospective contractor is responsible (see Subpart 9.1) and that the prices offered are reasonable before awarding the contract. The price analysis techniques in 15.404-1(b) may be used as guidelines. In each case the determination shall be made in the light of all prevailing circumstances. Particular care must be taken in cases where only a single bid is received.

(b) The price analysis shall consider whether bids are materially unbalanced (see 15.404-1(g)).

[...]

14.408-6 Equal low bids.

(a) Contracts shall be awarded in the following order of priority when two or more low bids are equal in all respects:

(1) Small business concerns that are also labor surplus area concerns.

(2) Other small business concerns.

(3) Other business concerns.

(b) If two or more bidders still remain equally eligible after application of paragraph (a) of this section, award shall be made by a drawing by lot limited to those bidders. If time permits, the bidders involved shall be given an opportunity to attend the drawing. The drawing shall be witnessed by at least three persons, and the contract file shall contain the names and addresses of the witnesses and the person supervising the drawing.

(c) When an award is to be made by using the priorities under this 14.408-6, the contracting officer shall include a written agreement in the contract that the contractor will perform, or cause to be performed, the contract in accordance with the circumstances justifying the priority used to break the tie or select bids for a drawing by lot.

[...]

Part. 19- Small Business Programs

Subpart 19.7- The Small Business Subcontracting Program

[...]

19.708 Contract clauses.

(a) Insert the clause at 52.219-8, Utilization of Small Business Concerns, in solicitations and contracts when the contract amount is expected to exceed the simplified acquisition threshold unless-

(1) A personal services contract is contemplated (see 37.104); or

(2) The contract, together with all of its subcontracts, will be performed entirely outside of the United States and its outlying areas.

(b)(1) Insert the clause at 52.219-9, Small Business Subcontracting Plan, in solicitations and contracts that offer subcontracting possibilities, are expected to exceed $500,000 ($1,000,000 for construction of any public facility), and are required to include the clause at 52.219-8, Utilization of Small Business Concerns, unless the acquisition is set aside or is to be accomplished under the 8(a) program.

[...]

Part. 22-Application of Labor Laws to Government Acquisitions

Subpart 22.8- Equal Employment Opportunity

22.800 Scope of subpart.

This subpart prescribes policies and procedures pertaining to nondiscrimination in employment by contractors and subcontractors.

22.801 Definitions.

As used in this subpart-

"Affirmative action program" means a contractor's program that complies with Department of Labor regulations to ensure equal opportunity in employment to minorities and women.

"Compliance evaluation" means any one or combination of actions that the Office of Federal Contract Compliance Programs (OFCCP) may take to examine a Federal contractor's compliance with one or more of the requirements of E.O. 11246.

"Contractor" includes the terms "prime contractor" and "subcontractor."

"Deputy Assistant Secretary" means the Deputy Assistant Secretary for Federal Contract Compliance, U.S. Department of Labor, or a designee.

"Equal Opportunity clause" means the clause at 52.222-26, Equal Opportunity, as prescribed in 22.810(e).

"E.O. 11246" means Parts II and IV of Executive Order 11246, September 24, 1965 (30 FR 12319), and any Executive order amending or superseding this order (see 22.802). This term specifically includes the Equal Opportunity clause at 52.222-26, and the rules, regulations, and orders issued pursuant to E.O. 11246 by the Secretary of Labor or a designee.

"Prime contractor" means any person who holds, or has held, a Government contract subject to E.O. 11246.

"Recruiting and training agency" means any person who refers workers to any contractor or provides or supervises apprenticeship or training for employment by any contractor.

"Site of construction" means the general physical location of any building, highway, or other change or improvement to real property that is undergoing construction, rehabilitation, alteration, conversion, extension, demolition, or repair; and any temporary location or facility at which a contractor or other participating party meets a demand or performs a function relating to a Government contract or subcontract.

"Subcontract" means any agreement or arrangement between a contractor and any person (in which the parties do not stand in the relationship of an employer and an employee)-

(1) For the purchase, sale, or use of personal property or nonpersonal services that, in whole or in part, are necessary to the performance of any one or more contracts; or

(2) Under which any portion of the contractor's obligation under any one or more contracts is performed, undertaken, or assumed.

"Subcontractor" means any person who holds, or has held, a subcontract subject to E.O. 11246. The term "first-tier subcontractor" means a subcontractor holding a subcontract with a prime contractor.

"United States" means the 50 States, the District of Columbia, Puerto Rico, the Northern Mariana Islands, American Samoa, Guam, the U.S. Virgin Islands, and Wake Island.

22.802 General.

(a) Executive Order 11246, as amended, sets forth the Equal Opportunity clause and requires that all agencies-

(1) Include this clause in all nonexempt contracts and subcontracts (see 22.807); and

(2) Act to ensure compliance with the clause and the regulations of the Secretary of Labor to promote the full realization of equal employment opportunity for all persons, regardless of race, color, religion, sex, or national origin.

(b) No contract or modification involving new acquisition shall be entered into, and no subcontract shall be approved by a contracting officer, with a person who has been found ineligible by the Deputy Assistant Secretary for reasons of noncompliance with the requirements of E.O. 11246.

(c) No contracting officer or contractor shall contract for supplies or services in a manner so as to avoid applicability of the requirements of E.O. 11246.

(d) Contractor disputes related to compliance with its obligation shall be handled according to the rules, regulations, and relevant orders of the Secretary of Labor (see 41 CFR 60-1.1).

22.803 Responsibilities.

(a) The Secretary of Labor is responsible for the-

(1) Administration and enforcement of prescribed parts of E.O. 11246; and

(2) Adoption of rules and regulations and the issuance of orders necessary to achieve the purposes of E.O. 11246.

(b) The Secretary of Labor has delegated authority and assigned responsibility to the Deputy Assistant Secretary for carrying out the responsibilities assigned to the Secretary by E.O. 11246, except for the issuance of rules and regulations of a general nature.

(c) The head of each agency is responsible for ensuring that the requirements of this subpart are carried out within the agency, and for cooperating with and assisting the OFCCP in fulfilling its responsibilities.

(d) In the event the applicability of E.O. 11246 and implementing regulations is questioned, the contracting officer shall forward the matter to the Deputy Assistant Secretary, through agency channels, for resolution.

22.804 Affirmative action programs.

22.804-1 Nonconstruction.

Except as provided in 22.807, each nonconstruction prime contractor and each subcontractor with 50 or more employees and either a contract or subcontract of $50,000 or more, or Government bills of lading that in any 12-month period total, or can reasonably be expected to total, $50,000 or more, is required to develop a written affirmative action program for each of its establishments. Each contractor and subcontractor shall develop its written affirmative action programs within 120 days from the commencement of its first such Government contract, subcontract, or Government bill of lading.

22.804-2 Construction.

(a) Construction contractors that hold a nonexempt (see 22.807) Government construction contract are required to meet-

(1) The contract terms and conditions citing affirmative action requirements applicable to covered geographical areas or projects; and

(2) Applicable requirements of 41 CFR 60-1 and 60-4.

(b) Each agency shall maintain a listing of covered geographical areas that are subject to affirmative action requirements that specify goals for minorities and women in covered construction trades. Information concerning, and additions to, this listing will be provided to the principally affected contracting officers in accordance with agency procedures. Any contracting officer contemplating a construction project in excess of $10,000 within a geographic area not known to be covered by specific affirmative action goals shall request instructions on the most current information from the OFCCP regional office, or as otherwise specified in agency regulations, before issuing the solicitation.

(c) Contracting officers shall give written notice to the OFCCP regional office within 10 working days of award of a construction contract subject to these affirmative action requirements. The notification shall include the name, address, and telephone number of the contractor; employer identification number; dollar amount of the contract; estimated starting and completion dates of the contract; the contract number; and the geographical area in which the contract is to be performed. When requested by the OFCCP regional office, the contracting officer shall arrange a conference among contractor, contracting activity, and compliance personnel to discuss the contractor's compliance responsibilities.

22.805 Procedures.

(a) *Preaward clearances for contracts and subcontracts of $10 million or more (excluding construction*).

(1) Except as provided in paragraphs (a)(4) and (a)(8) of this section, if the estimated amount of the contract or subcontract is $10 million or more, the contracting officer shall request clearance from the appropriate OFCCP regional office before-

(i) Award of any contract, including any indefinite delivery contract or letter contract; or

(ii) Modification of an existing contract for new effort that would constitute a contract award.

(2) Preaward clearance for each proposed contract and for each proposed first-tier subcontract of $10 million or more shall be requested by the contracting officer directly from the OFCCP regional office(s). Verbal requests shall be confirmed by letter or facsimile transmission.

(3) When the contract work is to be performed outside the United States with employees recruited within the United States, the contracting officer shall send the request for a preaward clearance to the OFCCP regional office serving the area where the proposed contractor's corporate home or branch office is located in the United States, or the corporate location where personnel recruiting is handled, if dif-

ferent from the contractor's corporate home or branch office. If the proposed contractor has no corporate office or location within the United States, the preaward clearance request action should be based on the location of the recruiting and training agency in the United States.

(4) The contracting officer does not need to request a preaward clearance if-

(i) The specific proposed contractor is listed in OFCCP's National Preaward Registry via the Internet at http://www.dol-esa.gov/preaward/;

(ii) The projected award date is within 24 months of the proposed contractor's Notice of Compliance completion date in the Registry; and

(iii) The contracting officer documents the Registry review in the contract file.

(5) The contracting officer shall include the following information in the preaward clearance request:

(i) Name, address, and telephone number of the prospective contractor and of any corporate affiliate at which work is to be performed.

(ii) Name, address, and telephone number of each proposed first-tier subcontractor with a proposed subcontract estimated at $10 million or more.

(iii) Anticipated date of award.

(iv) Information as to whether the contractor and first-tier subcontractors have previously held any Government contracts or subcontracts.

(v) Place or places of performance of the prime contract and first-tier subcontracts estimated at $10 million or more, if known.

(vi) The estimated dollar amount of the contract and each first-tier subcontract, if known.

(6) The contracting officer shall allow as much time as feasible before award for the conduct of necessary compliance evaluation by OFCCP. As soon as the apparently successful offeror can be determined, the contracting officer shall process a preaward clearance request in ac-

cordance with agency procedures, assuring, if possible, that the preaward clearance request is submitted to the OFCCP regional office at least 30 days before the proposed award date.

(7) Within 15 days of the clearance request, OFCCP will inform the awarding agency of its intention to conduct a preaward compliance evaluation. If OFCCP does not inform the awarding agency within that period of its intention to conduct a preaward compliance evaluation, clearance shall be presumed and the awarding agency is authorized to proceed with the award. If OFCCP informs the awarding agency of its intention to conduct a preaward compliance evaluation, OFCCP shall be allowed an additional 20 days after the date that it so informs the awarding agency to provide its conclusions. If OFCCP does not provide the awarding agency with its conclusions within that period, clearance shall be presumed and the awarding agency is authorized to proceed with the award.

(8) If the procedures specified in paragraphs (a)(6) and (a)(7) of this section would delay award of an urgent and critical contract beyond the time necessary to make award or beyond the time specified in the offer or extension thereof, the contracting officer shall immediately inform the OFCCP regional office of the expiration date of the offer or the required date of award and request clearance be provided before that date. If the OFCCP regional office advises that a preaward evaluation cannot be completed by the required date, the contracting officer shall submit written justification for the award to the head of the contracting activity, who, after informing the OFCCP regional office, may then approve the award without the preaward clearance. If an award is made under this authority, the contracting officer shall immediately request a postaward evaluation from the OFCCP regional office.

(9) If, under the provisions of paragraph (a)(8) of this section, a postaward evaluation determines the contractor to be in noncompliance with E.O. 11246, the Deputy Assistant Secretary may authorize the use of the enforcement procedures at 22.809 against the noncomplying contractor.

(b) *Furnishing posters.* The contracting officer shall furnish to the contractor appropriate quantities of the poster entitled "Equal Employment Opportunity Is The Law." These shall be obtained in accordance with agency procedures.

22.806 Inquiries.

(a) An inquiry from a contractor regarding status of its compliance with E.O. 11246, or rights of appeal to any of the actions in 22.809, shall be referred to the OFCCP regional office.

(b) Labor union inquiries regarding the revision of a collective bargaining agreement in order to comply with E.O. 11246 shall be referred to the Deputy Assistant Secretary.

22.807 Exemptions.

(a) Under the following exemptions, all or part of the requirements of E.O. 11246 may be excluded from a contract subject to E.O. 11246:

(1) *National security*. The agency head may determine that a contract is essential to the national security and that the award of the contract without complying with one or more of the requirements of this subpart is necessary to the national security. Upon making such a determination, the agency shall notify the Deputy Assistant Secretary in writing within 30 days.

(2) *Specific contracts*. The Deputy Assistant Secretary may exempt an agency from requiring the inclusion of one or more of the requirements of E.O. 11246 in any contract if the Deputy Assistant Secretary deems that special circumstances in the national interest so require. Groups or categories of contracts of the same type may also be exempted if the Deputy Assistant Secretary finds it impracticable to act upon each request individually or if group exemptions will contribute to convenience in the administration of E.O. 11246.

(b) The following exemptions apply even though a contract or subcontract contains the Equal Opportunity clause:

(1) *Transactions of $10,000 or less*. The Equal Opportunity clause is required to be included in prime contracts and subcontracts by 22.802(a). Individual prime contracts or subcontracts of $10,000 or less are exempt from application of the Equal Opportunity clause, unless the aggregate value of all prime contracts or subcontracts awarded to a contractor in any 12-month period exceeds, or can reasonably be expected to exceed, $10,000. (Note: Government bills of lading, regardless of amount, are not exempt.)

(2) *Work outside the United States*. Contracts are exempt from the requirements of E.O. 11246 for work performed outside the United States by employees who were not recruited within the United States.

(3) *Contracts with State or local governments*. The requirements of E.O. 11246 in any contract with a State or local government (or any agency, instrumentality, or subdivision thereof) shall not be applicable to any agency, instrumentality, or subdivision of such government that does not participate in work on or under the contract.

(4) *Work on or near Indian reservations*. It shall not be a violation of E.O. 11246 for a contractor to extend a publicly announced preference in employment to Indians living on or near an Indian reservation in connection with employment opportunities on or near an Indian reservation. This applies to that area where a person seeking employment could reasonably be expected to commute to and from in the course of a work day. Contractors extending such a preference shall not, however, discriminate among Indians on the basis of religion, sex, or tribal affiliation, and the use of such preference shall not excuse a contractor from complying with E.O. 11246, rules and regulations of the Secretary of Labor, and applicable clauses in the contract.

(5) *Facilities not connected with contracts*. The Deputy Assistant Secretary may exempt from the requirements of E.O. 11246 any of a contractor's facilities that the Deputy Assistant Secretary finds to be in all respects separate and distinct from activities of the contractor related to performing the contract, provided, that the Deputy Assistant Secretary also finds that the exemption will not interfere with, or impede the effectiveness of, E.O. 11246.

(6) *Indefinite-quantity contracts*. With respect to indefinite-quantity contracts and subcontracts, the Equal Opportunity clause applies unless the contracting officer has reason to believe that the amount to be ordered in any year under the contract will not exceed $10,000. The applicability of the Equal Opportunity clause shall be determined by the contracting officer at the time of award for the first year, and annually thereafter for succeeding years, if any. Notwithstanding the above, the Equal Opportunity clause shall be applied to the contract whenever the amount of a single order exceeds $10,000. Once the Equal Opportunity clause is determined to be applicable, the contract shall continue to be subject to such clause for its duration regardless of the amounts ordered, or reasonably expected to be ordered, in any year.

(c) To request an exemption under paragraph (a)(2) or (b)(5) of this section, the contracting officer shall submit, under agency procedures, a detailed justification for omitting all, or part of, the requirements of E.O. 11246. Requests for exemptions under paragraph (a)(2) or (b)(5) of this section shall be submitted to the Deputy Assistant Secretary for approval.

(d) The Deputy Assistant Secretary may withdraw the exemption for a specific contract, or group of contracts, if the Deputy Assistant Secretary deems that such action is necessary and appropriate to achieve the purposes of E.O. 11246. Such withdrawal shall not apply-

(1) To contracts awarded before the withdrawal; or

(2) To any sealed bid contract (including restricted sealed bidding), unless the withdrawal is made more than 10 days before the bid opening date.

22.808 Complaints.

Complaints received by the contracting officer alleging violation of the requirements of E.O. 11246 shall be referred immediately to the OFCCP regional office. The complainant shall be advised in writing of the referral. The contractor that is the subject of a complaint shall not be advised in any manner or for any reason of the complainant's name, the nature of the complaint, or the fact that the complaint was received.

22.809 Enforcement.

Upon the written direction of the Deputy Assistant Secretary, one or more of the following actions, as well as administrative sanctions and penalties, may be exercised against contractors found to be in violation of E.O. 11246, the regulations of the Secretary of Labor, or the applicable contract clauses:

(a) Publication of the names of the contractor or its unions.

(b) Cancellation, termination, or suspension of the contractor's contracts or portion thereof.

(c) Debarment from future Government contracts, or extensions or modifications of existing contracts, until the contractor has established and carried out personnel and employment policies in compliance with E.O. 11246 and the regulations of the Secretary of Labor.

(d) Referral by the Deputy Assistant Secretary of any matter arising under E.O. 11246 to the Department of Justice or to the Equal Employment Opportunity Commission (EEOC) for the institution of appropriate civil or criminal proceedings.

22.810 Solicitation provisions and contract clauses.

(a) When a contract is contemplated that will include the clause at 52.222-26, Equal Opportunity, the contracting officer shall insert-

(1) The clause at 52.222-21, Prohibition of Segregated Facilities, in the solicitation and contract; and

(2) The provision at 52.222-22, Previous Contracts and Compliance Reports, in the solicitation.

(b) The contracting officer shall insert the provision at 52.222-23, Notice of Requirement for Affirmative Action to Ensure Equal Employment Opportunity for Construction, in solicitations for construction when a contract is contemplated that will include the clause at 52.222-26, Equal Opportunity, and the amount of the contract is expected to be in excess of $10,000.

(c) The contracting officer shall insert the provision at 52.222-24, Preaward On-Site Equal Opportunity Compliance Evaluation, in solicitations other than those for construction when a contract is contemplated that will include the clause at 52.222-26, Equal Opportunity, and the amount of the contract is expected be $10 million or more.

(d) The contracting officer shall insert the provision at 52.222-25, Affirmative Action Compliance, in solicitations, other than those for construction, when a contract is contemplated that will include the clause at 52.222-26, Equal Opportunity.

(e) The contracting officer shall insert the clause at 52.222-26, Equal Opportunity, in solicitations and contracts (see 22.802) unless the contract is exempt from all of the requirements of E.O. 11246 (see 22.807(a)). If the contract is exempt from one or more, but not all, of the requirements of E.O. 11246, the contracting officer shall use the clause with its Alternate I.

(f) The contracting officer shall insert the clause at 52.222-27, Affirmative Action Compliance Requirements for Construction, in solicitations and contracts for construction that will include the clause at 52.222-26, Equal Opportunity, when the amount of the contract is expected to be in excess of $10,000.

(g) The contracting officer shall insert the clause at 52.222-29, Notification of Visa Denial, in contracts that will include the clause at 52.222-26, Equal Opportunity, if the contractor is required to perform in or on behalf of a foreign country.

[...]

Part 52-Solicitation Provisions and Contract Clauses

Subpart 52.2- Text of Provisions and Clauses

[...]

52.219-8 Utilization of Small Business Concerns.

As prescribed in 19.708(a), insert the following clause:

Utilization of Small Business Concerns (May 2004)

(a) It is the policy of the United States that small business concerns, veteran-owned small business concerns, service-disabled veteran-owned small business concerns, HUBZone small business concerns, small disadvantaged business concerns, and women-owned small business concerns shall have the maximum practicable opportunity to participate in performing contracts let by any Federal agency, including contracts and subcontracts for subsystems, assemblies, components, and related services for major systems. It is further the policy of the United States that its prime contractors establish procedures to ensure the timely payment of amounts due pursuant to the terms of their subcontracts with small business concerns, veteran-owned small business concerns, service-disabled veteran-owned small business concerns, HUBZone small business concerns, small disadvantaged business concerns, and women-owned small business concerns.

(b) The Contractor hereby agrees to carry out this policy in the awarding of subcontracts to the fullest extent consistent with efficient contract performance. The Contractor further agrees to cooperate in any studies or surveys as may be conducted by the United States Small

Business Administration or the awarding agency of the United States as may be necessary to determine the extent of the Contractor's compliance with this clause.

(c) *Definitions*. As used in this contract-

"HUBZone small business concern" means a small business concern that appears on the List of Qualified HUBZone Small Business Concerns maintained by the Small Business Administration.

"Service-disabled veteran-owned small business concern"-

(1) Means a small business concern-

(i) Not less than 51 percent of which is owned by one or more service-disabled veterans or, in the case of any publicly owned business, not less than 51 percent of the stock of which is owned by one or more service-disabled veterans; and

(ii) The management and daily business operations of which are controlled by one or more service-disabled veterans or, in the case of a service-disabled veteran with permanent and severe disability, the spouse or permanent caregiver of such veteran.

(2) Service-disabled veteran means a veteran, as defined in 38 U.S.C. 101(2), with a disability that is service-connected, as defined in 38 U.S.C. 101(16).

"Small business concern" means a small business as defined pursuant to Section 3 of the Small Business Act and relevant regulations promulgated pursuant thereto.

"Small disadvantaged business concern" means a small business concern that represents, as part of its offer that-

(1) It has received certification as a small disadvantaged business concern consistent with 13 CFR part 124, Subpart B;

(2) No material change in disadvantaged ownership and control has occurred since its certification;

(3) Where the concern is owned by one or more individuals, the net worth of each individual upon whom the certification is based does not exceed $750,000 after taking into account the applicable exclusions set forth at 13 CFR 124.104(c)(2); and

(4) It is identified, on the date of its representation, as a certified small disadvantaged business in the database maintained by the Small Business Administration (PRO-Net).

"Veteran-owned small business concern" means a small business concern-

(1) Not less than 51 percent of which is owned by one or more veterans (as defined at 38 U.S.C. 101(2)) or, in the case of any publicly owned business, not less than 51 percent of the stock of which is owned by one or more veterans; and

(2) The management and daily business operations of which are controlled by one or more veterans.

"Women-owned small business concern" means a small business concern-

(1) That is at least 51 percent owned by one or more women, or, in the case of any publicly owned business, at least 51 percent of the stock of which is owned by one or more women; and

(2) Whose management and daily business operations are controlled by one or more women.

(d) Contractors acting in good faith may rely on written representations by their subcontractors regarding their status as a small business concern, a veteran-owned small business concern, a service-disabled veteran-owned small business concern, a HUBZone small business concern, a small disadvantaged business concern, or a women-owned small business concern.

(End of clause)

52.219-9 Small Business Subcontracting Plan.

As prescribed in 19.708(b), insert the following clause:

Small Business Subcontracting Plan (Jan 2002)

(a) This clause does not apply to small business concerns.

(b) *Definitions*. As used in this clause-

"Commercial item" means a product or service that satisfies the definition of commercial item in section 2.101 of the Federal Acquisition Regulation.

"Commercial plan" means a subcontracting plan (including goals) that covers the offeror's fiscal year and that applies to the entire production of commercial items sold by either the entire company or a portion thereof (*e.g.*, division, plant, or product line).

"Individual contract plan" means a subcontracting plan that covers the entire contract period (including option periods), applies to a specific contract, and has goals that are based on the offeror's planned subcontracting in support of the specific contract, except that indirect costs incurred for common or joint purposes may be allocated on a prorated basis to the contract.

"Master plan" means a subcontracting plan that contains all the required elements of an individual contract plan, except goals, and may be incorporated into individual contract plans, provided the master plan has been approved.

"Subcontract" means any agreement (other than one involving an employer-employee relationship) entered into by a Federal Government prime Contractor or subcontractor calling for supplies or services required for performance of the contract or subcontract.

(c) The offeror, upon request by the Contracting Officer, shall submit and negotiate a subcontracting plan, where applicable, that separately addresses subcontracting with small business, veteran-owned small business, service-disabled veteran-owned small business, HUBZone small business concerns, small disadvantaged business, and women-owned small business concerns. If the offeror is submitting an individual contract plan, the plan must separately address subcontracting with small business, veteran-owned small business, service-disabled veteran-owned small business, HUBZone small business, small disadvantaged business, and women-owned small business concerns, with a separate part for the basic contract and separate parts for each option (if any). The plan shall be included in and made a part of the resultant contract. The subcontracting plan shall be negotiated within the time specified by the Contracting Officer. Failure to submit and negotiate the subcontracting plan shall make the offeror ineligible for award of a contract.

(d) The offeror's subcontracting plan shall include the following:

(1) Goals, expressed in terms of percentages of total planned subcontracting dollars, for the use of small business, veteran-owned small business, service-disabled veteran-owned small business, HUBZone small business, small disadvantaged business, and women-owned small business concerns as subcontractors. The offeror shall include all subcontracts that contribute to contract performance, and may include a proportionate share of products and services that are normally allocated as indirect costs.

(2) A statement of-

(i) Total dollars planned to be subcontracted for an individual contract plan; or the offeror's total projected sales, expressed in dollars, and the total value of projected subcontracts to support the sales for a commercial plan;

(ii) Total dollars planned to be subcontracted to small business concerns;

(iii) Total dollars planned to be subcontracted to veteran-owned small business concerns;

(iv) Total dollars planned to be subcontracted to service-disabled veteran-owned small business;

(v) Total dollars planned to be subcontracted to HUBZone small business concerns;

(vi) Total dollars planned to be subcontracted to small disadvantaged business concerns; and

(vii) Total dollars planned to be subcontracted to women-owned small business concerns.

(3) A description of the principal types of supplies and services to be subcontracted, and an identification of the types planned for subcontracting to-

(i) Small business concerns;

(ii) Veteran-owned small business concerns;

(iii) Service-disabled veteran-owned small business concerns;

(iv) HUBZone small business concerns;

(v) Small disadvantaged business concerns; and

(vi) Women-owned small business concerns.

(4) A description of the method used to develop the subcontracting goals in paragraph (d)(1) of this clause.

(5) A description of the method used to identify potential sources for solicitation purposes (*e.g.*, existing company source lists, the Procurement Marketing and Access Network (PRO-Net) of the Small Business Administration (SBA), veterans service organizations, the National Minority Purchasing Council Vendor Information Service, the Research and Information Division of the Minority Business Development Agency in the Department of Commerce, or small, HUBZone, small disadvantaged, and women-owned small business trade associations). A firm may rely on the information contained in PRO-Net as an accurate representation of a concern's size and ownership characteristics for the purposes of maintaining a small, veteran-owned small, service-disabled veteran-owned small, HUBZone small, small disadvantaged, and women-owned small business source list. Use of PRO-Net as its source list does not relieve a firm of its responsibilities (*e.g.*, outreach, assistance, counseling, or publicizing subcontracting opportunities) in this clause.

(6) A statement as to whether or not the offeror included indirect costs in establishing subcontracting goals, and a description of the method used to determine the proportionate share of indirect costs to be incurred with-

(i) Small business concerns;

(ii) Veteran-owned small business concerns;

(iii) Service-disabled veteran-owned small business concerns;

(iv) HUBZone small business concerns;

(v) Small disadvantaged business concerns; and

(vi) Women-owned small business concerns.

(7) The name of the individual employed by the offeror who will administer the offeror's subcontracting program, and a description of the duties of the individual.

(8) A description of the efforts the offeror will make to assure that small business, veteran-owned small business, service-disabled veteran-owned small business, HUBZone small business, small disadvantaged business, and women-owned small business concerns have an equitable opportunity to compete for subcontracts.

(9) Assurances that the offeror will include the clause of this contract entitled "Utilization of Small Business Concerns" in all subcontracts that offer further subcontracting opportunities, and that the offeror will require all subcontractors (except small business concerns) that receive subcontracts in excess of $500,000 ($1,000,000 for construction of any public facility) to adopt a subcontracting plan that complies with the requirements of this clause.

(10) Assurances that the offeror will-

(i) Cooperate in any studies or surveys as may be required;

(ii) Submit periodic reports so that the Government can determine the extent of compliance by the offeror with the subcontracting plan;

(iii) Submit Standard Form (SF) 294, Subcontracting Report for Individual Contracts, and/or SF 295, Summary Subcontract Report, in accordance with paragraph (j) of this clause. The reports shall provide information on subcontract awards to small business concerns, veteran-owned small business concerns, service-disabled veteran-owned small business concerns, HUBZone small business concerns, small disadvantaged business concerns, women-owned small business concerns, and Historically Black Colleges and Universities and Minority Institutions. Reporting shall be in accordance with the instructions on the forms or as provided in agency regulations.

(iv) Ensure that its subcontractors agree to submit SF 294 and SF 295.

(11) A description of the types of records that will be maintained concerning procedures that have been adopted to comply with the requirements and goals in the plan, including establishing source lists; and a description of the offeror's efforts to locate small business, veteran-owned small business, service-disabled veteran-owned small business, HUBZone small business, small disadvantaged business, and women-owned small business concerns and award subcontracts to them. The records shall include at least the following (on a plant-wide or company-wide basis, unless otherwise indicated):

(i) Source lists (*e.g.*, PRO-Net), guides, and other data that identify small business, veteran-owned small business, service-disabled veteran-owned small business, HUBZone small business, small disadvantaged business, and women-owned small business concerns.

(ii) Organizations contacted in an attempt to locate sources that are small business, veteran-owned small business, service-disabled veteran-owned small business, HUBZone small business, small disadvantaged business, or women-owned small business concerns.

(iii) Records on each subcontract solicitation resulting in an award of more than $100,000, indicating-

(A) Whether small business concerns were solicited and, if not, why not;

(B) Whether veteran-owned small business concerns were solicited and, if not, why not;

(C) Whether service-disabled veteran-owned small business concerns were solicited and, if not, why not;

(D) Whether HUBZone small business concerns were solicited and, if not, why not;

(E) Whether small disadvantaged business concerns were solicited and, if not, why not;

(F) Whether women-owned small business concerns were solicited and, if not, why not; and

(G) If applicable, the reason award was not made to a small business concern.

(iv) Records of any outreach efforts to contact-

(A) Trade associations;

(B) Business development organizations;

(C) Conferences and trade fairs to locate small, HUBZone small, small disadvantaged, and women-owned small business sources; and

(D) Veterans service organizations.

(v) Records of internal guidance and encouragement provided to buyers through-

(A) Workshops, seminars, training, etc.; and

(B) Monitoring performance to evaluate compliance with the program's requirements.

(vi) On a contract-by-contract basis, records to support award data submitted by the offeror to the Government, including the name, address, and business size of each subcontractor. Contractors having commercial plans need not comply with this requirement.

(e) In order to effectively implement this plan to the extent consistent with efficient contract performance, the Contractor shall perform the following functions:

(1) Assist small business, veteran-owned small business, service-disabled veteran-owned small business, HUBZone small business, small disadvantaged business, and women-owned small business concerns by arranging solicitations, time for the preparation of bids, quantities, specifications, and delivery schedules so as to facilitate the participation by such concerns. Where the Contractor's lists of potential small business, veteran-owned small business, service-disabled veteran-owned small business, HUBZone small business, small disadvantaged business, and women-owned small business subcontractors are excessively long, reasonable effort shall be made to give all such small business concerns an opportunity to compete over a period of time.

(2) Provide adequate and timely consideration of the potentialities of small business, veteran-owned small business, service-disabled veteran-owned small business, HUBZone small business, small disadvantaged business, and women-owned small business concerns in all "make-or-buy" decisions.

(3) Counsel and discuss subcontracting opportunities with representatives of small business, veteran-owned small business, service-disabled veteran-owned small business, HUBZone small business, small disadvantaged business, and women-owned small business firms.

(4) Provide notice to subcontractors concerning penalties and remedies for misrepresentations of business status as small, veteran-owned small business, HUBZone small, small disadvantaged, or women-owned small business for the purpose of obtaining a subcontract that

is to be included as part or all of a goal contained in the Contractor's subcontracting plan.

(f) A master plan on a plant or division-wide basis that contains all the elements required by paragraph (d) of this clause, except goals, may be incorporated by reference as a part of the subcontracting plan required of the offeror by this clause; provided-

(1) The master plan has been approved;

(2) The offeror ensures that the master plan is updated as necessary and provides copies of the approved master plan, including evidence of its approval, to the Contracting Officer; and

(3) Goals and any deviations from the master plan deemed necessary by the Contracting Officer to satisfy the requirements of this contract are set forth in the individual subcontracting plan.

(g) A commercial plan is the preferred type of subcontracting plan for contractors furnishing commercial items. The commercial plan shall relate to the offeror's planned subcontracting generally, for both commercial and Government business, rather than solely to the Government contract. Commercial plans are also preferred for subcontractors that provide commercial items under a prime contract, whether or not the prime contractor is supplying a commercial item.

(h) Prior compliance of the offeror with other such subcontracting plans under previous contracts will be considered by the Contracting Officer in determining the responsibility of the offeror for award of the contract.

(i) The failure of the Contractor or subcontractor to comply in good faith with-

(1) The clause of this contract entitled "Utilization Of Small Business Concerns;" or

(2) An approved plan required by this clause, shall be a material breach of the contract.

(j) The Contractor shall submit the following reports:

(1) *Standard Form 294, Subcontracting Report for Individual Contracts.* This report shall be submitted to the Contracting Officer semi-annually and at contract completion. The report covers subcontract

award data related to this contract. This report is not required for commercial plans.

(2) *Standard Form 295, Summary Subcontract Report.* This report encompasses all of the contracts with the awarding agency. It must be submitted semi-annually for contracts with the Department of Defense and annually for contracts with civilian agencies. If the reporting activity is covered by a commercial plan, the reporting activity must report annually all subcontract awards under that plan. All reports submitted at the close of each fiscal year (both individual and commercial plans) shall include a breakout, in the Contractor's format, of subcontract awards, in whole dollars, to small disadvantaged business concerns by North American Industry Classification System (NAICS) Industry Subsector. For a commercial plan, the Contractor may obtain from each of its subcontractors a predominant NAICS Industry Subsector and report all awards to that subcontractor under its predominant NAICS Industry Subsector.

(End of clause)

Alternate I (Oct 2001). When contracting by sealed bidding rather than by negotiation, substitute the following paragraph (c) for paragraph (c) of the basic clause:

(c) The apparent low bidder, upon request by the Contracting Officer, shall submit a subcontracting plan, where applicable, that separately addresses subcontracting with small business, veteran-owned small business, service-disabled veteran-owned small business, HUBZone small business, small disadvantaged business, and women-owned small business concerns. If the bidder is submitting an individual contract plan, the plan must separately address subcontracting with small business, veteran-owned small business, service-disabled veteran-owned small business, HUBZone small business, small disadvantaged business, and women-owned small business concerns, with a separate part for the basic contract and separate parts for each option (if any). The plan shall be included in and made a part of the resultant contract. The subcontracting plan shall be submitted within the time specified by the Contracting Officer. Failure to submit the subcontracting plan shall make the bidder ineligible for the award of a contract.

Alternate II (Oct 2001). As prescribed in 19.708(b)(1), substitute the following paragraph (c) for paragraph (c) of the basic clause:

(c) Proposals submitted in response to this solicitation shall include a subcontracting plan that separately addresses subcontracting with small business, veteran-owned small business, service-disabled veteran-owned small business, HUBZone small business, small disadvantaged business, and women-owned small business concerns. If the offeror is submitting an individual contract plan, the plan must separately address subcontracting with small business, veteran-owned small business, service-disabled veteran-owned small business, HUBZone small business, small disadvantaged business, and women-owned small business concerns, with a separate part for the basic contract and separate parts for each option (if any). The plan shall be included in and made a part of the resultant contract. The subcontracting plan shall be negotiated within the time specified by the Contracting Officer. Failure to submit and negotiate a subcontracting plan shall make the offeror ineligible for award of a contract.

[...]

52.222-23 Notice of Requirement for Affirmative Action to Ensure Equal Employment Opportunity for Construction.

As prescribed in 22.810(b), insert the following provision:

Notice of Requirement for Affirmative Action to Ensure Equal Employment Opportunity for Construction (Feb 1999)

(a) The offeror's attention is called to the Equal Opportunity clause and the Affirmative Action Compliance Requirements for Construction clause of this solicitation.

(b) The goals for minority and female participation, expressed in percentage terms for the Contractor's aggregate workforce in each trade on all construction work in the covered area, are as follows:

Goals for Minority Participation for Each Trade	**Goals for Female Participation for Each Trade**
________________	________________
[*Contracting Officer shall insert goals*]	[*Contracting Officer shall insert goals*]

These goals are applicable to all the Contractor's construction work performed in the covered area. If the Contractor performs construction work in a geographical area located outside of the covered area, the Contractor shall apply the goals established for the geographical area where the work is actually performed. Goals are published periodically in the *Federal Register* in notice form, and these notices may be obtained from any Office of Federal Contract Compliance Programs office.

(c) The Contractor's compliance with Executive Order 11246, as amended, and the regulations in 41 CFR 60-4 shall be based on (1) its implementation of the Equal Opportunity clause, (2) specific affirmative action obligations required by the clause entitled "Affirmative Action Compliance Requirements for Construction," and (3) its efforts to meet the goals. The hours of minority and female employment and training must be substantially uniform throughout the length of the contract, and in each trade. The Contractor shall make a good faith effort to employ minorities and women evenly on each of its projects. The transfer of minority or female employees or trainees from Contractor to Contractor, or from project to project, for the sole purpose of meeting the Contractor's goals shall be a violation of the contract, Executive Order 11246, as amended, and the regulations in 41 CFR 60-4. Compliance with the goals will be measured against the total work hours performed.

(d) The Contractor shall provide written notification to the Deputy Assistant Secretary for Federal Contract Compliance, U.S. Department of Labor, within 10 working days following award of any construction subcontract in excess of $10,000 at any tier for construction work under the contract resulting from this solicitation. The notification shall list the-

(1) Name, address, and telephone number of the subcontractor;

(2) Employer's identification number of the subcontractor;

(3) Estimated dollar amount of the subcontract;

(4) Estimated starting and completion dates of the subcontract; and

(5) Geographical area in which the subcontract is to be performed.

(e) As used in this Notice, and in any contract resulting from this solicitation, the "covered area" is __________ *[Contracting Officer shall insert description of the geographical areas where the contract is to be performed, giving the state, county, and city]*.

52.222-24 Preaward On-Site Equal Opportunity Compliance Evaluation.

As prescribed in 22.810(c), insert the following provision:

Preaward On-Site Equal Opportunity Compliance Evaluation (Feb 1999)

If a contract in the amount of $10 million or more will result from this solicitation, the prospective Contractor and its known first-tier subcontractors with anticipated subcontracts of $10 million or more shall be subject to a preaward compliance evaluation by the Office of Federal Contract Compliance Programs (OFCCP), unless, within the preceding 24 months, OFCCP has conducted an evaluation and found the prospective Contractor and subcontractors to be in compliance with Executive Order 11246.

(End of provision)

52.222-25 Affirmative Action Compliance.

As prescribed in 22.810(d), insert the following provision:

Affirmative Action Compliance (Apr 1984)

The offeror represents that-

(a) It ☐ has developed and has on file, ☐ has not developed and does not have on file, at each establishment, affirmative action programs required by the rules and regulations of the Secretary of Labor (41 CFR 60-1 and 60-2); or

(b) It □ has not previously had contracts subject to the written affirmative action programs requirement of the rules and regulations of the Secretary of Labor.

(End of provision)

52.222-26 Equal Opportunity.

As prescribed in 22.810(e), insert the following clause:

Equal Opportunity (Apr 2002)

(a) *Definition.* "United States," as used in this clause, means the 50 States, the District of Columbia, Puerto Rico, the Northern Mariana Islands, American Samoa, Guam, the U.S. Virgin Islands, and Wake Island.

(b) If, during any 12-month period (including the 12 months preceding the award of this contract), the Contractor has been or is awarded nonexempt Federal contracts and/or subcontracts that have an aggregate value in excess of $10,000, the Contractor shall comply with paragraphs (b)(1) through (b)(11) of this clause, except for work performed outside the United States by employees who were not recruited within the United States. Upon request, the Contractor shall provide information necessary to determine the applicability of this clause.

(1) The Contractor shall not discriminate against any employee or applicant for employment because of race, color, religion, sex, or national origin. However, it shall not be a violation of this clause for the Contractor to extend a publicly announced preference in employment to Indians living on or near an Indian reservation, in connection with employment opportunities on or near an Indian reservation, as permitted by 41 CFR 60-1.5.

(2) The Contractor shall take affirmative action to ensure that applicants are employed, and that employees are treated during employment, without regard to their race, color, religion, sex, or national origin. This shall include, but not be limited to-

(i) Employment;

(ii) Upgrading;

(iii) Demotion;

(iv) Transfer;

(v) Recruitment or recruitment advertising;

(vi) Layoff or termination;

(vii) Rates of pay or other forms of compensation; and

(viii) Selection for training, including apprenticeship.

(3) The Contractor shall post in conspicuous places available to employees and applicants for employment the notices to be provided by the Contracting Officer that explain this clause.

(4) The Contractor shall, in all solicitations or advertisements for employees placed by or on behalf of the Contractor, state that all qualified applicants will receive consideration for employment without regard to race, color, religion, sex, or national origin.

(5) The Contractor shall send, to each labor union or representative of workers with which it has a collective bargaining agreement or other contract or understanding, the notice to be provided by the Contracting Officer advising the labor union or workers' representative of the Contractor's commitments under this clause, and post copies of the notice in conspicuous places available to employees and applicants for employment.

(6) The Contractor shall comply with Executive Order 11246, as amended, and the rules, regulations, and orders of the Secretary of Labor.

(7) The Contractor shall furnish to the contracting agency all information required by Executive Order 11246, as amended, and by the rules, regulations, and orders of the Secretary of Labor. The Contractor shall also file Standard Form 100 (EEO-1), or any successor form, as prescribed in 41 CFR part 60-1. Unless the Contractor has filed within the 12 months preceding the date of contract award, the Contractor shall, within 30 days after contract award, apply to either the regional Office of Federal Contract Compliance Programs (OFCCP) or the local office of the Equal Employment Opportunity Commission for the necessary forms.

(8) The Contractor shall permit access to its premises, during normal business hours, by the contracting agency or the OFCCP for the pur-

pose of conducting on-site compliance evaluations and complaint investigations. The Contractor shall permit the Government to inspect and copy any books, accounts, records (including computerized records), and other material that may be relevant to the matter under investigation and pertinent to compliance with Executive Order 11246, as amended, and rules and regulations that implement the Executive Order.

(9) If the OFCCP determines that the Contractor is not in compliance with this clause or any rule, regulation, or order of the Secretary of Labor, this contract may be canceled, terminated, or suspended in whole or in part and the Contractor may be declared ineligible for further Government contracts, under the procedures authorized in Executive Order 11246, as amended. In addition, sanctions may be imposed and remedies invoked against the Contractor as provided in Executive Order 11246, as amended; in the rules, regulations, and orders of the Secretary of Labor; or as otherwise provided by law.

(10) The Contractor shall include the terms and conditions of paragraphs (b)(1) through (11) of this clause in every subcontract or purchase order that is not exempted by the rules, regulations, or orders of the Secretary of Labor issued under Executive Order 11246, as amended, so that these terms and conditions will be binding upon each subcontractor or vendor.

(11) The Contractor shall take such action with respect to any subcontract or purchase order as the Contracting Officer may direct as a means of enforcing these terms and conditions, including sanctions for noncompliance, provided, that if the Contractor becomes involved in, or is threatened with, litigation with a subcontractor or vendor as a result of any direction, the Contractor may request the United States to enter into the litigation to protect the interests of the United States.

(c) Notwithstanding any other clause in this contract, disputes relative to this clause will be governed by the procedures in 41 CFR 60-1.1.

(End of clause)

Alternate I (Feb 1999). As prescribed in 22.810(e), add the following as a preamble to the clause:

Notice: The following terms of this clause are waived for this contract: __________ [*Contracting Officer shall list terms*].

52.222-27 Affirmative Action Compliance Requirements for Construction.

As prescribed in 22.810(f), insert the following clause:

Affirmative Action Compliance Requirements for Construction (Feb 1999)

(a) *Definitions*. "Covered area," as used in this clause, means the geographical area described in the solicitation for this contract.

"Deputy Assistant Secretary," as used in this clause, means the Deputy Assistant Secretary for Federal Contract Compliance, U.S. Department of Labor, or a designee.

"Employer identification number," as used in this clause, means the Federal Social Security number used on the employer's quarterly Federal tax return, U.S. Treasury Department Form 941.

"Minority," as used in this clause, means-

(1) American Indian or Alaskan Native (all persons having origins in any of the original peoples of North America and maintaining identifiable tribal affiliations through membership and participation or community identification).

(2) Asian and Pacific Islander (all persons having origins in any of the original peoples of the Far East, Southeast Asia, the Indian Subcontinent, or the Pacific Islands);

(3) Black (all persons having origins in any of the black African racial groups not of Hispanic origin); and

(4) Hispanic (all persons of Mexican, Puerto Rican, Cuban, Central or South American, or other Spanish culture or origin, regardless of race).

(b) If the Contractor, or a subcontractor at any tier, subcontracts a portion of the work involving any construction trade, each such subcontract in excess of $10,000 shall include this clause and the Notice containing the goals for minority and female participation stated in the solicitation for this contract.

(c) If the Contractor is participating in a Hometown Plan (41 CFR 60-4) approved by the U.S. Department of Labor in a covered area, either individually or through an association, its affirmative action obligations on all work in the plan area (including goals) shall comply with the plan for those trades that have unions participating in the plan. Contractors must be able to demonstrate participation in, and compliance with, the provisions of the plan. Each Contractor or subcontractor participating in an approved plan is also required to comply with its obligations under the Equal Opportunity clause, and to make a good faith effort to achieve each goal under the plan in each trade in which it has employees. The overall good-faith performance by other Contractors or subcontractors toward a goal in an approved plan does not excuse any Contractor's or subcontractor's failure to make good-faith efforts to achieve the plan's goals.

(d) The Contractor shall implement the affirmative action procedures in paragraphs (g)(1) through (16) of this clause. The goals stated in the solicitation for this contract are expressed as percentages of the total hours of employment and training of minority and female utilization that the Contractor should reasonably be able to achieve in each construction trade in which it has employees in the covered area. If the Contractor performs construction work in a geographical area located outside of the covered area, it shall apply the goals established for the geographical area where that work is actually performed. The Contractor is expected to make substantially uniform progress toward its goals in each craft.

(e) Neither the terms and conditions of any collective bargaining agreement, nor the failure by a union with which the Contractor has a collective bargaining agreement, to refer minorities or women shall excuse the Contractor's obligations under this clause, Executive Order 11246, as amended, or the regulations thereunder.

(f) In order for the nonworking training hours of apprentices and trainees to be counted in meeting the goals, apprentices and trainees must be employed by the Contractor during the training period, and the Contractor must have made a commitment to employ the apprentices and trainees at the completion of their training, subject to the availability of employment opportunities. Trainees must be trained pursuant to training programs approved by the U.S. Department of Labor.

(g) The Contractor shall take affirmative action to ensure equal employment opportunity. The evaluation of the Contractor's compliance with this clause shall be based upon its effort to achieve maximum results from its actions. The Contractor shall document these efforts fully and implement affirmative action steps at least as extensive as the following:

(1) Ensure a working environment free of harassment, intimidation, and coercion at all sites and in all facilities where the Contractor's employees are assigned to work. The Contractor, if possible, will assign two or more women to each construction project. The Contractor shall ensure that foremen, superintendents, and other onsite supervisory personnel are aware of and carry out the Contractor's obligation to maintain such a working environment, with specific attention to minority or female individuals working at these sites or facilities.

(2) Establish and maintain a current list of sources for minority and female recruitment. Provide written notification to minority and female recruitment sources and community organizations when the Contractor or its unions have employment opportunities available, and maintain a record of the organizations' responses.

(3) Establish and maintain a current file of the names, addresses, and telephone numbers of each minority and female off-the-street applicant, referrals of minorities or females from unions, recruitment sources, or community organizations, and the action taken with respect to each individual. If an individual was sent to the union hiring hall for referral and not referred back to the Contractor by the union or, if referred back, not employed by the Contractor, this shall be documented in the file, along with whatever additional actions the Contractor may have taken.

(4) Immediately notify the Deputy Assistant Secretary when the union or unions with which the Contractor has a collective bargaining agreement has not referred back to the Contractor a minority or woman sent by the Contractor, or when the Contractor has other information that the union referral process has impeded the Contractor's efforts to meet its obligations.

(5) Develop on-the-job training opportunities and/or participate in training programs for the area that expressly include minorities and women, including upgrading programs and apprenticeship and trainee programs relevant to the Contractor's employment needs, especially

those programs funded or approved by the Department of Labor. The Contractor shall provide notice of these programs to the sources compiled under paragraph (g)(2) of this clause.

(6) Disseminate the Contractor's equal employment policy by-

(i) Providing notice of the policy to unions and to training, recruitment, and outreach programs, and requesting their cooperation in assisting the Contractor in meeting its contract obligations;

(ii) Including the policy in any policy manual and in collective bargaining agreements;

(iii) Publicizing the policy in the company newspaper, annual report, etc.;

(iv) Reviewing the policy with all management personnel and with all minority and female employees at least once a year; and

(v) Posting the policy on bulletin boards accessible to employees at each location where construction work is performed.

(7) Review, at least annually, the Contractor's equal employment policy and affirmative action obligations with all employees having responsibility for hiring, assignment, layoff, termination, or other employment decisions. Conduct review of this policy with all on-site supervisory personnel before initiating construction work at a job site. A written record shall be made and maintained identifying the time and place of these meetings, persons attending, subject matter discussed, and disposition of the subject matter.

(8) Disseminate the Contractor's equal employment policy externally by including it in any advertising in the news media, specifically including minority and female news media. Provide written notification to, and discuss this policy with, other Contractors and subcontractors with which the Contractor does or anticipates doing business.

(9) Direct recruitment efforts, both oral and written, to minority, female, and community organizations, to schools with minority and female students, and to minority and female recruitment and training organizations serving the Contractor's recruitment area and employment needs. Not later than 1 month before the date for acceptance of applications for apprenticeship or training by any recruitment source, send written notification to organizations such as the above, describ-

ing the openings, screening procedures, and tests to be used in the selection process.

(10) Encourage present minority and female employees to recruit minority persons and women. Where reasonable, provide after-school, summer, and vacation employment to minority and female youth both on the site and in other areas of the Contractor's workforce.

(11) Validate all tests and other selection requirements where required under 41 CFR 60-3.

(12) Conduct, at least annually, an inventory and evaluation at least of all minority and female personnel for promotional opportunities. Encourage these employees to seek or to prepare for, through appropriate training, etc., opportunities for promotion.

(13) Ensure that seniority practices, job classifications, work assignments, and other personnel practices do not have a discriminatory effect by continually monitoring all personnel and employment-related activities to ensure that the Contractor's obligations under this contract are being carried out.

(14) Ensure that all facilities and company activities are nonsegregated except that separate or single-user rest rooms and necessary dressing or sleeping areas shall be provided to assure privacy between the sexes.

(15) Maintain a record of solicitations for subcontracts for minority and female construction contractors and suppliers, including circulation of solicitations to minority and female contractor associations and other business associations.

(16) Conduct a review, at least annually, of all supervisors' adherence to and performance under the Contractor's equal employment policy and affirmative action obligations.

(h) The Contractor is encouraged to participate in voluntary associations that may assist in fulfilling one or more of the affirmative action obligations contained in paragraphs (g)(1) through (16) of this clause. The efforts of a contractor association, joint contractor-union, contractor-community, or similar group of which the contractor is a member and participant may be asserted as fulfilling one or more of its obligations under paragraphs (g)(1) through (16) of this clause, provided, the Contractor-

(1) Actively participates in the group;

(2) Makes every effort to ensure that the group has a positive impact on the employment of minorities and women in the industry;

(3) Ensures that concrete benefits of the program are reflected in the Contractor's minority and female workforce participation;

(4) Makes a good-faith effort to meet its individual goals and timetables; and

(5) Can provide access to documentation that demonstrates the effectiveness of actions taken on behalf of the Contractor. The obligation to comply is the Contractor's, and failure of such a group to fulfill an obligation shall not be a defense for the Contractor's noncompliance.

(i) A single goal for minorities and a separate single goal for women shall be established. The Contractor is required to provide equal employment opportunity and to take affirmative action for all minority groups, both male and female, and all women, both minority and nonminority. Consequently, the Contractor may be in violation of Executive Order 11246, as amended, if a particular group is employed in a substantially disparate manner.

(j) The Contractor shall not use goals or affirmative action standards to discriminate against any person because of race, color, religion, sex, or national origin.

(k) The Contractor shall not enter into any subcontract with any person or firm debarred from Government contracts under Executive Order 11246, as amended.

(l) The Contractor shall carry out such sanctions and penalties for violation of this clause and of the Equal Opportunity clause, including suspension, termination, and cancellation of existing subcontracts, as may be imposed or ordered under Executive Order 11246, as amended, and its implementing regulations, by the OFCCP. Any failure to carry out these sanctions and penalties as ordered shall be a violation of this clause and Executive Order 11246, as amended.

(m) The Contractor in fulfilling its obligations under this clause shall implement affirmative action procedures at least as extensive as those prescribed in paragraph (g) of this clause, so as to achieve maximum results from its efforts to ensure equal employment opportunity. If the

Contractor fails to comply with the requirements of Executive Order 11246, as amended, the implementing regulations, or this clause, the Deputy Assistant Secretary shall take action as prescribed in 41 CFR 60-4.8.

(n) The Contractor shall designate a responsible official to-

(1) Monitor all employment-related activity to ensure that the Contractor's equal employment policy is being carried out;

(2) Submit reports as may be required by the Government; and

(3) Keep records that shall at least include for each employee the name, address, telephone number, construction trade, union affiliation (if any), employee identification number, social security number, race, sex, status (*e.g.*, mechanic, apprentice, trainee, helper, or laborer), dates of changes in status, hours worked per week in the indicated trade, rate of pay, and locations at which the work was performed. Records shall be maintained in an easily understandable and retrievable form; *however*, to the degree that existing records satisfy this requirement, separate records are not required to be maintained.

(o) Nothing contained herein shall be construed as a limitation upon the application of other laws that establish different standards of compliance or upon the requirements for the hiring of local or other area residents (*e.g.*, those under the Public Works Employment Act of 1977 and the Community Development Block Grant Program).

[...]

IV.

Auszüge aus den *Regulations* des OFCCP

[...]

41 CFR 60-1.1 – Purpose and application

The purpose of the regulations in this part is to achieve the aims of parts II, III, and IV of Executive Order 11246 for the promotion and insuring of equal opportunity for all persons, without regard to race, color, religion, sex, or national origin, employed or seeking employment with Government contractors or with contractors performing under federally assisted construction contracts. The regulations in this part apply to all contracting agencies of the Government and to contractors and subcontractors who perform under Government contracts, to the extent set forth in this part. The regulations in this part also apply to all agencies of the Government administering programs involving Federal financial assistance which may include a construction contract, and to all contractors and subcontractors performing under construction contracts which are related to any such programs. The procedures set forth in the regulations in this part govern all disputes relative to a contractor's compliance with his obligations under the equal opportunity clause regardless of whether or not his contract contains a "Disputes" clause. Failure of a contractor or applicant to comply with any provision of the regulations in this part shall be grounds for the imposition of any or all of the sanctions authorized by the order. The regulations in this part do not apply to any action taken to effect compliance with respect to employment practices subject to title VI of the Civil Rights Act of 1964. The rights and remedies of the Government hereunder are not exclusive and do not affect rights and remedies provided elsewhere by law, regulation, or contract; neither do the regulations limit the exercise by the Secretary or Government agencies of powers not herein specifically set forth, but granted to them by the order.

[...]

41 CFR 60-1.4 – Equal opportunity clause

(a) Government contracts. Except as otherwise provided, each contracting agency shall include the following equal opportunity clause contained in section 202 of the order in each of its Government contracts (and modifications thereof if not included in the original contract):

During the performance of this contract, the contractor agrees as follows:

(1) The contractor will not discriminate against any employee or applicant for employment because of race, color, religion, sex, or national origin. The contractor will take affirmative action to ensure that applicants are employed, and that employees are treated during employment, without regard to their race, color, religion, sex, or national origin. Such action shall include, but not be limited to the following: Employment, upgrading, demotion, or transfer, recruitment or recruitment advertising; layoff or termination; rates of pay or other forms of compensation; and selection for training, including apprenticeship. The contractor agrees to post in conspicuous places, available to employees and applicants for employment, notices to be provided by the contracting officer setting forth the provisions of this nondiscrimination clause.

(2) The contractor will, in all solicitations or advertisements for employees placed by or on behalf of the contractor, state that all qualified applicants will receive consideration for employment without regard to race, color, religion, sex, or national origin.

(3) The contractor will send to each labor union or representative of workers with which he has a collective bargaining agreement or other contract or understanding, a notice to be provided by the agency contracting officer, advising the labor union or workers' representative of the contractor's commitments under section 202 of Executive Order 11246 of September 24, 1965, and shall post copies of the notice in conspicuous places available to employees and applicants for employment.

(4) The contractor will comply with all provisions of Executive Order 11246 of September 24, 1965, and of the rules, regulations, and relevant orders of the Secretary of Labor.

(5) The contractor will furnish all information and reports required by Executive Order 11246 of September 24, 1965, and by the rules, regulations, and orders of the Secretary of Labor, or pursuant thereto, and will permit access to his books, records, and accounts by the contracting agency and the Secretary of Labor for purposes of investigation to ascertain compliance with such rules, regulations, and orders.

(6) In the event of the contractor's non-compliance with the nondiscrimination clauses of this contract or with any of such rules, regulations, or orders, this contract may be canceled, terminated or suspended in whole or in part and the contractor may be declared ineligible for further Government contracts in accordance with procedures authorized in Executive Order 11246 of September 24, 1965, and such other sanctions may be imposed and remedies invoked as provided in Executive Order 11246 of September 24, 1965, or by rule, regulation, or order of the Secretary of Labor, or as otherwise provided by law.

(7) the contractor will include the provisions of paragraphs (1) through (7) in every subcontract or purchase order unless exempted by rules, regulations, or orders of the Secretary of Labor issued pursuant to section 204 of Executive Order 11246 of September 24, 1965, so that such provisions will be binding upon each subcontractor or vendor. The contractor will take such action with respect to any subcontract or purchase order as may be directed by the Secretary of Labor as a means of enforcing such provisions including sanctions for noncompliance:

Provided, however, that in the event the contractor becomes involved in, or is threatened with, litigation with a subcontractor or vendor as a result of such direction, the contractor may request the United States to enter into such litigation to protect the interests of the United States.

(b) Federally assisted construction contracts. (1) Except as otherwise provided, each administering agency shall require the inclusion of the following language as a condition of any grant, contract, loan, insurance, or guarantee involving federally assisted construction which is not exempt from the requirements of the equal opportunity clause:

The applicant hereby agrees that it will incorporate or cause to be incorporated into any contract for construction work, or modification thereof, as defined in the regulations of the Secretary of Labor at 41 CFR Chapter 60, which is paid for in whole or in part with funds obtained from the Federal Government or borrowed on the credit of the Federal Government pursuant to a grant, contract, loan insurance, or guarantee, or undertaken pursuant to any Federal program involving such grant, contract, loan, insurance, or guarantee, the following equal opportunity clause:

During the performance of this contract, the contractor agrees as follows:

(1) The contractor will not discriminate against any employee or applicant for employment because of race, color, religion, sex, or national origin. The contractor will take affirmative action to ensure that applicants are employed, and that employees are treated during employment without regard to their race, color, religion, sex, or national origin. such action shall include, but not be limited to the following: Employment, upgrading, demotion, or transfer; recruitment or recruitment advertising; layoff or termination; rates of pay or other forms of compensation; and selection for training, including apprenticeship. The contractor agrees to post in conspicuous places, available to employees and applicants for employment, notices to be provided setting forth the provisions of this nondiscrimination clause.

(2) The contractor will, in all solicitations or advertisements for employees placed by or on behalf of the contractor, state that all qualified applicants will receive considerations for employment without regard to race, color, religion, sex, or national origin.

(3) The contractor will send to each labor union or representative of workers with which he has a collective bargaining agreement or other contract or understanding, a notice to be provided advising the said labor union or workers' representatives of the contractor's commitments under this section, and shall post copies of the notice in conspicuous places available to employees and applicants for employment.

(4) The contractor will comply with all provisions of Executive Order 11246 of September 24, 1965, and of the rules, regulations, and relevant orders of the Secretary of Labor.

(5) The contractor will furnish all information and reports required by Executive Order 11246 of September 24, 1965, and by rules, regulations, and orders of the Secretary of Labor, or pursuant thereto, and will permit access to his books, records, and accounts by the administering agency and the Secretary of Labor for purposes of inves-

tigation to ascertain compliance with such rules, regulations, and orders.

(6) In the event of the contractor's noncompliance with the nondiscrimination clauses of this contract or with any of the said rules, regulations, or orders, this contract may be canceled, terminated, or suspended in whole or in part and the contractor may be declared ineligible for further Government contracts or federally assisted construction contracts in accordance with procedures authorized in Executive Order 11246 of September 24, 1965, and such other sanctions may be imposed and remedies invoked as provided in Executive Order 11246 of September 24, 1965, or by rule, regulation, or order of the Secretary of Labor, or as otherwise provided by law.

(7) The contractor will include the portion of the sentence immediately preceding paragraph (1) and the provisions of paragraphs (1) through (7) in every subcontract or purchase order unless exempted by rules, regulations, or orders of the Secretary of Labor issued pursuant to section 204 of Executive Order 11246 of September 24, 1965, so that such provisions will be binding upon each subcontractor or vendor. The contractor will take such action with respect to any subcontract or purchase order as the administering agency may direct as a means of enforcing such provisions, including sanctions for noncompliance:

Provided, however, That in the event a contractor becomes involved in, or is threatened with, litigation with a subcontractor or vendor as a result of such direction by the administering agency the contractor may request the United States to enter into such litigation to protect the interests of the United States.

The applicant further agrees that it will be bound by the above equal opportunity clause with respect to its own employment practices when it participates in federally assisted construction work: Provided, That if the applicant so participating is a State or local government, the above equal opportunity clause is not applicable to any agency, instrumentality or subdivision of such government which does not participate in work on or under the contract.

The applicant agrees that it will assist and cooperate actively with the administering agency and the Secretary of Labor in obtaining the compliance of contractors and subcontractors with the equal opportunity clause and the rules, regulations, and relevant orders of the Secretary of Labor, that it will furnish the administering agency and the Secretary of Labor such information as they may require for the supervision of such compliance, and that it will otherwise assist the administering agency in the discharge of the agency's primary responsibility for securing compliance.

The applicant further agrees that it will refrain from entering into any contract or contract modification subject to Executive Order 11246 of September 24, 1965, with a contractor debarred from, or who has not demonstrated eligibility for, Government contracts and federally assisted construction contracts pursuant to the Executive order and will carry out such sanctions and penalties for violation of the equal opportunity clause as may be imposed upon contractors and subcontractors by the administering agency or the Secretary of Labor pursuant to Part II, Subpart D of the Executive order. In addition, the applicant agrees that if it fails or refuses to comply with these undertakings, the administering agency may take any or all of the following actions:

Cancel, terminate, or suspend in whole or in part this grant (contract, loan, insurance, guarantee); refrain from extending any further assistance to the applicant under the program with respect to which the failure or refund occurred until satisfactory assurance of future compliance has been received from such applicant; and refer the case to the Department of Justice for appropriate legal proceedings.

(c) Subcontracts. Each nonexempt prime contractor or subcontractor shall include the equal opportunity clause in each of its nonexempt subcontracts.

(d) Incorporation by reference. The equal opportunity clause may be incorporated by reference in all Government contracts and subcontracts, including Government bills of lading, transportation requests, contracts for deposit of Government funds, and contracts for issuing and paying U.S. savings bonds and notes, and such other contracts and subcontracts as the Deputy Assistant Secretary may designate.

(e) Incorporation by operation of the order. By operation of the order, the equal opportunity clause shall be considered to be a part of every contract and subcontract required by the order and the regulations in this part to include such a clause whether or not it is physically incorporated in such contracts and whether or not the contract between the agency and the contractor is written.

(f) Adaptation of language. Such necessary changes in language may be made in the equal opportunity clause as shall be appropriate to identify properly the parties and their undertakings.

41 CFR 60-1.5 – Exemptions

(a) General--(1) Transactions of $10,000 or under. Contracts and subcontracts not exceeding $10,000, other than Government bills of lading, and other than contracts and subcontracts with depositories of Federal funds in any amount and with financial institutions which are issuing and paying agents for U.S. savings bonds and savings notes, are exempt from the requirements of the equal opportunity clause. In determining the applicability of this exemption to any federally assisted construction contract, or subcontract thereunder, the amount of such contract or subcontract rather than the amount of the Federal financial assistance shall govern. No agency, contractor, or subcontractor shall procure supplies or services in a manner so as to avoid applicability of the equal opportunity clause: Provided, that where a contractor has contracts or subcontracts with the Government in any 12-month period which have an aggregate total value (or can reasonably be expected to have an aggregate total value) exceeding $10,000, the $10,000 or under exemption does not apply, and the contracts are subject to the order and the regulations issued pursuant thereto regardless of whether any single contract exceeds $10,000.

(2) Contracts and subcontracts for indefinite quantities. With respect to contracts and subcontracts for indefinite quantities (including, but not limited to, open end contracts, requirement-type contracts, Federal Supply Schedule contracts, ``call-type" contracts, and purchase notice agreements), the equal opportunity clause shall be included unless the purchaser has reason to believe that the amount to be ordered in any year under such contract will not exceed $10,000. The applicability of the equal opportunity clause shall be determined by the purchaser at the time of award for the first year, and annually thereafter for succeeding years, if any. Notwithstanding the above, the equal opportunity clause shall be applied to such contract whenever the amount of a single order exceeds $10,000. Once the equal opportunity clause is determined to be applicable, the contract shall continue to be subject to such clause for its duration, regardless of the amounts ordered, or reasonably expected to be ordered in any year.

(3) Work outside the United States. Contracts and subcontracts are exempt from the requirements of the equal opportunity clause with

regard to work performed outside the United States by employees who were not recruited within the United States.

(4) Contracts with State or local governments. The requirements of the equal opportunity clause in any contract or subcontract with a State or local government (or any agency, instrumentality or subdivision thereof) shall not be applicable to any agency, instrumentality or subdivision of such government which does not participate in work on or under the contract or subcontract. In addition, any agency, instrumentality or subdivision of such government, except for educational institutions and medical facilities, are exempt from the requirements of filing the annual compliance report provided for by Sec. 60-1.7(a)(1) and maintaining a written affirmative action compliance program prescribed by Sec. 60-1.40 and Part 60-2 of this chapter.

(5) Contracts with certain religious entities. Section 202 of Executive Order 11246, as amended, shall not apply to a Government contractor or subcontractor that is a religious corporation, association, educational institution, or society, with respect to the employment of individuals of a particular religion to perform work connected with the carrying on by such corporation, association, educational institution, or society of its activities. Such contractors and subcontractors are not exempted or excused from complying with the other requirements contained in this Order.

(6) Contracts with certain educational institutions. It shall not be a violation of the equal opportunity clause for a school, college, university, or other educational institution or institution of learning to hire and employ employees of a particular religion if such school, college, university, or other educational institution or institution of learning is, in whole or in substantial part, owned, supported, controlled, or managed by a particular religion or by a particular religious corporation, association, or society, or if the curriculum of such school, college, university, or other educational institution or institution of learning is directed toward the propagation of a particular religion. The primary thrust of this provision is directed at religiously oriented church-related colleges and universities and should be so interpreted.

(7) Work on or near Indian reservations. It shall not be a violation of the equal opportunity clause for a construction or nonconstruction contractor to extend a publicly announced preference in employment to Indians living on or near an Indian reservation in connection with employment opportunities on or near an Indian reservation. The use

of the word ``near" would include all that area where a person seeking employment could reasonably be expected to commute to and from in the course of a work day. Contractors or subcontractors extending such a preference shall not, however, discriminate among Indians on the basis of religion, sex, or tribal affiliation, and the use of such a preference shall not excuse a contractor from complying with the other requirements contained in this chapter.

(b) Specific contracts and facilities--(1) Specific contracts. The Deputy Assistant Secretary may exempt an agency or any person from requiring the inclusion of any or all of the equal opportunity clause in any specific contract or subcontract when he deems that special circumstances in the national interest so require. The Deputy Assistant Secretary may also exempt groups or categories of contracts or subcontracts of the same type where he finds it impracticable to act upon each request individually or where group exemptions will contribute to convenience in the administration of the order.

(2) Facilities not connected with contracts. The Deputy Assistant Secretary may exempt from the requirements of the equal opportunity clause any of a prime contractor's or subcontractor's facilities which he finds to be in all respects separate and distinct from activities of the prime contractor or subcontractor related to the performance of the contract or subcontract, provided that he also finds that such an exemption will not interfere with or impede the effectuation of the order.

(c) National security. Any requirement set forth in these regulations in this part shall not apply to any contract or subcontract whenever the head of an agency determines that such contract or subcontract is essential to the national security and that its award without complying with such requirement is necessary to the national security. Upon making such a determination, the head of the agency will notify the Deputy Assistant Secretary in writing within 30 days.

(d) Withdrawal of exemption. When any contract or subcontract is of a class exempted under this section, the Deputy Assistant Secretary may withdraw the exemption for a specific contract or subcontract or group of contracts or subcontracts when in his judgment such action is necessary or appropriate to achieve the purposes of the order. Such withdrawal shall not apply to contracts or subcontracts awarded prior to the withdrawal, except that in procurements entered into by formal advertising, or the various forms of restricted formal advertising, such withdrawal shall not apply unless the withdrawal is made more than 10 calendar days before the date set for the opening of the bids.

41 CFR 60-1.7 – Reports and other required information

(a) Requirements for prime contractors and subcontractors. (1) Each prime contractor and subcontractor shall file annually, on or before the September 30, complete and accurate reports on Standard Form 100 (EEO-1) promulgated jointly by the Office of Federal Contract Compliance Programs, the Equal Employment Opportunity Commission and Plans for Progress or such form as may hereafter be promulgated in its place if such prime contractor or subcontractor (i) is not exempt from the provisions of these regulations in accordance with Sec. 60-1.5; (ii) has 50 ormore employees; (iii) is a prime contractor or first tier subcontractor; and (iv) has a contract, subcontract or purchase order amounting to $50,000 or more or serves as a depository of Government funds in any amount, or is a financial institution which is an issuing and paying agent for U.S. savings bonds and savings notes: Provided, That any subcontractor below the first tier which performs construction work at the site of construction shall be required to file such a report if it meets requirements of paragraphs (a)(1) (i), (ii), and (iv) of this section.

(2) Each person required by Sec. 60-1.7(a)(1) to submit reports shall file such a report with the contracting or administering agency within 30 days after the award to him of a contract or subcontract, unless such person has submitted such a report within 12 months preceding the date of the award. Subsequent reports shall be submitted annually in accordance with Sec. 60-1.7(a)(1), or at such other intervals as the Deputy Assistant Secretary may require. The Deputy Assistant Secretary may extend the time for filing any report.

(3) The Deputy Assistant Secretary or the applicant, on their own motions, may require a contractor to keep employment or other records and to furnish, in the form requested, within reasonable limits, such information as the Deputy Assistant Secretary or the applicant deems necessary for the administration of the order.

(4) Failure to file timely, complete and accurate reports as required constitutes noncompliance with the prime contractor's or subcontractor's obligations under the equal opportunity clause and is ground for the imposition by the Deputy Assistant Secretary, an applicant, prime

contractor or subcontractor, of any sanctions as authorized by the order and the regulations in this part.

(b) Requirements for bidders or prospective contractors--(1) Certification of compliance with Part 60-2: Affirmative Action Programs. Each agency shall require each bidder or prospective prime contractor and proposed subcontractor, where appropriate, to state in the bid or in writing at the outset of negotiations for the contract: (i) Whether it has developed and has on file at each establishment affirmative action programs pursuant to Part 60-2 of this chapter; (ii) whether it has participated in any previous contract or subcontract subject to the equal opportunity clause; (iii) whether it has filed with the Joint Reporting Committee, the Deputy Assistant Secretary or the Equal Employment Opportunity Commission all reports due under the applicable filing requirements.

(2) Additional information. A bidder or prospective prime contractor or proposed subcontractor shall be required to submit such information as the Deputy Assistant Secretary requests prior to the award of the contract or subcontract. When a determination has been made to award the contract or subcontract to a specific contractor, such contractor shall be required, prior to award, or after the award, or both, to furnish such other information as the applicant or the Deputy Assistant Secretary requests.

(c) Use of reports. Reports filed pursuant to this section shall be used only in connection with the administration of the order, the Civil Rights Act of 1964, or in furtherance of the purposes of the order and said Act.

[…]

41 CFR 60-1.12 – Record retention

(a) General requirements. Any personnel or employment record made or kept by the contractor shall be preserved by the contractor for a period of not less than two years from the date of the making of the record or the personnel action involved, whichever occurs later. However, if the contractor has fewer than 150 employees or does not have a Government contract of at least $150,000, the minimum record retention period shall be one year from the date of the making of the record or the personnel action involved, whichever occurs later. Such records include, but are not necessarily limited to, records pertaining to hiring, assignment, promotion, demotion, transfer, lay off or termination, rates of pay or other terms of compensation, and selection for training or apprenticeship, and other records having to do with requests for reasonable accommodation, the results of any physical examination, job advertisements and postings, applications and resumes, tests and test results, and interview notes. In the case of involuntary termination of an employee, the personnel records of the individual terminated shall be kept for a period of not less than two years from the date of the termination, except that contractors that have fewer than 150 employees or that do not have a Government contract of at least $150,000 shall keep such records for a period of not less than one year from the date of the termination. Where the contractor has received notice that a complaint of discrimination has been filed, that a compliance evaluation has been initiated, or that an enforcement action has been commenced, the contractor shall preserve all personnel records relevant to the complaint, compliance evaluation or enforcement action until final disposition of the complaint, compliance evaluation or enforcement action. The term ``personnel records relevant to the complaint," for example, would include personnel or employment records relating to the complainant and to all other employees holding positions similar to that held or sought by the complainant and application forms or test papers submitted by unsuccessful applicants and by all other candidates for the same position as that for which the complainant unsuccessfully applied. Where a compliance evaluation has been initiated, all personnel and employment records described above are relevant until OFCCP makes a final disposition of the evaluation.

(b) Affirmative action programs. A contractor establishment required under Sec. 60-1.40 to develop and maintain a written affirmative action program (AAP) must maintain its current AAP and documentation of good faith effort, and must preserve its AAP and documentation of good faith effort for the immediately preceding AAP year, unless it was not then covered by the AAP requirement.

(c) Contractor identification of record. (1) For any record the contractor maintains pursuant to this section, the contractor must be able to identify:

(i) The gender, race, and ethnicity of each employee; and

(ii) where possible, the gender, race, and ethnicity of each applicant.

(2) The contractor must supply this information to the Office of Federal Contract Compliance Programs upon request.

(d) Failure to preserve records. Failure to preserve complete and accurate records as required by paragraphs (a) through (c) of this section constitutes noncompliance with the contractor's obligations under the Executive Order and this part. Where the contractor has destroyed or failed to preserve records as required by this section, there may be a presumption that the information destroyed or not preserved would have been unfavorable to the contractor: Provided, That this presumption shall not apply where the contractor shows that the destruction or failure to preserve records results from the circumstances that are outside of the contractor's control.

(e) Applicability. The requirements of this section shall apply only to records made or kept on or after December 22, 1997.

41 CFR 60-1.20 – Compliance evaluations

(a) OFCCP may conduct compliance evaluations to determine if the contractor maintains nondiscriminatory hiring and employment practices and is taking affirmative action to ensure that applicants are employed and that employees are placed, trained, upgraded, promoted, and otherwise treated during employment without regard to race, color, religion, sex, or national origin. A compliance evaluation may consist of any one or any combination of the following investigative procedures:

(1) Compliance review. A comprehensive analysis and evaluation of the hiring and employment practices of the contractor, the written affirmative action program, and the results of the affirmative action efforts undertaken by the contractor. A compliance review may proceed in three stages:

(i) A desk audit of the written AAP and supporting documentation to determine whether all elements required by the regulations in this part are included, whether the AAP meets agency standards of reasonableness, and whether the AAP and supporting documentation satisfy agency standards of acceptability. The desk audit is conducted at OFCCP offices, except in the case of preaward reviews. In a preaward review, the desk audit normally is conducted at the contractor's establishment.

(ii) An on-site review, conducted at the contractor's establishment to investigate unresolved problem areas identified in the AAP and supporting documentation during the desk audit, to verify that the contractor has implemented the AAP and has complied with those regulatory obligations not required to be included in the AAP, and to examine potential instances or issues of discrimination. An on-site review normally will involve an examination of the contractor's personnel and employment policies, inspection and copying of documents related to employment actions, and interviews with employees, supervisors, managers, hiring officials; and

(iii) Where necessary, an off-site analysis of information supplied by the contractor or otherwise gathered during or pursuant to the on-site review.

(2) Off-site review of records. An analysis and evaluation of the AAP (or any part thereof) and supporting documentation, and other documents related to the contractor's personnel policies and employment actions that may be relevant to a determination of whether the contractor has complied with the requirements of the Executive Order and regulations;

(3) Compliance check. A visit to the establishment to ascertain whether data and other information previously submitted by the contractor are complete and accurate; whether the contractor has maintained records consistent with Sec. 60-1.12; and/or whether the contractor has developed an AAP consistent with Sec. 60-1.40; or

(4) Focused review. An on-site review restricted to one or more components of the contractor's organization or one or more aspects of the contractor's employment practices.

(b) Where deficiencies are found to exist, reasonable efforts shall be made to secure compliance through conciliation and persuasion. Before the contractor can be found to be in compliance with the order, it must make a specific commitment, in writing, to correct any such deficiencies. The commitment must include the precise action to be taken and dates for completion. The time period allotted shall be no longer than the minimum period necessary to effect such changes. Upon approval of the commitment, the contractor may be considered in compliance, on condition that the commitments are faithfully kept. The contractor shall be notified that making such commitments does not preclude future determinations of noncompliance based on a finding that the commitments are not sufficient to achieve compliance.

(c) [Reserved]

(d) Preaward compliance evaluations. Each agency shall include in the invitation for bids for each formally advertised nonconstruction contract or state at the outset of negotiations for each negotiated contract, that if the award, when let, should total $10 million or more, the prospective contractor and its known first-tier subcontractors with subcontracts of $10 million or more shall be subject to a compliance evaluation before the award of the contract unless OFCCP has conducted an evaluation and found them to be in compliance with the Order within the preceding 24 months. The awarding agency will notify OFCCP and request appropriate action and findings in accordance with this subsection. Within 15 days of the notice OFCCP will inform the awarding agency of its intention to conduct a preaward compliance evaluation. If OFCCP does not inform the awarding agency within that period of its intention to conduct a preaward compliance evaluation, clearance shall be presumed and the awarding agency is authorized to proceed with the award. If OFCCP informs the awarding agency of its intention to conduct a preaward compliance evaluation, OFCCP shall be allowed an additional 20 days after the date that it so informs the awarding agency to provide its conclusions. If OFCCP does not provide the awarding agency with its conclusions within that period, clearance shall be presumed and the awarding agency is authorized to proceed with the award.

(e) Submission of Documents; Standard Affirmative Action Formats.

Each prime contractor or subcontractor with 50 or more employees and a contract of $50,000 or more is required to develop a written affirmative action program for each of its establishments (Sec. 60-1.40). If a contractor fails to submit an affirmative action program and supporting documents, including the workforce analysis, within 30 days of a request, the enforcement procedures specified in Sec. 60-1.26(b) shall be applicable. Contractors may reach agreement with OFCCP on nationwide AAP formats or on frequency of updating statistics.

(f) Confidentiality and relevancy of information. If the contractor is concerned with the confidentiality of such information as lists of employee names, reasons for termination, or pay data, then alphabetic or numeric coding or the use of an index of pay and pay ranges, consistent with the ranges assigned to each job group, are acceptable for purposes of the compliance evaluation. The contractor must provide full access to all relevant data on-site as required by Sec. 60-1.43. Where necessary, the compliance officer may take information made available during the on-site evaluation off-site for further analysis. An off-site analysis should be conducted where issues have arisen concerning deficiencies or an apparent violation which, in the judgment of the compliance officer, should be more thoroughly analyzed off-site before a determination of compliance is made. The contractor must provide all data determined by the compliance officer to be necessary for off-site analysis. Such data may only be coded if the contractor makes the key to the code available to the compliance officer. If the contractor believes that particular information which is to be taken off-site is not relevant to compliance with the Executive Order, the contractor may request a ruling by the OFCCP District/Area Director. The OFCCP District/Area Director shall issue a ruling within 10 days. The contractor may appeal that ruling to the OFCCP Regional Director within 10 days. The Regional Director shall issue a final ruling within 10 days. Pending a final ruling, the information in question must be made available to the compliance officer off-site, but shall be considered a part of the investigatory file and subject to the provisions of paragraph (g) of this section. The agency shall take all necessary precautions to safeguard the confidentiality of such information until a final determination is made. Such information may not be copied by OFCCP and access to the information shall be limited to the compliance officer and personnel involved in the determination of relevancy. Data determined to be not relevant to the investigation will be returned to the contractor immediately.

(g) Public access to information. The disclosure of information obtained from a contractor will be evaluated pursuant to the public inspection and copying provisions of the Freedom of Information Act, 5 U.S.C. 552, and the Department of Labor's implementing regulations at 29 CFR Part 70.

41 CFR 60-1.21 – Filing complaints

Complaints shall be filed within 180 days of the alleged violation unless the time for filing is extended by the Deputy Assistant Secretary for good cause shown.

[...]

41 CFR 60-1.27 – Sanctions

(a) General. The sanctions described in subsections (1), (5), and (6) of section 209(a) of the Order may be exercised only by or with the approval of the Deputy Assistant Secretary. Referral of any matter arising under the Order to the Department of Justice or to the Equal Employment Opportunity Commission shall be made by the Deputy Assistant Secretary.

(b) Debarment. A contractor may be debarred from receiving future contracts or modifications or extensions of existing contracts, subject to reinstatement pursuant to Sec. 60-1.31, for any violation of Executive Order 11246 or the implementing rules, regulations and orders of the Secretary of Labor. Debarment may be imposed for an indefinite term or for a fixed minimum period of at least six months.

[...]

41 CFR 60-1.33 – Conciliation agreements

(a) If a compliance review, complaint investigation or other review by OFCCP or its representative indicates a material violation of the equal opportunity clause, and (1) if the contractor, subcontractor or bidder is willing to correct the violations and/or deficiencies, and (2) if OFCCP or its representative determines that settlement (rather than referral for consideration of formal enforcement) is appropriate, a written agreement shall be required. The agreement shall provide for such remedial action as may be necessary to correct the violations and/or deficiencies noted, including, where appropriate (but not necessarily limited to), remedies such as back pay and retroactive seniority.

(b) The term ``conciliation agreement" does not include ``letters of commitment" which are appropriate for resolving minor technical deficiencies.

[...]

41 CFR 60-1.40 – Affirmative action programs

(a)(1) Each nonconstruction (supply and service) contractor must develop and maintain a written affirmative action program for each of its establishments, if it has 50 or more employees and:

(i) Has a contract of $50,000 or more; or

(ii) Has Government bills of lading which in any 12-month period, total or can reasonably be expected to total $50,000 or more; or

(iii) Serves as a depository of Government funds in any amount; or

(iv) Is a financial institution which is an issuing and paying agent for U.S. savings bonds and savings notes in any amount.

(2) Each contractor and subcontractor must require each nonconstruction subcontractor to develop and maintain a written affirmative action program for each of its establishments if it has 50 or more employees and:

(i) Has a subcontract of $50,000 or more; or

(ii) Has Government bills of lading which in any 12-month period, total or can reasonably be expected to total $50,000 or more; or

(iii) Serves as a depository of Government funds in any amount; or

(iv) Is a financial institution which is an issuing and paying agent for U.S. savings bonds and savings notes in any amount.

(b) Nonconstruction contractors should refer to Part 60-2 for specific affirmative action requirements. Construction contractors should refer to Part 60-4 for specific affirmative action requirements.

[...]

41 CFR 60-2.1 – Scope and application

(a) General. The requirements of this part apply to nonconstruction (supply and service) contractors. The regulations prescribe the contents of affirmative action programs, standards and procedures for evaluating the compliance of affirmative action programs implemented pursuant to this part, and related matters.

(b) Who must develop affirmative action programs.

(1) Each nonconstruction contractor must develop and maintain a written affirmative action program for each of its establishments if it has 50 or more employees and:

(i) Has a contract of $50,000 or more; or

(ii) Has Government bills of lading which in any 12-month period, total or can reasonably be expected to total $50,000 or more; or

(iii) Serves as a depository of Government funds in any amount; or

(iv) Is a financial institution which is an issuing and paying agent for U.S. savings bonds and savings notes in any amount.

(2) Each contractor and subcontractor must require each nonconstruction subcontractor to develop and maintain a written affirmative action program for each of its establishments if it has 50 or more employees and:

(i) Has a subcontract of $50,000 or more; or

(ii) Has Government bills of lading which in any 12-month period, total or can reasonably be expected to total $50,000 or more; or

(iii) Serves as a depository of Government funds in any amount; or

(iv) Is a financial institution which is an issuing and paying agent for U.S. savings bonds and savings notes in any amount.

(c) When affirmative action programs must be developed. The affirmative action programs required under paragraph (b) of this section must be developed within 120 days from the commencement of a contract and must be updated annually.

(d) Who is included in affirmative action programs. Contractors subject to the affirmative action program requirements must develop and maintain a written affirmative action program for each of their establishments. Each employee in the contractor's workforce must be included in an affirmative action program. Each employee must be included in the affirmative action program of the establishment at which he or she works, except that:

(1) Employees who work at establishments other than that of the manager to whom they report, must be included in the affirmative action program of their manager.

(2) Employees who work at an establishment where the contractor employs fewer than 50 employees, may be included under any of the following three options: In an affirmative action program which covers just that establishment; in the affirmative action program which covers the location of the personnel function which supports the establishment; or, in the affirmative action program which covers the location of the official to whom they report.

(3) Employees for whom selection decisions are made at a higher level establishment within the organization must be included in the

affirmative action program of the establishment where the selection decision is made.

(4) If a contractor wishes to establish an affirmative action program other than by establishment, the contractor may reach agreement with OFCCP on the development and use of affirmative action programs based on functional or business units. The Deputy Assistant Secretary, or his or her designee, must approve such agreements. Agreements allowing the use of functional or business unit affirmative action programs cannot be construed to limit or restrict how the OFCCP structures its compliance evaluations.

(e) How to identify employees included in affirmative action programs other than where they are located. If pursuant to paragraphs

(d)(1) through (3) of this section employees are included in an affirmative action program for an establishment other than the one in which the employees are located, the organizational profile and job group analysis of the affirmative action program in which the employees are included must be annotated to identify the actual location of such employees. If the establishment at which the employees actually are located maintains an affirmative action program, the organizational profile and job group analysis of that program must be annotated to identify the program in which the employees are included.

[...]

41 CFR 60-2.10 – General purpose and contents of Affirmative action programs

(a) Purpose. (1) An affirmative action program is a management tool designed to ensure equal employment opportunity. A central premise underlying affirmative action is that, absent discrimination, over time a contractor's workforce, generally, will reflect the gender, racial and ethnic profile of the labor pools from which the contractor recruits and selects. Affirmative action programs contain a diagnostic component which includes a number of quantitative analyses designed to evaluate the composition of the workforce of the contractor and compare it to the composition of the relevant labor pools. Affirmative action programs also include action-oriented programs. If women and minorities are not being employed at a rate to be expected given their availability in the relevant labor pool, the contractor's affirmative action program includes specific practical steps designed to address this underutilization. Effective affirmative action programs also include internal auditing and reporting systems as a means of measuring the contractor's progress toward achieving the workforce that would be expected in the absence of discrimination.

(2) An affirmative action program also ensures equal employment opportunity by institutionalizing the contractor's commitment to equality in every aspect of the employment process. Therefore, as part of its affirmative action program, a contractor monitors and examines its employment decisions and compensation systems to evaluate the impact of those systems on women and minorities.

(3) An affirmative action program is, thus, more than a paperwork exercise. An affirmative action program includes those policies, practices, and procedures that the contractor implements to ensure that all qualified applicants and employees are receiving an equal opportunity for recruitment, selection, advancement, and every other term and privilege associated with employment. Affirmative action, ideally, is a part of the way the contractor regularly conducts its business. OFCCP has found that when an affirmative action program is approached from this perspective, as a powerful management tool, there is a positive correlation between the presence of affirmative action and the absence of discrimination.

(b) Contents of affirmative action programs. (1) An affirmative action program must include the following quantitative analyses:

(i) Organizational profile--Sec. 60-2.11;

(ii) Job group analysis--Sec. 60-2.12;

(iii) Placement of incumbents in job groups--Sec. 60-2.13;

(iv) Determining availability--Sec. 60-2.14;

(v) Comparing incumbency to availability--Sec. 60-2.15; and

(vi) Placement goals--Sec. 60-2.16.

(2) In addition, an affirmative action program must include the following components specified in the Sec. 60-2.17 of this part:

(i) Designation of responsibility for implementation;

(ii) Identification of problem areas;

(iii) Action-oriented programs; and

(iv) Periodic internal audits.

(c) Documentation. Contractors must maintain and make available to OFCCP documentation of their compliance with Secs. 60-2.11 through 60-2.17.

41 CFR 60-2.11 – Organizational profile

(a) Purpose. An organizational profile is a depiction of the staffing pattern within an establishment. It is one method contractors use to determine whether barriers to equal employment opportunity exist in their organizations. The profile provides an overview of the workforce at the establishment that may assist in identifying organizational units where women or minorities are underrepresented or concentrated. The contractor must use either the organizational display or the workforce analysis as its organizational profile:

(b) Organizational display. (1) An organizational display is a detailed graphical or tabular chart, text, spreadsheet or similar presentation of the contractor's organizational structure. The organizational display must identify each organizational unit in the establishment, and show the relationship of each organizational unit to the other organizational units in the establishment.

(2) An organizational unit is any component that is part of the contractor's corporate structure. In a more traditional organization, an organizational unit might be a department, division, section, branch, group or similar component. In a less traditional organization, an organizational unit might be a project team, job family, or similar component. The term includes an umbrella unit (such as a department) that contains a number of subordinate units, and it separately includes each of the subordinate units (such as sections or branches).

(3) For each organizational unit, the organizational display must indicate the following:

(i) The name of the unit;

(ii) The job title, gender, race, and ethnicity of the unit supervisor (if the unit has a supervisor);

(iii) The total number of male and female incumbents; and

(iv) the total number of male and female incumbents in each of the following groups: Blacks, Hispanics, Asians/Pacific Islanders, and American Indians/Alaskan Natives.

(c) Workforce analysis. (1) A workforce analysis is a listing of each job title as appears in applicable collective bargaining agreements or payroll records ranked from the lowest paid to the highest paid within each department or other similar organizational unit including departmental or unit supervision.

(2) If there are separate work units or lines of progression within a department, a separate list must be provided for each such work unit, or line, including unit supervisors. For lines of progression there must be indicated the order of jobs in the line through which an employee could move to the top of the line.

(3) Where there are no formal progression lines or usual promotional sequences, job titles should be listed by department, job families, or disciplines, in order of wage rates or salary ranges.

(4) For each job title, the total number of incumbents, the total number of male and female incumbents, and the total number of male and female incumbents in each of the following groups must be given: Blacks, Hispanics, Asians/Pacific Islanders, and American Indians/Alaskan Natives. The wage rate or salary range for each job title must be given. All job titles, including all managerial job titles, must be listed.

41 CFR 60-2.12 – Job group analysis

(a) Purpose: A job group analysis is a method of combining job titles within the contractor's establishment. This is the first step in the contractor's comparison of the representation of minorities and women in its workforce with the estimated availability of minorities and women qualified to be employed.

(b) In the job group analysis, jobs at the establishment with similar content, wage rates, and opportunities, must be combined to form job groups. Similarity of content refers to the duties and responsibilities of the job titles which make up the job group. Similarity of opportunities refers to training, transfers, promotions, pay, mobility, and other career enhancement opportunities offered by the jobs within the job group.

(c) The job group analysis must include a list of the job titles that comprise each job group. If, pursuant to Secs. 60-2.1(d) and (e) the job group analysis contains jobs that are located at another establishment, the job group analysis must be annotated to identify the actual location of those jobs. If the establishment at which the jobs actually are located maintains an affirmative action program, the job group analysis of that program must be annotated to identify the program in which the jobs are included.

(d) Except as provided in Sec. 60-2.1(d), all jobs located at an establishment must be reported in the job group analysis of that establishment.

(e) Smaller employers: If a contractor has a total workforce of fewer than 150 employees, the contractor may prepare a job group analysis that utilizes EEO-1 categories as job groups. EEO-1 categories refers to the nine occupational groups used in the Standard Form 100, the Employer Information EEO-1 Survey: Officials and managers, professionals, technicians, sales, office and clerical, craft workers (skilled), operatives (semiskilled), laborers (unskilled), and service workers.

41 CFR 60-2.13 – Placement of incumbents in job groups

The contractor must separately state the percentage of minorities and the percentage of women it employs in each job group established pursuant to Sec. 60-2.12.

41 CFR 60-2.14 – Determining availability

(a) Purpose: Availability is an estimate of the number of qualified minorities or women available for employment in a given job group, expressed as a percentage of all qualified persons available for employment in the job group. The purpose of the availability determination is to establish a benchmark against which the demographic composition of the contractor's incumbent workforce can be compared in order to determine whether barriers to equal employment opportunity may exist within particular job groups.

(b) The contractor must separately determine the availability of minorities and women for each job group.

(c) In determining availability, the contractor must consider at least the following factors:

(1) The percentage of minorities or women with requisite skills in the reasonable recruitment area. The reasonable recruitment area is defined as the geographical area from which the contractor usually seeks or reasonably could seek workers to fill the positions in question.

(2) The percentage of minorities or women among those promotable, transferable, and trainable within the contractor's organization. Trainable refers to those employees within the contractor's organization who could, with appropriate training which the contractor is reasonably able to provide, become promotable or transferable during the AAP year.

(d) The contractor must use the most current and discrete statistical information available to derive availability figures. Examples of such information include census data, data from local job service offices, and data from colleges or other training institutions.

(e) The contractor may not draw its reasonable recruitment area in such a way as to have the effect of excluding minorities or women. For each job group, the reasonable recruitment area must be identified, with a brief explanation of the rationale for selection of that recruitment area.

(f) The contractor may not define the pool of promotable, transferable, and trainable employees in such a way as to have the effect of excluding minorities or women. For each job group, the pool of promotable, transferable, and trainable employees must be identified with a brief explanation of the rationale for the selection of that pool.

(g) Where a job group is composed of job titles with different availability rates, a composite availability figure for the job group must be calculated. The contractor must separately determine the availability for each job title within the job group and must determine the proportion of job group incumbents employed in each job title. The contractor must weight the availability for each job title by the proportion of job group incumbents employed in that job group. The sum of the weighted availability estimates for all job titles in the job group must be the composite availability for the job group.

41 CFR 60-2.15 – Comparing incumbency to availability

(a) The contractor must compare the percentage of minorities and women in each job group determined pursuant to Sec. 60-2.13 with the availability for those job groups determined pursuant to Sec. 60-2.14.

(b) When the percentage of minorities or women employed in a particular job group is less than would reasonably be expected given their availability percentage in that particular job group, the contractor must establish a placement goal in accordance with Sec. 60-2.16.

41 CFR 60-2.16 – Placement goals

(a) Purpose: Placement goals serve as objectives or targets reasonably attainable by means of applying every good faith effort to make all aspects of the entire affirmative action program work. Placement goals also are used to measure progress toward achieving equal employment opportunity.

(b) A contractor's determination under Sec. 60-2.15 that a placement goal is required constitutes neither a finding nor an admission of discrimination.

(c) Where, pursuant to Sec. 60-2.15, a contractor is required to establish a placement goal for a particular job group, the contractor must establish a percentage annual placement goal at least equal to the availability figure derived for women or minorities, as appropriate, for that job group.

(d) The placement goal-setting process described above contemplates that contractors will, where required, establish a single goal for all minorities. In the event of a substantial disparity in the utilization of a particular minority group or in the utilization of men or women of a particular minority group, a contractor may be required to establish separate goals for those groups.

(e) In establishing placement goals, the following principles also apply:

(1) Placement goals may not be rigid and inflexible quotas, which must be met, nor are they to be considered as either a ceiling or a floor for the employment of particular groups. Quotas are expressly forbidden.

(2) In all employment decisions, the contractor must make selections in a nondiscriminatory manner. Placement goals do not provide the contractor with a justification to extend a preference to any individual, select an individual, or adversely affect an individual's employment status, on the basis of that person's race, color, religion, sex, or national origin.

(3) Placement goals do not create set-asides for specific groups, nor are they intended to achieve proportional representation or equal results.

(4) Placement goals may not be used to supersede merit selection principles. Affirmative action programs prescribed by the regulations in this part do not require a contractor to hire a person who lacks qualifications to perform the job successfully, or hire a less qualified person in preference to a more qualified one.

(f) A contractor extending a publicly announced preference for American Indians as is authorized in 41 CFR 60-1.5(a)(6) may reflect in its placement goals the permissive employment preference for American Indians living on or near an Indian reservation.

41 CFR 60-2.17 – Additional required elements of affirmative action programs

In addition to the elements required by Sec. 60-2.10 through Sec. 60-2.16, an acceptable affirmative action program must include the following:

(a) Designation of responsibility. The contractor must provide for the implementation of equal employment opportunity and the affirmative action program by assigning responsibility and accountability to an official of the organization. Depending upon the size of the contractor, this may be the official's sole responsibility. He or she must have the authority, resources, support of and access to top management to ensure the effective implementation of the affirmative action program.

(b) Identification of problem areas. The contractor must perform in-depth analyses of its total employment process to determine whether and where impediments to equal employment opportunity exist. At a minimum the contractor must evaluate:

(1) The workforce by organizational unit and job group to determine whether there are problems of minority or female utilization (i.e., employment in the unit or group), or of minority or female distribution (i.e., placement in the different jobs within the unit or group);

(2) personnel activity (applicant flow, hires, terminations, promotions, and other personnel actions) to determine whether there are selection disparities;

(3) compensation system(s) to determine whether there are gender-, race-, or ethnicity-based disparities;

(4) selection, recruitment, referral, and other personnel procedures to determine whether they result in disparities in the employment or advancement of minorities or women; and

(5) any other areas that might impact the success of the affirmative action program.

(c) Action-oriented programs. The contractor must develop and execute action-oriented programs designed to correct any problem areas identified pursuant to Sec. 60-2.17(b) and to attain established goals and objectives. In order for these action-oriented programs to be effective, the contractor must ensure that they consist of more than following the same procedures which have previously produced inadequate results. Furthermore, a contractor must demonstrate that it has made good faith efforts to remove identified barriers, expand employment opportunities, and produce measurable results.

(d) Internal audit and reporting system. The contractor must develop and implement an auditing system that periodically measures the effectiveness of its total affirmative action program. The actions listed below are key to a successful affirmative action program:

(1) Monitor records of all personnel activity, including referrals, placements, transfers, promotions, terminations, and compensation, at all levels to ensure the nondiscriminatory policy is carried out;

(2) Require internal reporting on a scheduled basis as to the degree to which equal employment opportunity and organizational objectives are attained;

(3) Review report results with all levels of management; and

(4) Advise top management of program effectiveness and submit recommendations to improve unsatisfactory performance.

41 CFR 60-2.18 – Equal Opportunity Survey

(a) Survey requirement. Each year, OFCCP will designate a substantial portion of all nonconstruction contractor establishments to prepare and file an Equal Opportunity Survey. OFCCP will notify those establishments required to prepare and file the Equal Opportunity Survey. The Survey will provide OFCCP compliance data early in the compliance evaluation process, thus allowing the agency to more effectively identify contractor establishments for further evaluation. The Survey will also provide contractors with a useful tool for self-evaluation.

(b) Survey format. The Equal Opportunity Survey must be prepared in accordance with the format specified by the Deputy Assistant Secretary. The Equal Opportunity Survey will include information that will allow for an accurate assessment of contractor personnel activities, pay practices, and affirmative action performance. At a minimum, this will include such data elements as applicants, hires, promotions, terminations, compensation, and tenure by race and gender. As use of the EO Survey develops and evolves, the Department may at some time determine that one or more of the data elements currently included in the EO Survey should be altered or deleted. In the event consideration is given to changing a data element requirement, the following circumstances must exist:

(1) The Secretary must clearly demonstrate through statistical analyses of EO Survey submissions that the data element in question is no longer of value; and

(2) The Secretary must follow Notice and Comment procedures.

(c) How, when, and where to file. Contractors are encouraged to submit the Equal Opportunity Survey via the Internet. The Equal Opportunity Survey may also be submitted via facsimile to the telephone number indicated in the Survey instructions. Paper versions of the Equal Opportunity Survey must be mailed to the address indicated in the Survey instructions. The filing deadline will be specified by the Deputy Assistant Secretary.

(d) Confidentiality. OFCCP will treat information contained in the Equal Opportunity Survey as confidential to the maximum extent the information is exempt from public disclosure under the Freedom of Information Act, 5 U.S.C. 552. It is the practice of OFCCP not to release data where the contractor is still in business, and the contractor indicates, and through the Department of Labor review process it is determined, that the data are confidential and sensitive and that the release of data would subject the contractor to commercial harm.

[...]

41 CFR 60-2.31 – Program summary

The affirmative action program must be summarized and updated annually. The program summary must be prepared in a format which will be prescribed by the Deputy Assistant Secretary and published in the Federal Register as a notice before becoming effective. Contractors and subcontractors must submit the program summary to OFCCP each year on the anniversary date of the affirmative action program.

41 CFR 60-2.32 – Affirmative action records

The contractor must make available to the Office of Federal Contract Compliance Programs, upon request, records maintained pursuant to Sec. 60-1.12 of this chapter and written or otherwise documented portions of AAPs maintained pursuant to Sec. 60-2.10 for such purposes as may be appropriate to the fulfillment of the agency's responsibilities under Executive Order 11246.

41 CFR 60-2.33 – Preemption

To the extent that any state or local laws, regulations or ordinances, including those that grant special benefits to persons on account of sex, are in conflict with Executive Order 11246, as amended, or with the requirements of this part, they will be regarded as preempted under the Executive Order.

[...]

41 CFR 60-2.35 – Compliance status

No contractor's compliance status will be judged alone by whether it reaches its goals. The composition of the contractor's workforce (i.e., the employment of minorities or women at a percentage rate below, or above, the goal level) does not, by itself, serve as a basis to impose any of the sanctions authorized by Executive Order 11246 and the regulations in this chapter. Each contractor's compliance with its affirmative action obligations will be determined by reviewing the nature and extent of the contractor's good faith affirmative action activities as required under Sec. 60-2.17, and the appropriateness of those activities to identified equal employment opportunity problems. Each contractor's compliance with its nondiscrimination obligations will be determined by analysis of statistical data and other non-statistical information which would indicate whether employees and applicants are being treated without regard to their race, color, religion, sex, or national origin.

[...]

41 CFR 60-4.1 – Scope and application

This part applies to all contractors and subcontractors which hold any Federal or federally assisted construction contract in excess of $10,000. The regulations in this part are applicable to all of a construction contractor's or subcontractor's construction employees who are engaged in on site contruction including those construction employees who work on a non-Federal or nonfederally assisted construction site. This part also establishes procedures which all Federal contracting officers and all applicants, as applicable, shall follow in soliciting for and awarding Federal or federally assisted construction contracts. Procedures also are established which administering agencies shall follow in making any grant, contract, loan, insurance, or guarantee involving federally assisted construction which is not exempt from the requirements of Executive Order 11246, as amended.

In addition, this part applies to construction work performed by construction contractors and subcontractors for Federal nonconstruction contractors and subcontractors if the construction work is necessary in whole or in part to the performance of a nonconstruction contract or subcontract.

41 CFR 60-4.2 – Solicitations

(a) All Federal contracting officers and all applicants shall include the notice set forth in paragraph (d) of this section and the Standard Federal Equal Employment Opportunity Construction Contract Specifications set forth in Sec. 60-4.3 of this part in all solicitations for offers and bids on all Federal and federally assisted construction contracts or subcontracts to be performed in geographical areas designated by the Director pursuant to Sec. 60-4.6 of the part. Administering agencies shall require the inclusion of the notice set forth in paragraph (d) of this section and the specifications set forth in Sec. 60-4.3 of this part as a condition of any grant, contract, subcontract, loan, insurance or guarantee involving federally assisted construction covered by this Part 60-4.

(b) All nonconstruction contractors covered by Executive Order 11246 and the implementing regulations shall include the notice in paragraph (d) of this section in all construction agreements which are necessary in whole or in part to the performance of the covered nonconstruction contract.

(c) Contracting officers, applicants and nonconstruction contractors shall given written notice to the Director within 10 working days of award of a contract subject to these provisions. The notification shall include the name, address and telephone number of the contractor; employer identification number; dollar amount of the contract, estimated starting and completion dates of the contract; the contract number; and geographical area in which the contract is to be performed.

(d) The following notice shall be included in, and shall be a part of, all solicitations for offers and bids on all Federal and federally assisted construction contracts or subcontracts in excess of $10,000 to be performed in geographical areas designated by the Director pursuant to Sec. 60-4.6 of this part (see 41 CFR 60-4.2(a)):

Notice of Requirement for Affirmative Action To Ensure Equal Employment Opportunity (Executive Order 11246)

1. The Offeror's or Bidder's attention is called to the ``Equal Opportunity Clause" and the ``Standard Federal Equal Employment Specifications" set forth herein.

2. The goals and timetables for minority and female participation, expressed in percentage terms for the Contractor's aggregate workforce in each trade on all construction work in the covered area, are as follows:

Time- tables	Goals for minority participation for each trade	Goals for female participation in each trade
	Insert goals for each year.	Insert goals for each year.

These goals are applicable to all the Contractor's construction work (whether or not it is Federal or federally assisted) performed in the covered area. If the contractor performs construction work in a geographical area located outside of the covered area, it shall apply the goals established for such geographical area where the work is actually performed. With regard to this second area, the contractor also is subject to the goals for both its federally involved and nonfederally involved construction.

The Contractor's compliance with the Executive Order and the regulations in 41 CFR Part 60-4 shall be based on its implementation of the Equal Opportunity Clause, specific affirmative action obligations required by the specifications set forth in 41 CFR 60-4.3(a), and its efforts to meet the goals. The hours of minority and female employment and training must be substantially uniform throughout the length of the contract, and in each trade, and the contractor shall make a good faith effort to employ minorities and women evenly on each of its projects. The transfer of minority or female employees or trainees from Contractor to Contractor or from project to project for the sole purpose of meeting the Contractor's goals shall be a violation of the contract, the Executive Order and the regulations in 41 CFR Part 60-4. Compliance with the goals will be measured against the total work hours performed.

3. The Contractor shall provide written notification to the Director of the Office of Federal Contract Compliance Programs within 10 working days of award of any construction subcontract in excess of $10,000 at any tier for construction work under the contract resulting from this solicitation. The notification shall list the name, address and telephone number of the subcontractor; employer identification number of the subcontractor; estimated dollar amount of the subcontract; estimated starting and completion dates of the subcontract; and the geographical area in which the subcontract is to be performed.

4. As used in this Notice, and in the contract resulting from this solicitation, the ``covered area" is (insert description of the geographical areas where the contract is to be performed giving the state, county and city, if any).

41 CFR 60-4.3 – Equal opportunity clauses

(a) The equal opportunity clause published at 41 CFR 60-1.4(a) of this chapter is required to be included in, and is part of, all nonexempt Federal contracts and subcontracts, including construction contracts and subcontracts. The equal opportunity clause published at 41 CFR 60-1.4(b) is required to be included in, and is a part of, all nonexempt federally assisted construction contracts and subcontracts. In addition to the clauses described above, all Federal contracting officers, all applicants and all nonconstruction contractors, as applicable, shall include the specifications set forth in this section in all Federal and federally assisted construction contracts in excess of $10,000 to be performed in geographical areas designated by the Director pursuant to Sec. 60-4.6 of this part and in construction subcontracts in excess of $10,000 necessary in whole or in part to the performance of nonconstruction Federal contracts and subcontracts covered under the Executive order.

Standard Federal Equal Employment Opportunity Construction Contract Specifications (Executive Order 11246)

1. As used in these specifications:

a. ``Covered area" means the geographical area described in the solicitation from which this contract resulted;

b. ``Director" means Director, Office of Federal Contract Compliance Programs, United States Department of Labor, or any person to whom the Director delegates authority;

c. ``Employer identification number" means the Federal Social Security number used on the Employer's Quarterly Federal Tax Return, U.S. Treasury Department Form 941.

d. ``Minority" includes:

(i) Black (all persons having origins in any of the Black African racial groups not of Hispanic origin);

(ii) Hispanic (all persons of Mexican, Puerto Rican, Cuban, Central or South American or other Spanish Culture or origin, regardless of race);

(iii) Asian and Pacific Islander (all persons having origins in any of the original peoples of the Far East, Southeast Asia, the Indian Subcontinent, or the Pacific Islands); and

(iv) American Indian or Alaskan Native (all persons having origins in any of the original peoples of North America and maintaining identifiable tribal affiliations through membership and participation or community identification).

2. Whenever the Contractor, or any Subcontractor at any tier, subcontracts a portion of the work involving any construction trade, it

shall physically include in each subcontract in excess of $10,000 the provisions of these specifications and the Notice which contains the applicable goals for minority and female participation and which is set forth in the solicitations from which this contract resulted.

3. If the Contractor is participating (pursuant to 41 CFR 60-4.5) in a Hometown Plan approved by the U.S. Department of Labor in the covered area either individually or through an association, its affirmative action obligations on all work in the Plan area (including goals and timetables) shall be in accordance with that Plan for those trades which have unions participating in the Plan. Contractors must be able to demonstrate their participation in and compliance with the provisions of any such Hometown Plan. Each Contractor or Subcontractor participating in an approved Plan is individually required to comply with its obligations under the EEO clause, and to make a good faith effort to achieve each goal under the Plan in each trade in which it has employees. The overall good faith performance by other Contractors or Subcontractors toward a goal in an approved Plan does not excuse any covered Contractor's or Subcontractor's failure to take good faith efforts to achieve the Plan goals and timetables.

4. The Contractor shall implement the specific affirmative action standards provided in paragraphs 7 a through p of these specifications. The goals set forth in the solicitation from which this contract resulted are expressed as percentages of the total hours of employment and training of minority and female utilization the Contractor should reasonably be able to achieve in each construction trade in which it has employees in the covered area. Covered Construction contractors performing construction work in geographical areas where they do not have a Federal or federally assisted constuction contract shall apply the minority and female goals established for the geographical area where the work is being performed. Goals are published periodically in the Federal Register in notice form, and such notices may be obtained from any Office of Federal Contract Compliance Programs office or from Federal procurement contracting officers. The Contractor is expected to make substantially uniform progress in meeting its goals in each craft during the period specified.

5. Neither the provisions of any collective bargaining agreement, nor the failure by a union with whom the Contractor has a collective bargaining agreement, to refer either minorities or women shall excuse

the Contractor's obligations under these specifications, Executive Order 11246, or the regulations promulgated pursuant thereto.

6. In order for the nonworking training hours of apprentices and trainees to be counted in meeting the goals, such apprentices and trainees must be employed by the Contractor during the training period, and the Contractor must have made a commitment to employ the apprentices and trainees at the completion of their training, subject to the availability of employment opportunities. Trainees must be trained pursuant to training programs approved by the U.S. Department of Labor.

7. The Contractor shall take specific affirmative actions to ensure equal employment opportunity. The evaluation of the Contractor's compliance with these specifications shall be based upon its effort to achieve maximum results from its actions. The Contractor shall document these efforts fully, and shall implement affirmative action steps at least as extensive as the following:

a. Ensure and maintain a working environment free of harassment, intimidation, and coercion at all sites, and in all facilities at which the Contractor's employees are assigned to work. The Contractor, where possible, will assign two or more women to each construction project. The Contractor shall specifically ensure that all foremen, superintendents, and other on-site supervisory personnel are aware of and carry out the Contractor's obligation to maintain such a working environment, with specific attention to minority or female individuals working at such sites or in such facilities.

b. Establish and maintain a current list of minority and female recruitment sources, provide written notification to minority and female recruitment sources and to community organizations when the Contractor or its unions have employment opportunities available, and maintain a record of the organizations' responses.

c. Maintain a current file of the names, addresses and telephone numbers of each minority and female off-the-street applicant and minority or female referral from a union, a recruitment source or community organization and of what action was taken with respect to each such individual. If such individual was sent to the union hiring hall for referral and was not referred back to the Contractor by the union or, if referred, not employed by the Contractor, this shall be documented in the file with the reason therefor, along with whatever additional actions the Contractor may have taken.

d. Provide immediate written notification to the Director when the union or unions with which the Contractor has a collective bargaining agreement has not referred to the Contractor a minority person or woman sent by the Contractor, or when the Contractor has other information that the union referral process has impeded the Contractor's efforts to meet its obligations.

e. Develop on-the-job training opportunities and/or participate in training programs for the area which expressly include minorities and women, including upgrading programs and apprenticeship and trainee programs relevant to the Contractor's employment needs, especially those programs funded or approved by the Department of Labor. The Contractor shall provide notice of these programs to the sources compiled under 7b above.

f. Disseminate the Contractor's EEO policy by providing notice of the policy to unions and training programs and requesting their cooperation in assisting the Contractor in meeting its EEO obligations; by including it in any policy manual and collective bargaining agreement; by publicizing it in the company newpaper, annual report, etc.; by specific review of the policy with all management personnel and with all minority and female employees at least once a year; and by posting the company EEO policy on bulletin boards accessible to all employees at each location where construction work is performed.

g. Review, at least annually, the company's EEO policy and affirmative action obligations under these specifications with all employees having any responsibility for hiring, assignment, layoff, termination or other employment decisions including specific review of these items with onsite supervisory personnel such as Superintendents, General Foremen, etc., prior to the initiation of construction work at any job site. A written record shall be made and maintained identifying the time and place of these meetings, persons attending, subject matter discussed, and disposition of the subject matter.

h. Disseminate the Contractor's EEO policy externally by including it in any advertising in the news media, specifically including minority and female news media, and providing written notification to and discussing the Contractor's EEO policy with other Contractors and Subcontractors with whom the Contractor does or anticipates doing business.

i. Direct its recruitment efforts, both oral and written, to minority, female and community organizations, to schools with minority and female students and to minority and female recruitment and training organizations serving the Contractor's recruitment area and employment needs. Not later than one month prior to the date for the acceptance of applications for apprenticeship or other training by any recruitment source, the Contractor shall send written notification to organizations such as the above, describing the openings, screening procedures, and tests to be used in the selection process.

j. Encourage present minority and female employees to recruit other minority persons and women and, where reasonable, provide after school, summer and vacation employment to minority and female youth both on the site and in other areas of a Contractor's work force.

k. Validate all tests and other selection requirements where there is an obligation to do so under 41 CFR Part 60-3.

l. Conduct, at least annually, an inventory and evaluation at least of all minority and female personnel for promotional opportunities and encourage these employees to seek or to prepare for, through appropriate training, etc., such opportunities.

m. Ensure that seniority practices, job classifications, work assignments and other personnel practices, do not have a discriminatory effect by continually monitoring all personnel and employment related activities to ensure that the EEO policy and the Contractor's obligations under these specifications are being carried out.

n. Ensure that all facilities and company activities are nonsegregated except that separate or single-user toilet and necessary changing facilities shall be provided to assure privacy between the sexes.

o. Document and maintain a record of all solicitations of offers for subcontracts from minority and female construction contractors and suppliers, including circulation of solicitations to minority and female contractor associations and other business associations.

p. Conduct a review, at least annually, of all supervisors' adherence to and performance under the Contractor's EEO policies and affirmative action obligations.

8. Contractors are encouraged to participate in voluntary associations which assist in fulfilling one or more of their affirmative action obligations (7a through p). The efforts of a contractor association, joint contractor-union, contractor-community, or other similar group of which the contractor is a member and participant, may be asserted as fulfilling any one or more of its obligations under 7a through p of these Specifications provided that the contractor actively participates in the group, makes every effort to assure that the group has a positive impact on the employment of minorities and women in the industry, ensures that the concrete benefits of the program are reflected in the Contractor's minority and female workforce participation, makes a good faith effort to meet its individual goals and timetables, and can provide access to documentation which demonstrates the effectiveness of actions taken on behalf of the Contractor. The obligation to comply, however, is the Contractor's and failure of such a group to fulfill an obligation shall not be a defense for the Contractor's non-compliance.

9. A single goal for minorities and a separate single goal for women have been established. The Contractor, however, is required to provide equal employment opportunity and to take affirmative action for all minority groups, both male and female, and all women, both minority and non-minority. Consequently, the Contractor may be in violation of the Executive Order if a particular group is employed in a substantially disparate manner (for example, even though the Contractor has achieved its goals for women generally, the Contractor may be in violation of the Executive Order if a specific minority group of women is underutilized).

10. The Contractor shall not use the goals and timetables or affirmative action standards to discriminate against any person because of race, color, religion, sex, or national origin.

11. The Contractor shall not enter into any Subcontract with any person or firm debarred from Government contracts pursuant to Executive Order 11246.

12. The Contractor shall carry out such sanctions and penalties for violation of these specifications and of the Equal Opportunity Clause, including suspension, termination and cancellation of existing subcontracts as may be imposed or ordered pursuant to Executive Order 11246, as amended, and its implementing regulations, by the Office of Federal Contract Compliance Programs. Any Contractor who fails to

carry out such sanctions and penalties shall be in violation of these specifications and Executive Order 11246, as amended.

13. The Contractor, in fulfilling its obligations under these specifications, shall implement specific affirmative action steps, at least as extensive as those standards prescribed in paragraph 7 of these specifications, so as to achieve maximum results from its efforts to ensure equal employment opportunity. If the Contractor fails to comply with the requirements of the Executive Order, the implementing regulations, or these specifications, the Director shall proceed in accordance with 41 CFR 60-4.8.

14. The Contractor shall designate a responsible official to monitor all employment related activity to ensure that the company EEO policy is being carried out, to submit reports relating to the provisions hereof as may be required by the Government and to keep records. Records shall at least include for each employee the name, address, telephone numbers, construction trade, union affiliation if any, employee identification number when assigned, social security number, race, sex, status (e.g., mechanic, apprentice trainee, helper, or laborer), dates of changes in status, hours worked per week in the indicated trade, rate of pay, and locations at which the work was performed. Records shall be maintained in an easily understandable and retrievable form; however, to the degree that existing records satisfy this requirement, contractors shall not be required to maintain separate records.

15. Nothing herein provided shall be construed as a limitation upon the application of other laws which establish different standards of compliance or upon the application of requirements for the hiring of local or other area residents (e.g., those under the Public Works Employment Act of 1977 and the Community Development Block Grant Program).

(b) The notice set forth in 41 CFR 60-4.2 and the specifications set forth in 41 CFR 60-4.3 replace the New Form for Federal Equal Employment Opportunity Bid Conditions for Federal and Federally Assisted Construction published at 41 FR 32482 and commonly known as the Model Federal EEO Bid Conditions, and the New Form shall not be used after the regulations in 41 CFR Part 60-4 become effective.

41 CFR 60-4.4 – Affirmative action requirements

(a) To implement the affirmative action requirements of Executive Order 11246 in the construction industry, the Office of Federal Contract Compliance Programs previously has approved affirmative action programs commonly referred to as ``Hometown Plans," has promulgated affirmative action plans referred to as ``Imposed Plans" and has approved ``Special Bid Conditions" forhigh impact projects constructed in areas not covered by a Hometown or an Imposed Plan. All solicitations for construction contracts made after the effective date of the regulations in this part shall include the notice specified in Sec. 60-4.2 of this part and the specifications in Sec. 60-4.3 of this part in lieu of the Hometown and Imposed Plans including the Philadelphia Plan and Special Bid Conditions. Until the Director has issued an order pursuant to Sec. 60-4.6 of this part establishing goals and timetables for minorities in the appropriate geographical areas or for a project covered by Special Bid Conditions, the goals and timetables for minorities to be inserted in the Notice required by 41 CFR 60-4.2 shall be the goals and timetables contained in the Hometown Plan, Imposed Plan or Special Bid Conditions presently covering the respective geographical area or project involved.

(b) Signatories to a Hometown Plan (including heavy highway affirmative action plans) shall have 45 days from the effective date of the regulations in this part to submit under such a Plan (for the director's approval) goals and timetables for women and to include female representation on the Hometown Plan Administrative Committee. Such goals for female representation shall be at least as high as the goals established for female representation in the notice issued pursuant to 41 CFR 60-4.6. Failure of the signatories, within the 45-day period, to include female representation and to submit goals for women or a new plan, as appropriate, shall result in an automatic termination of the Office of Federal Contract Compliance Program's approval of the Hometown Plan. At any time the Office of Federal Contract Compliance Programs terminates or withdraws its approval of a Hometown Plan, or when the plan expires and another plan is not approved, the contractors signatory to the plan shall be covered automatically by the specifications set forth in Sec. 60-4.3 of this part and by the goals and timetables established for that geographical area pursuant to Sec. 60-4.6 of this part.

41 CFR 60-4.5 – Hometown plans

(a) A contractor participating, either individually or through an association, in an approved Hometown Plan (including heavy highway affirmative action plans) shall comply with its affirmative action obligations under Executive Order 11246 by complying with its obligations under the plan: Provided, That each contractor or subcontractor participating in an approved plan is individually required to comply with the equal opportunity clause set forth in 41 CFR 60-1.4; to make a good faith effort to achieve the goals for each trade participating in the plan in which it has employees; and that the overall good performance by other contractors or subcontractors toward a goal in an approved plan does not excuse any covered contractor's or subcontractor's failure to take good faith efforts to achieve the plan's goals and timetables. If a contractor is not participating in an approved Hometown Plan it shall comply with the specifications set forth in Sec. 60-4.3 of this part and with the goals and timetables for the appropriate area as listed in the notice required by 41 CFR 60-4.2 with regard to that trade. For the purposes of this part 60-4, a contractor is not participating in a Hometown Plan for a particular trade if it:

(1) Ceases to be signatory to a Hometown Plan covering that trade;

(2) Is signatory to a Hometown Plan for that trade but is not party to a collective bargaining agreement for that trade;

(3) Is signatory to a Hometown Plan for that trade but is party to a collective bargaining agreement with labor organizations which are not or cease to be signatories to the same Hometown Plan for that trade;

(4) Is signatory to a Hometown Plan for that trade but is party to a collective bargaining agreement with a labor organization for that trade but the two have not jointly executed a specific commitment to minority and female goals and timetables and incorporated the commitment in the Hometown Plan for that trade;

(5) Is participating in a Hometown Plan for that trade which is no longer acceptable to the Office of Federal Contract Compliance Programs;

(6) Is signatory to a Hometown Plan for that trade but is party to a collective bargaining agreement with a labor organization for that trade and the labor organization and the contractor have failed to

make a good faith effort to comply with their obligations under the Hometown Plan for that trade.

(b) Contractors participating in Hometown Plans must be able to demonstrate their participation and document their compliance with the provision of the Hometown Plan.

41 CFR 60-4.6 – Goals and timetables

The Director, from time to time, shall issue goals and timetables for minority and female utilization which shall be based on appropriate workforce, demographic or other relevant data and which shall cover construction projects or construction contracts performed in specific geographical areas. The goals, which shall be applicable to each construction trade in a covered contractor's or subcontractor's entire workforce which is working in the area covered by the goals and timetables, shall be published as notices in the Federal Register, and shall be inserted by the contracting officers and applicants, as applicable, in the Notice required by 41 CFR 60-4.2. Covered construction contractors performing construction work in geographical areas where they do not have a Federal or federally assisted construction contract shall apply the minority and female goals established for the geographical area where the work is being performed.

[...]

Literaturverzeichnis

Achenbach, Til: Der Schutz unterlegener Bieter bei der Vergabe öffentlicher Aufträge nach deutschem und U.S.-amerikanischem Recht (zit.: *Achenbach*, Der Schutz unterlegener Bieter nach US-amerikanischem Recht)

Adkins, John F. / Moriearty, Scott C. / Rutkowski, Rheba: Equal Employment Opportunity and Affirmative Action, Massachusetts Continuing Legal Education 1998, Drafting Employment Documents in Massachusetts Volume I, Chapter 2 (zit.: *Adkins/Moriearty/Rutkowski*, EEO and Affirmative Action)

Alger, Jonathan: When Color-Blind is Color-Bland: Ensuring Faculty Diversity in Higher Education, in: 10 Stanford Law & Policy Review (1999), S. 191 ff. (zit.: *Alger*, 10 Stan. L. & Pol`y Rev. 191)

Alvarez, Fred W.: Affirmative Action: The Rules of Engagement, in: C 953 American Law Institute - American Bar association Continuing Legal Education (1994), S. 185 ff. (zit.: *Alvarez*, C 953 ALI-ABA 185)

Andritzky, Frank W. / Andritzky, Joseph G.: Affirmative Action: The Original Meaning, in: 17 Lincoln Law Review (1987), S. 249 ff. (zit.: *Andritzky/Andritzky*, 17 Lincoln L. Rev. 249)

Antweiler, Pia: Instrumentalisierung staatlicher Auftragsvergabe für politische Zwecke, Hamburg 2003 (zit.: *Antweiler*, Instrumentalisierung der Auftragsvergabe)

Arrowsmith, Sue: The Legality of "Secondary" Procurement Policies under the Treaty of Rome and the Works Directive: Comment on European Court of Justice (Full Court), Judgment of June 3, 1992, Case C-360/89, *Commission of the European Communities v. Italian Republic*, in: 1 Public Procurement Law Review (1992), S. 408 ff. (zit.: *Arrowsmith*, 1 P.P.L.R. 408)

Arrowsmith, Sue: The Way Forward or a Wrong Turning? An Assessment of European Community Policy on Public Procurement in Light of the Commission's Green Paper, in: 3 European Public Law (1997), S. 389 ff. (zit.: *Arrowsmith*, 3 Eur. Publ. L. 389)

Ashar, Sameer M. / Opoku, Lisa F.: Recent Developments: Justice O'Connor's Blind Rationalization of Affirmative Action Jurisprudence, in: 31 Harvard Civil Rights – Civil Liberties Law Review (1996), S. 223 ff. (zit.: *Ashar/Opoku*, 31 Harv. C.R.-C.L.L. Rev. 223)

Ax, Thomas: Zulässigkeit vergabefremder Kriterien, insbesondere: Tariftreue-Erklärungen, in: Zeitschrift für deutsches und internationales Vergaberecht 1997, S. 46 ff. (zit.: *Ax*, ZVgR 1997, 46)

Bartosch, Andreas: Vergabefremde Kriterien und Art. 87 I EG: Sitzt das öffentliche Beschaffungswesen in Europa auf einem beihilferechtlichen Pulverfass?, in: Europäische Zeitschrift für Wirtschaftsrecht 2001, S. 229 ff. (zit.: *Bartosch*, EuZW 2001, 229)

Baumbach, Adolf / Hefermehl, Wolfgang: Wettbewerbsrecht: Gesetz gegen den unlauteren Wettbewerb, Zugabeverordnung, Rabattgesetz und Nebengesetzte, 22. Aufl., München 2001 (zit.: *Baumbach/Hefermehl*, Wettbewerbsrecht)

Bechtold, Rainer: Kartellgesetz: Gesetz gegen Wettbewerbsbeschränkungen Kommentar, 3. Aufl., München 2002 (zit.: *Bechtold*, GWB)

Bednarz-Braun, Iris / Bruhns, Kirsten: Personalpolitik und Frauenförderung im öffentlichen Dienst: Gleichberechtigungsgesetz zwischen Anspruch und Alltag, Weinheim 1997 (zit.: *Bednarz-Braun/Bruhns*, Personalpolitik und Frauenförderung im öffentlichen Dienst)

Bednarz-Braun, Iris: Antidiskriminierung, Frauenförderung und Personalpolitik im internationalen Vergleich: USA, Großbritannien, Deutschland, Der Personalrat 2000, S. 450 ff. (zit.: *Bednarz-Braun*, PersR 2000, 450)

Bednarz-Braun, Iris: Gleichstellung im Konflikt mit Personalpolitik: Praxis und Theorie beruflicher Geschlechterkonkurrenz im internationalen Vergleich: USA, Großbritannien, Deutschland, München 2000 (zit.: *Bednarz-Braun*, Gleichstellung im Konflikt mit Personalpolitik)

Benda, Ernst: Notwendigkeit und Möglichkeit positiver Aktionen zugunsten von Frauen im öffentlichen Dienst, Rechtsgutachten erstattet im Auftrag der Senatskanzlei - Leitstelle Gleichstellung der Frau - der Freien und Hansestadt Hamburg, Freiburg 1986 (zit.: *Benda*, Rechtsgutachten)

Benedict, Christoph: „Vergabefremde" Aspekte nach Beentjes und Nord-Pas-de-Calais - Europarechtliche Vorgaben für die Anwendung von § 97 IV GWB, in: Neue Juristische Wochenschrift 2001, S. 947 ff. (zit.: *Benedict*, NJW 2001, 947)

Benedict, Christoph: Abgestufte Harmonisierung im Vergaberecht, in: Europäische Zeitschrift für Wirtschaftsrecht 1999, S. 77 ff. (zit.: *Benedict*, EuZW 1999, 77)

Benedict, Christoph: Sekundärzwecke im Vergabeverfahren: Öffentliches Auftragswesen, seine teilweise Harmonisierung im EG/EU-Binnenmarkt und die Instrumentalisierung von Vergaberecht durch vergabefremde Aspekte, Heidelberg 2000 (zit.: *Benedict*, Sekundärzwecke)

Berkeley, Rebecca L.: Gender Based Affirmative Action: A journey that has only just begun, in: 50 Washington University Journal of Urban and Contemporary Law (1996), S. 353 ff. (zit.: *Berkeley*, 50 Wash. U. J. Urb. & Contemp. L. 353)

Biaggini, Giovanni: Die Regelungsaufteilung im geltenden schweizerischen Vergaberecht sowie Darstellung möglicher Alternativen, Staatsrechtliche Studie erstellt im Auftrag der Schweizerischen Eidgenossenschaft (Bundesamt für Bauten und Logistik/Beschaffungskommission des Bundes), Zürich 2003 (zit.: *Biaggini*, Staatsrechtliche Studie)

Boesen, Arnold: Vergaberecht: Kommentar zum 4. Teil des GWB, 1. Aufl., Köln 2000 (zit.: *Boesen*, Vergaberecht)

Bothe, Michael: Die Entwicklung des Umweltvölkerrechts 1972/2002, in: *Klaus-Peter Dolde* (Hrsg.), Umweltrecht im Wandel, Berlin 2001 (zit.: *Bothe*, Die Entwicklung des Umweltvölkerrechts)

Böttger, Karin: Frauenförderung durch öffentliche Auftragsvergabe, in: Arbeit und Arbeitsrecht 1996, S. 148 ff. (zit.: *Böttger*, AuA 1996, 148)

Braswell, Michael K. / Moore, Gary A. / Poe, Stephen L.: Affirmative Action: An assessment of its continuing role in employment discrimination policy, in: 57 Alabama Law Review (1993), S. 365 ff. (zit.: *Braswell/Moore/Poe*, 57 Alb. L. Rev. 365)

Bräunig, Dietmar: Stand und Perspektiven der öffentlichen Betriebswirtschaftslehre: Festschrift für Peter Eichhorn zur Vollendung des 60. Lebensjahres (zit.: *Püttner*, in: Bräunig, FS für Eichhorn)

Brody, Carl E.: A Historical Review of Affirmative Action and The Interpretation of its Legislative Intent by The Supreme Court, in: 29 Akron Law Review (1996), S. 291 ff. (zit.: *Brody*, 29 Akron L. Rev. 291)

Brunner, S. Dresden: Stare decisis in the elimination of the Federal-State distinction in Affirmative Action cases: Adarand Construction, Inc. v. Pena, 115 S.Ct. 2097 (1995), in: 21 University of Dayton Law Review (1996), S. 779 ff. (zit.: *Brunner*, 21 U. Dayton L. Rev. 779)

Bultmann, Stephan J.: Wettbewerbsfremde Vergabekriterien im neuen Vergaberecht: Tariftreueerklärung im Spannungsfeld zwischen öffentlichem Lenkungsinteresse und marktwirtschaftlicher Wettbewerbsfreiheit, in: Betrieb und Wirtschaft 2001, S. 244 ff. (zit.: *Bultmann*, BuW 2001, 244)

Bungenberg, Marc / Nowak, Carten: Europäische Umweltverfassung und EG-Vergaberecht - zur Berücksichtigung von Umweltschutzbelangen bei der Zuschlagserteilung, in: Zeitschrift für Umweltrecht 2003, S. 10 ff. (zit.: *Bungenberg/Nowak*, ZUR 2003, 10)

Bungenberg, Marc: Die Berücksichtigung des Umweltschutzes bei der Vergabe öffentlicher Aufträge, in: Neue Zeitschrift für Verwaltungsrecht 2003, S. 314 ff. (zit.: *Bungenberg*, NVwZ 2003, 314)

Burgi, Martin: Funktionale Privatisierung und Verwaltungshilfe: Staatsaufgabendogmatik - Phänomenologie - Verfassungsrecht, Tübingen 1999 (zit.: *Burgi*, Funktionale Privatisierung und Verwaltungshilfe)

Burgi, Martin: Vergabefremde Zwecke und Verfassungsrecht, in: Neue Zeitschrift für Baurecht 2001, S. 64 ff. (zit.: *Burgi*, NZBau 2001, 64)

Büsing, Heiko: Das WTO-Übereinkommen über das öffentliche Beschaffungswesen - Eine Untersuchung seines Regelungsgehalts unter besonderer Berücksichtigung der local remedies rule, Göttingen 2002 (zit.: *Büsing*, Das WTO-Übereinkommen über das öffentliche Beschaffungswesen)

Byok, Jan / Jaeger, Wolfgang: Kommentar zum Vergaberecht: Erläuterungen zu den vergaberechtlichen Vorschriften des GWB, Heidelberg 2000 (zit.: *Hailbronner*, in: Byok/Jaeger, Vergaberecht)

Byok, Jan: Das neue Vergaberecht, in: Neue Juristische Wochenschrift 1998, S. 2274 ff. (zit.: *Byok*, NJW 1998, 2274)

Carlson, Patricia A.: Adarand Construction, Inc. v. Pena: The lochnerization of Affirmative Action, in: 27 Saint Mary`s Law Journal (1996), S. 423 ff. (zit.: *Carlson*, 27 St. Mary`s L.J. 423)

Carrigan, John R. / Coleman, John J.: The Cloudy Future of Affirmative Action, in: 57 Alabama Lawyer (1996), S. 24 ff. (zit.: *Carrigan/Coleman*, 57 Ala. Law. 24)

Cho, Hong-Suck: Verfassungsgerichtliche Gleichheitsprüfung in der Bundesrepublik Deutschland und den USA, Köln 1993 (zit.: *Cho*, Verfassungsgerichtliche Gleichheitsprüfung)

Coen, Martin: Gleichberechtigung durch Ungleichbehandlung? - Beschäftigungsvorteile zu Gunsten benachteiligter Gruppen am Beispiel der USA -, in: Der Betrieb 1987, S. 2041 ff. (zit.: *Coen*, DB 1987, 2041)

Cohen, Carl: Naked Racial Preference: The Case against Affirmative Action, Boston 1995 (zit.: *Cohen*, Naked Racial Preference)

Daub, Walter / Meirrose, Rudolf / Ebenstein, Hans Hermann: Kommentar zur VOL-A: Verdingungsordnung für Leistungen - ausgenommen Bauleistungen -; Teil A Allgemeine Bestimmungen für die Vergabe von Leistungen unter Berücksichtigung der Vorschriften des GWB (Vierter Teil) und der VgV Vergaberecht - Rechtsschutz, 5. Aufl., Düsseldorf 2000 (zit.: *Kulartz*, in: Daub/Meierrose/Ebenstein, Komm. VOL/A)

Däubler, Wolfgang / Rust, Ursula: Stellungnahme zum Vorlagebeschluss des Bundesgerichtshofs vom 18. Januar 2000 (KVR 23/98) (zit.: *Däubler/Rust*, Stellungnahme zum Vorlagebeschluss des BGH (KVR 23/98)

Däubler, Wolfgang: Tariftreue statt Sozialkostenwettbewerb?: Zur Verfolgung sozialpolitischer Ziele durch die Vergabe öffentlicher Aufträge, in: Zeitschrift für Wirtschaftsrecht 2000, S. 681 ff. (zit.: *Däubler*, ZIP 2000, 681)

Deutscher Juristinnenbund (Hrsg.): Stellungnahme zur Berücksichtigung sozialer Belange bei der Vergabe öffentlicher Aufträge vom 25.3.2002 (zit.: *DJB*, Stellungnahme)

Deutscher Städte Deutscher Städte- und Gemeindebund: Keine Bindung zur Vergabe öffentlicher Aufträge an Frauenförderung - Bindung der Auftragsvergabe an Frauenförderung führt zu Mehrkosten, behindert Investitionen und erhöht den Verwaltungsaufwand - Erfahrungen im Land Brandenburg negativ, in: Neue Zeitschrift für Verwaltungsrecht 2000, S. 776 f. (zit.: *Dt. Städte- und Gemeindebund*, NVwZ 2000, 776)

DiLiberto, Steven K.: Setting Aside Set Asides: The New Standard For Affirmative Action Programs In The Construction Industry, in: 42 Villanova Law Review (1997), S. 2039 ff. (zit.: *DiLiberto*, 42 Vill. L. Rev. 2039)

Dimeo, Jean: Minority Contracting, in: American City and County, July 1992, S. 56 ff. (*Dimeo*, American City and County, July 1992, S. 56)

Dippel, Norbert / Zeiss, Christopher: Vergabefremde Aspekte - Rechtschutz im Vergabenachprüfungsverfahren wegen Verstoßes gegen das EG-Beihilfenrecht, in: Neue Zeitschrift für Baurecht 2002, S. 376 ff. (zit.: *Dippel/Zeiss*, NZBau 2002, 376)

Dolin, Kenneth R. / Rozmus, Scott V. / Blum, Stephanie C.: Employment Discrimination, Developing Affirmative Action Plans and Practice before the Office of Federal Contract Compliance Programs, Illinois Institute for Continuing Legal Education, July 2000 (zit.: *Dolin/Rozmus/Blum*, Employment Discrimination)

Donohue, John J.: Prohibition Sex Discrimination in the Workplace: An Economic Perspective, 56 University of Chicago Law Review (1989), S. 1337 ff. (zit.: *Donohue*, 56 U. Chi. L. Rev. 1337)

Döring, Matthias: Frauenquoten und Verfassungsrecht, Berlin 1996 (zit.: *Döring*, Frauenquoten und Verfassungsrecht)

Dornbusch, Tessa: Die Berücksichtigung vergabefremder Zwecke bei der öffentlichen Auftragsvergabe und ihre Verknüpfung mit dem Arbeitsrecht: insbesondere die Tariftreueerklärung auf der Grundlage des § 97 Abs. 4, 2. HS GWB, Berlin 2004 (zit.: *Dornbusch*, Tariftreueerklärung)

Dörr, Oliver: Die HOAI und das EG-Vergaberecht, in: Europäische Zeitschrift für Wirtschaftsrecht 1997, S. 37 ff. (zit.: *Dörr*, EuZW 1997, 37)

Dreher, Meinrad / Haas, Gabriele / v. Rintelen, Gregor: Vergabefremde Regelungen und Beihilferecht, Berlin 2002 (zit.: *Dreher/Haas/v. Rintelen*, Vergabefremde Regelungen und Beihilferecht)

Dreher, Meinrad: Anmerkung zum BGH Beschluß v. 18.1.2000, KVR 23/98, in: Juristenzeitung 2000, S. 519 (zit.: *Dreher*, JZ 2000, 519)

Dreher, Meinrad: Politische Vorgaben bei der Vergabe öffentlicher Aufträge aus rechtswissenschaftlicher Sicht, in: Zeitschrift für deutsches und internationales Vergaberecht 1999, S. 289 ff. (zit.: *Dreher*, ZVgR 1999, 289)

Eisermann, Karl Stefan: Rechtliche Grundlagen der Vergabe von Forschungs- und Entwicklungsaufträgen in der BRD, in: Zeitschrift für deutsches und internationales Vergaberecht 1997, S. 201 ff. (zit.: *Eisermann*, ZVgR 1997, 201)

Elbel, Thomas: Das Recht der öffentlichen Aufträge auf dem Prüfstand des europäischen Rechts, in: Die öffentliche Verwaltung 1999, S. 235 ff. (zit.: *Elbel*, DÖV 1999, 235)

Elmore, Natasha: The Supreme Court`s step in the trend toward elimination Affirmative Action Programs in Adarand Construction, Inc. v. Pena, in: 33 Houston Law Review (1996), S. 939 ff. (zit.: *Elmore*, 33 Hous. L. Rev. 939)

Emmerich, Volker: Kartellrecht, 9. Aufl., München 2001 (zit.: *Emmerich*, Kartellrecht)

Emmerich, Volker: Unlauterer Wettbewerb, 6. Aufl., München 2002 (zit.: *Emmerich*, UWG)

Erler, Edward J.: The Future of Civil Rights: Affirmative Action Redivivus, in: 11 Notre Dame Journal of Law, Ethics & Public Policy (1997), S. 15 ff. (zit.: *Erler*, 11 ND J. L. Ethics & Pub Pol`y 15)

Fischer, Kristian: Erlaubt das WTO-Vergaberecht die Verfolgung politischer Ziele im öffentlichen Auftragswesens?, in: Recht der Internationalen Wirtschaft 2003, S. 347 ff. (zit.: *Fischer*, RIW 2003, 347)

Fish, Stanley: Reverse Racism, or How the Pot Got to Call the Kettle Black, in: The Atlantic, November 1993, S. 128. ff. (zit.: *Fish*, Reverse Racism)

Flach, Stefan: Rechtsbindung einer industriepolitischen Instrumentalisierung öffentlicher Aufträge, Frankfurt am Main 1996 (zit.: *Flach*, Rechtsbindung einer industriepolitischen Instrumentalisierung öffentlicher Aufträge)

Frenz, Walter: Auftragsvergabe nach Umweltschutzkriterien und Gemeinschaftsrecht, in: Wirtschaft und Wettbewerb 2002, S. 352 ff. (zit.: *Frenz*, WuW 2002, 352)

Gentile, Leslie: Giving effect to Equal Protection: Adarand Construction, Inc. v. Pena, in: 29 Akron Law Review (1996), S. 397 ff. (zit.: *Gentile*, 29 Akron L. Rev. 397)

Georges, Dorothea: Zur Zulässigkeit von Maßnahmen zur Frauenförderung, in: Arbeitsrecht im Betrieb 1998, S. 124 ff. (zit.: *Georges*, AiB 1998, 124)

Ginsburg, Gilbert J. / Benton, Janine S.: A review of recent decisions of the U.S. Court of Appeals for the Federal Circuit: One Year Later: Affirmative Action in Federal Government Contracting after Adarand, in: 45 American University Law Review (1996), S. 1903 ff. (zit.: *Ginsburg/Benton*, 45 Am. U.L. Rev. 1903)

Götz, Walter: Die Zulässigkeit beschaffungsfremder Vergabekriterien nach Europarecht, in: Europarecht 1999, S. 621 ff. (zit.: *Götz*, EuR 1999, 621)

Götz, Walter: Öffentliche Beschaffungsmärkte und Europarecht: die Transparenz- und Teilnahmebedingungen der Vergaberichtlinien im Lichte der Rechtsprechung des Europäischen Gerichtshofes, Frankfurt am Main 1999 (zit.: *Götz*, Öffentliche Beschaffungsmärkte und Europarecht)

Götzke, Norbert: Die Berücksichtigung des Umweltschutzes bei der Vergabe öffentlicher Bauaufträge, Tübingen 2000 (zit.: *Götzke*, Umweltschutz bei der Vergabe öffentlicher Bauaufträge)

Gröning, Jochen: Die Grundlage des neuen Vergaberechtsschutzes, in: Zeitschrift für Wirtschaftsrecht und Insolvenzpraxis 1999, S. 52 ff. (zit.: *Gröning*, ZIP 1999, 52)

Gunther, Gerald: Forword: In Search of Evolving Doctrine on a Changing Court: A Model for a New Equal Protection, in: 86 Harv. L. Rev. (1972), S. 8 ff. (zit.: *Gunther*, 86 Harv. L. Rev. 8)

Hailbronner, Kay: Die Neugestaltung des Vergabewesens durch die Europäische Gemeinschaft, in: *Jörn Ipsen*, Öffentliches Auftragswesen im Umbruch: 7. Bad Iburger Gespräche, Osnabrück 1997, S. 19 ff. (zit.: *Hailbronner*, Bad Iburger Gespräche 1997, 19)

Heintzen, Markus: Vergabefremde Ziele im Vergaberecht, in: Zeitschrift für das gesamte Handelsrecht und Wirtschaftsrecht 2001, S. 62 ff. (zit.: *Heintzen*, ZHR 2001, 62)

Herma, Michael: Auftragsvergaberecht als Mittel zur Durchsetzung von Umweltschutz und Umweltrecht - Zur Zulässigkeit nach dem Gemeinschaftsrecht de lege lata und de lege ferenda, in: Natur und Recht 2002, S. 8 ff. (zit.: *Herma*, NuR 2002, 8)

Hermes, Georg: Gleichheit durch Verfahren bei der staatlichen Auftragsvergabe, in: Juristenzeitung 1997, S. 909 ff (zit.: Hermes, JZ 1997, 909)

Huber, Peter: Konkurrenzschutz im Verwaltungsrecht, Tübingen 1991 (zit.: *Huber*, Konkurrenzschutz im Verwaltungsrecht)

Immenga, Ulrich / Mestmäcker, Ernst-Joachim: Gesetz gegen Wettbewerbsbeschränkungen: GWB; Kommentar zum Kartellgesetz, 3. Aufl., München 2001 (zit.: *Markert*, in: Immenga/Mestmäcker, GWB-Kommentar)

Issacharoff, Samuel: Bakke in the Admission Office and the Courts: Can Affirmative Action Be Defended?, 59 Ohio State Law Journal (1998), S. 669 ff. (zit.: *Issacharoff*, 59 Ohio St. L.J. 669)

Issacharoff, Samuel: Law and Misdirection in the Debate over Affirmative Action, in: University of Chicago Legal Forum (2002), S. 11 ff. (zit.: *Issacharoff*, 2002 U. Chi. Legal. F. 11)

Jauernig, Othmar: Bürgerliches Gesetzbuch: Kommentar, 10. Aufl., München 2003 (zit.: *Teichmann*, in: Jauernig, BGB)

Jennert, Carsten: Vergabefremde Kriterien - keine Beihilfen, sondern gemeinwirtschaftliche Pflichten, in: Neue Zeitschrift für Baurecht 2003, S. 417 ff. (zit.: *Jennert*, NZBau 2003, 417)

Kämmerer, Jörn Axel / Thüsing, Gregor: Tariftreue im Vergaberecht – Zum Entwurf eines Gesetzes zur tariflichen Entlohnung bei öffentlichen Aufträgen und zur Errichtung eines Registers über unzuverlässige Unternehmen, in: Zeitschrift für Wirtschaftsrecht und Insolvenzpraxis 2002, S. 596 ff. (zit.: *Kämmerer/Thüsing*, ZIP 2002, 596)

Karenfort, Jörg / Koppenfels, Ulrich von / Siebert, Stefan: „Tariftreueregelung“ bei der Vergabe öffentlicher Aufträge - vereinbar mit deutschem Kartellrecht und Europarecht?, in: Betriebsberater 1999, S. 1825 ff. (zit.: *Karenfort/v. Koppenfels/Siebert*, BB 1999, 1825)

Kayser, Elke: Nationale Regelungsspielräume im öffentlichen Auftragswesen und gemeinschaftsrechtlichen Grenzen, Marburg 1999 (zit.: *Kayser*, Nationale Regelungsspielräume im öffentlichen Auftragswesen)

Kilgore, Peter G.: Goals, Quotas, Preferences and Set Asides: An Appropriate Affirmative Action Response to Discrimination?, in: 19 Valparaiso University Law Review 1985, S. 829 ff. (zit.: *Kilgore*, 19 VALUR 829)

Kling, Michael: Tariftreue und Dienstleistungsfreiheit - Zur primärrechtlichen Beurteilung des § 3 Tariftreuegesetz des Bundes i. d. F. des Gesetzentwurfs der Bundesregierung v. 12.12.2001, in: Europäische Zeitschrift für Wirtschaftsrecht 2002, S. 229 ff. (zit.: *Kling*, EuZW 2002, 229)

Kling, Michael: Zur Zulässigkeit vergabefremder Regelungen im Recht der öffentlichen Auftragsvergabe - mit einer Darstellung der für die öffentlichen Auftraggeber geltenden Rechtsbindungen, Forum Vergabe e.V. (Hrsg.), Berlin 2000 (zit.: *Kling*, Vergabefremde Regelungen)

Knauff, Matthias: Die Reform des europäischen Vergaberechts, in: Neue Zeitschrift für Baurecht 2004, S. 141 ff. (zit.: *Knauff*, NZBau 2004, 141)

Knipper, Michael: Tariftreueerklärung im öffentlichen Auftragswesen, in: Wirtschaft und Wettbewerb 1999, S. 677 ff. (zit.: *Knipper*, WuW 1999, 677)

Köhler, Katharina: Die Situation weiblicher Arbeitnehmer in den USA - Historische, politische und rechtliche Grundlagen sowie neuere Entwicklungen der staatlichen Einflußnahme, in: Zeitschrift für Frauenforschung 1996, S. 49 ff. (zit.: *Köhler*, Zeitschrift für Frauenforschung 1996, 49)

Köhler-Braun, Katharina: Zur Möglichkeit der Berücksichtigung frauenpolitischer Kriterien bei der öffentlichen Auftragsvergabe, Dezember 1999 (zit.: *Köhler-Braun*, Zur Möglichkeit der Berücksichtigung frauenpolitischer Kriterien bei der öffentlichen Auftragsvergabe)

Koenig, Christian / Haratsch, Andreas: Grundzüge des deutschen und des europäischen Vergaberechts, in: NJW 2003, S. 2637 ff. (zit.: *Koenig/Haratsch*, NJW 2003, 2637)

Kommers, Donald P.: Der Gleichheitssatz: Neuere Entwicklungen und Probleme im Verfassungsrecht der USA und der Bundesrepublik Deutschland, in: Christoph Link (Hrsg.), Der Gleichheitssatz im modernen Verfassungsstaat: Symposion zum 80. Geburtstag von Bundesverfassungsrichter Gerhard Leibholz am 21. November 1981 / Baden-Baden 1982, S. 31 ff. (zit.: *Kommers*, Der Gleichheitssatz)

Kopp, Ferdinand: Die Entscheidung über die Vergabe öffentlicher Aufträge und über den Abschluß öffentlich-rechtlicher Verträge als Verwaltungsakte?, in: Bayerische Verwaltungsblätter 1980, S. 609 ff. (zit.: *Kopp*, BayVBl. 1980, 609)

Krohn, Wolfram: Umweltschutz als Zuschlagskriterium: Grünes Licht für „Ökostrom", in: Neue Zeitschrift für Baurecht 2004, S. 92 ff. (zit.: *Krohn*, NZBau 2004, 92)

Kulartz, Hans-Peter: Zur Zulässigkeit vergabefremder Kriterien, in: Beschaffung spezial - Ständige Beilage des Behörden Spiegel - Oktober 1998, S. B III (zit.: *Kulartz*, Beschaffung special Oktober 1998, B III)

Kunert, Franz-Josef: Staatliche Bedarfsdeckungsgeschäfte und öffentliches Recht, Berlin 1977 (zit.: *Kunert*, Staatliche Bedarfsdeckungsgeschäfte)

Kunnert, Gerhard: WTO-Vergaberecht, Baden-Baden 1998 (zit.: *Kunnert*, WTO-Vergaberecht)

Lange, Knut Werner (Hrsg.): Handbuch zum deutschen und europäischen Kartellrecht, Heidelberg 2001 (zit.: *Thieme*, in: Lange, Kartellrecht)

Lee, Kathryn K.: Surviving Strict Scrutiny: Upholding Federal Affirmative Action After Adarand Construction, Inc. v. Pena, in: 44 Buffalo Law Review (1996), S. 929 ff. (zit.: *Lee*, 44 Buff. L. Rev. 929)

Löwisch, Manfred: Tariftreue-Verpflichtung im Vergaberecht und Koalitionsfreiheit, in: Der Betrieb 2001, S. 1090 ff. (zit.: *Löwisch*, DB 2001, 1090)

Margolis, Emanuel: Affirmative Action: Déjà vu all over again?, in: 27 Southwestern University Law Review (1997), S. 1 ff. (zit.: *Margolis*, 27 Sw. U. L. Rev. 1)

Martin-Ehlers, Andrés: Die Novellierung des deutschen Vergaberechts, in: Europarecht 1998, S. 648 ff. (zit.: *Martin-Ehlers*, EuR 1998, 648 ff.)

Martin-Ehlers, Andrés: Die Unzulässigkeit vergabefremder Kriterien, in: Wirtschaft und Wettbewerb 1999, S. 685 ff. (zit.: *Martin-Ehlers*, WuW 1999, 685)

McCrudden, Christoper: Referat im Rahmen der Sachverständigenanhörung der Berliner Senatsverwaltung "Öffentliche Auftragsvergabe und staatliche Leistungsgewährung - ein Instrument der Frauenförderung? (Teil 1)" Dokumentation der Sachverständigenanhörung zu Rechtsfragen der §§ 13 und 14 Landesgleichstellungsgesetz (LGG) am 3. November 1994, S. 72 ff., Berlin 1995, unveröffentlicht, zu beziehen über die Senatsverwaltung für Arbeit, Soziales und Frauen - Ref. Öffentlichkeitsarbeit -, Oranienstr. 106, 10969 Berlin (zit.: *McCrudden*, Berliner Anhörung I)

McCrudden, Christopher: International Economic Law and the pursuit of Human Rights: A Framework for Discussion of the Legality of "Selective Purchasing" Laws under the WTO Government Procurement Agreement, in: 2 Journal of International Economic Law (1999), S. 3 ff. (zit.: *McCrudden*, 2 J. Int. Econ. L. 3)

Mestmäcker,Ernst-Joachim / Bremer,Eckhard: Die koordinierte Sperre im deutschen und europäischen Recht der öffentlichen Aufträge, in: Beilage zu Betriebsberater Nr. 19, S. 1 ff.; zu BB 1995 Heft 50 (zit.: *Mestmäcker/Bremer*, BB-Beilage Nr. 19 zu BB 1995, H. 50, 1)

Millenson, Debra A.: Whiter Affirmative Action: The Future of Executive Order 11,246, in: 29 University of Memphis Law Review (1999), S. 679 ff. (zit.: *Millenson*, 29 U. Mem. L. Rev. 679)

Noch, Rainer: Ausschreibungspflicht privater Unternehmen, in: Die öffentliche Verwaltung 1998, S. 623 ff. (zit.: *Noch*, DÖV 1998, 623)

Noch, Rainer: Vergaberecht kompakt: Die neue kartellrechtliche Lösung und bisherige Rechtsprechung der Vergabeüberwachungsausschüsse und Gerichte, Düsseldorf 1999 (zit.: *Noch*, Vergaberecht)

Noch, Rainer: Wettbewerbsrechtliche Aspekte öffentlicher Auftragsvergabe in der Rechtsfindung der Vergabeüberwachungsausschüsse und Gerichte, in Wirtschaft und Wettbewerb 1998, S. 1059 ff. (zit.: *Noch*, WuW 1998, 1059)

Norton, Eleanor H.: Equal Employment Law: Crisis in Interpretation: Survival Against the Odds, in: 62 Tulane Law Review (1988), S. 681 ff. (zit.: *Norton*, 62 Tulane L. Rev. 681)

Nowak, John E. / Rotunda, Ronald D.: Constitutional Law, 6. ed., St. Paul, Minn. 2000 (zit.: *Nowak/Rotunda*, Constitutional Law)

Opitz, Marc: Die Entwicklung des EG-Vergaberechts in den Jahren 2001 und 2002 - Teil 2 - Die Rechtsprechung, in: Neue Zeitschrift für Baurecht 2003, S. 252 ff. (zit.: *Opitz*, NZBau 2003, 252)

Oppermann, Thomas: Europarecht, 2. Aufl., München 1999 (zit.: *Oppermann*, Europarecht)

Osterloh, Lerke: Rechtsgutachten zu Fragen der Frauenförderung im Rahmen der öffentlichen Mittelvergabe, erstattet im Auftrag des Ministeriums für Wirtschaft, Mittelstand und Technologie des Landes Nordrhein-Westfalen, Trier 1991 (zit.: *Osterloh*, Rechtsgutachten)

Otting, Olaf: Zur Zulässigkeit beschaffungsfremder Vergabekriterien, in: Stadt und Gemeinde - Deutscher Städte- und Gemeindebund (Hrsg.) Düsseldorf 1996, S. 461 ff. (zit.: *Otting*, StuG 1996, 461)

Pache, Eckhard / Rüger, Christina: Klarheit über soziale Aspekte im Vergaberecht? - Zur Auslegungsmitteilung der Kommission vom 15.10.2001, in: Europäische Zeitschrift für Wirtschaftsrecht 2002, S. 169 ff. (zit.: *Pache/Rüger*, EuZW 2002, 169)

Paemen, Hugo / Bensch, Alexandra: From GATT to the WTO. The European Community in the Uruguay Round, Leuven 1995 (zit.: *Paemen/Bensch*, From GATT to the WTO)

Palandt, Otto: Bürgerliches Gesetzbuch, 62. Aufl., München 2003 (zit.: *Heinrich*, in: Palandt, BGB)

Piduch, Erwin / Dreßler, Hans-Heinrich: Bundeshaushaltsrecht: Kommentar zu den Artikeln 91a, 91b, 104a, 109 bis 115 des Grundgesetzes und zur Bundeshaushaltsordnung mit rechtsvergleichenden Hinweisen auf das Haushaltsrecht der Länder und ihrer Gemeinden, Losebl.-Ausg., Stuttgart (zit.: *Helm*, in: Piduch, Bundeshaushaltsrecht)

Pietzcker, Jost: Der Staatsauftrag als Instrument des Verwaltungshandelns: Recht und Praxis der Beschaffungsverträge in den Vereinigten Staaten von Amerika und der Bundesrepublik Deutschland, Tübingen 1978 (zit.: *Pietzcker*, Der Staatsauftrag als Instrument des Verwaltungshandelns)

Pietzcker, Jost: Die deutsche Umsetzung der Vergabe- und Nachprüfungsrichtlinien im Lichte der neuen Rechtsprechung, in: Neue Zeitschrift für Verwaltungsrecht 1996, S. 313 ff. (zit.: *Pietzcker*, NVwZ 1996, 313)

Pietzcker, Jost: Die neue Gestalt des Vergaberechts, in: Zeitschrift für das gesamte Handels- und Wirtschaftsrecht 1998, S. 427 ff. (zit.: *Pietzcker*, ZHR 1998, 427)

Pietzcker, Jost: Kein Strohhalm für die „haushaltsrechtliche Lösung“, in: Neue Zeitschrift für Verwaltungsrecht 1997, S. 1186 ff. (zit.: *Pietzcker*, NVwZ 1997, 1186)

Pillai, K. G. Jan: Affirmative Action: In Search of a National Policy, in: 2 Temple Political & Civil Rights Law Review (1992), S. 1 ff. (zit.: *Pillai*, 2 Temple Pol. & Civ. Rts. L. R. 1 ff.)

Portz, Norbert / Engelsing, Felix: Fragen, Antworten und Handlungsempfehlungen zum Vergaberecht, in: Deutscher Städte- und Gemeindebund-Dokumentationsreihe No. 4, Verlagsbeilage „Stadt und Gemeinde INTERAKTIV“ Ausgabe 11/98 (zit.: *Potz/Engelsing*, in: DStGB-Dokumentation 11/98, S. 4)

Preeg, Ernst H.: Traders in a Brave New World. The Uruguay Round and the Future of the International Trading System, Chicago 1995 (zit.: *Preeg*, The Uruguay Round)

Prieß, Hans-Joachim / Ludwig, Friedrich: Der deutsche Vergaberechtsschutz im europäischen Vergleich, in: Europarecht 1999, S. 203 ff. (zit.: *Prieß/Ludwig*, EuR 1999, 203)

Prieß, Hans-Joachim / Pitschas, Christian: Secondary Policy Criteria and Their Compatibility with E.C. and the WTO Procurement Law - The Case of the German Scientology Declaration, in: 9 Public Procurement Law Review (2000), S. 171 ff. (zit.: *Prieß/Pitschas*, 9 P.P.L.R. 171)

Prieß, Hans-Joachim: Das Öffentliche Auftragswesen in den Jahren 1997 und 1998, in: Europäische Zeitschrift für Wirtschaftsrecht 1999, S. 196 ff. (zit.: *Prieß*, EuZW 1999, 196)

Prieß, Hans-Joachim: Das Öffentliche Auftragswesen in den Jahren 1992 und 1993, in: Europäische Zeitschrift für Wirtschaftsrecht 1994, S. 487 ff. (zit.: *Prieß*, EuZW 1994, 487)

Prieß, Hans-Joachim: Das Vergaberecht in den Jahren 1999 und 2000, in: Europäische Zeitschrift für Wirtschaftsrecht 2001, S. 365 ff. (zit.: *Prieß*, EuZW 2001, 365)

Prieß, Hans-Joachim: Die Vereinbarkeit vergabefremder Zwecke mit dem deutschen und europäischen Vergaberecht - dargestellt am Beispiel der Scientology-Erklärung, in: Zeitschrift für deutsches und internationales Vergaberecht 1999, S. 144 ff. (zit.: *Prieß*, ZVgR 1999, 144)

Prieß, Hans-Joachim: Handbuch des europäischen Vergaberechts: Gesamtdarstellung der EU/EWR-Vergaberegeln mit Textausgabe, 2. Aufl., Köln 2001 (zit.: *Prieß*, Vergaberecht)

Puhl, Thomas: Der Staat als Wirtschaftssubjekt und Auftraggeber, in: Veröffentlichungen der Vereinigung der Deutschen Staatsrechtslehrer, Heft 60, Berichte und Diskussionen auf der Tagung der Vereinigung der Deutschen Staatsrechtslehrer in Leipzig vom 4. bis 6. Oktober 2000, 2001, S. 456 ff. (zit.: *Puhl*, VVDStRL 2001, 456)

Pünder, Hermann: Die Vergabe öffentlicher Aufträge unter den Vorgaben des europäischen Beihilferechts, in: Neue Zeitschrift für Baurecht 2003, S. 530 ff. (zit.: *Pünder*, NZBau, 2003, 530)

Raasch, Sibylle: Frauenquoten und Männerrechte, Baden-Baden 1991 (zit.: *Raasch*, Frauenquoten und Männerrechte)

Raasch, Sibylle: Verhandeltes Recht statt materiellem Gleichstellungsgesetz für die Privatwirtschaft?, in: Kritische Justiz 1999, S. 624 ff. (zit.: *Raasch*, KJ 1999, 624)

Raasch, Sybille: Die Rechtsprechung des U.S. Supreme Court zur reverse discrimination, in: Demokratie und Recht 1991, S. 178 ff. (zit.: *Raasch*, DuR 1991, 178)

Riese, Christoph: Vergaberecht, Berlin 1998 (zit.: *Riese*, Vergaberecht)

Rittner, Fritz: Die „sozialen Belange" i. S. der EG-Kommission und das inländische Vergaberecht, in: Europäische Zeitschrift für Wirtschaftsrecht 1999, S. 677 ff. (zit.: *Rittner*, EuZW 1999, 677)

Rössner, Sören / Schalast, Christoph: Umweltschutz und Vergabe in Deutschland nach der Entscheidung des EuGH - Concordia Bus Finland, in: NJW 2003, S. 2361 ff. (zit.: *Rössner/Schalast*, NJW 2003, 2361)

Rudley, Docia / Hubbard, Donna: What a Difference a Decade Makes: Judical Response to State and Local Minority Business Set-asides Ten Years after City of Richmond v. J.A. Croson, in: 25 Southern Illinois Law Journal (2000), S. 39 ff. (zit.: *Rudley/Hubbard*, 25 S. Ill. U. LJ 39)

Rust, Ursula: Die sozialen Kriterien im Vergaberecht - eine Duplik auf Rittner, EuZW 1999, 677, in: Europäische Zeitschrift für Wirtschaftsrecht 2000, S. 205 ff. (zit.: *Rust*, EuZW 2000, 205)

Rust, Ursula: Sozialpolitische Kriterien in landesgesetzlichen Vergabevorschriften, in: Neue Justiz 2001, S. 113 ff. (zit.: *Rust*, NJ 2001, 113)

Sachs, Michael (Hrsg.): Grundgesetz: Kommentar, 3. Aufl., München 2003 (zit.: *Höfling*, in: Sachs, GG)

Sacksofsky, Ute: Das Grundrecht auf Gleichberechtigung, 2. Aufl., Baden-Baden 1996 (zit.: *Sacksofsky*, Das Grundrecht auf Gleichberechtigung)

Scalia, Antonin: The Disease as Cure: "In order to get beyond racism, we must first take account of race", in: 1979 Washington U.L.Q. (1979), S. 147 ff. (zit.: *Scalia*, 1979 Wash. U.L.Q. 147)

Scharpenack, Holger: Das „Recht auf Entwicklung“: eine völkerrechtliche Untersuchung der konzeptionellen und normativen Strukturen eines „Menschenrechts auf Entwicklung“, Frankfurt am Main 1996 (zit.: *Scharpenack*, Das „Recht auf Entwicklung“)

Scherrer, Christoph / Greven, Thomas / Frank, Volker: Sozialklauseln. - Arbeiterrechte im Welthandel (Schriftenreihe-Hans-Böckler-Stiftung), Münster 1998 (zit.: *Scherrer/Greven/Frank*, Sozialklauseln)

Schirma, Bernhard, Wettbewerbsfremde Regelungen - falsche Signale vom Europäischen Gerichtshof?, in: Neue Zeitschrift für Baurecht 2002, S. 1 ff. (zit.: *Schirma*, NZBau 2002, 1)

Schmidt-Aßmann, Eberhard: Besonderes Verwaltungsrecht, 12. Aufl., Berlin 2003 (zit.: *Badura*, in: Schmidt-Aßmann, Besonderes Verwaltungsrecht)

Schmidt-Bleibtreu, Bruno / Klein, Franz: Kommentar zum Grundgesetz, 9. Aufl., Neuwied 1999 (zit.: *Brockmeyer*, in Schmidt-Bleibtreu/Klein, GG)

Schneider, Tatjana: Vergaberecht und Umweltschutz: die Berücksichtigung von Umweltaspekten im Rahmen der öffentlichen Auftragsvergabe, 1. Aufl., Baden-Baden 2001 (zit.: *Schneider*, Vergaberecht und Umweltschutz)

Schumacher, Kai: Vergabefremde Umweltkriterien im Abfallrecht und Gemeinschaftsrecht, in: Deutsches Verwaltungsblatt 2000, S. 467 ff. (zit.: *Schumacher*, DVBl. 2000, 467)

Schütz, Christina Cathey: EuGH Concordia Bus Finland Oy Ab, in: Walter-Hallstein-Institut - WHI Materials 2/03, S. 37 ff.) (zit.: *Schütz*, WHI Materials 2/03, 37)

Schwarze, Jürgen: Die Vergabe öffentlicher Aufträge im Lichte des europäischen Wirtschaftsrechts, Baden-Baden 2000 (zit.: *Marx*, in: Schwarze, Die Vergabe öffentlicher Aufträge im Lichte des europäischen Wirtschaftsrechts)

Seby, Paul M.: Adarand Construction, Inc. v. Pena: Restoring the fabric of Equal Protection, in: 15 Saint Louis University Public Law Review (1995), S. 51 ff. (zit.: *Seby*, 15 St. Louis. U. Pub. L. Rev. 51)

Seifert, Achim: Rechtliche Probleme von Tariftreueerklärungen - Zur Zulässigkeit einer Verfolgung arbeitsmarktpolitischer Zielsetzung durch die Vergabe öffentlicher Bauaufträge -, in: Zeitschrift für Arbeitsrecht 2001, S. 1 ff. (zit.: *Seifert*, ZFA 2001, 1)

Simmons, Brent E.: Affirmative Action: The legislative debate in the Michigan House of Representatives, in: 14 Thomas M. Cooley Law Review (1997), S. 267 ff. (zit.: *Simmons*, 14 T.M. Cooley L. Rev. 267)

Steding, Ralf: Chancengleichheit und Quoten: Eine Analyse von Gleichberechtigung und "Gleichstellung" vor dem Hintergrund von "equal protection of the laws" der US-amerikanischen Verfassung und Artikel 3 des Grundgesetzes, Köln 1997 (zit.: *Steding*, Chancengleichheit und Quoten)

Steinberg, Philipp: Anmerkung zu EuGH - Concordia Bus Finland Oy Ab, in: Europäische Zeitschrift für Wirtschaftsrecht 2002, S. 634 f. (zit.: *Steinberg*, EuZW 2002, 634)

Steinberg, Philipp: Die „Wienstrom“-Entscheidung des EuGH, in: Europäische Zeitschrift für Wirtschaftsrecht 2004, S. 76 ff. (zit.: *Steinberg*, EuZW 2004, 76)

Steiner, Udo (Hrsg.): Besonderes Verwaltungsrecht, 7. Aufl., Heidelberg 2003 (zit.: *Arndt*, in: Steiner: Besonderes Verwaltungsrecht)

Sterner, Frank: Rechtsbindungen und Rechtsschutz bei der Vergabe öffentlicher Aufträge, Stuttgart 1996 (zit.: *Sterner*, Rechtsbindungen)

Stöckli, Hubert, Das Vergaberecht der Schweiz - Übersicht und Streitfragen, in: Neue Zeitschrift für Baurecht 2002, S. 7 ff. (zit.: *Stöckli*, NZBau 2002, 7)

Stone, Geoffrey R. / Tushnet, Mark V. / Seidman, Louis M. / Sunstein, Class R. / Tushnet, Mark: Constitutional Law, 4. Ed., Boston 2001 (zit.: *Stone*, Constitutional Law)

Streinz, Rudolf: Europarecht, 6. Aufl., Heidelberg 2003 (zit.: *Streinz*, Europarecht)

Suerbaum, Joachim: Affirmative Action - Positive Diskriminierung im amerikanischen und im deutschen Recht, in: Der Staat 28 (1989), S. 4119 ff. (zit.: *Suerbaum*, Der Staat 1989, 4119)

Thieme, Hinrich / Correll, Cathrin: Deutsches Vergaberecht zwischen nationaler Tradition und europäischer Integration, in: Deutsches Verwaltungsblatt 1999, S. 884 ff. (zit.: *Thieme/Correll*, DVBl. 1999, 884)

Thomas, Kendall: Constitutional Equality: The Political Economic of Recognition: Affirmative Action Discourse and Constitutional Equality in Germany and the U.S.A., in: 5 Columbia Journal of European Law (1999), S. 329 ff. (zit.: *Thomas*, 5 Colum. J. Eur. L. 329)

Thüsing, Gregor: Die Entwicklung des US-amerikanischen Arbeitsrechts in den Jahren 1999 und 2009, in: Neue Zeitschrift für Arbeitsrecht 2001, S. 939 ff. (zit.: *Thüsing*, NZA 2001, 939)

Tokaji, Daniel P. / Rosenbaum, Mark D.: Promoting Equality by Protecting Local Power: A Neo-Federalist Challenge to State Affirmative Action Bans, in: 10 Stanford Law & Policy Review (1999), S. 129 ff. (zit.: *Tokaji/Rosenbaum*, 10 Stan. L. & Pol`y Rev. 129)

Tribe, Laurence H.: American Constitutional Law, 2. ed., Mineola, N.Y. 1988 (zit.: *Tribe*, American Constitutional Law)

Tribe, Laurence H.: Constitutional Choices, Cambridge, Mass. 1985 (zit.: *Tribe*, Constitutional Choices)

Urofsky, Melvin I.: A Conflict of Rights: The Supreme Court and Affirmative Action, New York 1991 (zit.: *Urofsky*, A Conflict of Rights)

v. Arnim, Hans Herbert: Wirtschaftlichkeit als Rechtsprinzip, Berlin 1988 (zit.: *v. Arnim*, Wirtschaftlichkeit als Rechtsprinzip)

v. Bogdandy, Armin: Internationaler Handel und nationaler Umweltschutz, in: Europäische Zeitschrift für Wirtschaft 1992, S. 243 ff. (zit.: *v. Bogdandy*, EuZW 1992, 243) *v. Wahl, Angelika*: Geschlecht und Arbeitsmarkt: Gleichstellungspolitik in den USA und der Bundesrepublik, in: PROKLA Zeitschrift für kritische Sozialwissenschaft (Heft 99) 1995, S. 221 ff. (zit.: *v. Wahl*, PROKLA 1995, 221)

v. Wahl, Angelika: Gleichstellungsregime: berufliche Gleichstellung von Frauen in den USA und in der Bundesrepublik Deutschland, Opladen 1999 (zit.: *v. Wahl*, Gleichstellungsregime)

v. Wahl, Angelika: Öffentliche Auftragsvergabe als Mittel der Frauenförderung: Das amerikanische Modell der "Affirmative Action", Kritische Justiz (29) 1996, 180 ff. (zit.: *v. Wahl*, KJ 1996, 180)

Wallace, David A. / Schooner, Steven L.: Affirmative Action in Procurement: A preview of the Post-Adarand regulations in the context of an uncertain judicial landscape, in: 1997 Army Lawyer (September 1997), S. 3 ff. (zit.: *Wallace/Schooner*, 1997-SEP Army Law. 3)

Waller, Eva: Das Internationale Recht des geregelten Vergabewesens: Rang und Anwendbarkeit des GPA 1994 im europäischen und deutschen Recht, Berlin 1998 (zit.: *Waller*, Das Internationale Recht des geregelten Vergabewesens)

Wallerath, Maximilian: Öffentliche Bedarfsdeckung und Verfassungsrecht: Beschaffung und Leistungserstellung im Staat der Gegenwart, 1. Aufl., Baden- Baden 1988 (zit.: *Wallerath*, Öffentliche Bedarfsdeckung)

Weisberg-Schwarz, Monika: Kommentar zum Landesgleichstellungsgesetz des Landes Brandenburg, Baden-Baden 1999 (zit.: *Weisberg-Schwarz,*: LGG Brandenburg)

West, Martha S.: Equitable of Public Schools Under State Constitutional Law, in: 2 Journal of Gender, Race & Justice (1999), S. 279 ff. (zit.: *West*, 2 J. G. R. & J. 279)

West, Martha S.: The Historical Roots of Affirmative Action, in: 10 La Raza Law Journal (1998), S. 607 ff. (zit: *West*, 10 La Raza L.J. 607)

Weston, Nancy A.: Gleiche Bildungschancen für Frauen, Recht der Jugend und des Bildungswesens 1988, S. 214 ff. (zit.: *Weston*, RdJB 1988, 214)

Whitman, Robert S.: Affirmative Action on Campus: The Legal and Practical Challenges, in: 24 Journal of College and University Law (1998), S. 637 ff. (zit.: *Whitman*, 24 J.C. & U.L. 637)

Winter, Gerd: Welthandelsrecht und Umweltschutz, in: Klaus-Peter Dolde (Hrsg.), Umweltrecht im Wandel, Berlin 2001 (zit.: *Winter*, Welthandelsrecht und Umweltschutz)

Wisskirchen, Gerlind: Mittelbare Diskriminierung von Frauen im Erwerbsleben: Die Rechtsprechung des Bundesarbeitsgerichts, des Europäischen Gerichtshofes und des U.S. Supreme Court, Berlin1994 (zit.: *Wisskirchen*, Mittelbare Diskriminierung)

Wittig, Oliver: Wettbewerbs- und verfassungsrechtliche Probleme des Vergaberechts, Düsseldorf 1999 (zit.: *Wittig*, Wettbewerbs- und verfassungsrechtliche Probleme des Vergaberechts)

Wood, Dan: Does Politics Make a Difference at the EEOC?, in: 34 American Journal of Political Science (1990), S. 503 ff. (zit.: *Wood*, 34 AJPS 503)

Ziekow, Jan: Vergabefremde Zwecke und Europarecht, in: Neue Zeitschrift für Baurecht 2001, S. 72 ff. (zit.: *Ziekow*, NZBau 2001, 72)

Sachwortverzeichnis